恺撒评传

〔苏〕谢·勒·乌特琴柯　著
王以铸　译

商務印書館
2010年·北京

С. Л. Утченко
ЮЛИЙ ЦЕЗАРЬ
Издательство “Мысль” Москва
（根据苏联思想出版社 1976 年版翻译）

恺　撒　像

目录

译者序

——补充说明几个问题

恺撒这个世界历史上头等重要的人物，即使受过中等教育的人，也能从历史教科书里知道他的名字和他的若干事迹。爱好文艺作品的读者则可以通过历史题材的小说、戏剧（特别是莎士比亚的作品）接触到他的形象。但这并不说明我们都熟悉他，了解他。事实上远非如此。甚至可以这样说，不但我们一般人难以看得到足够的文献可据以作出自己的比较符合实际的判断，就是在专攻罗马史的学者中间，如何评论恺撒也还是一个长久争论未决的问题。这并没有什么奇怪：两千年以来，人们在不同的时代、地区的背景上，从各自不同的立场去看他，这就出现了蒙上各种各样色彩的恺撒——从罕见的天才、不世出的英雄到暴君、坏蛋不一而足。十九世纪德国最大的罗马史专家蒙森是颂扬恺撒的、具有代表性的人物之一。蒙森名气大，他的《罗马史》（*Römische Geschichte*）在一个时期里又相当流行（在前一世纪末和本世纪初），几乎欧美的主要国家都有译本，因而他的看法在学术界有相当大的影响。我在青年时代读他的书，在多处觉得他的意见相当武断，当时就怀疑作者未必对恺撒其人真那么有好感。后来又读了蒙森的另一些作品，多了解到蒙森的一些情况，知道这个人并不是一位纯粹的学者，而在政治上也十分活跃，他之把恺撒渲染过甚是另有打算：他是想通过描写恺撒来塑造自己的理想统治者，实际上就是他希望看到的德国皇帝。人们总是为了自己的现实需要来学习历史、借鉴古人的。恺撒虽然是两千年前的西方人，但研究他却颇有现实意义。

乌特琴柯①这部书是他用马克思列宁主义的观点系统地探讨恺撒的生平和事迹的一个有益的尝试。这是一部以一般社会科学工作者为对象的评传，程度在专著和通俗读物之间，它不是以文艺手法写成的传记——如果是这样的话，这部书也许能够写得更生动一些，但那就成了一部历史小说，不是学术著作了。同时我们还要指出，这部书较少苏联五十年代的那种"教条气"，"水分"较少，作者能从基本的历史事实出发进行分析，而不是用空洞的理论和概念去套事实，所以叙述得比较平实，论据也有一定的说服力。对西方的研究成果，特别对于比如说盖尔策尔②的在西方享有盛名的著作，也能持实事求是的态度，不是闭着眼睛一概否定。由于本书是评传，所以在夹叙夹议之中，随时给人以思考的余地，不作专断的结论，这也是本书一个特色。特别是最后一章结尾部分，写得可以说得上是相当生动，足以启发我们从各方面对这个问题作进一步的探讨。

当然，此书和任何一部作品一样，仍然是有商讨余地的。在学术问题上，任何人都可以对之发表自己的意见。书中某些提法为译者不敢苟同或某些地方译者认为说得不够完全的，就分别在这

① 谢尔盖伊·勒沃维奇·乌特琴柯(1908—1976)是苏联十月革命以后成长起来的罗马史专家。1966年以来任《古代史通报》主编。他的关于罗马史的作品有：《罗马共和国的危机与覆亡》(1965)、《古代罗马：事件、人物、思想》(1969)、《西塞罗及其时代》(1972)。本书是他最后一部著作。

② 盖尔策尔被认为是蒙森之后德国乃至整个西方最权威的罗马史专家。

篇译序中加以讨论或补充。不过这也仅仅是译者的一得之见，只供读者参考罢了。

附带要说明的是，译者有不少资料卡片已在十年浩劫中遗失，故文中有若干引文仅凭摘录而无法再仔细同有关的出处核对，有的引文甚至只是根据个人的记忆，这是要请读者鉴谅的。原书没有插图，译本加上恺撒雕像的照片一幅，相信它能够引起读者的兴趣。

关于恺撒的个人作用问题

恩格斯在 1894 年 1 月 25 日写给符·博尔吉乌斯的信里指出："恰巧拿破仑这个科西嘉岛人作了被战争弄得精疲力竭的法兰西共和国所需要的军事独裁者——这是个偶然现象。但是，假如不曾有拿破仑这个人，那么他的角色是会由另一个人来扮演的。这一点可以由以下的事实来证明，即每当需要有这样一个人的时候，他就会出现：如恺撒、奥古斯都、克伦威尔等等。"①

这段说明了历史发展的必然性的话的确是极有道理的。当人们需要皇帝的时候，皇帝是不会缺少的，即使像刘盆子那样的孩子，也可以捧起来当皇帝，但说到具体的皇帝，他怎样出现，又是怎样一个人，那就有各种各样的情况了。有自己冒着生命的危险厮杀出来的开国君主（刘邦、朱元璋），有半路杀出来的皇帝（朱棣），有按部就班地接班的皇帝，也有随便拉来放到宝座上的皇帝……至于皇帝本人，那就更是五花八门，什么样子的都有：土匪、小偷、

① 参见《马克思恩格斯全集》，人民出版社 1974 年版，第 39 卷，第 200 页。译文略有改动。

白痴、流氓……不一而足。这种必然性中的偶然性在特定的历史环境中，如果不是这个而是另一个具体的皇帝，那么，说不定其间还会连带发生若干戏剧性的变化，导致相去悬殊的后果。尽管这在历史的长河中不过是一个小小的逆流或漩涡，但是从一定时期内的历史的角度来看，它仍能造成十分深远的影响。因此，我们尽管说恺撒这样一个人肯定会出现，但恺撒的个人特点对这一段历史的影响仍然不容忽视。

如果恺撒不是我们在历史上实际看到的那个锋芒毕露、使人难以逼视的恺撒，而是更沉着、更含蓄、更隐蔽、更机智一些，像他的甥孙和继子奥古斯都那样，那么这种独裁大权的确立也许要经过比较长的时间，但另一方面却可以避免过多激烈的流血斗争，而后来奥古斯都的出现也就不可能了。或者，恺撒也许死在一次战斗里（这是完全可能的），并且由庞培掌握国家的命运；而庞培后来在同元老院寡头集团摊牌时又遭到失败，那么向帝国的过渡可能还要向后推迟若干年，而本来应当登场表演的人物也就随之销声匿迹了。

因此，说历史上必然会出现恺撒其人，这并不能代替对于恺撒这个具体的人的研究。欧阳修说得好："盛衰之理，虽曰天命（我把它借用为历史规律——引者），岂非人事哉！"（《伶官传序》）。作为社会成员的人是矛盾的、复杂的，这是社会的性质所决定的。恺撒其人当然也不例外。

论人是不能脱离这个人的时代的。恺撒虽然生在共和向帝国的转换期，但他毕竟保留了古老的罗马共和国的公民的特征——粗犷、豪放、刻苦、实际等等。他系出名门，受过标准的上流古罗马人的教育，讲求仪表，但他绝不是我们心目中想象的那种弱不禁风的贵公子。罗马人传说是吃狼奶长大的孩子的后裔，这一点很能说明他们的风格。罗马的孩子在学校里大都有挨鞭子不吭声的本领，罗马人的吃穿住都有助于养成吃苦耐劳的习惯：罗马人的住所四面通风，家里跟外面的温度差不多，因而罗马男子基本上是生活在露天里，妇女也顶着通风的和露天的窗子操持家务；罗马人吃的主要是粮食、蔬菜、果类，他们吃的肉类不多，瓦罗在《论农业》里所讲的那些食品只限于少数豪门，就像中国老百姓不是按照中国名菜谱吃饭一样。至于穿，即使在冬天，他们穿的至多是两重的毛布衣服（主要是白色的）。罗马公民正是因为习惯了这种清苦简朴的生活，才能在一旦有事时适应得了征战的劳苦。

古罗马人有自己的道德标准。勇敢是这个在征战中成长起来的民族最突出的美德。恺撒的这一点是突出的：他在征战中与士兵同甘共苦，进攻时身先士卒，所以能培养出一支同自己共命运的军队；此外，从我们的标准来看，恺撒还颇有些“侠气”，也就是帮派的那种“义气”。他对拥护自己的人、对朋友、对他的被保护人讲信用，重然诺，爱护备至，使被保护人觉得他十分可靠；他挥金如土，有恩必报，即使为之负债也在所不惜。比如，在营造官任上，他借债举办各种表演以取悦民众。公元前 60 年，他请求在当年年底当选的保民官普布利乌斯·瓦提尼乌斯帮他的忙时，在金钱上对这个政治野心家毫不吝惜，以致后来恺撒竟说出这样的话：“在瓦提尼乌斯担任保民官期间，他无论什么事情都不是白做的！”恺撒还表示过，即使一帮土匪维护过他的荣誉，他也会同样给以报答的。这话虽出自传闻，却是同恺撒的性格完全符合的。

如果说庞培因轻敌而失败，那么“胜利者”恺撒也没有因胜利而从中取得更多东西。正像本书作者正确指出的，“当恺撒处于荣誉和显而易见的强大威力的顶峰的时候，当内战胜利结束的时候，他的地位不仅没有变得巩固，而且，恰恰相反，竟大大地削弱了。”①事物的逻辑往往是这样。正是恺撒追求的至高无上的权力，最终断送了他的声誉和性命。我们中国人早就懂得“物极必反”这点朴素的道理。能够在权位和金钱面前保持清醒头脑的终究还是少数。贪欲——无论对于什么：权力、金钱、虚名、女色——过了限度，就向相反的方向转化了。维列优斯·帕特尔库路斯②指出：“近来出现了一个可怕的事物，贪欲是残暴的另一个理由，一个人的罪行是同他所占有的财富成比例的，任何富人都是一个罪犯（为富不仁——引者），但他付出的代价是他自己的生命和安全；只要有利可图，任何事物都是体面的。”这段话完全可以说明恺撒的时代。

庞培死后不过四年，本来长于政治和军事斗争的恺撒也在一片阿谀奉承声中干起蠢事来了。吹捧或者出于恺撒本人的授意，至少也是投其所好，恺撒不明确反对或默认这种吹捧实际上是助长了它，因为正像塔西佗后来所说，权力一旦集中于一人之手，“贵族则觉得心甘情愿的奴颜婢膝才是升官发财的最便捷的道路”③。集中于一身的权力使他失去了理智，成了瞎子和聋子，使他同老百姓隔绝、对立起来。公元前44年2月9日恺撒被元老院宣布为终身独裁官(dictatorperpetuus)，这显然是违反罗马的共和传统的。当初苏拉交卸独裁官的职务——有人认为因为他过分耽于享乐，不耐烦处理国事；有人认为他是因病；有人惊讶，有人庆幸——对此事恺撒甚不以为然，可见恺撒之接受终身独裁之职是心安理得的。读者从莎士比亚笔下看到的恺撒晚年的形象，我看是颇为接

① 参见本书原文第319页（指本书边码，下同）。
② 罗马历史家（公元前19—公元31年），著有《罗马史》。
③ 塔西佗：《编年史》，第1卷，第2章；中译文见商务印书馆1981年版拙译本，上册，正文第2页。

近于实际情况的。[①] 其实，他应该晓得，不管罗马城邦共和国的那一套在他当时已变得多么不合时宜，父祖相传的罗马共和国的传统依旧是罗马人民的精神支柱，而罗马共和国正是在打倒了最后一个残暴的国王(rex)之后建立起来的。因此，罗马人民对于专制的 rex 始终有一种很深的厌恶情绪。只有了解到这一点，才能懂得为什么生活在帝国初期的正直的作家如塔西佗、优维纳利斯等仍然对帝国时期的专制统治如此仇视了。

就在这之后不几天即 2 月 15 日的卢佩尔卡利亚节(Lupercalia)，恺撒的表现就更值得注意了。他如果明智一些，重视民众的反应，本来是可以就此止步的。西塞罗也看出安托尼乌斯奉献王冠的做法，实际上是要了恺撒的命。当然，恺撒有时也感到自己的处境是不妙的，比如，就在 3 月 15 日被刺前不久，他有一次竟要西塞罗也等了很久才接见他，事后他表示这种做法定会引起西塞罗的痛恨。其实当时不满意他的做法的岂止西塞罗一人，人们早就感到他走得太远了，因此一场本来可以避免的悲剧终于发生了。

自信心(confidentia)这个特征在恺撒身上是极为突出的。但用自信心来翻译 confidentia 这个拉丁词还不够全面，因为在拉丁语里，confidentia 往往还用于贬义，而有轻率、鲁莽、胆大妄为、肆无忌惮的意思。西塞罗就把 confidentia 和 temeritas 连用而表示贬义(很有点像我们古语中的偏义复合词或德语中的同义复合词)。应当说，这种自信心也同样存在于(当然在不同程度上)一般古罗马人身上。罗马人所以能从梯伯河畔一小城邦崛起而成为地

① 莎士比亚写《优利乌斯·恺撒》的主要依据是普鲁塔克的《恺撒传》、《安托尼乌斯传》和《布路图斯传》。

垮欧亚非三洲并以地中海为内海的西方大国，所依靠的因素之一也正是这种自信心，如像老加图对迦太基所表现的那种必胜信心。

恺撒在被海盗绑架后的表现（如果普鲁塔克等人的记述可以相信的话），几部《战记》中记述的多次战斗，特别是在巴尔干、阿非利加和西班牙的若干战斗（以少击多乃至以少围多），都十分具体地说明恺撒具有强烈的自信心。这种自信心有时是有根据的，有时确实是一种冒险，类似一场赌博。这种自信心有时甚至使他失去应有的警惕，比如，他早知道有人想杀害他，但他又认为绝不会有人真敢对他下毒手，为此他终于付出了生命的代价。

如果他不是倒在庞培像下的血泊里，他不久就要挥师东向了。他是个片刻都不能停息的人。他虽走在潮流前面，但应当解决的问题没有很好解决，却去惹起更多的麻烦，使自己陷在里面而不能自拔，这就要由恺撒本人的性格来负责了。考威尔说得对："他（恺撒——引者）从不曾留出时间来同反对他的势力和解。他那想保有绝对权力的露骨意图自然会使任何稍稍有点身份的人反对他。罗马从不曾容忍过一个权力没有期限的独裁官。"

关于恺撒的仁慈(clementia)政策

恺撒的仁慈（clementia）政策在他的对敌斗争的策略中占有相当重要的地位，而作者对这一政策的倾向于贬低的评价也有可商之处。

古罗马人，具体地说，罗马国家的缔造者们是在艰苦的环境中长大，习惯于劳苦的普通农民。他们是一批务实的人，不善于进行艺术活动和抽象思维的人——就这一点来说，他们同隔海相望的东邻希腊人有明显的区别。帝国初期的诗人贺拉斯在哀叹罗马人的堕落时，出色地向我们描述了原始罗马人的形象：

……

不，他们是一批勇敢的农民士兵，
学过用撒比尼人的锄头翻转土块
并且当落日拉长了群山的影子，
又在疲倦的牛颈上

取下了轭，
而把可爱的黄昏带在离去的车辆上时，
他们遵照严厉的母亲的吩咐
带来了砍伐的柴木。①

这些淳朴的农民是在同相邻部族的残酷的武装斗争中才得以发展壮大的。罗马城邦的成长过程把罗马人逐步地锻炼成了一个好勇斗狠的民族。在战斗中，敌人对他们来说永远是敌人，敌人俘虏过来就是奴隶，处死敌人是天经地义的事情，不存在什么残酷不残酷的问题。罗马人的德行(virtus)一词是从 virtus 作为“勇敢”的原始意义演变而来的，在战争中受挫是一种必须洗雪的奇耻大辱。玛尔库斯·波尔奇乌斯·加图(老加图)的那句 ceterum censeo Carthaginem delendam esse② 就是非挫败敌人不可这种坚持、顽强的性格的集中表现。

看一下罗马的传说与历史，这样的事例可以说俯拾即是。比

① 《诗歌集》，第 3 卷，第 6 章。

② 拉丁语：总之我认为迦太基是应该被摧毁的。

如说，在罗马人早期（公元前四世纪）同撒姆尼特人作战时，一个军事移民地索腊（Sora）人杀死了罗马移民而投到撒姆尼特人一方面去。当罗马人重新攻占这一城市时，就把所有拿过武器的人杀死；在投降的人中，又有二百多人被挑出来送往罗马，在那里的广场上对他们当众鞭笞之后继之以枭首。这种暴行，如李维所说，竟使民众“大为开心”。在布匿战争中曾经同情过汉尼拔的卡普亚和列吉乌姆两座城市也遭到了同样的命运。它们的当事人都是在被鞭笞之后又砍了头的，其余的人全部被卖为奴隶。罗马人处死敌人的方式也是残酷的：除了砍头之外，磔刑（把人活活钉到十字架上，有如传说中处死耶稣基督的方式）也可以算是罗马人的“杰作”。还有一种和我们的重枷类似的刑具（patibulum），它可以把人拖死，但是比起使人慢慢送命的十字架，应当算是人道的了。到共和末期，在广场的地牢里处绞也是常用的刑法。著名的优古儿塔和本书中提到的维尔琴托里克斯就是在凯旋式的行列中示众之后这样送命的。对付本国犯人的有一种花样翻新的刑法，就是把犯人连同一条蛇、一只公鸡、一条狗或一只猴子装进牛皮袋，然后沉入梯伯河；而对付叛国者或开小差的士兵，通常是把他们从塔尔佩乌斯山的峭壁上推下去。据李维的说法，有一次就有将近四百名士兵在广场上遭受笞打后从山上给推下去。

如果我们不知道罗马人是怎样对待敌人的，我们就无法理解为什么作为罗马高级官吏权力标帜的棍束[①]（由不同数目的侍从扛着）当高级官吏到城外时中间还要插上一把斧头。棍棒和斧头——这都是赤裸裸的镇压工具。如果我们不知道罗马人是怎样对待敌人的，我们就无法理解为什么罗马人对于由奴隶、战俘与刑

① 意大利的“法西斯”一词便是由拉丁语棍束（fasces）一词演变而来。

事犯充当的角斗士之间的流血搏斗以及人与野兽的搏斗会有那么大的兴趣，会从中得到那么大的满足。当流血负伤的一方败下去的时候，疯狂的观众在大多数的情况下是把拇指向上一翘（vetere pollicem！），这表示要胜方一剑把对方杀死[①]。这就是罗马诗人优维纳利斯的貌似轻松的讽刺诗[②]展示给人们的血腥画面。在今天，当西班牙的斗牛士把刺刀插入牛的脊背时给予观众的满足，可以使我们联想到罗马当年的情景。

在内战中，罗马人自己相互间是同样残酷的。以马里乌斯和苏拉之间的战争为例，请看维列优斯·帕特尔库路斯关于马里乌斯攻入罗马时的情况是怎么说的：

> 盖乌斯·马里乌斯进入罗马时给他本国的公民带来了毁灭。如果不是紧接在这之后就是苏拉的胜利，那么他的胜利的残酷肯定就是空前的了。他的愤怒的刀剑不仅落到普通人的头上，就是国内那些最显贵的人士也遭到了五花八门的死亡命运。[③]

普鲁塔克的记述更为生动，记述的细节虽未必全都可信，但那残暴、恐怖的气氛却是充分表现出来了：

> ……这些人（指马里乌斯的卫士——引者）根据他（指马里乌斯——引者）的特别命令杀死了许多人，许多人只是因为他一点头就送命了。而在他最后一次遇到安卡里乌斯——他

---

① 反之，如果拇指向下，就意味着要胜的一方手下留情。

② 参见优维纳利斯：《讽刺诗》，第3首。

③ 第2卷，第22章。

是担任行政长官的一位元老——时，就因为这些人看到马里乌斯没有同他打招呼，就当着马里乌斯的面用匕首捅死了他。在这之后，每当马里乌斯不对谁打招呼或者有谁向他打招呼而他不予理会时，这就是一个信号：他们可以立刻在街上把这个人处死。结果甚至马里乌斯的友人们在走近他时也莫不感到惶恐万状。杀戮的人数现在很多了，秦纳的胃口不那么大了，他把血喝饱了，但是马里乌斯每天杀人都杀在最高的兴头儿上，他渴望对所有那些有不同嫌疑的人们进行报复。密探充斥于每条道路和每座城市，他们把那些企图逃跑或躲藏起来的人们搜索出来，主客与友谊的联系在这场灾难中看来也根本不能带来安全，因为几乎所有的人都要把到他们那里去寻求避难的人们加以出卖……无头的尸体被抛在街道上任人践踏，此情此景一点也不曾引起人们的同情而只是使人们普遍感到惊恐，感到战栗……①

如果说马里乌斯是一介武夫，一个粗人，所以才干得出这等残暴的事情，那么号称文雅风流的苏拉又如何呢？请看阿庇安关于他对敌人的报复行动是怎样写的：

苏拉本人召集罗马人民来开人民大会，向他们发表演说，宣扬自己的功绩，还说了使他们感到毛骨悚然的其他的话。最后他说，如果他们服从他（这是对罗马的主人即罗马人民讲话吗，可见共和的原则早已荡然无存了！——引者），他将作出有利于人民的若干改革，但是对他的敌人，他一个也不饶

① 普鲁塔克：《马里乌斯传》，第43—44章。

恕，而将以最残酷的手段对付他们！（重点引者所加）他将采取强硬手段来报复在执政官斯奇比奥破坏了同他签订的协议之后，对他采取敌视行动的那些行政长官、财务官、军团司令官和其他任何人。他讲了这些话之后，马上宣布大约四十名元老和一千六百名骑士为国家的敌人。看来他是第一个把他要处罚的人列成正式名单的人。他宣布：暗杀这些人的有赏，告发这些人的有奖，隐藏这些人的严惩不贷。不久他又在这一名单上增加了其他一些元老的名字。这些人里有的是在没有提防的情况下被当场——在他们家里、街道上或在神殿里——捉住而被处死了；另一些人则是手足被捆绑着吊起来给抛到苏拉脚下的。还有一些人在城里被拖着任人践踏。暴行的目击者没有人敢哼一声。一些人遭到流放，另一些人被没收了财产。密探到处搜索从城里逃出的人们（可以比较一下恺撒年轻时所曾遭到的命运——引者），凡是被他们捉住的都被杀掉。

在那些服从卡尔波或马里乌斯或诺尔巴努斯或他们的将领的意大利人中间也有许多人被屠戮、流放或没收了财产。全意大利的法庭用各种罪名判处他们严厉的惩罚：有的因为指挥过军队；有的因为曾在军队中服役；有的因为捐献过金钱；有的因为干了别的事情，甚至有的因为出了反对苏拉的计谋；款待客人、个人间的友谊、借贷金钱同样都被认成是犯罪的行为。往往有人被逮捕就因为对有嫌疑的人做了点好事，或者仅仅是因为在路上结伴而行。富人中受到这种控告的最多。当对个人控告不成的时候，苏拉就对整个城市进行报复……①

---

① 阿庇安：《内战史》，第一卷，第95—96章。商务印书馆1976年版《罗马史》，下册，第79—80页。译文略有改动。

下面再看一下普鲁塔克关于苏拉对本国公民的暴行又说了些什么：

……这件事(指苏拉背信地杀死安提姆奈的六千名士兵一事——引者)使得甚至最无知的罗马人都看清楚，他们所得到的并不是一次全面的改变，而只是一个暴君代替了另一个暴君。……现在苏拉开始造成了流血，他使城市到处都是死亡，无数的死亡。有些人和苏拉从无任何瓜葛，却由于个人的怨仇而遭屠戮，原来他(苏拉——引者)是为了取悦于依附他的那些人才同意处死这些无辜者的。终于有一个名叫凯乌斯·梅特路斯的年轻人在元老院里壮着胆子问苏拉，这场惨祸什么时候可以结束，他要进行到什么程度人们才能希望看到事情的终了。梅特路斯说："我们并不是反对你对你决心铲除的那些人进行报复，我们只是请求你使你决定赦免的那些人解除恐惧。"苏拉回答说他还没有决定要赦免哪些人。梅特路斯说："那么请告诉我你要惩处的是哪些人?"苏拉说他会的。……苏拉没有同任何一位高级官吏打招呼便宣布八十人为敌人……第二天他又宣布二百二十人为敌人，第三天也是二百二十人。在对人民发表的讲话中谈到这些措施时，他说凡是他能想到的他都已宣布了，至于现在没有想到的人们，将来他还是会宣布的。公敌宣布令中规定，凡接纳和庇护被宣布为公敌的人的任何人都将会为这一人道行动而被处死；兄弟、子女、双亲也不例外。杀死一个被宣布为公敌的人得奖赏两塔兰特，奴隶杀死主人或儿子杀死父亲均所不计。但人们认为最不公道的做法是，被宣布为公敌的人的子孙也受到不名誉的株连并被没收了财产。公敌宣布令不限于罗马本城；

它们遍及意大利的每个城市。无论神殿、旅舍还是父祖的故家都逃脱不掉被屠戮的命运。丈夫被杀死在自己妻子的怀抱里，子女被杀死在母亲的怀抱里。为了报复和仇恨而被屠杀的人数比起为了财产而被屠杀的人数来简直微不足道。连凶手们也看得出，某人是死于他的豪华的邸宅，某人是因他的果园送了命，还有人是因为自己的热水浴场而丧生。一个从来没有参与过政治的名叫克温图斯·奥列利乌斯的人，尽管关于这些灾难，他至多只不过是同情其他人的苦难，但有一次他偶尔到广场去看被宣布为公敌的人们的名单，不料竟发现自己的名字也在其中，于是叫道，"唉！我是多么不幸啊。是阿尔巴的庄园要了我的命啊"。他没走多远就被搜索他的某个人杀死了。①

罗马共和国末期的历史就沾满了无数无辜者的鲜血。一片片血腥的屠场，这就是这时罗马人民命运的写照。自从战事不再是全体罗马公民的事情而变成一批人的"专业"，自从士兵不再属于罗马共和国，而成为某些统帅手中的工具，自从元老院和每年选出的高级官吏只成了一种空洞的头衔，成了罗马光荣的过去的一个暗淡的影子那时起，阴谋、权术、威胁、利诱、暗杀、械斗、诽谤、造谣——这一切就成了罗马政治斗争的日课。贪污受贿、荒淫无耻、拉帮结伙、明争暗斗、巧取豪夺，凡此种种就形成了罗马社会的特点。在这一时期，政治上的重要人物白天外出时若没有大批侍从保卫着，随时有遭到暗算的危险。到处是刀光剑影，到处是阴森森的杀气，到处是血淋淋的凄惨景象——只有在这样的背景上才能

① 普鲁塔克：《苏拉传》，第30—31章。

了解恺撒提出的 clementia 政策的意义和分量。但本书作者没有对这一政策作出应有的评价，而随意对之采取嘲笑的态度，就未免有点失之轻率了。

虽然，作者也还指出，这只是一种策略，同恺撒的个人品质无关。的确，恺撒的个人品质如何，这是另外一个问题。但是作为政治家的恺撒，他的每一个行动都具有策略意义乃是顺理成章之事，有什么可以奇怪的呢。比起马里乌斯和苏拉的凶狠残暴，见人就杀，恺撒提出以仁慈对待敌人，不能不说是一大进步，是具有远大政治眼光的做法。即使后来恺撒被刺，那也是因他个人疏于防范，绝不能归咎于仁慈政策的。

当然，这一政策的提出首先是出于对敌斗争的利益，这样做有利于分化敌人的力量和提高自己的威信，但从具体情况加以分析，我们不能不指出，很多方面都比恺撒占有优势的对手庞培，在罗马也是很得人心的。对此恺撒提出并认真执行他的仁慈政策实在是十分明智的做法。关于恺撒曾下令把乌克塞洛都努姆城中拿过武器的人们的手都砍掉一事，《高卢战记》的续作者、恺撒的亲信之一希尔提乌斯所以特别申明"恺撒知道自己的仁慈是人所共知的，绝不怕给了他们严厉的处分之后，人们会疑心这是由于他的本性残暴"，正是因为这种残酷对待被打败的敌人的行为在恺撒身上已经成了一个例外。而且，证之以现存史料中历次作战的情况，可以认为这种说法还是比较符合实际的。要知道，这些作品当时是在亲历者的众目睽睽下发表的，容不得自己任意编造。

不过在这里，我丝毫没有给恺撒的侵略辩护的意思。他仍然是一个很厉害的征服者，给高卢人民带来了巨大的灾难。但一切事情总要有个比较才能看出问题。尽管优维纳利斯说他是用鞭子进行统治的[①]，但如果在高卢的不是恺撒这个具体的人，那么高卢的灾难肯定还会深重若干倍。这就好像后来奥古斯都统治下的所谓"罗马和平"(pax Romana)[②]，尽管被人们讽刺地说成是血腥的和平，但比起无休无止的流血厮杀，它毕竟带来了一定时期和一定程度的安定与繁荣。应当说这是一种前进，而不是倒退。

恺撒和庞培

庞培是恺撒一生中一度作为同伙后来又作为主要对手的重要人物，他也是共和国末期舞台上的主要角色之一。研究庞培的问题恐怕也得写一整部著作才行[③]。看来作者在本书里没有把庞培放到应有的高度上，结果给人这样的印象，好像庞培只是恺撒背景上一个不那么重要的、灰暗的小人物，此其一；作者把庞培的失败归之于骄傲，这当然是正确的，但他把骄傲的原因只强调成为了他的康复而举行的一次全国性的感恩祈祷，这就未免有点简单化，故而译者认为有必要在这里谈一下自己的看法，略加补充。

就门第而论，恺撒虽然属于古老而高贵的优利乌斯氏族(Julii)，但这一氏族除恺撒本人外在罗马历史上并没有产生过任

---

① 参见优维纳利斯：《讽刺诗》，第10卷，第108—109行：quid Crassos, quid Pompeios evertit et illum'ad sua qui domitos deduxit flagra Quirites?（是什么搞垮了克拉苏斯者流，是什么搞垮了庞培者流和用鞭子征服了罗马公民的那个人（指恺撒——引者）？）

② 参见拙译塔西佗：《编年史》（第1卷，第4章）："只要奥古斯都还年富力强，足以维持他本人、他全家以及全国的和平，那么人们在当前就不会有什么忧愁。但是当他年老多病，体力不支，大去之日不远，而人们的新希望初露之时，一些人就开始闲谈自由的幸福了……"

③ 普鲁塔克的《庞培传》写得比《恺撒传》还要详细些，可见作者不以成败论英雄。德国罗马史权威作家盖尔策尔也有关于庞培的专著。

何功业显赫的人物,至少到目前为止,史料的情况是如此。门第在共和国后期,随着新贵(nobiles)的崛起,已经没有先前那样大的作用了。恺撒的父亲最高也只做到行政长官(大概在公元前 92 年)。老恺撒后来出任亚细亚长官,公元前 85 年死在皮撒伊(Pisae)。盖尔策尔认为这时老恺撒可能是那一年度的执政官秦纳和卡尔波任命的副帅而在那里为对付苏拉而征兵、筹款和准备粮食的①。盖尔策尔还认为公元前 91 年度执政官塞克斯图斯·恺撒(死于公元前 90 年)可能是他的父执②。恺撒的旁系亲属中地位显赫的,除了马里乌斯这样一位姑丈(然而他却是受了这位姑丈的连累的)之外,看来主要是在母亲奥列利娅方面。属于恺撒舅父辈的盖乌斯·奥列利乌斯·科塔(公元前 75 年度执政官、著名演说家)和他的两位兄弟玛尔库斯(公元前 74 年度执政官)与路奇乌斯(公元前 65 年度执政官)是可以成为恺撒进身的凭借的,但这同恺撒家族本身的显赫毕竟不同。就恺撒自身而论,父亲死后,正如本书指出的,恺撒身边就只有妇女了。

庞培则出身于皮凯努姆地方骑士等级的豪富之家,是在共和国后期的政治生活中起举足轻重作用的地方实力派。皮凯努姆的首府阿斯库路姆(Asculum)位于中意大利的东部群山之中,是同盟战争的策源地。它就是通过这一战争取得了罗马公民权的。庞培的父亲庞培·斯特拉波③在这场战争中发了财。公元前 89 年,当时任这一年度执政官的庞培·斯特拉波在对玛尔喜人

---

① 马提亚斯·盖尔策尔:《恺撒,政治家与国务活动家》,彼得·尼丹姆英译本,巴吉尔·勃莱克威尔出版社,牛津,1969 年。第 19 页注①。

② 同上。

③ 斯特拉波(Strabo)在拉丁语有“斜视者”(Squlnter)的意思,这表明此人可能有生理缺陷,但又有史料说,庞培·斯特拉波有一个名叫美诺盖尼斯的厨子,人称斯特拉波,而老庞培同他长得很相似,所以起了同样的名字。

的战争中攻占了这一城市，严惩了这里的居民（因为他们杀害了有执政官身份的普布利乌斯·谢尔维利乌斯等人）并为此而在同年12月取得了一次凯旋的荣誉①。关于庞培的父亲，普鲁塔克说他的名声很坏，因为他贪得无厌②。由此可知他的财富肯定是掠夺来的。公元前87年，庞培·斯特拉波被雷殛死，这时庞培还不到二十岁。

庞培少年时期就在他的具有反秦纳倾向的父亲的军队中服役，其他情况则史书中语焉不详。斯特拉波死后，如果相信普鲁塔克的记载③，那么，庞培这个反秦纳的战士大约在公元前86年却神秘地出现在秦纳的营地，因为在那里受到指责才又赶忙溜走。普鲁塔克甚至说秦纳是因为被认为杀死了庞培才被士兵杀死的。但阿庇安的说法与此不同，他说秦纳是被反抗他的渡海去利布尔尼亚的命令的士兵杀死的。庞培为什么到秦纳那里去，是去进行离间的工作还是因秦纳的招请而去投奔他，普鲁塔克并没有说清楚。总之，到公元前83年，庞培还是决定依附苏拉：为此他在皮凯努姆征募了三个军团。阿庇安就这件事指出："人们以为老庞培和苏拉是不和的，这次小庞培带来一个军团，这就消除了这种猜疑。这个军团是小庞培利用他父亲的声誉在皮凯努姆征募来的，因为他的父亲在那里很有势力。不久之后，他又征募了两个军团，成为苏拉在这方面的得力助手。"④但我们觉得奇怪的是，既然老庞培贪得无厌，名声很坏并且受到士兵的憎恨，他的儿子怎么能打着他

---

① 维列优斯·帕特尔库路斯，第2卷，第21章。

② 《庞培传》，第1章。

③ 同上，第5章。这一章同前一章语气不衔接，原文似有脱落。庞培同秦纳的接触应当有一个过程才能说清楚为什么庞培要去看一个他所反对的人。

④ 阿庇安：《内战史》，第1卷，第79章。商务印书馆1976年版《罗马史》，下册，第67页。译文有改动。

的旗号去征募军队呢。为了说明这个问题，让我们再引用普鲁塔克介绍的有关庞培的一个传说吧：

当他（庞培——引者）还十分年轻并且在他那位反对秦纳的父亲的麾下服役时，他有一个名叫路奇乌斯·提伦提乌斯的同营伴侣。秦纳贿买了这个提伦提乌斯，要他刺死庞培，另一些人则放火烧掉统帅的营帐。庞培在用晚饭时得到了这一情报，但他丝毫不动声色，反而装作更高兴的样子继续饮宴，对提伦提乌斯也表现得十分亲切，但是当他们回到营帐休息时，庞培偷偷地从营帐中溜了出去并且在为他父亲安排了一名守卫之后，便静静地伺伏着。当提伦提乌斯认为时间已到时，便抽刀而起，走近庞培的床向被褥刺了许多刀，因为他以为庞培就睡在里面。接着由于士兵们憎恨自己的统帅，营地里发生了一场大规模的骚乱。士兵们拆掉营帐，拿起武器，有发展成一场全面的兵变的趋势。被骚乱吓倒的统帅不敢出头，但庞培却在士兵们中间到处走动，含着泪向士兵们请求，最后竟然匍匐在营门前他们要经过的地方哭了起来，并且要那些正在走出营门的人从他身上踏过去。这样，每个人才由于害羞退了回去，而全军——除了八百人是例外——也改变了自己的想法同他们的统帅和解了。①

从这一段可以看出，小庞培在他父亲麾下有似于我国唐代李世民之于李渊，否则秦纳何不派人刺杀不得人心的庞培·斯特拉波而要谋害一个青年？而且，庞培能平息军营中的兵变正是出于

① 《庞培传》，第3章。

士兵对他本人的好感。庞培受到士兵的拥戴自有他本身的原因，而不仅仅因为他是统帅的儿子。

因此，普鲁塔克在《庞培传》开头处拿人们对他的爱戴和对他父亲的憎恨作对比就绝非偶然了：

> 罗马人憎恨父亲是因为他贪得无厌，而他们喜欢儿子的原因很多：他在生活上有节制①，熟知军事，语言令人信服，品行方正，同任何人打交道都亲切和蔼，以致任何人都不像他那样乐于给请求者以帮助，而人们也最乐于设法满足他的请求。庞培给予时不使人感到他是在施恩，在接受时也不表现得低三下四。
>
> 从一开始他的相貌就大大地有助于赢得人们的好感并且在开口之前就讨人喜欢。他的表情在亲切中有自尊和仁慈，而当他风华正茂的时候，他的崇高的和帝王般高贵的品质便清楚地显露出来了。他的头发稍稍靠后，目光温和，使人们感到他有点像亚历山大……②

但最有意思的是普鲁塔克关于罗马的独裁统治者苏拉和庞培之间关系的记述。原来庞培在西西里、阿非利加等地取得战功回来之后，

> ……他（苏拉——引者）出来迎接庞培，并且向他表示了所有各种可能的善意，他高声地用"玛格努斯"这个名字向庞

① 这对于粗鲁、放纵的罗马人来说是一种罕见的美德。

② 《庞培传》，第1—2章。

培打招呼，还要所有在场的人都这样向他致意。“玛格努斯”这个词的意义是“伟大的”。也有人说，起初全军是在利比亚用这个名字向他欢呼，后来经苏拉批准才生效和通行的……

……庞培曾要求举行一次凯旋式，但苏拉反对这一要求，因为法律规定只有执政官或行政长官才能够举行凯旋式①，但其他人不行。这就是为什么第一位斯奇比奥②在伊伯里亚的比较重大的较量中打败了迦太基人之后不曾提出要求举行凯旋式的问题，因为他既不是执政官又不是行政长官。苏拉认为：年纪不够大的庞培，由于年龄关系而还不是一位元老的庞培如果以凯旋式进城，那么无论他本人担任的职位还是给予庞培的荣誉都会受到很大的非难。苏拉向庞培谈了这些意见，表明他不准备叫庞培举行凯旋式，如果庞培不听从他的合理劝告，他将抵制庞培并打退对方的野心。可是庞培并没有被这话吓住，而是要苏拉记起，崇拜旭日比崇拜落日的人多，意思是要苏拉懂得，他自己的权力正在加强而苏拉的权力正在衰落和消失。苏拉没有听清他的这些话，但是看到了听到这些话的人们的惊讶的面容和姿势，就问庞培到底说了些什么。当他得知庞培讲了什么话的时候，庞培的这种勇气使他大感意外，就连说了两次：“让他举行(凯旋式)！”……③

---

① 卡尔特瓦瑟(Kaltwasser)认为，在罗马这只是惯例，而没有作这样规定的专门法律(lex)。李维(第 31 卷，第 20 章)也说过，只有独裁官、执政官和行政长官才能举行凯旋式。

② 普布利乌斯·科尔涅利乌斯·斯奇比奥·阿非利加努斯(公元前 236—前 183 年)曾于公元前 202 年在迦太基的札玛一战中打败汉尼拔。他是在康帕尼亚的利特尔努姆的退休生活中去世的。公元前 187 年度保民官提贝里乌斯·格拉古曾保护这位最著名的统帅免遭轻薄的指控。

③ 普鲁塔克：《庞培传》，第 13—14 章。

当然,我们知道,庞培是因战功而特别受苏拉宠爱的青年将领,他同苏拉的关系非同寻常。庞培的第二个妻子又是苏拉的妻子梅特拉同她的前夫斯考路斯之间所生的女儿①。但庞培在苏拉面前的那种"抗颜"的态度,绝不是苏拉当时同倡优者流之间的那种"不拘形迹",因为史书上明记着:"他(庞培——引者)虽然还很年轻,但苏拉很尊重他;他们说,除了这个青年外,没有什么别的人进门时苏拉会站起来的。"②

但无论如何,庞培的这个要求可以说得上是僭越而又狂妄。其次,苏拉本人是个杀人不眨眼的混世魔王,这个独裁者随便加个罪名就能置人于死地,在他面前,任何私人关系都不是安全的保证。如果历史上确有上述之事,那么它至少可以反映出这位青年将领的胆略和不畏强暴的神态。说庞培后来只因为一次感恩祭便冲昏头脑,那恐怕是不符合实际情况的。

现在我们把少年得志的庞培从公元前 88 年到前三头结成之前二十几年间的经历列出来看一下:

公元前 88 年　庞培在他父亲斯特拉波麾下服役,持反秦纳的立场。

公元前 86 年　庞培去秦纳的营地,但很快又离开,原因不明。

公元前 83 年　他征募了三个军团去依附苏拉。苏拉授权他去西西里。

公元前 82 年　他在西西里击败并杀死了马里乌斯派领袖卡尔波。

---

① 庞培第一个妻子安提斯提娅,是公元前 86 年度行政长官安提斯提乌斯的女儿。主持审讯的安提斯提乌斯是因为钦佩庞培在法庭上的表现才通过友人提议把女儿嫁给他的。

② 阿庇安:《内战史》,第 1 卷,第 79 章。前引中译本,第 67 页。

公元前 82—前 79 年　他在阿非利加对马里乌斯派残部作战。除掉了格涅乌斯·多米提乌斯和国王雅尔巴斯。

公元前 79 年　不顾苏拉的反对，庞培协助倾向于马里乌斯派的列皮都斯当选为公元前 78 年度的执政官。

公元前 77—前 71 年　协助卡图路斯挫败列皮都斯，随后又取得同执政官大权去西班牙和梅特路斯·皮乌斯一道讨伐谢尔托里乌斯。

公元前 71 年　返回意大利并和克拉苏斯一道结束了镇压斯巴塔库斯的战争。

公元前 70 年　同克拉苏斯一道当选执政官（在这一年里，保民官恢复了自己的权利，行政长官路奇乌斯·科塔把元老在法庭中的代表仍然压缩为三分之一，其余的三分之二则分属 equites 和 tribuni aerarii）。

公元前 67 年　伽比尼乌斯法（lex Gabinia）授他以肃清海盗的大权，他在三个月里就完成了任务。

公元前 66 年　玛尼利乌斯提出把路库路斯负责的亚细亚各行省交给庞培，并授权他对米特里达特斯六世作战。

公元前 65 年　庞培挫败米特里达特斯（米特里达特斯后来逃到克里米亚并于公元前 63 年在那里自杀）。

公元前 65—前 62 年　庞培征服了叙利亚，处理了犹太的事务并改组了东方各行省。

公元前 62 年　庞培返回罗马。他按照罗马的惯例，解散了军队，以一个普通罗马公民的身份进入罗马，举行了凯旋式。

这一简表可以说明庞培怎样从一个少年军官达到了权力的最高峰的经过。但是，大家知道，元老院的寡头政权对他返回罗马后提出的两个要求（安置他的老兵和批准他在东方的措施）出于本身权益的考虑而都没有很大兴趣。这事在本书正文中已有所论述。元老院寡头集团特别害怕庞培的个人权力过大，不想给他以培植个人势力的机会，所以对安置老兵问题和批准他在东方行省的措施问题采取拖延的态度。而且，庞培在东方为了骑士等级的利益而实施的包税制度也是直接同寡头集团在行省的利益冲突的——高级长官卸任后照例要通过外放行省而发财，所以在共和国末期的政治斗争中指控行省长官贪污勒索的案件特别多。元老院的态度促成了庞培和恺撒的接近，前三头结成之后，恺撒和庞培事实上成了共和末期历史上的两个中心人物。

我们还可以把庞培同恺撒作一比较。论年纪，庞培生于公元前 106 年，比恺撒长六岁（从恺撒生年公元前 100 年之说），是老大哥的身份（有人说他们在少年时期就相识了，这当然是可能的，但没有文献上的依据）；论门第，恺撒当然比庞培高贵，但在他们当时，高贵门第的意义已经不大了（不过，对于顽固的共和派来说，门第的界限还是很严格的，小加图就敢于拒绝庞培攀亲的请求，这使我们想起晋渡江之后顾陆等江东大族对王氏的态度），倒是在地方上有实力的骑士等级出身的庞培更有影响些。庞培少小从军，一帆风顺，军事上胜利多于挫败，又深得独裁者苏拉的赏识，因而同苏拉攀了亲并且没有做到高级官吏便取得了凯旋的殊荣，公元前 70 年不到法定的四十岁便做了执政官。相比之下，恺撒直到公元前 68 年才正式踏上仕途，到远西班牙在同行政长官安提斯提乌斯·维图斯手下任一名财务官。正如本书所说，恺撒在青年时代也和热衷仕途的任何一个罗马青年一样，没有任何值得大书特书之处。当然，我们要肯定恺撒之所以为恺撒的特点，但是我们不能同意蒙森那样把恺撒捧得神乎其神，就像旧史家常用的手法那样，人一旦有了名就把许多神话传说附会到他少年时代上去。从各方面来看,三头时期的恺撒的声望、地位都远远不能同庞培相比。老实说,庞培根本不把恺撒看成对手,不把他看做是一个严重的潜在敌人,那是完全可以理解的。不可否认,恺撒凭借自己的亲属关系再加上他个人的“努力”,随后在扩充个人势力方面也取得了一定的进展:在公元前 65 年担任高级营造官时,他不惜举债为民众兴办各种表演;公元前 62 年任行政长官后,第二年出任远西班牙同行政长官身份的长官期间,他在今天葡萄牙的南部和加利奇亚山区对当地山区部族所进行的清剿看来是顺利的,他的士兵曾宣布他为统帅。这可能是当时他要求举行凯旋式的依据。但是他要想竞选公元前 59 年度的执政官,单凭这点资本看来是远远不够的。元老院反对他的力量比他要强大得多。

三头的结成说明共和国实际上已是名存实亡了。关于这一同盟,本书正文讲了很多,我在这里只承上面的意思补充一点,即它的译法问题。三头在拉丁语 triumviri 中就是“三人的组织”的意思,罗马的行政组织中用这种名称的很多,如果这个组织有十五个人,那么就叫 quindecimviri,可以译为十五人团。但在中文译名中三头给人以后来的“三巨头”(Big Three)的感觉(日本学者译为三头政治和这意思差不多,但日本有的学者译为“三人执政”就不对了,因为这三个人并不是罗马政府的首脑),况且,如上所述,庞培和恺撒的地位、身份、威望相去很远,二人绝不是分庭抗礼、平起平坐的关系。大多数历史教本都忘记指出这一点,而只有盖尔策尔才第一次正确地指出:“三个同盟者的实力是很不平衡的:庞培比克拉苏斯要强得多,恺撒则比起他们任何一个人来仍然只处于一个刚刚从政者的地位。”[①]本书作者虽然提到这一点,但是没有给

① 盖尔策尔,前引书,第 68 页。

以足够的论证。庞培和克拉苏斯不过是想利用恺撒当选执政官后的地位来满足自己的要求，并没有将来同他平分天下的意思。恺撒则是要借庞培的声望和他的实力击退元老院的反抗。所以说，恺撒审时度势提出这一联盟，并且不惜把自己的女儿嫁给比他自己年龄还大的庞培，是有其深远用心的。

总之，这一段的意思不外乎为本书作如下几点补充：

（一） 庞培瞧不起恺撒或者说不以恺撒为严重的对手有其具体的原因，绝非一次全国性的感恩祈祷就使他飘飘然起来。阿庇安指出："他（庞培——引者）从青年时代起一直没有打过败仗（引者按：这一点说得不对，因为阿庇安自己就记述了庞培在西班牙如何败在谢尔托里乌斯手里以及后来败在恺撒手里的事情），一直是最幸运的。他从二十三岁到五十八岁，一直行使专制君主的权力，从来不曾中断过……"①这样，对于门庭单薄、仕途不甚顺利、受过苏拉的迫害而且又负债累累的恺撒，庞培当然不放在眼里。只有在这一背景上，才能了解恺撒与庞培在解散军队的问题上并不处于对等的地位，才能了解为什么庞培在这个问题上好像十分顽固而迟迟不予答复，最后，在恺撒悍然挥军南下时，为什么庞培始终不曾作认真的准备。

（二） 说庞培在军事上无能，这也不完全符合事实。他一生中取得的胜利不能说每次都是侥幸的。但他在军事上缺乏恺撒那种果断和胆量，特别在政治上没有经验和主见，这却是事实。他从意大利本土撤到巴尔干之后，很快在那里立住了脚并且在海上陆上对恺撒都保持了优势的兵力。仅从这一点来看，即使说庞培处于措手不及的地位，他在军事上仍有很强的应变能力。恺撒孤军来到巴尔

① 阿庇安：《内战史》，第1卷，第86章。

干,已属冒险之举,而在杜尔拉奇乌姆一战中,正如本书作者所指出的,如果庞培能够穷追猛打,整个战局也许会完全改观。甚至恺撒本人在战斗的当天晚上对自己的友人也承认:“如果敌人当中有一个领导者懂得怎样取胜的话,战争今天就可能以彻底的胜利而结束了!”[①]庞培不这样做也正好说明了他轻敌的态度。

(三) 有人认为庞培离开离大利本土是一种失策,但不可忘记,元老院的主体是跟着庞培走的,正统的旗帜仍在庞培的一方面。单是这一点就给恺撒造成了很大的被动。况且,我们知道,就当时的形势而论,凡是有一点政治眼光的,谈到罗马时早已都放眼于整个地中海世界,意大利不过是它的一部分(当然是重要的一部分),只有保守分子才抱残守缺,死死地抓住罗马本城和罗马公民权这个“正统”不放。

但如上所述,从青年时便在军队中过活的庞培在政治斗争方面毕竟不如按正规仕途走过来的恺撒,特别在同元老院的关系上。当他从东方率军返回罗马的时候,整个罗马都怀着惴惴不安的心情望着他,那正是他个人可以左右罗马命运的大好时机。但是他却按照“父祖旧制”解散了军队,元老院对此虽松了一口气,但并未因此而感谢他。庞培的这种不识时务的做法理所当然地受到恺撒的嘲笑。庞培在政治上的不成熟和不坚定,在对秦纳、对列皮都斯、对元老院的问题上早就都有所表现,这里不拟作进一步的分析。元老院后来在恺撒的咄咄逼人的气势面前同庞培合作,是两害之中取其轻,因为庞培与恺撒从本质上来说都有个人野心,所有的人心里都清楚他们谁也不会诚心诚意地恢复共和传统。另外,如前所述,庞培虽屡掌统治大权,资历远远高于恺撒,但庞培不善

① 见本书原文第234页。

于搞帮派，不像恺撒那样有自己的一伙，使元老院穷于应付。庞培虽有自己的老兵，但他们还在东方便已取得了赏赐，各自归田经营自己的小天地去了，庞培即使跺脚①，他们也不会那么容易一招即来了。

三头的结成证明庞培个人已没有足够力量对付元老院。此外，三头又是一个起点，恺撒从此走上了通向取得独裁大权的道路。当然，这条道路不是平坦的，是要靠流血流汗才能一步步走过来。但无论如何，这是一条决定了罗马命运的道路。一直声势煊赫的庞培从此反而自觉或不自觉地成了这一过程中的配角。至于恺撒是不是像西塞罗和他的其他敌人所说的那样，从一开始便有独裁的野心，我看事实未必如此，因为后来他本人面临的形势是只能在独裁者和叛国者之间作出选择，"胜者王侯败者贼"，他当时是箭在弦上，不得不发也。恺撒在第三次担任执政官那一年(前46年)准备举行对高卢、埃及、本都和阿非利加的四重胜利的凯旋式时，西塞罗也看到了这一点，因而他写道："我们是他的奴隶，而他是环境的奴隶……他自己也说不定还会发生什么事情。"但有一点却是可以肯定的，即西塞罗所向往的，能以在广场和元老院通过雄辩的才能而顺利打开从政道路的日子是永远不会返回的了②。

西塞罗和恺撒

单是对西塞罗其人本身又可以写不止一本大书，不少学者已经这样做了。在本书，西塞罗是作为同恺撒对立的一个重要人物

---

① 参见本书原文第203页。

② 塔西佗的《关于演说家的对话》主要讨论这个问题。

出现的,因而连带产生了如何看待他同恺撒的关系以及如何评价西塞罗本人的问题。过去的情况往往是这样,要肯定恺撒就非得贬低西塞罗不可。蒙森者流便是这样做的,并且造成了相当的影响。西塞罗是不是应当受到贬低、否定,则史料(特别是西塞罗本人的大量作品)俱在,公正的学者自能得出自己的结论,但写给一般读者的东西,就应当特别审慎,不可给他们造成错误的印象。西塞罗在本书中虽属配角,但作者作为罗马史专家,对他似乎还有不够实事求是的地方。说到底,作者就是想否定和丑化西塞罗。西塞罗在这里被说成一个两面派,一个玩弄权术的政客。对此译者有些不同意见,想在这个问题上再补充几句就正于读者。

在本书结尾处作者精辟地指出:

> 毫无疑问,在革命动荡的时代,当着事件的全部层次都混到一起的时候,当着已经确立的关系、风习、制度遭到破坏的时候,最后,当着大量的人被卷入这种破坏(例如在共和国转向帝国时的罗马)的时候,牺牲是全然无法避免的,而且,不言而喻,牺牲还是不小的。然而牺牲与牺牲是不同的。有的牺牲尽管是无法避免的,但却好像是没有目的的,不是必要的,然而同时又总是有需要的,甚至必要的牺牲。而且这可以说是"来自街垒双方的"牺牲。但它们确实是必要的,因为它们不仅突出、标志着时代的嬗变,而且促进了这种嬗变。
>
> 当然,"从"共和国"方面"就作了这种必要的牺牲,他们是这样一些人:他们为了捍卫注定要灭亡的事业而进行了极其长期的、顽强的而主要的又显然是为时已晚的斗争。因此等待他们的就是灭亡。他们也的确灭亡了——不过一些人死得比较有声有色、富于戏剧性,而另一些人却死得无声无臭,在

历史上没有留下任何痕迹。为了这一必然灭亡的事业而作出了最引人瞩目的、悲剧的，然而又是必要的牺牲的人物中间就有西塞罗。（重点引者所加）

是的，正像塔西佗所哀叹的那样，雄辩的时代已经一去不复返了。不世出的伟大演说家来到了一个错误的时代。演说的天才虽然给他带来极大的声誉，但是不能实现他的政治抱负——共和国已经成了一个永远捕捉不到的幻影。应当说，西塞罗殉了他的理想，而且是问心无愧地殉了他的政治理想。

西塞罗的最引人注意的特点是：他是一位具有正统共和观点的所谓“新人”(homo novus)，即并非贵族出身而能担任执政官并跻身重要政治人物之中的人。西塞罗与庞培同岁，因此也长于恺撒六岁（按恺撒生于公元前 100 年计算），他于公元前 106 年生于一个中产的骑士家庭（属于平民的图利乌斯氏族）。他的父亲在拉提乌姆的一个小城阿尔皮努姆附近有一份小小的祖产，就当时标准来说，是一个比较有教养的人，十分重视两个儿子西塞罗和比西塞罗小四岁的弟弟克温图斯的教育。所以在西塞罗十四岁时，他的父亲就把他们兄弟二人带到罗马来学习，以便能学到在法庭上辩护所需要的一切（法学、哲学、修辞学等等）。据普鲁塔克的介绍，西塞罗小时聪颖异常，惹得同学们的父亲都特意跑到学校来看他。他很早就掌握了希腊语，并且擅长作诗。他年轻时译的阿腊托斯的有关天文学的叙事诗（Phaənomena）还有一部分（约四百行）保存下来。公元前 90 年，就是在同盟战争爆发之前，十六岁的西塞罗参加了军队，在庞培的父亲庞培·斯特拉波的麾下服役。西塞罗同庞培的关系就是从这时开始的。正如一位学者所指出的，他同庞培这种总角之交的关系使得西塞罗始终未能对庞培的缺点采取正确的态度。但庞培站在苏拉一方作战时期，西塞罗没有参与其中，从文献来判断，似乎是可以肯定的。

西塞罗在罗马史上是一个有争议的人物。对于此人，极端的评论家们真可以算得上达到爱之欲其生，恶之欲其死，爱则加诸膝，恶则投诸渊的程度。这一点并不奇怪。甚至今天也还是这样。人们所处时代不同，立场观点不同，看问题的方法也就千差万别，更何况老实说西塞罗本人也还是有不少缺点的。

其实，本书作者对西塞罗的指责，仍然是过去否定他的一个老调子，这种说法几乎两千年前就有了。在古典文献中有西塞罗和撒路斯提乌斯相互攻讦的两篇作品。后来经人们研究，确认这两篇作品不是两个人的原作，而是公元一到二世纪时期的修辞学的习作。不过这篇习作恰好集中反映了西塞罗去世后的一段时间里反对他的人对他的看法。比如，在撒路斯提乌斯对西塞罗的攻击中，就有这样的话：

> 最轻佻的变节分子，你时而站在这一边，时而站在另一边，但对哪一边也不忠诚；你是不可靠的元老，是出卖他人的保护人……
>
> 你有的是哓哓不休的舌头，贪得无厌的手，大得没有边际的喉咙，总是准备逃跑的两条腿。你是阿尔皮努姆的罗慕路斯[①]！你喜欢哪一边？谁是你的朋友，谁又是你的敌人？你在被你称为暴君的那些人的强大力量面前卑躬屈膝，而对于你先前认为是“最优秀的人物”的那些人，你又称他们是失去

---

① 大概因为罗慕路斯（王政时期罗马的第一位国王）杀死过自己的孪生兄弟列慕斯并且用不正当手法拐骗了撒比尼人的妇女。

理智的疯子……

你吹捧恺撒；这是你最憎恨的人，可又是你跟得最紧的人。①

这也正是本书作者所同意的“两面派”的画像。

巧得很，西塞罗自己在书信里也讲过类似的一段话，这些话曾给反对他的人抓住作为把柄：“如果我认为我的信只有收信人看，我是一个写法；如果我认为这信有许多人看，就是另一个写法。”这话一定对本书作者也产生了深刻的印象。但是，要抓住这段话指责别人是两面派，那可真有点冤枉。没有哪一个人给家人、情人写信和写准备给多人看的信或公开信会是一个样子。每个人总会有一些不愿意叫别人知道的私事，这是完全可以理解的，但并不是每个人都因此而可以被称为两面派。看来倒是西塞罗太书生气了，他这段话至多也只能证明这样一点。

至于本书作者所指出的西塞罗在信里时而谩骂时而又称赞恺撒，这也要具体分析。

西塞罗是一个爱国者——请注意，他爱的是不断扩张的罗马共和国，当然不是后来我们理解的国际主义的爱国主义者。凡是干出了发扬罗马共和国国威的事业的人他都采取赞扬的态度。对于恺撒在高卢的侵略性的征讨当然也不例外。西塞罗的弟弟克温图斯是恺撒的部下，恺撒出征不列塔尼亚时，克温图斯是同他在一起的。西塞罗对这次出征有点担心地写道：“这座岛的外围有许多绝壁保护着，而且现在人们弄清楚，在岛上一文钱的银子也没有，并且没有希望取得任何虏获物，除了奴隶，而且我并不认为你能取

① 转引自 M. E. 格拉巴里—帕谢克的俄译。

得任何懂得文学或音乐的奴隶[①]。"你看,这简直有如今天帝国主义分子的口吻了,然而讲这话的人却是罗马共和国正统的爱国者。恺撒在高卢的血腥征讨受到西塞罗的赞赏,西塞罗在书信中对这一点加以肯定也是应有之谊。

但是当恺撒大权独揽,有彻底破坏罗马的共和传统、罗马的"祖宗体制"的危险时,这就触怒了西塞罗,而他在同友人的通信中口吻也就改变了。作为罗马共和国正统思想的捍卫者,西塞罗对独裁者,无论是苏拉、恺撒还是后来的安托尼乌斯都不能容忍。这可能就是他在年轻时看来是有意识地回避了苏拉和马里乌斯之间的搏斗的原因。西塞罗在年轻时写过一首颂扬马里乌斯的诗篇,但这也和他对恺撒加以肯定时的情况一样,是因为马里乌斯征服了金布里人和条顿人,而不是因为他是民主派的领袖[②]。有人据此而断定西塞罗青年时是个民主派,公元前63年任执政官之后才改变立场,这种看法是不全面的,因此人们指责他从民主派转到元老院的寡头政权一方面也是没有充分根据的。在这一点上,我倒是同意饶尔夫的意见。饶尔夫认为,尽管西塞罗认识到人民群众的力量,并且乞求他们的支持,但是他并不是一个真正的民主派,绝不比恺撒更是一个民主派。[③]

把出身和政治信念机械地等同起来是一种形而上学。拿我们的例子来看,地主富农的子弟走上革命道路的很多,这是为许多主观的和外在的因素——爱国思想、教育水平等等——所决定的。从西塞罗所受的教育来看,他是很难对民主政治表示同情的。他接触到的柏拉图的学园派哲学告诉他:贵族奴隶主的共和国才是

---

① 在古罗马,漂亮、有才艺或有学问的奴隶的价格高得惊人。

② 马里乌斯和西塞罗一样,也是一个"新人"这一点肯定为西塞罗所欣赏。

③ 饶尔夫:《西塞罗》,第21—22页。

最理想的政治体制，而最不足取的则是奴隶主民主制度。柏拉图同时极力反对僭主政治，因为它同贵族奴隶主共和国的统治寡头是对立的。理想的政体在西塞罗的心目中就是古老的罗马共和国，就是在他当时已遭破坏的古老的共和政体。这也正是西塞罗所以欣赏波利比乌斯①对罗马政体的看法的原因。波利比乌斯认为，罗马所以能取得世界霸权，是因为它把君主政体、贵族政体和民主政体三种要素适当地混合在一起的缘故。此外，还要提到对他发生影响的法学教师即两位同名的克温图斯·穆奇乌斯·斯凯沃拉。第一位有“占卜师”(Augur)之称的斯凯沃拉，是公元前117年的执政官，这位信奉斯多噶派哲学的著名法学家就是出现在西塞罗的《论友谊》(*De Amicitia*)、《论共和国》(*De Republica*)和《论演说家》(*De Oratore*)中的那一位。斯凯沃拉的外孙女(路奇乌斯·李奇尼乌斯·克拉苏斯的女儿)嫁给了马里乌斯的儿子，而公元前88年苏拉占领罗马时，他虽持反苏拉的立场，但是不能因而说他就是一位民主派。在苏拉和马里乌斯之间，他大概持调和的、中间的立场，这种折中调和的立场和后来的西塞罗的作风颇有相似之处。第二位有“司祭”(Pontifex)之称的斯凯沃拉是前一位的从兄弟，他是公元前95年度的执政官，也是一位著名的法学家。这位“司祭”在公元前82年被小马里乌斯下令处死，可见更不会是一位民主派了。至于当时流行的伊壁鸠鲁(公元前341—前270年)的学说，那么它肯定不合西塞罗的口味，因为这种学说号召人们放弃政治活动，而以直观的内省的修养办法达到所谓不动心的境界。

西塞罗的事业心很强。他渴望通过从政干一番振兴共和国事

① 罗马时期的希腊历史学家(约公元前203—前120年)。

业;反对他的人则把他的这种事业心说成是一种野心或虚荣心。西塞罗在公元前61年给他的好友阿提库斯的一封信里把他们两人作对比时指出:“我们之间的唯一区别就是我们各自自愿地选择了不同的生活方向。要知道,我对于荣誉的渴望使我走上了从政的道路,而你的完全无可非难的意图则使你过着私人的宁静生活。”①

西塞罗就是抱着恢复斯奇比奥时代的罗马共和国的雄心壮志踏上了自己的仕途的。但是他一走向外部世界就遇到了个人的权力之争:他没有看到在扩大了的罗马共和国,统治权的集中是必然趋势,而这种集中要通过残酷的斗争来进行。他虽然对罗马的武力扩张抱着赞许的态度,但是在内部纠纷方面却不主张兵戎相见。他所主张的节制、调和、妥协,这实际上是一种害怕变革的保守思想。

但是在形势的逼迫下,他虽在一定程度上避开了老一辈的马里乌斯和苏拉之间的直接斗争,但是又不可能不卷入同辈的庞培和恺撒之间的斗争。

本书作者有意无意间给读者一种印象:西塞罗是不诚实的,是一个政客。政客是靠搞政治谋取私利的人,如果是这样的话,西塞罗完全可以随波逐流,何况以他的地位和声望,无论在哪里做官,都可以捞到不少油水。特别对于恺撒,只要西塞罗稍稍迁就一下,甘心为恺撒的独裁统治效劳(何况恺撒在金钱上又是那样“豁达大度”),他简直可以说能够满足自己一切物质上的需要,做一个大富豪完全不成问题。大家知道,对罗马高级官吏来说,外任行省长官就是发财的一个同义词,可以说,凡是从行省归来的人,无不腰缠

① 《致阿提库斯书》,第1卷,第17章。

累累，然而声名狼藉。也和我们的所谓"三年清知府，十万雪花银"一样，西塞罗一任长官下来，仅合法的收入（养"廉"之俸！），折合今天的人民币就有五六十万①，那么贪官污吏搜括勒索规模之大就可想而知了。西塞罗存到以弗所的一位银行家那里的这笔钱，在庞培同恺撒的内战开始时就由他交给庞培使用了。他本来完全可以保留这笔钱自己享用，但他这样做并没有私人勾结的意味，而是为了挽救共和事业。再比如，恺撒从高卢满载而归时，曾以无息或低息的借款笼络过一批等钱用的元老，西塞罗也借过恺撒的钱，但当他发现他们在政治上分歧日益扩大时，就设法还清了这笔借款，绝不拿原则做交易。西塞罗是个有高度教养的人，社会活动多，好客，爱好又是多方面的（文物、书籍他都喜欢），但他的祖产只是中等水平的，因此他常常感到手头拮据是不足为奇的。特别要指出的是，他在辩护活动中是遵守秦奇乌斯法规定的不收费的条款的，当然这并不排斥其他形式的报酬。在为债务所迫的情况下，有时他也为他认为未必有理的人进行辩护，说了一些违心的话。西塞罗不是完人，对这一点我们也不必过分指责。但总的看来，西塞罗是一个十分廉洁的人，是共和末期罕见的没有贪心的人。正像提图斯·李维所说："如果把西塞罗的功过加以权衡，则他是一位高尚而伟大的人物，值得后人纪念，我们需要另一位像西塞罗那样的雄辩家来称颂他。"帝国初期的伟大罗马史家能对西塞罗作出这样的评价，可见西塞罗的所作所为当时自有公论，不是能随便歪曲、丑化的。甚至他的政敌奥古斯都后来在发现自己的一个孙辈偷读西塞罗的作品时都不能不指出，西塞罗是一位雄辩的有学问的人，一位真正爱自己国家的人。

---

① 据我个人间接的估计，不一定准确，供参考。

西塞罗在男女关系和婚姻问题上，就当时普遍十分糜烂的社会风气而论，他的洁身自爱也是罕见的。他的方正的品行同恺撒在这方面的放纵形成极其鲜明的对照。在传世的有关文献中，从来没有关于西塞罗在这方面的流言飞语。然而，他的婚姻生活也不是圆满的。由于不大清楚的原因，他终于同结缡三十年的特伦提娅离婚了。有人认为这是因为特伦提娅家务管理得不好，给他造成了经济上的困难，但论据并不充分。离婚后，他同他的被保护人、富有的普布利利娅结了婚。看来，这次结合更多是出于经济上的原因，但普布利利娅又容不得西塞罗的女儿图利娅，因而图利娅去世后，他们很快又分手了。当然，西塞罗因为过分偏爱女儿而引起普布利利娅的不满，在这件事上他可能负有一定的责任。

西塞罗是抱着自己的坚定政治信念参加政治活动的。他不玩弄权术，不搞阴谋，根本说不上是两面派；他无论推许、赞扬或批评、斥责恺撒，都是严格地从他的政治标准出发的。他敢于在恺撒的独裁统治下发表赞扬恺撒的死对头小加图的文章，这绝不是只求苟安的庸人或自私的胆小鬼所能做到的。他反对恺撒，但是没有参加刺杀恺撒的阴谋(想来参加阴谋的人们也了解此老的性格，所以不敢拉他)，这一点也说明，他搞的是堂堂正正的政治斗争。

恺撒死后三星期，西塞罗的一位友人对他说："局势太可怕了，简直没有摆脱混乱的办法，如果连恺撒这样有才能的人都垮掉了，谁还有成功的希望呢?"西塞罗当时表示，他不敢说恺撒就一定错了，可见在恺撒独裁时，他仍在从旁观察、思索，还想按照自己的信念寻求解决的办法。但事态的发展很快就使他看到恺撒之死并没有解决任何问题，事情也并没有像阴谋者所设想的那样发展。共和国的一套体制名存实亡，对当时的局势已起不了任何作用，人民群众被吓得目瞪口呆，手足无措，阴谋者本身也没有力量控制当时的局势，所以西塞罗认为虽然他们的勇气可嘉，却做了一件轻率鲁莽的事情。他的调和手段也丝毫未能阻止事态按照自身的逻辑发展下去。当西塞罗看清楚安托尼乌斯是何许人的时候，他把希望又寄托到屋大维身上，但屋大维在帮助恢复共和这一点上来说，绝不比庞培更好些，如果不是更坏些的话。西塞罗始终没有放弃自己的原则斗争，但他自己没有军队，没有自己的一伙人，就凭着自己对古老的共和的忠诚信念，挺身而出发表了矛头直接指向安托尼乌斯的一系列演说，并为此献出了自己的生命。再说一遍：他出生在一个错误的时代，但这并不妨碍他成为一位杰出的演说家、政治家，一位伟大的悲剧性的人物。

罗马的婚姻与妇女问题

本书里出现的婚姻关系问题可能使我国读者感到有些迷惑。比如说，恺撒曾把女儿嫁给庞培，后来却又向庞培建议娶庞培的女儿[①]（尽管不是优利娅的孩子），同时建议庞培娶恺撒的姊妹的外孙女屋大维娅（奥古斯都的姊妹[②]）。婚姻关系为什么能乱到这种程度？把罗马妇女当成政治上裙带关系的筹码，这是不是正常现象？古罗马妇女的地位如何？婚姻关系如何？本节想就这方面作一点补充。

本书着重指出亲属关系在罗马政治上的举足轻重的作用，这是必要的。然而这种现象岂止罗马一地为然，它几乎是贯穿于整个历史时代并遍及于一切国土的。在我国正史中，从《史记》开始，

---

① 庞培的女儿庞培娅已许给了法乌斯图斯·苏拉(Faustus Sulla)（据苏埃托尼乌斯：Fausto Sullae destinatam)，当时实际上她可能已经结婚了。

② 她已嫁给了盖乌斯·玛尔凯。

皇亲国戚始终占有重要地位。西方王国的统治家族之间也大都有亲属关系。

在太古之世人类“但知有母，不知有父”，这一点罗马人也清楚。西塞罗就提到那时“人们根本不知道什么合法的婚姻，谁也不知道谁是自己的合法子女”①。但是在传说的共和国初期，史料表明罗马的主导的婚姻形式已经是一夫一妻制了。丈夫在一家之中占绝对的统治地位，很像是我国三纲之中的“夫为妻纲”。罗马法十分完备地规定了丈夫对妻子儿女的权力（potestas）。一个女孩子在家中受父权（patria potestas）的统治，嫁到夫家之后，就从父亲的统治之下转入丈夫之手（in manum）。后来还有一种仍旧留在父亲或其他法定代理人的统治下而不转入丈夫之手的婚姻（sine in manum conuentione），这样丈夫就没有权力处理她的财产。这种婚姻比起前一种来，对妇女是意味着一定的解放。

据罗马法，法庭承认妇女可以通过三种婚姻方式转入丈夫之手：共食婚（confarreatio）是最古老的也是贵族气味最浓的婚式——关于这种婚式，本书正文和译者的有关注释②已作了若干说明，所以在这里我们只补充狄奥尼西乌斯的一段话，用来说明通过这种婚姻结成的夫妻关系：“这种婚姻使他们结成不可分的紧密而牢固的关系，任何事物都不能拆散这种婚姻。法律规定妻子在生活中只能取悦于自己的丈夫，因为她无处可以申诉，而丈夫则统治他们的妻子，就和他的必不可缺的物品一样。”③

由于一般平民没有资格采用共食婚式，所以就产生了第二种婚式，即买卖婚（coemptio）。买卖婚是平民的主要婚式，后来它就

---

① *de inventione*（i，2）。

② 参见本书原文第43页。

③ 狄奥尼西乌斯：《罗马古代史》，第2卷，第25章。

成了最通行的婚姻方式(共食婚的仪式过于烦琐)。这种婚式是模拟购买方式:丈夫支付某些象征性的代价把妻子买到手。至于第三种婚式即习惯婚(usus),则是以《十二铜表法》为依据的:连续同居一年即可视为正式的婚姻关系。如果这中间有连续三夜(trinoctium)的中断,丈夫的权力即不复存在,而妇女仍旧回到父亲的权力统治之下。后来三种婚式的具体仪式其实是大同小异的,因为人们更关心的是婚姻关系,而不是形式。

至少从理论上说,由于妇女的这种地位,可以认为在传统中,罗马共和国建国以来几百年中间从来不存在离婚的问题,而只是丈夫处死或休掉妻子。狄奥尼西乌斯就指出,如果妻子不贞或者饮酒,则有丈夫参加的家庭会议就把她处死。普鲁塔克的《罗慕路斯传》里也有如下记载:"他(罗慕路斯——引者)还制定了一些法律,其中最专断的一条就是妻子不能离开自己的丈夫,但丈夫却能因为妻子毒杀自己的孩子、仿制钥匙或不贞而休掉自己的妻子。如果有谁在这些理由之外休掉自己的妻子,则他按规定得把一半财产分给她,一半献给凯列斯神的神殿,因为休掉妻子的人是要向克索尼亚诸神①献祭的。"②

在后一种情况下,比如不育,虽然也成为休妻的理由,但对女方来说这并不是不光彩的事情,因此可以保有自己的妆奁。如果是因为不贞而被休,财产就归丈夫所有了。

至于妻子应当怎样对待丈夫的不贞行为,那么普劳图斯的《美奈克穆斯孪生兄弟》中父女的一段对话是很有代表性的:

---

① 即冥界诸神。

② 《罗慕路斯传》,第22章。

女：（自白）我得去找他。（对父）您好，爸爸。

父：您好，您好，什么您好，您好的？为什么你叫我来？为什么你今天这么不高兴？为什么他愤怒地离开你？你们俩吵架了。跟我说，是谁的过错？简单点，别啰嗦。

女：我什么事也没做。真的，什么事也没做。但是我不能住在这里了。带我走吧！

父：怎么回事？

女：他出我的丑。

父：谁？

女：您把我许给的那个男人——我丈夫！

父：嗤，嗤，嗤！吵嘴啦！我告诉你多少次，不要到我这里来诉苦，无论是你们哪一个。

女：实在没办法呀，爸爸。

父：你找我就这件事！

女：对。

父：我跟你讲过多少次，要讨你丈夫的欢喜，不要总是盯着他，看他干什么，到哪里去，想些什么。

女：可是他有了个姘头，就在隔壁！

父：他是个通情达理的人。可是你越计较这事，他就越爱她。没错儿！

女：而且他还在那边儿喝酒。

父：也许在那边儿，也许别的什么地方，你管得了他吗？你还有脸这样说！……

女：爸爸，我请您来是为我讲话，不是为他讲话的。可现在您却给他而不是给我分辩。

父：如果他有什么错儿，那我对他会比对你更严厉。但是他给你衣着首饰，给你吃的，给你侍女使用，你应当懂事，孩子！①

从古罗马的文字材料来看，情况虽大致如此，但事情也还有另外一面。女孩子虽然往往被父亲用作结成裙带关系的筹码，这并不说明罗马的妇女在家庭中，在政治上不起任何作用。史家们一致承认，恺撒的女儿优利娅嫁给庞培之后，她在维系父亲与丈夫之间的良好关系方面是起了相当关键的作用的。如果优利娅死在他们两人之中任何一个人的后面，那历史的进程说不定就会有很大的不同。就恺撒个人的经历来说，他的高度文学修养恐怕就和母教有关，而他在婚姻问题上得罪苏拉也是靠了母系亲属的保护才免遭追究的；他进身的凭借也在母方。因此，尽管从理论上，共和国只是男子大显身手的地方，妇女没有任何政治权利②，而只是丈夫手中的物(res)，但她们的作用是不容忽视的。

条文和事实当然并不总是一致的，我们还可以引素称严厉的老加图说过的话来证明相反的情况："各民族的男人都统治他们的妻子，我们统治各民族，而我们的妻子统治我们。"普鲁塔克在《老加图传》里的一段话也可以透露这方面的消息：

他(加图——引者)是一位好的父亲和好的丈夫(引者按：不依"法"行使丈夫的绝对权力)，并且在私生活中是个十分节约的人，虽然他并不鄙视弄钱或者认为就他的才能而论他不屑于干这等事。……他娶了一位出身高贵然而并非富有的妻

① 第787行以次。
② 人民大会就不许妇女参加。

子，因为他认为，虽然出身高贵和富家的妇女都是横傲和盛气凌人的(引者按：这就不像法律所规定的那种地位了)，但出身高贵的妇人更耻于干坏事，因而使她们的丈夫能把她们引上正途[①]。他常说，殴打自己妻子或儿子的男人是把亵渎之手加到最神圣的事物上去(引者按：这又根本同法律条文相抵触)。他还说他宁愿做一个好丈夫也不想当一位大政治家，对于哲学家苏格拉底，他最欣赏的是苏格拉底对他的凶悍的妻子和愚蠢的孩子所表现的耐心和仁慈。[②]

结了婚的妇女在家里是女主人(matrona)，一切家务都由她操持：奴隶干活，她也同样干活，许多显贵人物的衣服都是主妇亲手纺线、织布、制作出来的。家庭教师一般是奴隶担任，但有教养的女主人仍要时时过问，甚至亲自执教。撇开法律上的条文不谈，她即使不是和自己的丈夫平起平坐，至少也是一位得力的内助，因此在我们接触到的罗马妇女的大量墓志铭中，她的丈夫总是不忘记提到妻子的节俭、勤快、细心等等。不过有一点值得特别提出的，就是这种结合主要是从经济观点和生理观点考虑的(在豪门之间则是政治性的结婚)，正如罗马史家塔西佗所说，真正的罗马人的婚姻是没有爱情的，即使他爱，那也不是内涵丰富的爱，而是不尊重对方的爱。说到底，妇女的任务不过是主持家务和生儿育女而已。从史料来看，至少到共和末期，情况没有很大的改变。

正是由于婚姻是没有爱情的，所以女孩子很容易成为政治交

① 此系译者对原文的理解，这一句的原文与译法各本各家出入很大。

② 《老加图传》，第20章。

易中的方便筹码：只要需要，婚姻可以随便拆散，另行组合，而且越是豪门这种事情干起来越方便。什么共食婚永远不能拆散，那只不过是古老的神话罢了。原始的、本能的爱才是“粗犷的”罗马人的特色。柏拉图式的恋爱是根本同罗马人无缘的。罗马人的所谓爱就是这样，而每年3月17日举行的利贝尔神的节日利贝腊利亚节(Liberalia)就颇能说明罗马人这一特点。在这个节日里，在后来的文明社会里避讳甚深的东西都要公开展示出来，这种做法对不熟悉古罗马文化背景的人(也包括在基督教文明中培养起来的西方人)是无法理解的。在最古老的拉丁语中，从今天的观点看来不登大雅之堂的猥亵词语特别多，古罗马人也特别善于开这方面的玩笑(这一特点给文艺复兴时代的意大利人甚至法国人继承下来了)。在这样的背景上，连罗马的第一流的大诗人贺拉斯也竟然吟出了他喜欢廉价的、方便的爱的诗句就不足为奇了(《讽刺诗》，i,2,116)。

因此罗马人在正式的婚姻生活之外，把随便到外面去寻欢作乐，视为常事。当斯奇比奥·阿非利加努斯的妻子特尔提娅明知道自己的丈夫同一个侍女[①]有不正当的关系时也只好装聋作哑[②]。甚至素称严厉的老塞内加也不得不给青年人辩护：“他没有做任何错事，他爱上了一个妓女，这没有什么，他是年轻人嘛！当他有所改进之后，他会娶一个妻子的。”

另一方面，随着妇女地位的改善，作为男子的放纵行为的一种反应，离婚的事件越来越多了。在恺撒的时代，离婚的事件已经相当普遍，此后这种风气就更加一发而不可收拾。小塞内加(老塞内

① 当然是女奴隶。

② 瓦列里乌斯·玛克西姆斯，vi,7,1。

加的儿子)慨叹说:“现在肯定没有任何一个妇女会因自己离婚而脸红,有些显贵的妇女不是用执政官的名字而是用她们的婚姻来计年的。她们离婚是为了结婚,结婚是为了离婚!”

再看一下优维纳利斯笔下,那种把离婚当做家常便饭的妇女的形象又是怎样的:

> “把奴隶钉死在十字架上”(妻子说)。“可奴隶犯了什么罪要钉死?证人在哪里?又是谁告发了他?总得问个清楚;在处死一个人之前,怎么耽搁也不能算久。”(丈夫说)“你这混东西,竟把这奴隶叫做人?你说他没犯罪?
> 就算这样吧,但这是我的愿望,我的命令,就是我说了算!”
> 她就这样主宰着丈夫,但不久她就离开了自己的王国,
> 戴上结婚的面纱,从一家到另一家,
> 然后又回来:那床上还保留着她的体温;
> 抛开刚刚装修的门,墙上庆祝的饰物,
> 而门口的花朵还没有枯萎——
> 这样,她的丈夫的数目增加了:在五个秋天里
> 她有了八位丈夫——这都可以刻在墓碑上!①

大略介绍了上述情况之后,恺撒的婚姻情况就容易理解了。恺撒一生正式结婚就有三次(但苏拉和庞培各有五次!):第一次是娶了秦纳的女儿科尔涅利娅;科尔涅利娅死后娶了苏拉的外孙女庞培娅,庞培娅是因为同克洛狄乌斯有私而被恺撒休掉了的;最后恺撒娶了皮索的女儿卡尔普尔尼娅。在这种正式的婚姻之外,恺

---

① 《讽刺诗》,第6卷,第219—230行。

撒的"活动"是多方面的。苏埃托尼乌斯就说恺撒"勾引过许多出身高贵的妇女,其中包括谢尔维乌斯·苏尔皮奇乌斯[①]的妻子波司图米娅、奥路斯·伽比尼乌斯[②]的妻子洛利娅、玛尔库斯·克拉苏斯的妻子特尔图利娅,甚至格涅乌斯·庞培的妻子穆奇娅。……但恺撒最爱的却是玛尔库斯·布路图斯的母亲谢尔维利娅。在他第一次担任执政官时,他为她买了一颗价值六百万谢尔特尔提乌斯的珍珠。内战期间,除了其他礼物之外,他还在一次公开的拍卖中以名义价格为她买下了一批精美的别墅,而当人们对价格之低表示惊讶时,西塞罗打趣说:'这场交易比你所设想的还合算,因为还有第三者[③]呢!'实际上,人们认为谢尔维利娅连自己的女儿特尔提娅也搭给了恺撒……他在行省也有这类的纠葛。这一点特别从士兵在为征服高卢而举行的凯旋式中唱的叠句歌看出来:'罗马人,看管好你们的妻子,这里可有一个秃头的色鬼。你们把在罗马这里借来的黄金,在高卢花在寻欢作乐上。'他同王后们也有恋爱关系,其中包括波古德斯的妻子摩尔人优诺耶——正如纳索所写的,他给了她和她丈夫许多名贵的礼物;但特别应当指出的却是克列欧帕特拉:他常常同她彻夜饮宴……保民官埃尔维乌斯·索纳向某些人承认,恺撒曾命令他起草一个相应的法案,即当恺撒不在罗马的时候,为了能有子嗣,他无论同任何妇女结婚以及无论同多少妇女结婚都是合法的"。[④] 苏埃托尼乌斯的话真真假假,未可尽信,但证之以其他文献,他的话也未必太过分。从我们

---

① 当指谢·苏·茹福斯(S. S. Rufus),他是公元前51年度执政官,公元前46年任阿凯亚的长官。

② 庞培的副帅,公元前58年度执政官,本书正文多次提到此人。

③ Tertia,谐音特尔提娅。

④ 苏埃托尼乌斯:《圣优利乌斯传》,第50—52章。

东方的伦理观点来看，恺撒在这方面简直是个无法容忍的、道德败坏的人，但历史唯物主义者只能把他放回到两千年前罗马那个具体环境里去评价他。

第一章

世界史学中恺撒的形象。有关恺撒的神话

盖乌斯·优利乌斯·恺撒是历史上罕见的重要人物之一。他的形象并不因年深日久而磨灭其光彩,他的声誉也经得起时代的考验。他是一位具有多方面天才的杰出统帅和同样杰出的国务活动家;对于这一点,世世代代的人们看来是没有任何争论的。恺撒就是带着这样一些头衔,这样一些出色的评语出现在历史之中的。但实际情况是否如此?人们是否始终这样认为?第一个问题要用一整本书来回答;对于第二个问题,则我试图在这一章里给以回答。

恺撒的同时代人和离开他很近的后人们如何评价他?在着手综述这些人的意见和述评之前,我们认为,不妨先弄清楚——如果可以这样说的话——这些评价本身的价值的问题,也就是说,它们可信到什么程度的问题。首先,对于某个人物的历史意义的客观评价,较之对于某一事件的估价,总是更加复杂和更加难以掌握和处理的。其次,由于各种不同的原因,对于恺撒的同时代人和离开他很近的后人们所提供的证据,在这样的情况下,人们要采取十分审慎的态度(cum grano salis)。

同时代人所提供的证据毫无疑问是十分珍贵的,因为这些资

料来自直接的感受，保存了有关这样一些细节的知识和对于这样
一些不同色调的感觉，而这些东西在不是直接参加或亲眼看到那
4 些事件的人们的记载中几乎总是看不到的。最后，任何人也不能
像同时代人那样程度地把环境的最有代表性的特点、“时代的气氛”把捉住并表达出来。同时，任何人也不是如此经常地受环境的影响和个人偏爱的制约，因此也就不能对任何一个历史人物的意义从总的方面加以公正无私的估价，更何况任何一个同时代人都没有在回顾本身中所包含的那些客观的优点。

从另一方面来说，后人、后来世世代代的代表者却总是并且名副其实地是受回顾的影响的。他们并不能摆脱这种影响，他们的一切感受都受这种影响的制约，因而他们犯这样一些错误：作目的论的评价，作出似是而非的结论，陷入危险的历史偏差。许多历史活动家的命运和身后的声誉——顺便说一下，后面还要谈到其中的某些人——可以作为这种情况的最好的例证。

话虽如此，这类文献还是十分重要的。就我们的情况而论，如果考虑到同时代人的话，那么，显然应当从恺撒的“自我评价”开始，而这些评价就保存在他自己的回忆录里。在所谓《恺撒著作集》(*Corpus Caesarianum*)中，有一些作品保存到今天，它们是：《高卢战记》[1]、《内战记》[2]，还有《亚历山大战记》[3]、《亚非利加战记》[4]，最后则是《西班牙战记》[5]。虽然这些作品被收入了《恺撒著作集》并且通常冠以恺撒的名字，但它们却远非出自恺撒一人之

① *De Bello Gallico*——译注
② *De Bello Civili*——译注
③ *Bellum Alexandrinum*——译注
④ *Bellum Africum*——译注
⑤ *Bellum Hispaniense*——译注

手。前两部作品毫无疑问是恺撒撰述的(但《高卢战记》的最后一卷,即第八卷则是恺撒手下的一位著名的将领奥路斯·希尔提乌斯①写的),而其余的作品则出自他的战友和部下之手。关于《亚历山大战记》和《阿非利加战记》的作者,早在古代人们便提出了各种各样的说法和猜测(人们举出了恺撒的一位知心朋友欧皮乌斯以及同是那个希尔提乌斯的名字②)。有关《西班牙战记》的作者,则人们甚至连一个假想的作者也提不出来。关于此书,我们只能指出,保存下来的本子残缺得很厉害,它大概是恺撒部队中的一位下级军官,甚至可能根本不是军人写的③(不过作者肯定是事件的参加者)。

当做史料来看,恺撒的《战记》(和《著作集》中其余作品)的意 5
义,下面我们还要谈到④。现在我们注意的只是这样的问题:通过恺撒的回忆录,我们看到的他的形象是怎样的;在有关高卢战争和内战的札记中,他本人突出了本身的人格和性格方面的哪些特点。人们早就注意到,具有鲜明倾向性的回忆录(当然,特别是《内战记》)写得十分巧妙,能够给人以十分可信的印象。恺撒(就像色诺芬在《长征记》⑤里那样)始终只是用第三人称来谈到自己的,这一点再次强调了他的叙述的客观性和真实性。

---

① 希尔提乌斯自公元前 54 年起在恺撒麾下服役,内战期间他在西班牙和东方服役。恺撒死后第二年,即公元前 43 年他任执政官,同年他参加屋大维(奥古斯都)解木提纳之围,在此役中战死。——译注

② 《圣优利乌斯传》(即《恺撒传》),第 56 章。

③ 按此书记述水平低,文字也不甚通顺,故而人们有此推测。——译注

④ 见本书原文第 114—116 页。

⑤ 色诺芬(约公元前 430—约前 355 年),古希腊历史学家、哲学家,苏格拉底的学生。他的《长征记》一书记述他在前 401 年随波斯国王小居鲁士(大流士二世的儿子)进行反对阿尔塔克谢尔克谢斯二世的远征的事情。这次出征失败后,作者曾在一万名希腊雇佣军的撤退中起领导作用。——译注

在恺撒的“自我描述”中，我们看到怎样的一些基本特点呢？在《高卢战记》中，作者对自己的军事才能作了重点的叙述：他行动迅速，富于机动性，有很大的预见性并且善于预测敌人的意图。作者完全以行家的身份记述了一系列大规模的战斗。我们看到的作者绝不仅仅是一位军事方面的业余爱好者，而是一位精通军事的专家，一位富有经验的天才统帅。

部分地在恺撒的第一部著作里，而主要是在《内战记》里，作者还突出了“自我描述”的其他特点：对敌人温和、仁慈；深受士兵的爱戴；战士们对自己的统帅极为忠诚。而且，作者对这一切又没有任何着意渲染之处，有时仿佛只是顺便提到，因而给人以完全合乎客观实际的印象。但是，如果我们考虑到，在两部作品里恺撒的名字以这种不显眼的方式竟然提到七百七十五次之多，那么这种“客观”与“谦逊”也就如同他始终以第三人称提到自己的做法一样，有稍稍不同的色调了！①

总之，我们可以认为，收入《恺撒著作集》的无论恺撒本人的还是其他作家的作品，都是在古典文献的历史上占有一定地位的一
6 种特殊体裁的典范。而且，这种战争回忆录的体裁所以值得重视，是因为在这类著作里，文献资料的利用是同“军事小说”的要素别致地结合在一起的。

西塞罗的保存到今天的大量作品对于评价恺撒其人是十分重要和引人注意的。西塞罗不仅是恺撒的同时代人，而且他的命运和政治生涯同恺撒有密切的联系，在很大的程度上决定于恺撒，这种在程度上时而不同的密切联系在恺撒的一生当中是不曾中断

---

① 巴尔斯顿(J. P. V. D. Balsdon)：《优利乌斯·恺撒：政治传记》(*Julius Caesar, A Political Biography*)，1967年纽约版，第104—105页。

的。因此，关于罗马历史上这两位如此重要而又如此不同的活动家之间关系的问题，人们写下了大量的作品：有关恺撒的作品没有，也不可能有一部能不谈他同西塞罗的关系的问题，就如同在涉及西塞罗的生平和事业的著作里，不可避免地要有恺撒出现一样。此外，还有一系列的研究作品是专门探讨他们之间关系的历史的。这样的著作可以举出威尔里希（H. Willrich）的《西塞罗和恺撒。在元老院的统治和神圣王国之间》（*Cicero und Caesar. Zwischen Senatsherrschaft und Gottkönigtum*）（1944 年，戈丁根版）；洛斯曼（F. Lossman）的《公元前 54 年的西塞罗与恺撒》（*Cicero und Caesar im Jahre 54*）（1962 年，威斯巴登版）和盖尔策尔（M. Gelzer）的《西塞罗和恺撒》（*Cicero und Caesar*）（1968 年，威斯巴登版）。

在这样的情况下，我们不能，也不应该详细论述这个问题。但是有一切理由来谈论恺撒对伟大演说家的极为“容忍的”，甚至在某种程度上是“爱护的”态度。内战爆发时，恺撒试图把他拉到自己一方面来，要求他给予建议和支持，而且甚至在西塞罗公然投向庞培的一边并且到庞培的营地去之后，恺撒都没有把他算到敌人中间去，而在恺撒以胜利者的身份返回祖国后，还对他表示明显的善意态度。而最后，当西塞罗在内战的最后一次战役期间为恺撒的不共戴天的敌人加图发表颂词的时候，权力极大的独裁官不仅赶忙对此作出回答，他甚至好像表示歉意似的，说西塞罗不要把他的“军人的话”同杰出的演说家的优美的语言相比①。

恺撒对西塞罗的态度大致就是如此。但在当前的情况下，我

① 普鲁塔克：《恺撒传》，第 3 章，再参见普鲁塔克：《西塞罗传》，第 39 章。译者按：公元一世纪罗马统治时期的希腊历史学家普鲁塔克的作品有很多演绎的成分，不能作真正的史料来看待。

们感到兴趣的毋宁是相反的问题：他同时代的最杰出人物之一是如何看恺撒的，是如何评价他的事业的？不过对于涉及这一估价的问题，人们的回答却未必是一致的。问题在于，在我们考察了西
7 塞罗的传世作品之后，至少可以发现三种不同的评价，三种不同的恺撒形象，它们就在不怎么长的时间当中依次出现。

使西塞罗重新审查自己观点的决定性关头，就是公元前 44 年 3 月 15 日恺撒在元老院被刺的事件。然而改变的与其说是评价的意义或内容，不如说是它们的程度。但这却带来了在质量上是新的某种要素。不过，即使在那一决定性关头以前，也就是当恺撒在世的时候，评价在性质上也并不是一致的。一切都要看这些评价出现在西塞罗的著作的哪一部分里面。有一部分可以说是非正式的，例如西塞罗同友人的通信；有一部分，如演说和论文，则是正式的。在这两部分当中存在着不同的说法、评价、描述。这一事实是未必需要特别加以解释的。

在西塞罗的传世的大量书信当中(他在书信中可以直截了当、无所保留地表述自己的看法)，他把恺撒主要看成是一个政治上的阴谋家和冒险家，看成是一个极力想推翻现存的国体和攫取独裁大权的人物. 不过西塞罗在书信中最初提到恺撒时，他的态度却是相当中立的：只有在谈到克洛狄乌斯的丑闻[①]时，恺撒的名字才出现。但是当人们刚刚看清楚三头(Triumviri)[②]的轮廓时(且不

① 参见本书原文第 86—87 页。译者按：普布利乌斯・克洛狄乌斯・普尔凯尔(Publius Clodius Pulcher)生于公元前 92 年左右。他同恺撒的妻子有私。在公元前 62 年 12 月一年一度的、为“善良女神”(Bona Dea)举行的节日里，他化妆为女人混入恺撒家中并当场被捉住。前 61 年对克洛狄乌斯进行审讯时，西塞罗认为他是有罪的，但克洛狄乌斯因行贿而得到赦免。

② 指恺撒、克拉苏斯和庞培三人之间的联盟。这一联盟是私人性质的，没有法律上的根据。——译注

说恺撒任执政官一事），西塞罗对恺撒的态度就发生了显著的变化。诚然，在起初只是很不明显的暗示和间接表示不赞成的意见，但后来他越来越频繁地和公开地把三头称为“统治者”、“不公正的统治者”，而这之后他甚至谈起“王权”与“横傲的国王”来了。当然，这些抨击和指责更多带有“集体的”性质，而西塞罗本人在被流放之前，却不得不来了个一百八十度的大转变，而甚至向三头，首先是向庞培寻求支持了。

西塞罗从流放地回来之后，就开始了他同三头接近的时期。正是在这一时期里，他加强了同恺撒之间的“友谊”。他曾多次雄辩地谈论过这一“友谊”。就是在西塞罗给他的兄弟克温图斯的信里，也有不少地方谈到从双方表现出来的这种友谊。顺便说一下，8
克温图斯这时正在恺撒的参谋部中并且无论在高卢还是在不列塔尼亚都曾积极地参加了恺撒的军事活动。在这些信里，恺撒被称为“最出色的和慷慨大度的人”或“最优秀的和有强大力量的人”，而在给克温图斯的一封信里，西塞罗竟公然宣称：“除了你和我们的孩子之外，他就是我最关心的人了——对他关心到几乎和对你一样的程度。”[①]当然，写出这一切是因为他考虑到，这些话是会给恺撒本人看到的。

但是，一旦有了爆发内战的危险，西塞罗的态度就再次奇妙地发生了变化。诚然，西塞罗是主张调解的，他认为应该不惜采取任何手段来避免战争，但他本人则明显地站在庞培的一边，也就是说，理所当然地站在元老院的一边。因此，这时在他的通信中再次占上风的，就是他对恺撒的比较真实的并且一直不是善意的态度

① 《致克温图斯书》，第3卷，第1章，第18节；《致友人书》，第7卷，第5章，第1节。译者按：克温图斯是比西塞罗小四岁的弟弟，西塞罗给他的信是在公元前60年到前54年间写的。

了。

当内战爆发后而庞培对此毫无准备的情况和他的惊惶失措的情绪已经暴露出来的时候，西塞罗虽然十分尖锐地责备自己的“英雄”，却仍然站在他的一边。庞培的名字被冠以“我们的”字样，他被称为“我们的朋友”、“我们的庞培”，而恺撒则不再被冠以“统帅”一类的头衔，而只是冷淡地用“他”、“那个人”之类的字样来称呼了。随着军事行动的展开，西塞罗对恺撒的描述与评价也变得越来越明确了。“国家从不曾处于如此的危险之中，无耻的公民们从不曾有过更加现成的统帅了”，随后西塞罗又指出，恺撒是在犯什么疯病了①，而最后他竟愤怒地叫道：“堕落的强盗！这是国家的耻辱，这种耻辱看来未必是任何和平所能补偿的！”②

这样看来，在内战期间（无论如何也在恺撒取得明显的胜利之前！），西塞罗对恺撒的态度是不会引起任何怀疑的了：恺撒是反对res publica（共和）的歹徒，是一切“正直的”公民的敌人、元老院的死对头、“堕落的公民”。凡是读过西塞罗的传世著作的“非公开的”部分的人，读过他的大量信札的人，他所看到的就正是这样一个形象。

9 如果我们看到的是西塞罗在公开场合的发言，是他的那些在某种程度上涉及恺撒的国务活动的演说，那么我们看到的便完全是另外一个统帅和政治改革家的形象了。在《论前执政官治理下的行省》这一演说中，恺撒被称颂为一位杰出的统帅、一位有先见之明，甚至是明智的政治家。他不止一次地谈到恺撒的“优良品质”和“光荣”。在高卢进行的战争被称为“最伟大的”战争。西塞

① 《致友人书》，第16卷，第11章，第3节；第12章，第2节。

② 《致阿提库斯书》，第7卷，第18章，第2节。

罗怀着激动的情绪叫道:“难道我能对这样一个人抱有敌视的态度吗?要知道,他送来的报告、他的声名、他的使节每天都用新的部族、民族和地点的名称来使我听了欢喜!”①恺撒对罗马国家的特殊功勋就在于,他懂得高卢的存在这件事本身对罗马人是怎样一种潜在的威胁,因此他第一次发动了不是防御性的战争(过去一直是这样的战争),而是一次目的在于彻底征服高卢的战争。而且,由于恺撒“早就建立了相当多的、使他获得荣誉的战功,但是没有为了国家的利益而做到应做的一切”,因此西塞罗得出这样的结论:“我们不应当把热望出色地执行国务活动的统帅召回,不应打乱他的几乎实现的全部在高卢作战的计划,不应阻碍这一计划的完成。”②

《论前执政官治理下的行省》这一演说是在公元前 56 年发表的,这时还远在内战爆发之前,当然更是远在恺撒取得胜利之前了。但是西塞罗在恺撒已经成为全权的独裁官的时期(公元前 46—前 45 年)所作的演说保存下来的却有三篇。可以想见,这几篇演说当然是充满了对恺撒的过分的颂扬的。

这些演说中的第一篇是公元前 46 年秋天在元老院发表的,它论述的是恺撒的仁慈行为:恺撒允许自己的死敌、公元前 51 年度的执政官玛尔库斯·克劳狄乌斯·玛尔凯路斯从流放地返回罗马。因此在西塞罗的这一发言中——顺便指出,西塞罗是在独裁官本人在场的情况下发表这一演说的——首先就颂扬了恺撒的仁慈,他还论证说,使人“达到神的高度”的最高美德,并不在于对“残暴的蛮族”所取得的胜利,而在于对自己以及对自己对于私人仇敌 10

① 《论前执政官治理下的行省》,第 22 章。

② 同上书,第 35 章。

感到的愤怒和敌对情绪所取得的胜利①。

但是对恺撒的描述并不仅限于强调他的仁慈；除去这种“神一般的”品质之外，他还指出恺撒的治国才能、远大志向和他要完成的重大任务。关于这些任务以及关于西塞罗在为玛尔凯路斯辩护的演说中提出的那些改革的纲领，我们在后面还要谈到②。使我们感到兴趣的演说很早就引起了研究者们的注意，而某些研究者认为，西塞罗这时诚心诚意地相信，恺撒可以成为共和国的领袖，成为“国家的第一公民”（princeps civitatis）——对于这样一个人物的形象，西塞罗本人在他的有关国家的著名论文中作了描述。③

为庞培派利加里乌斯辩护的演说是公元前46年在罗马广场上当着恺撒的面发表的。这是一篇“请求宽恕”的演说，因为西塞罗并不能否认自己的被辩护人由于在阿非利加站在庞培的一边作战因而是有罪的。而尽管恺撒在审讯之前就曾对自己的友人们说：“为什么不听一听很久没有听到的西塞罗的意见，更何况这一案件的结果是已确定了的：利加里乌斯是一个恶棍，我的敌人。”但西塞罗的演说对他和全体听众还是产生了如此不可磨灭的印象，结果利加里乌斯竟然得到了宽恕④并且返回了罗马。后来此人参加了谋刺恺撒的阴谋者的队伍。

在为利加里乌斯辩护的演说中，西塞罗再次称颂了恺撒的主要的美德——仁慈。演说中还谈到了“宽厚与睿智的光辉”。最后，西塞罗看来是第一次为甚至是恺撒在内战中的行动和目的本

① 《为玛尔凯路斯所作的辩护》，第12章。

② 参见本书原文第291—292页。

③ 迈耶尔（E. Meyer）：《恺撒的君主制和庞培的元首制》（*Caesars-Monarchie und das Prinzipat des Pompeius*），斯图加特与柏林版，1922年，第406—407页。

④ 普鲁塔克：《西塞罗传》，第39章。

身进行辩护:“当你作战的时候,除了对凌辱进行反击这一意图之外,你还有什么别的意图吗?你的不可战胜的军队如果不是为了捍卫自己的权利和你的尊严,那又是为了什么呢?而当你力图缔结和约时,你是力图同罪犯还是同正直的公民达成协议呢?”①

看来,就我们感到兴趣的方面来说,西塞罗在公元前 45 年为加拉提亚的国王戴欧塔茹斯所作的辩护(国王自己身边的人们指控国王想谋害恺撒)同上面我们刚刚谈到的那些演说没有任何区 11
别。西塞罗不仅使戴欧塔茹斯摆脱了这一指控,而且还通过使用各种不同的机智的演绎法试图证明,戴欧塔茹斯只是由于误会才成了庞培派的。

因此西塞罗的公开的发言,也可以说他的传世作品中带有官方性质的部分,就为我们提供了恺撒的一个完全不同的形象。如果我们手里只有这一部分材料,那我们就可以说,在西塞罗的心目中,恺撒是一位杰出的统帅、一位明智的政治家和改革者,一个十分慷慨大度的人,毋宁说他是迫不得已才打内战的,他这样做只是为了“对凌辱进行反击”,保卫自己的权利、自己的尊严。

但实际上西塞罗从来没有这样认为过,这样考虑过。在恺撒死后,他终于能以完全不顾情面地表示自己对恺撒的态度。因此,对于 3 月 15 日恺撒被刺的事件,他并不想掩盖自己的明显的赞同态度,甚至高兴的心情。如果说有什么使他感到不安的话,那只是“不放心被打败的人们”,只是“暴君倒下去,但暴政却还存在”,或者换句话说,西塞罗不是没有根据地担心独裁制度的复活——他始终认为这个制度是残暴的。至于恺撒本人,则这时他正是被称

① 西塞罗:《为利加里乌斯辩护的演说》,第 18 章。

为“暴君”或者“国王”(rex)①了。指出如下一点是有意思的,即这样的描述已经不仅仅出现在西塞罗的书信之中,它们也出现在他的传世作品的“带有官方性质的部分”里。例如,《论义务》②这篇论文——西塞罗的最后一部大作品——就有明确的反恺撒的倾向。

这篇论文一开头就着重指出,恺撒的例子令人信服地证明了恩尼乌斯③的这样的话:“在王政制度下,没有神圣的共同性,也没有忠诚可言”,因为恺撒为了自己的统治和优势地位而践踏了“一切神的和人的法律”。在论文的第二卷里,恺撒经常被称为践踏法律和自由的暴君,他的灭亡完全是罪有应得的;就某一方面来说,他甚至比苏拉还坏,因为他是出于不公正的和不能容许的原因而进行战争的(而可以看出,这同西塞罗本人不久之前的说法是完全
12 矛盾的!)并且在他取得了可恶的胜利之后,竟蹂躏了整个的公社④。

西塞罗在恺撒死后对恺撒的人格的描述和评价除了本身的明确性之外,还有一个特点。它们显然是回溯性的,是以某些总结性的结论为依据的,因此它们不可避免地要显露出某种目的论的味道。在西塞罗的第一篇《抨击演说》中,他就把玛尔库斯·安托尼乌斯拿来同恺撒相比(顺便说说,这并不利于新的独裁官候选人),指出恺撒“由于阴谋称王”,后来“费了极大的力量,冒了多次风险

① 参见《致阿提库斯书》,第 14 卷,第 62 章;第 15 卷,第 1 章;《致友人书》,第 11 卷,第 8 章,第 1 节;第 27 章,第 8 节;第 12 卷,第 1 章,第 1 节;《致布路图斯书》,第 2 卷,第 5 章,第 1 节等等。

② 《论义务》(*De Officiis*),此文共三卷,完成于公元前 44 年 11 月 5 日。——译注

③ 克温图斯·恩尼乌斯(Quintus Ennius)(公元前 239—前 169 年),诗人,被称为“罗马诗歌之父”,他的作品只有片段保存下来。——译注

④ 《论义务》,第 1 卷,第 26 章,第 2 卷,第 26—29 章。

才实现了过去他曾想望的事情”。[1] 第五篇《抨击演说》则更加明确地强调恺撒从少年时期起便有取得独裁大权的意图。[2]

普鲁塔克曾断言西塞罗是第一次开始提出并散布这类观点的人。因此，他的看法也可能是正确的。西塞罗要人们相信，他仿佛早就从恺撒的计谋和行动方式看出了恺撒想夺取独裁权力的打算。他还说：“当我看到他如何细心地梳理自己的头发以及他如何用一个手指搔头的时候，我总是认为这个人是不会有推翻罗马共和国这样的罪恶打算的。”[3]另一方面，看来西塞罗毕竟确切地知道，恺撒在什么时候想的，甚至做的又是什么：“恺撒在成了执政官之后，就深信自己已经取得了在他担任营造官时便曾想望的国王的权力。”[4]

普鲁塔克和苏埃托尼乌斯都没有说明，西塞罗到底是在什么时候提出了这些看法的，但由于这类说法出现在《抨击演说》之中，所以我们完全可以确定它们的时间，这就是说，我们有根据假定，西塞罗是在公元前 44 年恺撒遭到暗算之后，才如此大胆和明确地说出自己的看法的。

这样，我们便看到了恺撒的另一种形象。这个形象和我们已知的第一个形象不同之处是在于：现在恺撒不仅仅是摧毁了共和国的人，不仅仅是暴君和篡位者，而且是一个阴险毒辣的祸害人
物，他图谋叛国并且几乎从童年时起就力图夺取统治权。因此，暴 13
君本身和主要是反对暴政的斗争就有了某种命定的意义。

西塞罗在评价恺撒时变化的幅度如此之大，在描述恺撒时内

① 西塞罗：《抨击演说》，第 2 卷，第 116 章。
② 同上，第 5 卷，第 18 章。
③ 普鲁塔克：《恺撒传》，第 4 章。
④ 苏埃托尼乌斯：《圣优利乌斯传》，第 9 章(文中引用了西塞罗的书信)。

容又如此“丰富”和“多种多样”，这种情况如何加以解释呢？毫无疑问，这首先是因为这位著名演说家本人的若干特点。大家知道，在西塞罗的书信和他的演说与论文之间有很大的一段距离，这种相差很远的情况过去曾经使西塞罗的最早的，也是最狂热的崇拜者之一佩特拉克①感到十分失望，甚至几乎是痛心的程度。我们还同样清楚地知道——不仅是在恺撒的情况下——西塞罗心里想的是一套，嘴里说的是另一套的情况并不是十分罕见的，而他多年来进行辩护以及玩弄政治手腕的实践使他积累了丰富的经验和“在晴天里造成一片阴影”(西塞罗自己的话)的本领。②

但是，显而易见，引起我们注意的这种描述的本质，是不应当仅仅用西塞罗本人的这些特点来解释的。必须还考虑到这样一种情况。西塞罗对政治斗争参加得太积极了：当新的一轮的紧张搏斗开始的时候，他还没有来得及环顾一下当时的情况并且从公元前44年恺撒被刺的白热化事件中冷静下来，而且，对他来说，斗争的性质和目的从本质上来说并没有改变——无论当时还是现在，问题都在于反对暴政和挽救共和国的斗争。因此，甚至当西塞罗对他过去的行动作出回溯性的评价时，也未必能够要求他采取客观的态度；因此，他不仅仅是作为一位同时代的观察者，而且作为事件的直接参加者——那些当事人本身的不共戴天的敌人或拥护者——来看待事件和有关人物的。

最后，再谈及最后一点。除此之外，西塞罗所作的评价，这乃是同时代人、“参与者”所提供的典型证据，这种证据有它们的优点和缺点，有它们的一切合情合理之处，可惜时而也有过分使人容易

---

① 佩特拉克(Francesco de Petrarca，1304—1374)，意大利学者和诗人。文艺复兴的先驱人物，他搜集和翻译了不少古典作家的著作。——译注

② 普鲁塔克：《西塞罗传》，第25章。

上当之处。当问题涉及西塞罗对恺撒的态度时，必须加以考虑的那些看法和情况便是如此。

除去西塞罗的评价之外，恺撒的另一位同时代人所提供的证 14
据也同样引起我们的兴趣。这个人就是历史学家撒路斯提乌斯[1]。此人的生平和政治经历也是同恺撒有关系的。而且，撒路斯提乌斯通常被认成是一位典型的恺撒派，因为在撒路斯提乌斯由于行为不检而被开除出元老院之后，正是恺撒又使他回到了元老院；还因为他站在恺撒的一边参加了内战，后来并且被任命为新成立的阿非利加行省的长官。

撒路斯提乌斯有一些历史著作保存下来了[2]。在当前的情况下，引起我们注意的是他的《就共和国体制问题写给恺撒老人的书信》和历史专著《卡提利那的阴谋》，因为在这两部作品里有他对恺撒其人和他的事业的评价。指出下面一点是有意思的：也和处理西塞罗的作品时的情况一样，我们在使用撒路斯提乌斯的上述作品时，要同时注意到作者对恺撒生前和死后的描述。

《给恺撒的书信》乃是在罗马相当流行的一种特殊文体的范例。这绝不是前面多次提到的、西塞罗写给友人和亲属的书信，而毋宁说是我们所谓的“公开”信，这在古时被认为是演说术的一个特殊的门类。这是提出建议、忠告、规劝的演说。

但是撒路斯提乌斯的《书信》不仅仅是某种文学体裁的范例。

---

① 撒路斯提乌斯(Caius Sallustius Crispus)(公元前86—前34年)出生于阿米特尔努姆的平民家庭，公元前50年因品质问题被开除出元老院后，第二年又被恺撒任命为财务官；公元前48—前47年，他统率恺撒的一个军团；作为行政长官，他在阿非利加曾帮了恺撒很大的忙，后来又被任命为努米地亚的执政官衔的长官。他晚年退官后主要从事著述。——译注

② 指撒路斯提乌斯的两部主要历史专著《卡提利那的阴谋》和《优古儿塔战争》，两篇专著均已由译者译出，将由商务印书馆出版。——译注

在这些书信里，作者提出了明确的政治纲领，纲领反映了撒路斯提乌斯本人和罗马社会某些集团的观点，反映了他们对恺撒的态度和他们对他的期望。不过关于《书信》的这一方面，我们后面还要提到的[1]。现在我们要谈的只是书信中对恺撒的描述。

如下的情况也不能不提一提，即《书信》的真实性，说得更明确些，《书信》是否出自撒路斯提乌斯之手，这一点不止一次地受到怀疑。在当前情况下，没有必要，也不可能深入探讨这一相当专门的讨论的全部细节。这个问题完全可能属于永远解决不了的大小许多问题的范围之内。但如果事实是这样的话，那么就应当十分明确地强调指出，反对《书信》的真实性的人们直到今天也提不出一
15 个真正不容争辩的论据来证实自己的观点。有一个意见认为，不存在足够有力的理由来否定传统，并怀疑撒路斯提乌斯的作者身份。

人们通常认为，《书信》较早的部分是早在内战爆发之前，即公元前 50 年写出的。至于《书信》较晚的部分，则人们把它们的时间定在公元前 46 年，并指出说，它是在塔普苏斯一役[2]之后写的，这就是说，这时恺撒已是罗马的大权独揽的统治者了。形势的这种变化（当然，还有相当长时间的间隔）可以说明书信本身之间，还有反映在书信之中的对恺撒的评价之间的非常重大的区别。

在较早时期的《书信》中，撒路斯提乌斯对恺撒的态度如何呢？这封信一开始的引言就值得注意，这就是所谓“要求关照”，在这里，撒路斯提乌斯先是就向身居高位的大人物提出忠告是如何困

---

① 参见本书原文第 287—291 页。

② 塔普苏斯（Thapsus）是阿非利加行省的一个沿海城镇，位于迦太基以南，在今突尼斯境内。公元前 46 年，恺撒在这里彻底打败了庞培派（加图、斯奇比奥和优巴）的军队，结束了这里的战争。——译注

难这一点发表议论，然后他才论证，是怎样一些动机使得他还是提出了一系列的要求。首先他提出的依据是他有志于从事政治活动，并且无论在和平还是战争条件下都对同国家生活有关的问题有兴趣。这便使得他有权利提出忠告。

撒路斯提乌斯顺便对恺撒作了一个虽然简短，然而能给人以深刻印象的描述。附带提一下，他还强调指出了——而这一点也证明他的心理观察是细致入微的——恺撒其人的一个特别重要的特点。他写道："除了其他各种品质之外，我……在您身上发现了一个特别令人惊异的品质：您在逆境中较之在顺境中更能保持伟大的气度。"①撒路斯提乌斯指出了恺撒的宽宏大量，他表示了这样一个愿望：恺撒的考虑不应仅限于如何打退敌人，而是要进而扩大到考虑国家生活的那些基本问题。较早时期的信在结尾处是向恺撒提出了新的请求。撒路斯提乌斯极力吁请恺撒从事重建活动。

因此，撒路斯提乌斯在写作较早时期的《书信》时，显然相信恺 16
撒是有能力成为一位按照《书信》作者所希望的方向改造罗马社会和国家的政治活动家。撒路斯提乌斯对恺撒应起的作用，对恺撒所面临的任务的这一看法，也便决定了内战前夕历史学家对恺撒的态度。

在较早和较晚的《书信》之间的那四五年里，发生了许多变化。在这期间，恺撒不仅成了罗马国家的领袖并且能在军事行动的过程中施行了一系列的改革。在后面我们还将比较详细地论述有关这些措施的问题②。而现在，重要的只是指出这样一个事实，即撒

① 撒路斯提乌斯：《给恺撒的书信》，第2卷，第1章。
② 参见本书原文第287页以次。

路斯提乌斯提出的改革纲领并没得到积极的响应，也没有得到实现。这一点不能不反映在他对恺撒的态度上。我们只想依据时期较晚的《书信》的材料，探索他在评价恺撒的事业方面以及在同恺撒的一般关系方面的某些变化。

时期较晚的那封《书信》开头时也是提出了传统的要求关照，并且对恺撒的功业加以颂扬，但是，在这里我们立刻就遇到了可能带有个人性质的一种隐蔽的暗示。撒路斯提乌斯说："没有人会自愿地把权力让给别人，处于权力顶峰的那个人不管多么善良和仁慈，他总是会引起人们的担心，担心他会用自己的权力去做坏事。"①

随后撒路斯提乌斯就颂扬了恺撒的功业，他在战争时期的温和以及他对被打败的本国人的态度。他吁请恺撒在今后仍然推行这样的政策，但是他提出这些请求时的执拗态度使人们不能不认为他实际上所能期待的毋宁是相反的东西。在这方面，撒路斯提乌斯描述恺撒周围的人物，也就是恺撒一派的方式引起了我们的注意。用他的话来说，汇集到这里来的都是那些"腐化堕落的"人们，都是那些过着骄奢淫逸的罪恶生活和负债累累无法偿还的人们。

17 这之后，撒路斯提乌斯再次回到这样一个想法上来：建立在残暴行为之上的政权是不巩固的和极为不得人心的，因为引起许多人的恐惧的人，他本身必然也害怕那许多人。然而那有节制地和宽厚仁慈地使用权力的人，他的生活却是幸福的、愉快的、宁静的。在这封《书信》里，撒路斯提乌斯一而再、再而三地吁请恺撒为了祖国的利益来使用自己的全部权力，不可采用严酷的刑罚和死刑，而

① 撒路斯提乌斯：《给恺撒的书信》，第1卷，第1章。

是要表现出真正的仁慈，并且要注意“使青年不要纵欲和染上不良的嗜好”。①

所有这一切吁请和谏言都证明，在撒路斯提乌斯对恺撒的关系方面发生了明确的变化。如果说，他在先前对恺撒抱有远大的期望，希望他在国家体制方面有所改革，那么，现在，在时期较晚的《书信》里，作者却开始表现出无论对英雄本人还是对他的全部事业的方针感到失望的各种迹象。在这种情况下，能不能像一般认为的那样，把撒路斯提乌斯看成是那样一个“无条件的”恺撒派呢？

当然不能！如果我们看一看重要的和有意思的证据，这就是：在撒路斯提乌斯的历史专著《卡提利那的阴谋》里，作者把恺撒和加图作了比较性的描述的话，这种怀疑显而易见是有道理的了。这一著作写于公元前41年；这样看来，此书就是在恺撒去世后（当然更是在加图去世后！）撰述并发表的了。

撒路斯提乌斯在记述了决定阴谋者命运的元老院会议，甚至在引用了恺撒和加图的演说本文（演说当然都是撒路斯提乌斯自己编撰的！）之后，最后以对两位政治活动家的全面的比较描述作为结束。它所以引起我们的注意，不仅因为这是同时代人提供的一个新的证据（而且这个人是最能适应当时政治形势的），而且还因为它对恺撒这个人作了最充分、集中和专门的描述。

只要注意一下这一作品引起我们兴趣的描述开头处所提出的理由本身就够了。撒路斯提乌斯说，在对罗马人民的历史进行了 18
长期的思考之后，他取得了这样一个坚定不移的信念，这就是，罗马公民的一切胜利和成就都是个别杰出公民的崇高品德的结果。而既然两位真正杰出的人物——玛尔库斯·加图和优利乌斯·恺

① 撒路斯提乌斯：《给恺撒的书信》，第1卷，第6章。

撒——都是他的同时代人，所以要避而不谈他们那会是不公平的[①]。

作者的描述在一开头就指出，既然两个人在出身、年龄、辩才方面几乎相等，因此他们便同样具有恢弘的气度和崇高声誉，但不同之处则在性格、脾气方面。恺撒的性格具有如下一些特点：他非常宽厚、慷慨、仁慈并且富有同情心，他因为支持、宽恕过许多人而使自己声誉卓著，他是不幸者的庇护人，人们还称赞他的谦恭与随和。他一向是不知疲倦地操劳、夜以继日地活动；他恪守并且捍卫自己的友人和被保护人的利益，而且常常为之而牺牲自己的利益；为了表现自己的勇武精神[②]，他力图取得最高权力、军队的统帅权，他渴望进行新的战争[③]。

不难肯定，在描述恺撒时，作者还强调指出了恺撒的这样一些品质，诸如仁慈——后来仁慈成了他的绥靖政策的一个主要口号、对于"必然与之有联系的人们"[④]的忠诚、毅力与主动性。如果要说一般印象的话，那么这首先就是一位事业家的形象、一位富有进取心和功名心的政治家的形象——装点他的各种各样的美德也绝不仅仅是摆摆样子就算了的。

加图的形象在我们看来就完全是另外的样子了。这是一位"道德英雄"的形象，在这里，撒路斯提乌斯强调他的完美的道德方面的特征。关于加图，作者指出，他在生活作风方面始终是完全无可非议的，他十分严格、坚定和有节制，而歹徒们则把他看成是自

① 撒路斯提乌斯：《卡提利那的阴谋》，第 53 章。

② 俄文的 Доблесть 应是拉丁语 virtus 的译名，这个表现品德的词含有多义，主要是男子的勇武精神，这是古罗马人特别重视的，此外，virtus 还有刚毅、诚实、正直、朴实、无私、坦率等义。——译注

③ 撒路斯提乌斯：《卡提利那的阴谋》，第 54 章。

④ 指亲戚、朋友、被保护人、被释奴隶等等。——译注

己的克星。他不同富豪比财富，不同阴谋家比阴谋，而是同勇敢的人比勇气，同谦逊的人比羞耻心，同诚实的人比无私，他之所以杰出，不是在言语上而是在实际行动上，因此他自己越是不追求荣誉，他反而取得了更大的荣誉。①

这两段描述从古以来便为人们所引用，而现在，在现代史学中 19
仍然受到重视。人们特别喜欢讨论这样一个问题：在这两位活动家当中，谁应当算是撒路斯提乌斯的英雄，他更喜欢的是哪个人：是“实干的活动家”恺撒，还是“有道德的英雄”加图？人们提出了多种多样的看法。某些研究者坚持认为，对于撒路斯提乌斯这个明显的恺撒派来说，他心目中真正的英雄和典范应当是恺撒，而加图对他来说却是“太不实际”了。另一些研究者则不无根据地着重指出这样一个情况，即这时撒路斯提乌斯对恺撒已经感到失望了，因此他更敬重的是有道德的英雄的形象。最后，还有人提出这样一种看法，即在撒路斯提乌斯的心目中，无论恺撒还是加图都不能被认为是理想的国务活动家。

对于上述几种看法，哪一种我们都不能完全接受。然而，在我们看来，最有说服力的却还是最后一种，因为我们愿意同意如下的看法，即无论“实干的活动家”恺撒还是“有道德的英雄”加图，他们每一个人现在都不能满足撒路斯提乌斯的要求。要知道，这时撒路斯提乌斯心目中已经有了一个理想的国务活动家的形象。因此，撒路斯提乌斯对他们中间的任何一人都不表示自己的偏爱；因此，他也便不限于只对一个人进行描述，因为这时他理想中最重视的乃是一个综合的形象，在这个形象上，果敢的实干家的特征必须同有道德的英雄的特征结合起来并由后者的特征加以补充。因

① 撒路斯提乌斯：《卡提利那的阴谋》，第 54 章。

此，在文章的结构方面——这当然是作者有意识地如此安排的——对两个人的描述是这样设计的，即实际上把二者结合起来，而对于两位活动家的品德和特殊风貌也是合到一起记述的：如果作者举出恺撒性格的某种特点的话，那么与之相对照，马上就有加图性格中的一个特点被提出来对它加以补充（但绝不是排除！）①，等等。

但是，在当前的情况下，撒路斯提乌斯心目中真正的英雄到底是何许人，这个问题并不使我们感到兴趣，我们感到兴趣和认为重要的，毋宁是对恺撒的描述本身。人们可以把它认为客观和公正到什么程度？看来，既然上面提到了同时代人的描述不可靠和似是而非的问题，那么对于这类问题应当如何回答也就可想而知了。

有关同时代人和时代很近的后人的评价的上述一切，毫无疑问仍然还是起作用的。要知道，不仅存在着绝对的客观性，而且存在着相对的客观性。因此，在我们看来，我们有根据认为撒路斯提乌斯对恺撒的评价，比较那位西塞罗的意见来，要公正得多。这种分歧不是偶然的，它是由一系列的原因引起的。

首先我们应当考虑这样一个情况：撒路斯提乌斯和西塞罗不同，他在恺撒被刺之后，从自己的行省返回罗马，从此就不再参加任何政治生活与斗争，而是把全部心力倾注于历史的研究了。单是这一情况就可以促使他对不久之前的历史进行比较平心静气的，因而也就是比较公正的总结。

此外，刚才提到的有关比较性描述的议论仿佛同有关撒路斯提乌斯对恺撒的“中立”态度的结论发生矛盾。尽管在这一时期他不是绝对的恺撒派，不是恺撒的热情崇拜者和颂扬者，并且这时恺

---

① 撒路斯提乌斯：《卡提利那的阴谋》，第 54 章。

撒在他看来根本不是一位理想的国务活动家，但与此同时，他对恺撒却也不抱任何敌意，而且他继续认为恺撒（当然同加图一道）是“具有十分崇高的品德”的人物。看来，这样的态度可以作为一种比较客观的看法的即使不说是保证，至少可以说是前提。当然，这是在一般可以谈到个人评价的客观性的程度上。

最后，为了证实上述观点，还可以举出一个理由来。我们知道，撒路斯提乌斯的描述是回溯性的。这一事实本身绝不能证明他的描述十分客观。然而回溯不可避免地会使描述的客观性的标准有某些减弱（顺便说说，什么人、什么时候能把这种标准确定下来？!），虽然如此，这却可以排除许多非本质的、外加的、暂时的东西。因此，《卡提利那的阴谋》中对恺撒的描述，就包含有某些比较经得起考验的评价。这一点哪怕从下述情况也可以看出来，即在 21
评价中特别强调了，比如说，恺撒的仁慈——这一品质是他在前一世纪六十年代还无论如何不能，并且也没有机会表现出来的。这样看来，撒路斯提乌斯在他的历史专著中所描述的恺撒（还有加图）的形象，完全不是卡提利那的阴谋时期的恺撒，而是某种综合的（甚至同《给恺撒的书信》相比！）和总结性的图像。

我们对于有关同时代人提供的证据和看法的概述，到这里应当结束了。对这些事物我们所以谈论得相当详细，是因为我们认为（即使撇开它们的客观性和精确性，不谈是否能对它们加以检验），它们既然实质上是同恺撒个人有交往的人们亲眼看到的那个恺撒形象的唯一再现，所以它们具有很大的历史价值。

至于并非与恺撒同时，而是恺撒的后辈的古典作家的意见，那我们有一切理由对它们采取远为概括的态度，特别是包括有关事件的显然是最详尽记述的两部最重要的，也是离当时最近的历史著作都失传了。首先就是恺撒的一位老战友——盖乌斯·阿西尼乌斯·波利欧[1]——的著作，这部书基本上是记述内战的进程的，因为作者本人就是这一战争的积极参加者。李维的那部宏伟的历史著作[2]中同这一时期有关的相应章节也失传了，这一史料的遗失是更加令人痛心的。

在当前的情况下，路卡努斯（公元一世纪时人）在著名的叙事诗《帕尔撒利亚》里所描绘的恺撒形象并不引起我们很大的兴趣。通常人们强调叙事诗的反恺撒的倾向。然而看来，比较公正的说法应当是，作者具有一般的反暴政的倾向，而这种倾向与其说是针对恺撒，毋宁说是针对尼禄的。因此恺撒的形象给人以做作、不自然的印象，这并不是活生生的、现实的人的形象，而只是暴政的化身。

我们不想去论述某些次要的史料了，我们只想举出二世纪两
22 位大历史学家的名字——阿庇安和狄奥·卡西乌斯。在阿庇安的《内战史》（这是他的更大的一部著作《罗马史》中专门的一部分）里，有整整一章论述恺撒和庞培之间的战争。阿庇安参考了许多重要的史料，其中就有上面提到的阿西尼乌斯·波里欧没有保存下来的著作。

---

① 波利欧（Gaius Asinius Pollio）是公元前45年度的行政长官。恺撒被刺时他正在远西班牙任长官。他虽持有共和观点，但在内战中却站在恺撒一方。他参加了西西里、阿非利加和西班牙诸战役。他是当时著名作家，曾帮助过诗人维吉尔，又是贺拉斯的朋友。他写过诗歌和悲剧，他的失传的《历史》从公元前60年一直记述到公元前42年。他利用战利品为罗马修建了第一座公共图书馆。他收藏了不少艺术品，并且是第一个公开朗诵自己新作的人。他曾批评过恺撒和西塞罗的作品，批评撒路斯提乌斯好用古语，批评李维的文字过多乡土（帕塔维乌姆）气味等等。他没有任何作品保存下来。——译注

② 即通称为《罗马史》的作品，传统的拉丁书名为《从建城开始》（*Ab Urbe Condita*），可能是作者或收藏者在卷头所作的说明，而不是正式的名称。此书是李维倾注毕生精力的巨著，全书一百四十二卷，现存三十五卷，但全书的提要却大体上保存下来了。——译注

后面我们还要多次引用阿庇安的著作。现在我只想谈一谈在他的作品的这一部分结尾处对恺撒其人的评价。作者在这里对恺撒和马其顿的亚历山大作了比较性的描述。阿庇安本人坚持认为这种对比是有规律可循的。在谈到恺撒时，他写到："……在一切方面都是最幸运的人，天才的、气度恢弘的人物，完全应当同亚历山大作对比的人物。"接着作者又说："两个人的功名心都很强，都有尚武精神，在实行自己的决定时迅速果断，无视危险，不爱护自己的身体并且更多是依靠决心和运气，而不是依靠战略。"①

阿庇安把正是作为杰出统帅的恺撒和亚历山大作了广泛的比较，因而他特别注意他们的个人品质、他们的作战方法以及士兵对他们的态度。作者还指出了他们这样一些共同的特点，诸如乐于宽恕敌人并且对他们表现仁慈。最后，作者还指出，两位杰出的活动家都追求科学知识（亚历山大在印度、恺撒在埃及），两个人都对预兆采取嘲弄的态度，但两个人仍然成了应验的预兆的牺牲者。②

在另一部巨著中，我们也看到了对于我们所关心的这一时期的详细论述，这就是狄奥·卡西乌斯的《罗马史》。狄奥·卡西乌斯是安托尼努斯王朝时期③元老院贵族的代表人物，他在自己这部历史巨著上花费了二十多年的时间（全书八十卷），因此他的《罗马史》在当时就成了权威著作，就和较早时期李维的名著在李维当

① 阿庇安：《内战史》，第2卷，第149章。
② 阿庇安：《内战史》，第2卷，第152—154章。
③ 指罗马皇帝安托尼努斯·皮乌斯（138—161年在位）、玛尔库斯·奥列利乌斯（161—180年在位）和康莫都斯（180—192年在位）统治时期。——译注

时所处的地位一样。①

狄奥·卡西乌斯利用了大量的史料。总的说来,他的叙述是
23 可信的,尽管他也有重视修辞学的效果和渲染夸张的倾向。狄奥的作品的主要意义在于,他尽管对恺撒的活动没有作出概括的评价,但他叙述的事实和事件的细节是我们在别的史料中看不到的。

在结束对于有关恺撒的古典传统的综述时,我们还应当谈一下两位作家。看来他们应当被认为是这一传统的主要创立者。他们是一种特殊的历史——文学体裁,也就是历史传记体裁的最大代表者——普鲁塔克和苏埃托尼乌斯。顺便指出,他们是同时代人,都生活在公元一至二世纪之交的时期。

在普鲁塔克的《希腊罗马名人比较列传》中②,专门有恺撒的传记,而且这一传记是同马其顿的亚历山大的传记作对比的,然而在同恺撒有关的那些活动家的传记,也就是庞培、布路图斯、西塞罗的传记中,作者也谈到了恺撒。当然,只有在专门为恺撒撰述的传记中,恺撒的形象才得到了最充分和最鲜明的描述。

---

① 李维(Titus Livius,公元前59—前17年,一说公元前64—前12年),古罗马共和末期与帝国初期历史学家,毕生从事著述,写了一部有一百四十二卷之多的《罗马史》(现已残缺,但有后世的提要),从罗马远古的历史一直叙述到作者当时。此书于作者在世时即享有盛名,它不但保存了大量史料和传说,而且写得很有文采,很快就成为学习古典拉丁语的必读之书(特别是前十卷)。李维是一个抱有共和观点的人,他的作品有浓厚的说教气味,处处不忘为罗马对世界的统治辩护,所以他本人受到奥古斯都的宽容和保护。——译注

② 普鲁塔克(Plutarchos,约46—120年),罗马帝国时期希腊传记作家,曾在罗马帝国担任要职,他是罗马帝国的臣民,却又有强烈的泛希腊爱国主义思想。《希腊罗马名人比较列传》(通称《希腊罗马英雄传》)是他晚年的得力之作;也是后来流传得最广的一部作品。此书包含从神话时期直到作者当时的几乎所有希腊罗马的名人,取行迹相似者的传记成对排列并加以比较,在全书五十篇中只有四篇是单独的。全书主要为了说教,故叙述生动流畅,多演义成分,但作为史书,则有不少失实之处,需要用别的史料加以核对。——译注

普鲁塔克从一开头就强调指出，尽管恺撒也具有雄辩的天赋才能，但他却宁肯通过权力和武器的力量来争取领袖的地位。他介绍给我们的恺撒的形象首先就是一位杰出的统帅的形象，因此难怪他把恺撒和亚历山大放到一起了。他指出，恺撒不仅“表明自己不亚于任何一位最伟大的、杰出的统帅和军事活动家”，并且由于一系列的原因他甚至超过他们当中的许多人。作者还在传记中指出了战士们对他的异乎寻常的爱戴和忠诚。他是通过慷慨大度的作风、能以合理地分配奖赏以及他个人的勇敢和善于同士兵们一道坚韧不拔地忍受艰难和困苦的品质而得以在士兵中间培养起对他的这种感情的①。

普鲁塔克照例还指出恺撒的这样一些特点，诸如军队行进和转移得十分迅速，喜欢冒险，难以遏制的功名心和对于荣誉的渴望。然而这一切仍然主要是属于一位统帅的特点。关于作为政治改革家和国务活动家的恺撒，普鲁塔克谈得很少，并且好像有意识地不去作出自己的评价。作者在传记的一个地方确实讲了这样的话：“对于恺撒的好动的性格来说，多次的成功并不成为安安静静 24
地享受自己劳动果实的依据。恰恰相反，这些成功进一步激发和刺激了他，它们促使他拟定未来更加宏伟的计划，促使他追求新的荣誉，好像已经取得的一切并不能使他满足似的。这是一种同自己(有如同他人)竞争的心情，一种想用未来的功业超越先前已经成就的功业的渴望。”而从这后面的话可以看出，所有未来的这些计划、这些新的功勋仍然绝不是某些国家改革的计划，而是新的出征和规模宏大的军事行动。②

① 普鲁塔克：《恺撒传》，第 15—17 章。

② 普鲁塔克：《恺撒传》，第 58 章。

在我们看来，有一切理由可以认为，普鲁塔克是作为统帅的恺撒的标准形象的创造者。而当生活在较后时期的阿庇安认为我们可以肯定恺撒完全有理由同亚历山大并列的时候①，看来他可能已经受到普鲁塔克描绘得如此鲜明生动的恺撒形象的影响了。大家知道，他创造的形象的吸引力是如此之大，这些形象不仅仅对古典史学和文学发生影响。

但是如果我们考虑到恺撒的标准形象的话，那么就应当着重指出，普鲁塔克给这一形象又加进了一个相当重要的特点。难怪他在传记一开头的地方就指出，西塞罗乃是在恺撒的行动中看到明确的意图和目的的第一个人。普鲁塔克本人显然是同意这一观点的。他很愿意记述人们关于恺撒的谈论，记述仿佛是恺撒本人的话，记述可以证明他几乎从少年时代便力图夺取权力的事情。②甚至在给恺撒的生平和事业作总结的时候，普鲁塔克都不放过重新表达同一想法的机会。他写道："对于自己终生付出了极大危险的代价并且历尽千辛万苦才取得的强大力量和权力，恺撒并未能享用。"③因此，历史上恺撒形象的某种目的论的味道，在很大程度上也是来自普鲁塔克的作品的。如果在这方面，西塞罗也走在他前面的话，那么，当然，普鲁塔克创造的形象所起的作用却更要持久和广泛。

25 最后谈谈苏埃托尼乌斯写的恺撒传。关于这位作家的文风，很久以前人们便指出并承认这种文风的特色和它不同于普鲁塔克的风格之处。这一点甚至可以被认为是老生常谈了。比如说，苏埃托尼乌斯的那些总是按照固定的章节和各篇传记一再重复的一

① 参见本书原文第22页。

② 普鲁塔克：《恺撒传》，第1、3、4、11、28、60章。

③ 同上书，第69章。

套典型化的特点和特征而写出的、对罗马皇帝们的记述与描写，通常就被人们拿来同普鲁塔克和塔西佗极为擅长的、对人物的历史—心理描述进行对比。

苏埃托尼乌斯的传记通常分为四个主要部分：皇帝在取得统治大权之前的生活；国务活动；私人生活；死亡和葬仪①。而这些大的部分又各分成一些更细的部分。例如，在恺撒的传记中，作者通过广泛的描述从他的国务活动记述到他的私人生活，而这广泛的描述包括如下各点：(一)外表、健康情况、衣着习惯；(二)喜爱豪奢的生活、浪费成性；(三)恋爱事件；(四)对吃与喝(即酒)的态度；(五)贪财；(六)雄辩术；(七)写作事业；(八)军事活动家、统帅的品质；(九)对被保护人和友人的态度；(十)对敌人和诽谤者的态度(他的仁慈)；(十一)国务活动家的品质。

如果把列举在这里的不大引人注意的事项稍加分析的话，我们不难确信如下的情况，即当苏埃托尼乌斯把恺撒当做普通人来谈论时，他指出了恺撒的应当肯定的和应当否定的特点；但当他谈到作为统帅的恺撒时，他基本上是强调在普鲁塔克的作品中出现的那些优点：个人的勇敢、行动的迅速、在士兵中间享有声誉。而最后，当他谈到作为国务活动家的恺撒时，他便概括地只列举消极的特点了：过分爱好虚荣和追求权力、高傲(特别在他一生的末期)、毫不隐讳力图取得王权。因此，如下的意见可能是正确的：即
在苏埃托尼乌斯看来(以及在他同时代的许多人看来！)，恺撒根本 26
不是一位理想的国务活动家——恺撒是位“伟大的人物，然而是个祸害的统治者”。屋大维·奥古斯都才是一位理想的国务活动家。

---

① 参阅 M. Л. 伽斯帕洛夫：《苏埃托尼乌斯和他的作品》，载《盖乌斯·苏埃托尼乌斯·特兰克维路斯：十二恺撒传》，1964 年，莫斯科版，第 270 页。

传记作家在这里实际上是拿奥古斯都来同恺撒作对比了。[①]

现在我们应当做一些总结了。既然每一个历史时期都创造自己的价值体系、自己的“一整套”标准和理想,因而也就创造出自己的英雄人物,所以每一个时代也就对恺撒有自己的认识。然而早在古代便已产生那一形象,由同时代人和时间相隔最近的后来人所创造的那一形象,其最典型的特点是什么呢?

在那一时代人们的眼里,恺撒就其重要性而论大概是同马里乌斯、苏拉、庞培不相上下的著名活动家。恺撒同他们一样,也可能在比他们大得多的程度上,首先是一位统帅,而且正是他这个人的这一方面对他所有其余方面占有主导地位,并且决定了他的历史意义。从上面的概述可以看出,他的同时代人或时间离他最近的后人并不承认他是伟大的国务活动家或改革家。在元首制时期这种看法也占有主导地位。被崇奉为国家的真正改革者的不是恺撒,而是奥古斯都[②]。作为一般的结论,我们可以大胆地肯定,同时代人和时间相隔最近的后来人所作的判断,甚至把这些判断所固有的不可避免的一切缺点考虑进去,较之近代,甚至现代的某些历史学家的过分发热的头脑也要谨慎、清醒和现实得多。

* * *

现代创造的恺撒的形象又是怎样的呢?确实,每一个时代都有自己的恺撒。对于人们突然狂热地喜欢起古代希腊罗马文化的那样一个时代来说,也就是对于文艺复兴时代来说,恺撒还没有成

---

① M. Л. 伽斯帕洛夫:《苏埃托尼乌斯和他的作品》,载《盖乌斯·苏埃托尼乌斯·特兰克维路斯:十二恺撒传》,1964 年,莫斯科版,第 276 页。

② 施特劳斯布尔格尔(H. Straussburger):《同时代人心目中的恺撒》(*Caesar im Urteil der Zeitgenossen*),载《历史杂志》(*Historische Zeitschrift*),1953 年,第 175 号,第 225—264 页。

为人们所喜爱的英雄人物。但丁选择维吉尔为自己的引路人；佩特拉克则崇拜西塞罗，他与西塞罗就和与同时代人那样地热烈交谈。能以满足那一时代的精神需求的，并不是罗马武力的煊赫与胜利，不是帝国的强大威力和复杂的组织结构，而是柏拉图的对话、普拉克西特勒斯[1]的雕刻、德谟斯提尼斯[2]和西塞罗的演说术，最后，则是人们虽然不能给以明确的定义，但又都对之感到亲切和可以理解的这样一个概念——佩特拉克的信徒科卢乔·撒卢塔 27
提[3]和列奥那多·布路尼[4]就第一次用他们从同是那位西塞罗借来的 humanitas[5] 一词来表示这一概念。

所谓古典文化的第二次复兴，通常指的是十八世纪后三分之一到十九世纪开头这一段时期。它是直接同法国大革命，同这次革命的前提和结果联系着的。因此，马克思的下面这段话就并非偶然的了。他指出："1789—1814 年的革命依次穿上了罗马共和国和罗马帝国的服装，"而它的活动家"穿着罗马的服装，讲着罗马的语言来实现当代的任务"[6]。行动的时代到来了，人们提出了政权的问题。因此，这时代替人文主义者的形象、知识分子和思想家的形象而出现在首要地位的是实干的活动家的形象。现

① 普拉克西特勒斯是公元前四世纪古希腊雅典著名雕刻家。人们认为他最擅长于大理石的雕刻并且善于表达人物感情。——译注

② 德谟斯提尼斯是公元前四世纪古希腊最伟大的演说家。——译注

③ 科卢乔·撒卢塔提（Coluccio Salutati，1331—1406），文艺复兴早期意大利重要人文主义者、哲学家和政治家，1375 年起任佛罗伦萨首相。——译注

④ 列奥那多·布路尼（Leonardo Bruni，1369—1444），意大利人文主义作家、埃曼努埃尔·克里索罗拉斯的学生，曾任教皇的秘书（1405）和佛罗伦萨的首相（1427—1444）。他写过但丁和佩特拉克的传记，译过柏拉图和亚里士多德的著作，还写了一部有十二卷的《佛罗伦萨史》。——译注

⑤ 拉丁语 humanitas 一词的原意指人的本性，引申而有同人有关及以人为准则的学说、思想等等。——译注

⑥ 参阅《马克思恩格斯全集》，人民出版社 1961 年版，第 8 卷，第 121—122 页。

在，完全是另外一些英雄人物的灵魂被召唤到历史舞台上来——“所有这些布路图斯、格拉古、普布利科拉、保民官、元老以及恺撒本人”①。

拿破仑当然对恺撒感到兴趣，并且也不能不是这样，而他的侄子甚至写了一部有三卷的著作《优利乌斯·恺撒的历史》②。对恺撒的日益浓厚的兴趣不久也反映到历史科学上来。确实，热情崇拜西塞罗的尼布尔③既没有把恺撒评定为统帅，也没有把他评定为国务活动家。但这一情况却使杜路曼作出了十分明确的反应：杜路曼把恺撒和西塞罗这两位活动家描述成为截然对立的。在欧洲的历史学家中，在他们自己对恺撒本人及其事业的——顺便提一下，颂扬的——评价中，杜路曼第一个把作为国务活动家和政治家的恺撒的特点提到了显著的地位。

但是，看来应当认为，杜路曼的说法的最突出的特点是极端的目的论。在他看来，恺撒从少年时期就已经考虑用什么办法使自己取得专制大权，并且建立君主专制政体了，换句话说，就是当苏拉还在世的时候，恺撒就已经了解到共和国已经过时了。克拉苏
28 斯和庞培只不过是他手中的小卒，而征服高卢则是有意识地为内战和夺取权力作准备④。

---

① 参阅同上书，第 122 页。

② 拿破仑第三：《优利乌斯·恺撒的历史》(*Histoire de Jules Cesar*)，三卷，1865—1866，巴黎版。

③ 尼布尔(Barthold Georg Niebuhr，1776—1831)，德国历史学家，曾任普鲁士驻罗马大使(1816—1823)，1823 年在波恩大学任教，《罗马史》(*Römische Geschichte*，出版于 1811—1832 年)是他的主要著作。——译注

④ 杜路曼(W. Drumann)：《从共和向帝制过渡的罗马史》(*Geschichte Roms in seinem Übergange von der republikanischen Zur monarchischen Verfassung*)，第 1 版，1834—1844 年版；第 3 版，杜路曼与格累贝(P. Groebe)合著，共六卷，1899—1929 年版。

杜路曼在评价恺撒时在某种程度上是蒙森[①]的先行者，而蒙森，毫无疑问，理所当然地被视为欧洲史学中有关恺撒的神话的创造者。问题在于，蒙森在他的《罗马史》中特别着力地和满怀热情地加以描述的恺撒的形象，或说得更恰当些，他为恺撒所作的辩护，长时期对全部西方史学发生了——看来，现在继续在发生——巨大的影响。当然，这并不意味着所有后来的研究者都无条件地同意蒙森的看法，但几乎所有的人都对蒙森的描述的鲜明生动和"无懈可击"给予应有的肯定，而凡是试图对恺撒这个人作出另一种评价的人仍不得不在自己的论辩中以蒙森创造的形象作为出发点。

在蒙森看来，恺撒是一位无与伦比的创造性的天才人物。恺撒是一位伟大的统帅、雄辩家、作家，但所有这些特征都是次要的、补充性的，而他之所以成为伟大的统帅、雄辩家、作家，只是因为他首先是道道地地的国务活动家(Staatsmann)。他的国务活动和他的人格的基本特点乃是最完美的和谐。因此他能够做到其他政治活动家办不到的事情：把极其多种多样的成分和"集团"团结在自己的统治之下，施行一种超阶层的、超阶级的政策，而实施这一政策的结果则是希腊的和罗马的"民族"的复活。恺撒的目的乃是恢复古代的王权；同时他又能够保持对自己少年时期民主理想的忠诚。

① 提奥多尔·蒙森(Theodor Mommsen，1817—1903)，德国历史学家。1844—1847年，他在法国和意大利从事考古研究；1858年起任柏林大学古代史教授；1902年获诺贝尔奖金。他的主要著作是《罗马史》(*Römische Geschichte*)，1854—1856年版，共三卷；第4卷未写完；第5卷即《从恺撒到狄奥克列提亚努斯时期行省的历史》(*Geschichte der Provinzen von Cäsar bis Diocletian*)，1885年版。1873年他兼任柏林科学院秘书并主持《拉丁铭文集成》(*Corpus inscriptionum latinarum*)的编辑工作。——译注

但这还并不是一切：恺撒还是——由于他征服了高卢，使西方各民族罗马化——欧洲全部现代文明的始祖。他是一位理想的国王（政权的超阶级的和民主的原则），他——对他的全部描述便以此而结束——的行动和创造活动是在他之前和之后的任何人所无法比拟的，“而作为劳作者和创造者，即使在千百年后他仍然活在各族人民的记忆里——他是第一个同时又是唯一的统帅恺撒。”①

29 把恺撒其人和他的事业加以神话化的情况便是如此，这种神话化在现代史学中就是从蒙森开始的。蒙森的想法——顺便指出，这种想法的目的论的程度并不次于杜路曼的结论——是在德国1848年革命的结果的直接影响下产生的，并且它反映了德国自由资产阶级的期望，因为德国自由资产阶级梦想在某种超阶级的，然而是民主的（!）君主政体的条件下把国家统一起来。难怪德国的一位十分著名的历史学家相当中肯地并且挖苦地称蒙森为“自由主义的空论家和1848年的受难者”。

对蒙森为恺撒所作的辩护作出最明确的反应的是费列罗②提出的看法。费列罗的多卷著作《罗马的伟大和覆亡》（1901年开始发表）甚至在资产阶级史学中也被认成是很有文采，但实质上是并非专业的著作。这部书是政论家而非学者的作品。至于费列罗对恺撒的描述，是以他对杜路曼和蒙森的目的论的否定态度为出发点的。不过这种否定态度看来是表现得过分直率了。

---

① 蒙森：《罗马史》，俄译本，第3卷，莫斯科版，1941年，第379—474页。

② 费列罗（Guglielmo Ferrero，1871—1942），意大利历史学家，法西斯上台后移居日内瓦，任日内瓦大学教授。他提出了拉丁民族的没落和日耳曼民族的兴起的说法。《罗马的伟大和覆亡》（*Grandezza e decadenza di Roma*）（共五卷，1902—1907）是他的主要著作。此外，还有《年轻的欧洲》（*L'Europa giovane*）等等。——译注

在费列罗看来，恺撒根本不是国务活动家，而是一个出色的冒险分子，他时而实现大胆的计划，时而又成为环境与机会的玩物。在开始自己的政治生涯时，恺撒力图按照亚里士多德的学说做到把贵族和民主派调和起来；在担任执政官的时候，恺撒试图按照伯里克利[1]的榜样建立一种温和的民主制度。费列罗认为恺撒是千方百计地力图避免内战，然而却又接二连三地犯错误。在这次内战中取得胜利之后，不管说起来多么奇怪，恺撒的地位绝不是巩固的；他也未能使国家得到复兴，而他的全部组织活动就证明了这一点，而在他死前不久，他原打算发动反对帕尔提亚人的战争，以为这样做能够根本改变整个政治形势，这当然也是空想。[2] 30

在俄国的历史学家当中，P. Ю. 维佩尔曾相当详细地对恺撒作过评价。他的特点也是力图避免对恺撒持有目的论的观点。他是从罗马共和国晚期的社会历史的观点来论述恺撒其人和他的事业的。

维佩尔（显然比西欧的历史学家更早地）谈到了庞培的元首制和“把国王神化的”东方王国的“政治宗教思想”。在恺撒访问了埃及和叙利亚之后，人们在他身上看到，他对“东方、东方的生活方式、东方的环境、东方的宗教仪式和宗教概念感到的极大兴趣”。按照维佩尔的看法，恺撒在他从政初期虽然是“罗马民主反对派的

---

① 伯里克利（Perikles，约公元前 495—前 429 年），古希腊雅典大政治家，雅典民主派的领袖，曾通过征战使雅典确保海上的霸权。他擅长辞令、演说，保护文艺，同历史学家希罗多德、剧作家索波克列斯等人都有交往。在他统治下的和平与繁荣的十五年史称伯里克利时代。他曾在公元前 431—前 429 年间领导对斯巴达的伯罗奔尼撒战争。——译注

② 费列罗：《罗马的伟大和覆亡》，俄译本，第 2 卷，1916 年，莫斯科版。这一观点在书中到处可见。

同盟者”，但后来却逐步日益脱离这一集团。他成了“军事帝国主义”①的代表人物、士兵的领袖、以军事力量为靠山的专制君主。但这却并不证明“他的统治”就是坚强巩固的。结果恺撒陷于日益依赖自己的军团和“他的亲密的军事幕僚”的地位。他的处境之使人感到离奇之处，在于当他处于自己成功的顶峰的时候，却“得不到支持来对付曾使他取得胜利的那一部分人”②。

迈耶尔在他十分著名的专著《恺撒的君主制和庞培的元首制》（第一次世界大战结束时发表）中，把两种国家制度、两种概念——元首制和君主制——作了对比。实际上，迈耶尔所阐述和论证的也就是维佩尔早就提出了的那一原理，不过很可能，他是不依赖于前人而完全是自己独立提出的。

按照迈耶尔的观点，元首制的形式是共和的；领导国家的是元老院，而首席元老应当被看成是共和制度的保卫者。西塞罗在他的《论国家》这一著作中对这种国家制度作了理论上的论证，这种制度开头在庞培的元首制中，而后来在屋大维·奥古斯都的政治体系中得到实现。至于恺撒，则他同这一制度是不相干的；他力图把罗马变成希腊化类型的王国。除去散见于书中各处的个别看法
31 之外，迈耶尔此书有两章专门论述恺撒和他的政治上的新措施：《恺撒其人和他的目的》和《恺撒的目的。专制王国》。

迈耶尔力图不仅对恺撒的政治意图，而且对他的“个性”给以明确的阐述，他还试图以对“革命形势”的分析为出发点来做这件事。他尽量避免作目的论的预言。对于作为国务活动家的恺撒，他的评价是相当高的。他坚决反对“人们常常提出的指责，即恺撒

① 原文的“军事帝国主义”（военний империализм）并不是今天理解的“帝国主义”，而是“通过军事力量而取得统治大权（imperium）的意思。——译注

② 维佩尔：《罗马帝国史纲》，1908 年，莫斯科版（1923，第 2 版），第 258—281 页。

只是从当前的需要出发来行动的，他并没有创造出任何有永久价值的东西”，相反地，“他想使国家具有的那种形式，在他的心目中毋宁说是十分明确的，并且他是在如下的范围内十分彻底地实现了这一任务的，即在他能以得到的短时期里，这任务一般说来是可以做到的”。而由于在几行之后，我们就看到作者指出恺撒建立一个世界王国，也就是说，想重复马其顿的亚历山大一生的事业，因此作者的这些话在我们看来就证明，他自己也未能避免人们指责蒙森所曾犯过的错误，也就是目的论的态度。①

在赛姆的著名的作品《罗马革命》(此书在第二次世界大战爆发前不久问世)中，作者把罗马共和国向帝国的过渡理解成某种革命。这是西方史学颇具有代表性的一种看法。此书在一开头的地方，作者就强调指出了这样一个十分重要的思想，即罗马的政治生活并不是决定于现代议会类型的党派或纲领的斗争，不是决定于元老院和人民之间、贵族和平民之间、新贵和 novi homines② 之间实际上并不存在的对立，而是决定于对权力、财富和荣誉的争夺。争夺是在新贵本身的内部展开的；显贵的家族左右了共和国的历史，历史的各个时期是以它们的名字来命名的。例如，斯奇比奥时期，梅特路斯时期等等。凯奇利乌斯·梅特路斯家族是苏拉“党”的核心与支柱。然而正是在苏拉的独裁之后，开始了掌握统治大权的贵族的危机的。

使我们最感兴趣的是赛姆对恺撒的独裁、他本人和他的权力 32
的性质所提出的看法。首先，他并不认为恺撒是一个“革命者”，但是按照他的“事业和行为”来看，他毋宁说是一个“现实主义者和机

① 迈耶尔，前引书，第 330—345、472 页。

② 拉丁语：新人，指非贵族出身的重要政治人物。——译注

会主义者”，这个人比人们通常认为的“更加保守，也更加是一个罗马人”。第二，赛姆认为没有必要提出这样的假设，即恺撒力图建立一个“希腊化的王国”。他的政治目标决定于想消除内战的政治后果这样一个愿望。当然，他懂得，nobiles[①]的领导地位自从所有的意大利人都能够参加投票的时候起，在世界国家里就成了不合时宜的东西。然而就是在这样的条件下，恺撒完全能以满足于独裁本身；他的专制观点在很大的程度上是迫不得已的。[②]

因此，赛姆在他的作品中对恺撒进行评价时是极为小心谨慎的。恺撒甚至没有被给予革命者的称号，尽管赛姆把恺撒死后的内战看成是革命的进一步的深化，而“恺撒的继承人”即屋大维被说成是“革命领袖”[③]。至于恺撒之好像力图把罗马变成一个希腊化类型的王国，则赛姆在这里认为——应当认为，这是不无根据的——所有这些计划和思想显然都是我们当代历史学家们的猜测。

在二十世纪四十年代出版了苏联研究者 H. A. 玛什金的专门巨著《奥古斯都的元首制》。这部专著有三章专门论述恺撒其人和他的事业的历史意义：《十九—二十世纪的史学论恺撒的事业》、《恺撒的政权》和《罗马恺撒主义的社会基础》。当然，在当前的情况下，最值得我们注意的是后面两章。

玛什金正确地指出，在有关恺撒的浩如烟海的文献中，人们探讨得最少的是关于恺撒的政策的社会本质问题。在分析这一巨大而复杂的问题时，玛什金是从确定恺撒政权的性质这一点开始的。玛什金指出，恺撒在确立自己的统治时，总的说来，用的还是他的

---

① 拉丁语：新贵族，以别于古老的门第显赫的贵族。——译注

② 赛姆：《罗马革命》(*Roman Revolution*)，牛津版，1939 年，第 11—59 页。

③ 同上书，第 113，121—122 页。

先行者的办法，这就是说，把一切最重要的高级官职、权力和头衔 33
都集中在自己手里，但同时玛什金又着重指出，事情的本质却不在这里。由于把权力和荣誉称号这样地集中起来，恺撒的权力就越出了高级官吏职责的范围。它好像体现并认可了既是埃涅阿斯①的后裔同时又是著名的玛里乌斯的亲属的这个人同罗马人民本身自古以来的贵族联系。如果说“祖国之父”(parens patriae)这个头衔就说明了这种联系的话，那么，对于军队来说，“统帅”(imperator)这个头衔就可能包含有类似的意义。

但是，在玛什金看来，恺撒并不想仅限于把各种高级官职集中于他一人之手，并且把各种头衔加到他一个人头上。“他公开追求赤裸裸的王权，力图使人们宣布他为国王。”这一点是无可怀疑的；问题只在于，恺撒是否像某些研究者所认为的那样，从少年时代起就想做国王，还是直到晚年才有了这样的想法。玛什金在回答这一问题时指出，首先应当放弃目的论的观点，也没有理由把恺撒从他同时代的人们的圈子里特别分离出来。也和同他相同水平的许多人一样，他力求巩固自己的地位、自己的声望，但有关夺取独裁统治大权一事，他是直到手里有了大量的军队和巨大财富时才开始想到的。但即使在这时，他同庞培决裂之时也不是毫无犹豫的。

恺撒丝毫不反对，甚至亲自促使从宗教上确立自己的统治地位。他除去指出自己的战功之外，还同样自豪地提到自己一族的神圣出身和自己的司祭身份。玛什金认为恺撒还在活着的时候就

① 埃涅阿斯(Aeneas)，据荷马史诗《伊利亚特》，他是参加特洛伊战争的战士，后来人们把他同罗马建城的传说联系到一起，他流浪到拉提乌姆去的经历被维吉尔记述到著名的史诗《埃涅阿斯纪》里。传说他是安奇赛斯和女神阿芙洛狄塔所生，他被认成是罗马人的祖先。——译注

被神化了[1]，而这一点应当被看成是出现了君主制度的萌芽。但由于君主制度的理想同罗马的传统是抵触的，所以有些研究者（维佩尔、爱·迈耶尔）正确地认为这里他是受了希腊化东方的影响。[2]

34 然而，恺撒的君主制度的倾向并不能看做只是他的爱好虚荣的想法的表现。这种倾向是受社会条件的制约的。恺撒走向专制，是因为他“十分理解作为他的支柱的那些奴隶主集团的利益”。那么，他依靠的是谁呢？

为了回答这个问题，玛什金从分析“恺撒主义”这一概念入手。后面我们还要探讨这一概念，探讨恺撒主义的问题[3]，现在我们感到兴趣的只是玛什金对这一问题给予怎样的具体回答。他认为恺撒开头是民主派的领袖，然而“平民并不是恺撒的唯一的，也不是主要的支柱”。他在意大利的自治市中有不少拥护者，行省居民的某些集团也站在他的一边，恺撒对自治市的政策决定于他作为保护人的义务，而对行省的政策则决定于罗马和拉丁公民权的广泛普及，还决定于移民地的创建。这是一些“重大的措施，这些措施的目的在于把罗马从一个城邦（行省只是它的领地）变成一个平等权利的地区的统一国家”。

恺撒庇护各色各样的人物，集合在他身边的是罗马骑士、富有的自治市居民、罗马化的显要的行省居民的某些集团。他对居于统治地位的元老院阶层的态度是十分复杂的。尽管他施行“仁慈政策”，但很大一部分元老对他是抱怀疑态度的。到恺撒晚年，由于他表现了君主作风，这种怀疑态度就明显地加强了。因而他并

---

① 关于这一问题，参见本书原文第 321—323 页。
② H. A. 玛什金：《奥古斯都的元首制》，第 64—74 页。
③ 参见本书原文第 342—344 页。

没有足够巩固的支柱，他的"党"人数虽多，但过于庞杂。恺撒的主要支柱是军队，军队对他是不可缺少的，这不仅仅是为了战胜敌人，而且为了在公民当中巩固自己的威信。

在玛什金的涉及恺撒的这一部分的结尾处，他提出了作为古典古代的特点的各种政治体制的问题。在他看来，政治体制只有两种：城邦（城邦照例有它的共和的——民主的或贵族的——政治 35
制度）和君主国。因此城邦只能向君主国过渡，而罗马本身（充其量它也只能保持世界国家的首都的地位）也就变成了这样的君主国。而最后，"一些社会原因也引起了向君主国的过渡：军事独裁能够保护国家不受奴隶与自由贫民的大规模起义的侵害。"①

这样，在对于近代史学中存在的对恺撒的看法和评价的综述中，我们就一直谈到了本世纪的五十年代。至于最近二十五年或本世纪的第三个二十五年②，那么这里首先必须作一个几乎最例行的声明，即有关的文献是无穷无尽的。到现在为止，我们只谈了这样一些著作或看法——它们比起先前的观点来，提出了某种新的东西，并且由于这一原因而得到最大的认可。而对于现代史学，看来我们也应当采取类似的态度。但事情并不如此简单。其所以如此，看来是因为所有可以想到的和可能的评价都有人提过了，因此不能期待有任何真正新的东西。

人们只能——甚至这也带有某些保留——看到两种倾向。一种倾向的特点是力求作出冷静的、适当的并且是尽可能客观的结论（同时考虑到在罗马社会条件下的社会关系和斗争）。此外，在现代国外史学中还保留着或者也许是在复活着我们已经知道的一

① 玛什金：《奥古斯都的元首制》，第 74—110 页。

② 按作者此书发表于 1976 年。——译注

种辩护性的(带有强烈的目的论色彩的)流派。现在我们就试图讨论一下现存的某些看法。

然而,即使在这种情况下,如上所述,必须先作一些声明。当
然,我们根本无法论述在为数众多的一般性著作中所提出的那些
观点和评价,尽管在不少场合下,它们也会引起人们一定的兴
趣①。我们也不准备论述那些往往是很有价值的著作,因为它们
是联系着个别的、局部的问题来探讨恺撒、恺撒的人格和事业问题
的。这类著作可以举出的有:恺撒和帝国思想;恺撒的神化;恺撒
36 的军事艺术;恺撒和高卢;恺撒和庞培(内战);恺撒和西塞罗;作为
史料的恺撒等等。

在结束时我们还要谈一谈本书这种类型的现代著作——历史性的传略。这种体裁现在特别受到欢迎和肯定。在有关恺撒的许多传略中,我们只选出最著名的两种,特别是因为在这些作品里十分明显地反映了上述两种倾向。

我们指的首先就是 M. 盖尔策尔撰写的恺撒的传记。此书已经出了好几版。单是这一点就证明此书已取得了明显的成功,并且证实了人们对此书作者、这位年高望重的学者、研究共和晚期历史的最大专家的看法。此书不仅相当充分地介绍了恺撒的生涯和事业,而且概括地介绍了公元前一世纪的罗马社会。盖尔策尔得出了怎样的结论,作出了怎样的评价呢?

---

① 科尼曼(E. Kornemann):《罗马史》(*Römische Geschichte*),第 1 卷,第 3 版,1954,斯图加特版,第 520—521 页;伏格特(J. Vogt):《罗马史,上卷。罗马共和国》(*Römische Geschichte. Erste Hälfte. Die römische Republik*),1955,弗莱布尔格版,第 272 页;较早的著作则有《剑桥古代史》(*Cambridge Ancient History*),第 9 卷,1932,第 740 页;格洛茨(G. Glotz)主编:《通史》(*Histoire Générale*),第 2 卷,《罗马史》(*Histoire Romaine*),第 2 部分,巴黎版,可参考的部分到处可见(《恺撒》由卡尔科皮诺[J. Carcopino]执笔)。

在他看来，尽管经历了公元前 44 年的灾难，恺撒仍然是一个胜利者，因为在这之后政局还是按照他开拓的方向发展的。如果说他的直接继承人屋大维考虑到过去的经验教训而利用了较为缓和的统治方式，但帝国依然建立在正是恺撒奠立的基础之上。代替以人民的选举为基础的寡头政治，现在出现了一个军事王国，而靠军队的支持来实现的统治者的意志在这一王国中就成了权力的唯一因素。然而这一王国却能以为“苦于内战的暴行的人们保证意大利的宁静、行省的和平、整个帝国的幸福生活”。

恺撒可以被称为处理政治事务的能手。无论在理解一般的政治倾向方面，还是在实现这些倾向方面，他都是了不起的。他十分善于处理日常的政务，却又不忽视重大的目标。但他从不把精力只耗费在当前轰动一时的事件上而不去考虑那些全面性的问题。对于他所做的一切，他都用贵族的那种从容不迫的气度去做；他所说的一切，都带有绝对优越性的印记。恺撒从不败坏自己的名声，不做有损自己尊严的事情。任何复杂的情况都不会使他惊惶失 37
措。统帅和政治家、战术家和战略家在他身上结合起来，不过军事艺术永远是为政治服务的。

至于恺撒对权力、对国家的性质的看法，则这些看法所以具有君主制度的一面，是由于他长期离开罗马而居住在高卢和其他行省。正是在那里，他亲眼看到了用君主制度来统治的帝国的形象，也正是在这些年代里，他使自己从“城邦的”传统和偏见的束缚下解脱出来。

可悲的是，罗马所曾产生的最伟大的天才的生命被罗马人自己结束了，而那些罗马人还相信，他们是为了 res publica（共和国）的利益而行动的。他的超绝的天才（人们感到其中甚至有某种惊心动魄的东西）由于精神和肉体的“紧张状态”、急速的生活节奏、坦率的和洞察一切的目光和排除一切困难和实现最大胆的计划的特殊手法，使得他在一切方面都超越在他的同时代人之上。同时他又是一个道道地地的罗马人，他梦想的只是把 imperium populi romani① 提高到一个新的阶段。但是他的天才使得他自己飞得过高，以致没有人能跟上他。②

从上面所说的一切不难看出，盖尔策尔有关恺撒的著作除了已经指出的优点之外，也还有一些相当严重的不足之处。这部书明显地表现出为恺撒辩护的、目的论的特点，甚至有点相信恺撒的历史作用的天定的性质。所有这一切都使我们不能不把此书的作者看成是现代史学中这样一种倾向的代表者，而我们认为这种倾向就是来自蒙森的那种辩护性观点的复活。

巴尔斯顿所写的传略就给人以完全是另一种印象了。在该书所附的评介中说，这是用英语写出的最好的一部恺撒传记，尽管巴尔斯顿本人在他的前言中也承认上面提到的盖尔策尔的著作才是“最好的和最完备的、通过文献详加论证的”恺撒传，可是他又声
38 明，他本人的看法同盖尔策尔的评价是不一致的。

按照巴尔斯顿的观点来看，恺撒的主要“成就”可以举出如下一些方面：把高卢并入罗马；恢复了罗马的秩序和安全；给罗马的政治（和政治家本身！）“消毒”，使它不受行贿和债务的有腐蚀作用的影响。恺撒梦想征服东方，但是他并不能实现这样的计划和意图。

巴尔斯顿肯定并高度评价恺撒的军事天才——他那出名的神速行动；他之善于以出其不意的行动来对付敌人；他的自信心以及

① 拉丁语：罗马人民的统治大权。——译注

② 盖尔策尔（M. Gelzer）：《优利乌斯·恺撒》（*Julius Caesar*），1940 年，慕尼黑版（第 6 版，1960 年，威斯巴登版），第 332—337 页。

他之能够使自己的全部军队也都能有这种自信心。巴尔斯顿认为恺撒是一位有毅力的、具有求实思想的统治者，尽管他也有失算的时候。他用元老院以外的专制行动来代替元老院的以“清谈”为基础的统治方式。他不把千百年来的传统放在眼里，他认识到后期“共和制度”的懦弱和无成效，因此和西塞罗、加图、布路图斯不同，他根本不去考虑古老的“理想”和制度；他不是修理已经不适用的旧机器，而毋宁是想把它摧毁。但是恺撒并不试图解决或者有意识地搁起重建罗马国家这一最复杂的问题，他完全忙于进行当前的改革，以便恢复和保证政府机构的效能。但是，如上所述，这已经不是古老共和国的机构了。

也不能认为恺撒是毫无理智地并在破坏一切“准则”的情况下急于取得王冠的。尽管他肯定是力图取得最高的权力，尽管他有决心实现自己的政治目的，但他从来不曾脱离现实的环境和条件。尽管如此，在西塞罗和阴谋的参加者看来，他却是一个暴君，历史会教给人们在这样的情况下应当怎样做：应当以共和国的名义并且为了共和国的幸福而把暴君杀掉。

恺撒没有做到的事情，他的继承人却做到了。屋大维有他的义父①所不具备的品质：他是一个有耐性、明智而又机警的阴谋家。他创建的新制度从本质上来看同恺撒的体制并没有什么区别，然而屋大维却懂得传统的形式是必须加以保留的。罗马应当由一个人（就是他本人）来统治，这个人是军队的领袖，因为如今正 39
是军队使他取得了统治大权的。但是统治阶层即元老们的尊严（dignitas）和权威（auctorltas）应当受到尊重，要给人们造成这样

① 从亲属关系来说，奥古斯都乃是恺撒的外甥女儿的儿子，是孙辈的人物，这里所谓义父义子的关系，乃是一种政治行动，是政治上继承人的关系。——译注

一个印象：即使如果一切都改变了，一切应当还是原来的样子。屋大维是一位"天才的宣传家"。他做到使所有的人都相信，他已经恢复了共和国。如果说"第一位建筑师的计划被否定的话，那么第二位建筑师的计划却使所有的人都感到满意"。然而没有恺撒所做的事情和他被刺的教训，就不可能有屋大维·奥古斯都本身。①

在上述作品中引起我们注意的，不仅仅是作者对材料论述得认真彻底和有充分文献上的依据，而且还有：作者做出了冷静的结论；他显然还力图摆脱那些天真的目的论的、建立在回溯之上的说法。因此，巴尔斯顿的书以及上面提到的施特拉斯布尔格尔的作品和其他几种作品一道，在我们看来，可以代表现代史学中一种温和的传统，这种传统力求能作出比较有根据的结论。

从上面所说的一切人们不难确信，在评价恺撒的历史意义时是存在着不少分歧的。这种情况完全是自然的。不过几乎在所有的意见、评价、观点之中，都可以看到相互一致的因素。现在我们并不想把它们一一列举出来。只有一件事是大家没有争论的——引起拥有多种多样观点和流派的现代史学的注意的，主要是作为政治家的恺撒，恺撒乃是一位国务活动家。当然，这并不是偶然的现象。恺撒时代的军事艺术、战略和战术问题大大地老化了②，它们已经失去了现实意义，但是同恺撒的名字与事业、同他的时代，也就是同共和的灭亡和帝国的产生有关的那些政治问题却没有变得黯淡，没有失去自己的色彩、自己的生命力，它们还能给现代人

---

① 参见本书原文第 26 页；再参见科林斯(J. H. Collins)：《恺撒和权力的腐化》(*Caesar and the Corruption of the Power*)，载于《历史》(*Historia*)，1955 年，第 4 期，第 445—465 页。

② 译者按：作者这话讲得不全面，同恺撒有关的军事著作到今天仍有不少可以借鉴之处，未可一笔抹杀，就如同研究我国的孙子兵法仍然有现实意义一样。

的心灵以很多的启发。

然而，总的结论又是怎样的呢？我以为在这一章里谈结论至 40
少为时尚早。当然，由于综述了上面那些观点，则要提出某种“合成的”看法好像也不是多么复杂的事情。但这样做是没有意义的。要知道，把人们所曾提出过的观点、评价、看法加以综合，甚至对它们进行批判并加以“合理的选择”，然后在这个基础上提出自己的看法或创造自己的恺撒形象，这是不行的。这太轻率了，因而注定是会失败的。这只不过是根据别人的作品拼凑出来的答案。而“看法”和“形象”应当是在全书的结尾处自然而然地产生出来。应当自己去探索那个时代的发展情况和这位卓越的英雄人物的发展情况。只有在这种情况下，我们讲的话，有时还有我们之前人们讲的话，才会成为真正自己的东西，因而也就是真正新的东西。

第二章

盖乌斯·优利乌斯·恺撒:出身、青年时代、从政的开始

前面已经说过,在古代十分流行的历史性传记类作品的两位著名的代表人物——希腊人普鲁塔克和罗马人苏埃托尼乌斯——都给我们留下了恺撒的详细而又生动的传记。但是由于命运的奇异的播弄,传到今天的两部传记的开头几章都遗失了。[①] 因此,毫无疑问,用来点缀有关恺撒的降生情况的那些"装饰性的"细节,我们便无法知道了。然而至少在苏埃托尼乌斯的记述里有这类的细节和报道,那是无可怀疑的,因为《埃涅阿斯纪》[②]的注释者谢尔维乌斯[③]就直接引用过苏埃托尼乌斯的话:"苏埃托

① 译者按:作者说命运的播弄,不如说这很可能是后来抱有共和思想的编订者或收藏者有意识地把这一部分删去了。西塞罗的作品为什么能大量地保存下来,这里就透露出一些消息。

② 《埃涅阿斯纪》(*Aeneis*)是帝国初期罗马最大的诗人维吉尔所写的把罗马同特洛伊和希腊神话联系起来的一部政治倾向性很浓的史诗。它是以荷马的史诗为模仿对象的,传说特洛伊的英雄埃涅阿斯在特洛伊陷落后,几经辗转,最后流浪到意大利的拉提乌姆。他的儿子优路斯建立了阿尔巴·隆伽(罗马城的前身),并且成了优利乌斯家族的始祖。维吉尔此诗并未写完,因为是奉命写诗,自己肯定不满意,所以在遗嘱中他要求干脆把原稿烧掉,但奥古斯都下令把它保留下来了。——译注

③ 谢尔维乌斯(Servius)是公元四世纪的拉丁语法学家,他的最大业绩就是为维吉尔的史诗《埃涅阿斯纪》作注,注释主要是为教学之用。——译注

尼乌斯在他的《恺撒传》里报道说，神谕①向全世界宣告了伟大统帅的诞生。”②显而易见，这里指的只是没有保存下来的传记故事的细节当中的一个。

不言而喻，这类报道的失传在今天未必能使历史学家感到很大的遗憾。然而我们却不能有把握地也对更加重要的事实作出判断。比如，严格地说，我们并不知道恺撒到底生在哪一年。上面提到的普鲁塔克和苏埃托尼乌斯两个人都报道了恺撒遇刺的年代，这样才使人们能以向回推算出他的生年。通常人们认为他生于公元前 100 年。但蒙森却指出，恺撒担任公职的年份——在罗马，人们对这种年份是十分严格地遵守的——使人们不得不把恺撒的生年向前推到公元前 101 年甚至公元前 102 年。没有争论的只是他出生的月份，即克温提利斯月（Quintilis）——还在恺撒在世的时
候，为了向恺撒表示敬意而把这个月份改名为优利乌斯月（Jul- 42
ius）③，但近来又有一种把恺撒的生年仍然定为传统的公元前 100 年的倾向。④

盖乌斯·优利乌斯·恺撒出身于古老而又显要的贵族氏族。他本人则以真正罗马人所固有的自豪感把自己的氏族提高到同半传说的罗马国王，甚至同诸神有了血统关系。恺撒按照当时的习

---

① 神谕是在罗马各地的神谕所通过不同方式（口述，各种朕兆、托梦等等）表达出来的所谓神的意旨，这种神谕的解释权属于专门的司祭。——译注

② 《埃涅阿斯纪注释》，第 6 卷，第 799 行。

③ 月份改名是公元前 44 年即恺撒遇刺那一年的事情。现代欧洲语言中表示七月的词，如英语之 July、德语之 Juli 等等，均从 Julius 一词变化而来。——译注

④ 本特森（H. Bengtson）：《恺撒。他的生平和他的统治。古代史短论》（*Caesar. Sein Leben und Seine Herrschaft. Kleine Schriften Zur alten Geschichte*），1974 年，慕尼黑版，第 427 页。

俗在他的姑母优利娅的葬仪上发表颂扬死者的演说。他在演说中明确指出:“我的姑母优利娅一族母系的祖先是罗马的诸位国王①,而父系的祖先则是不朽的诸神,因为她的母亲②出身玛尔奇乌斯·列克斯家族——这一家族是安库斯·玛尔奇乌斯③的后裔,而我一家所属的优利乌斯氏族则来自维娜丝女神。”④至于恺撒的母亲奥列利娅,也出自古老、显要,然而是平民的奥列利乌斯氏族。

恺撒一家虽然出身显贵,在传统上却是同反对元老院体制的人们有联系的,也就是说,是同通常所说的民主派的代表人物有联系的。这种传统可能来自母亲的一方,因为她的氏族不仅出过执政官,还出过保民官。然而使恺撒一家具有最鲜明民主“色彩”的,却是这样一个情况,即恺撒的姑母,即前面提到的优利娅是著名的盖乌斯·马里乌斯(旧译马留)的妻子。这样,在整个罗马社会的生活中有力地表现出来的那些社会的和政治的矛盾、阶层的和阶级的矛盾,都在这个家族的小天地里反映出来。

当恺撒满十五岁的时候,他的父亲突然去世了。他的父亲是公元前 92 年度的行政长官,后来出任亚细亚长官,但是却从来不曾取得从政的最高官阶即执政官的地位。年轻的恺撒这时在自己的周围只有妇女了,而正如为他作传的一位现代作家指

① 指罗马传说中王政时期的国王。——译注

② 即恺撒本人的祖母,恺撒的祖父是公元前 91 年度执政官塞克斯图斯·恺撒。——译注

③ 传说中王政时期的第四位罗马国王(公元前 642—前 617 年),他扩大了罗马的领土,在欧斯提亚建立了作为出海口的移民地并且在梯伯河上修筑了第一座桥,即苏布利奇乌斯桥(Pons Sublicius)。——译注

④ 苏埃托尼乌斯:《圣优利乌斯传》,第 6 章;普鲁塔克:《恺撒传》,第 5 章。

出的,从这时起,这些妇女在他的生活中开始起十分显著的作用。

公元前 84 年,少年的恺撒当选为朱比特神[①]的司祭,这显然是因为有权势的亲属和他家的友人对他加以提拔的结果。要知
道,只有出身贵族氏族的人才有资格被选出来担任这一荣誉的 43
职务。然而还有如下一个限制:当选的人必须出身于这样一个家庭,家庭中的双亲必须是按照被称为共食婚(confarreatio)[②]的一种特殊的古老宗教仪节(这种仪节实际上排除了离婚的可能)结婚的。

朱比特的司祭没有权利骑马、阅军,不能宣誓,不能戴指环,不能在罗马城外过两夜以上,这是为了保证向朱比特奉献牺牲的事情不致长期中断。司祭本人也必须按照共食婚的仪式结婚,而且他的新娘也应当选自贵族的家族。看来正是由于这一点,他才同出身富有的,然而是平民氏族的科苏提娅解除了婚约。但是后来他同更加显赫的氏族联姻了:公元前 84 年[③],恺撒同执政官路奇

---

① 朱比特(Juppiter)是罗马神话中最高的天神。从他拥有的各种不同的头衔而知道他分别是管理光(Lucetius)、电(Fulgar)、雷(Tonans)、雨(Elicius)之神。他还掌握各种不同的气候。在罗马卡皮托利乌姆山上有一座奉祀朱比特的最著名的神殿。在罗马的司祭当中,以朱比特神的司祭(flamen dialis)占有最重要的地位。——译注

② 共食婚名称的来源是因为夫妇在结婚仪式上要共食麦饼(farreus panis)。婚礼要在朱比特神的司祭和证人面前举行。婚礼先在女家进行,由女方之父祭告祖先和神灵,说明要将女嫁至某家;然后由新郎(或新郎指定的代表)把新妇亲迎至家。到男家后,新郎于家神之前用水为新娘行斋沐之礼并使她接触神火。这之后则宰牛以祭家神,诵祭神之诗句并以共食麦饼而结束仪式。共食婚是只有贵族才能举行的结婚仪式。婚礼须择吉月(罗马人以六月为吉月,五月为凶月),婚期则由司祭用占卜的方法加以确定。——译注

③ 一些研究者认为应是公元前 83 年。——译注

乌斯·科尔涅利乌斯·秦纳[①]的女儿科尔涅利娅结了婚。秦纳在马里乌斯死后实际上成了罗马的唯一统治者。

但是恺撒只能在不长的时期内享受因这一姻亲关系而取得的各项优惠,诸如执行朱比特的司祭的那些与其说复杂、不如说拘束人的任务。甚至不能有把握地说,他到底是否执行了这些任务:担任这一职务要求遵守如此多的规定并且时间又拖得如此之久,以致恺撒干脆无法拿出这样多的时间。问题在于,公元前83年的春天,苏拉率领自己的军队在意大利登陆,这样就爆发了内战,而到公元前82年,苏拉的军队攻占了罗马。苏拉的经过人民大会批准的独裁地位确立起来了。

不言而喻,马里乌斯和秦纳所通过的一切规定和决议都被取消了。拥护他们的最著名的人物在剥夺公民权(proscriptio)[②]期间付出了生命和财产的代价。当然,恺撒这时还太年轻,在政治方面也还过于微不足道,以致全能的独裁官不会把他看成是一个严重的敌人。尽管如此,他仍然引起了苏拉的某种注意。看来,朱比特的年轻司祭的亲属关系仍然是十分讨厌的。

---

① 路奇乌斯·科尔涅利乌斯·秦纳是贵族出身的民主派领袖。他早年的情况史无记载。公元前87年他首次当选执政官后,违反了同苏拉的约定,通过了反对苏拉的法律。他的同僚格·屋大维把他逐出罗马后,他在马里乌斯的帮助下纠合了一支军队重新攻占了罗马,杀死了许多反对者,其中包括著名的演说家玛尔库斯·安托尼乌斯和著名作家克温图斯·路塔提乌斯·卡图路斯(被迫自杀)。从公元前86年(马里乌斯死在这一年)到公元前84年,秦纳三次连任执政官。他通过了有关调整债务的法律,恢复了国家的秩序。在准备可能对付苏拉的战争时,秦纳于公元前84年在安科那被拒绝作战的士兵杀死。——译注

② 剥夺公民权(proscriptio)一词来自拉丁语的 prōscribō(没收)这个动词。凡被苏拉列入剥夺公民权名单的人都被宣布不再受法律的保护并被没收财产,他们的子孙也不能再担任公职。告密的人都能得到赏赐,因此这期间许多无辜者受到牵连。后来安托尼乌斯、列皮都斯和屋大维也发布过剥夺公民权的命令用来对付政敌。——译注

恺撒被免掉了自己的荣誉职务。这之后，又要求恺撒同科尔涅利娅离婚。但是恺撒拒绝执行苏拉的要求。这使他陷入困难而又危险的处境：科尔涅利娅的嫁妆被没收了，他本人也被剥夺了继承父亲遗产的权利。在有可能被逮捕的威胁之下，他化妆成得了 44
热病的病人，在撒比尼人的地区流浪，每天夜里都要更换一个住处。尽管采取了这样一些防备措施，他还是被苏拉的巡逻队追上，而他竟不得不付出一万二千狄那里乌斯的贿赂以赎买自己的性命。

然而即使这次，也还是亲属们帮了他的忙。恺撒的母亲同苏拉集团的人们是有联系的。连维司塔贞女们①也被惊动起来了，因为按照古老的罗马习俗，她们有权庇护被判了罪的人。苏拉赦免了这个执拗的年轻贵族。但是根据很可能是属于传说之类的传统说法，苏拉的赦免行动是十分勉强的；他指出，为恺撒斡旋的人们本身并不知道他们是在为什么人求情，又说这个孩子可以抵得上好几个马里乌斯呢②。

不管怎样，恺撒在得到正式的赦免以后，仍然认为以离开罗马为好。而且，他已经到了这样的年纪，就是说，显贵出身的罗马人应当开始服务于国家的仕途了。如果说恺撒的司祭的职务——这一职务不许服军役——干得不顺利，那么现在他却从破坏这一禁

① 维司塔贞女是维司塔女神的女司祭。按罗马神话，维司塔女神是管理灶、家务和纯洁的家庭生活的女神，她是农业神撒图尔努斯和丰收女神欧皮丝的女儿。维司塔女神的神殿在罗马广场的南部。维司塔贞女受人们高度的尊敬，她们不受自己双亲的监护而受大司祭(Pontifex Maximus)的严格领导，她们负责保持圣火，不使熄灭。顾名思义，维司塔贞女不能结婚，违反者要受到活埋的惩罚。——译注

② 苏埃托尼乌斯：《圣优利乌斯传》，第1章；普鲁塔克：《恺撒传》，第1章。译者按：抵得上几个马里乌斯云云，这显然是后人为了强调恺撒的分量而故意编造出来的说法。

例开始了，更何况在罗马，某种军事资历对于任何从事社会政治活动的人来说，都是不公开的，却又几乎是必不可缺的前提。恺撒于是动身去亚细亚行省，在那里他很快就被划归行政长官身份的（同行政长官衔）克温图斯·米努奇乌斯·提尔穆斯的麾下成了一名军官。他不久便从这里被派到比提尼亚去见该国的国王尼科美德斯①，他的任务是要尼科美德斯向提尔穆斯提供这时需要的舰队，因为提尔穆斯这时正在围攻列斯波斯岛上的米提列涅城，而这个城市是还站在罗马的宿敌、本都国王米特里达特斯一方面的。

恺撒在比提尼亚的居留无论如何也不能给他的传记增加光彩。当然，大家都十分清楚，大人物的名字的四周不仅仅有顶礼膜拜的香火，往往也有诽谤的臭气，而且，在事隔两千多年之后的今天，要把恶意的捏造和并不总是听了令人高兴却仍然是千真万确的事实区分开来，并不是那么容易的事情。无论如何，这个一辈子都跟在恺撒后面的传闻是说他同国王尼科美德斯发生了同性恋的关系。这件事，用苏
45 埃托尼乌斯的话来说，是恺撒终生无法洗刷掉的污点。②

恺撒回到米努奇乌斯·提尔穆斯这里之后，就参加了攻占米提列涅的战斗，他在猛攻中卓著战功并由于表现勇敢而得到橡冠的奖赏。公元前 78 年，他又渡海去奇利奇亚，参加由执政官衔的普布利乌斯·谢尔维利乌斯·瓦提亚（顺便提一下，此人是苏拉派）③在这里进行的清剿海盗的战争。但恺撒并没有在奇利奇亚停留多久，苏拉去世的消息很快地就传到了这里，于是他就赶忙返回罗马了。

---

① 比提尼亚有三个叫尼科美德斯的国王，他们分别于公元前 281—前 246 年，公元前 149—前 91 年和公元前 91—前 74 年在位，这里指的是第三个，他遗嘱把王国赠给罗马。——译注

② 苏埃托尼乌斯：《圣优利乌斯传》，第 49 章。

③ 瓦提亚（公元前 134—前 44 年）曾帮助苏拉对马里乌斯派作战。他是公元前 79 年度的执政官，公元前 78—前 75 年，他在奇利奇亚任执政官衔长官。——译注

苏拉的体制既不巩固又不得人心,这一点在苏拉死后立刻就看出来了。公元前78年度的执政官玛尔库斯·埃米利乌斯·列皮都斯(此人也是苏拉派,曾因宣布剥夺公民权的做法而发了大财)这时要求重新审查已故独裁官的一系列的决定。他特别答应把苏拉没收的土地归还给它们的合法的主人。事情发展到列皮都斯竟募集了一支军队向罗马推进,但是他吃了败仗,逃到撒地尼亚去,不久就死在那里。①

在这些事情刚刚发生时,恺撒就返回了罗马。而如果苏埃托尼乌斯的记述可靠的话,那么列皮都斯曾试图把他拉到自己的一方面来,并且"许给他很大的好处"②。然而,尽管年轻的恺撒早就表现出有意,甚至喜欢玩弄政治手腕,但在开头的时候他却十分慎重,不使自己被卷入几乎没有成功希望的冒险行动中去。对于由马里乌斯反对派的最重要领袖人物之一的克温图斯·谢尔托里乌斯③所领导的另一个严重得多的运动,他也采取了旁观的态度。尽管在所谓谢尔托里乌斯战争期间,军事行动是在西班牙的领土上进行的,但早些时苏拉和后来的元老院都把这一运动看成是一个直接的威胁,而把巨大的兵力投进去以镇压这一运动。领导这

① 阿庇安:《内战史》,第1卷,第107章;佛罗路斯,第3卷,第23章,第6节。译者按:列皮都斯进攻罗马是公元前77年的事情,但是他被克温图斯·路塔提乌斯·卡图路斯(也是公元前78年度执政官)所击败。

② 苏埃托尼乌斯:《圣优利乌斯传》,第3章。

③ 克温图斯·谢尔托里乌斯(Quintus Sertorius)在对金布里人作战时,隶属于凯皮欧和马里乌斯的麾下。在公元前87年的内战中,他站在秦纳的一边。他大概是公元前83年度的行政长官,公元前81年他是西班牙的长官。公元前81年,他被苏拉免去了职务,于是逃到玛乌列塔尼亚,但后来又应路西塔尼亚人之召返回西班牙并在这里扩充了自己的势力。从苏拉的屠刀下逃出的人都来归附他,他以合法的罗马长官自居并组织了自己的元老院。公元前72年,他被手下的一名副帅杀死。自此他的运动就垮掉了。——译注

支兵力的就是年轻的，然而已经十分有名的统帅庞培。①

恺撒并不参加——看来他完全是有意识地这样做的——这些走极端的行动。在从政之初，他选择的完全是另外一种做法。他宁肯选择危险性最小，同时在罗马却广为使用的一种办法以取得
46 确实的政治声誉和成就，这就是积极参加，或说得更准确些，带头组织轰动一时的诉讼，并且尽可能是带有政治色彩的诉讼。

公元前 77 年，他指控盖乌斯·科尔涅利乌斯·多拉贝拉的勒索罪，并且向法庭告发了这个人。多拉贝拉是一个著名的苏拉派，他曾任公元前 81 年度的执政官，后来又出任马其顿的长官。虽然由于极有经验的法庭辩护人和保护人盖乌斯·奥列利乌斯·科塔和克温图斯·霍尔田西乌斯为之辩护，多拉贝拉被宣告无罪，但恺撒的指控演说却写得如此出色，以致他立刻便获得了如此的声誉，成为罗马最出色的演说家之一。下述事实可以证明这篇演说受欢迎的程度：人们到处都传抄它并且至少保存到二世纪，因为塔西佗②和奥路斯·盖利乌斯③都知道这篇演说。在随后的公元前 76 年，应希腊人的请求，恺撒又控告了盖乌斯·安托尼乌斯的勒索和贪污的罪行。安托尼乌斯也是一个苏拉派，他在同米特里达特斯作战时是骑兵长官。安托尼乌斯在希腊声名狼藉。但安托尼乌斯却得以逃避受审，因为他到保民官那里去寻求帮助和庇护。④

---

① 阿庇安：《内战史》，第 1 卷，第 108—115 章；普鲁塔克：《谢尔托里乌斯传》，第 18—26 章。

② 塔西佗：《演说家对话录》，第 34 章。译者按：这一对话录论述了帝国初期演说术所以衰败的原因。最伟大的罗马历史学家塔西佗被恩格斯称为最后的一个共和派，他的《编年史》和《历史》（已为本书译者译为中文，1981 年，商务印书馆版）以具体的事例说明演说术的衰落是同共和向帝国的转变有联系的。

③ 盖利乌斯：《阿提卡之夜》，第 4 卷，第 16 章，第 8 节。

④ 普鲁塔克：《恺撒传》，第 4 章。

这两次诉讼虽然没有使他取得成功，但也没有损害他的声誉[1]。在这之后，恺撒再次离开罗马到罗得斯去听著名的修辞学家阿波罗尼乌斯·摩隆[2]的讲课（在他听课当时的几年前，西塞罗本人也在摩隆那里就演说术这门学业进行深造）。当恺撒从罗得斯返回的时候，他在法尔玛库撒岛[3]被海盗绑架。恺撒的两位传记作家——苏埃托尼乌斯和普鲁塔克——都十分生动地记述了这一事件。苏埃托尼乌斯记述得简单一些：恺撒被绑架了大约四十天，他把他的大部分同行人员派往小亚细亚各个城市去筹措赎他出去的款项。恺撒向海盗支付了五十塔兰特（或三十万狄那里乌斯）才得到释放。但他不甘心如此了结。他集合了一支舰队，向海盗发动了进攻，拿获并处死了他们，这是在他被绑架时开玩笑地向海盗们保证这样做的。[4]

普鲁塔克的说法更加花哨，因而也就更加不可相信。他概括地叙述了公元前 81 年到前 73 年间恺撒生平的事件，只是次序略有不同。据他的说法，恺撒只有一次离开罗马。他到比提 47
尼亚的尼科美德斯那里去是为了逃避苏拉的迫害，后来才被海盗绑架，这之后就住在罗得斯，而最后听到苏拉去世的消息之后，才返回罗马。关于恺撒在海盗那里的情况，他的说法加上了这样一些引人瞩目然而未必可信的细节：海盗好像向恺撒勒索

---

① 译者按：这话讲得同前面有些矛盾，其实这种带有政治性的行动已经取得了沽名钓誉（如果可以这样说的话）的效果，不过前面说这种做法危险性最小，却也未必，因为这显然是会树敌招怨的。恺撒随后去罗得斯的摩隆那里“进修”，未必不是有避一避风头的意味在内。

② 摩隆是阿拉班达人，美涅克列斯的学生，修辞学家。他在公元前 87 和前 81 年也到过罗马。——译注

③ 此岛大概在小亚细亚的米利都附近。——译注

④ 苏埃托尼乌斯：《圣优利乌斯传》，第 4 章。

二十塔兰特，而恺撒本人却把这笔赎金增加到五十塔兰特；此外，在他本人被海盗绑架期间，他竟迫使海盗听他朗诵自己写作的诗歌和演说，而在他躺下休息时，他不许人们喧哗。在自己获释之后，他追及并捕捉了海盗，然后下令把他们全部磔死在十字架上。①

这些细节是不大可信的，也是荒诞离奇的，然而，看来最离奇的还应当承认是这样一个事实，即还没有担任过任何公职的、二十五岁的罗马贵族竟然能够要小亚细亚沿岸各城市不仅对他之被绑架和他的安全负责，而且不怎么特别费力，就使它们筹集一笔巨款来赎他。②

公元前 74 年，米特里达特斯发动了对罗马人的第三次战争。他的一支队伍攻入了亚细亚行省的领土。这时正在罗得斯的恺撒渡海来到亚细亚，迅速地征募了一支辅助部队并赶跑了敌人。③但看来他在这里没有停留多久，而在公元前 73 年，他返回了罗马。他被补入了司祭团④以代替这一年去世的盖·奥列利乌斯·科塔。科塔是恺撒母系的亲属（这一点再次证明恺撒有地位高的庇护人，此外，还证明他的母亲奥列利娅一直不断地在为他张罗和操心！）恺撒在到达罗马之后不久，又当选担任了一项职务，他成了一

① 普鲁塔克：《恺撒传》，第 1—3 章。

② 盖尔策尔（M. Gelzer）：《恺撒。政治家和国务活动家》（*Caesar. Der Politiker und Staatsmann*），1940，慕尼黑，第 25—26 页。

③ 苏埃托尼乌斯：《圣优利乌斯传》，第 4 章。

④ 司祭团（collegium pontificum）原是协助高级官吏处理祭祀事务的一个咨询机构，最初只三人，到恺撒时期已逐步增加到十六人。国家的祭仪一般由他们主持。司祭团的成员一般都是贵族，后来其中的一半则由平民担任了。司祭团的首领是最高司祭或称司祭长（Pontifex Maximus）。——译注

位军团司令官①，当时的年轻的罗马人通常就是从这一职位开始自己的军事和政治事业的。担任这一职务的人选是在民会上决定的，因此普鲁塔克称这件事是恺撒获得“人民之爱”的第一次的公开表现。②

通常人们认为恺撒是作为明显的民主派而开始了自己的政治生涯的，更何况在他返回罗马之后，立刻就积极地投入了争取恢复 48
属于保民官职权范围的一切特权的运动。特别是果敢而又能干的保民官盖乌斯·李奇尼乌斯·玛凯尔③领导了这一运动。此外，玛凯尔还公开保卫因苏拉没收土地而受害的公社和地主的利益。恺撒支持玛凯尔，而在这个问题上，他甚至发表过演说（又是塔西佗提到过这篇演说④）。他还发表了另一篇演说支持保民官普劳提乌斯提出的一项法律，根据这一法律，允许埃米利乌斯·列皮都斯的拥护者返回罗马，这些人是在列皮都斯战败和死亡之后逃到西班牙的谢尔托里乌斯那里去的。顺便提一下，在这些逃跑者中间，就有恺撒的妻子科尔涅利亚的兄弟路奇乌斯·秦纳。我们可以肯定，不仅在私人事务而且在公家事务方面，对亲属的公开的关照、帮助在罗马完全不被认为是什么不体面的事情或裙带关系的表现，相反地，它们被看成是理所当然的义务。

人们认为，作为民主派的恺撒，他所进行的活动的一个最出色

---

① 军团司令官（tribuni militum）是罗马军团的高级军官，每军团有六人，直隶统帅麾下。四个正规军团（分属两位执政官）的军团司令官由特里布斯民会选出。其他军团的军团司令官则可由统帅任命。——译注

② 普鲁塔克：《恺撒传》，第5章。

③ 玛凯尔还是一位历史学家，他写过一部编年体的罗马史，他利用“麻卷”（libri lintei，高级官吏表）来补充他的史料。罗马史至少有十六卷，反映了他的民主倾向。李维和狄奥尼修斯（哈利卡尔纳索斯人）都引用过他的作用。——译注

④ 塔西佗：《演说家对话录》，第21章；参见西塞罗：《为克路恩提乌斯所作的辩护》，第59、161章。

和有效的例子，就是稍后发生而在前面已经提到过的、他在姑母优利娅的葬仪上发表的演说。除去这一颂扬性的演说以外，恺撒竟还敢于把马里乌斯的雕像在广场上陈列出来。自从苏拉独裁时期以来，把马里乌斯的像公开陈列出来这还是第一次。尽管有谁想对这种做法提出抗议，但出席葬礼的绝大多数人对这种做法表示热烈的赞许。①

当然，恺撒的诸如此类的行动，是为了纪念马里乌斯，经过细心思考和特别准备的示威行动，但是对于广场上群众的反应却未必能认为——在十九世纪的西欧史学中有时有人这样做——这是对这样一个事实的肯定，即“平民党”有了一位新的领袖人物。问题的这种提法首先就是以“平民党”的存在（这等于说，罗马那时就产生了差不多是现代类型的政党）为前提的。

在西欧史学中确实比较长时期地——直到二十世纪初——有一种有关罗马的政治斗争的看法占据统治地位。这种看法是以下述情况为依据的，即人们承认存在着两个相互对立的政治集团或政党——贵族党和平民党。众所周知的模式是这样的：在格拉古
49 兄弟②的运动期间或者在盖乌斯·格拉古死后不久，形成了贵族党和平民党。政治斗争后来的发展，就被视为这两党之间相互角逐的表现，而这一斗争最突出的例子则是下列事件：马里乌斯派统治罗马、内战和苏拉的独裁，而根据某些研究者的意见，卡提利那

① 普鲁塔克：《恺撒传》，第 5 章。

② 指提贝里乌斯·显普洛尼乌斯·格拉古（Tiberiùs Semproniùs Graccthus，公元前 163—前 133 年）和盖乌斯·显普洛尼乌斯·格拉古（Gaius Sempronius Gracchus，公元前 153—前 121 年）兄弟，他们曾以民主派代表者的身份为了贫苦农民的利益向贵族大地主展开斗争，但先后都被对方杀害。——译注

的阴谋这一事件也应当算进去。贵族派①被认为是当权的贵族②的政党、元老院的政党即统治上层的政党，而平民派则被认成是民主党，因而毫无疑问是反对党。这样一来，人们就自然会得出这样一个结论：无论如何也是在共和国晚期，存在着一种特殊的“两党制”。

把贵族和平民看成是两个相互对立的政党，这种看法最鲜明地表现在蒙森的《罗马史》里，后来它就在西欧的学术著作里相当巩固地扎了根。最初动摇了这一观点的是盖尔策尔在本世纪初发表的研究罗马贵族问题的著作。③ 盖尔策尔在他后来的著作里，更加坚决地反对有关罗马的两党制的看法，说它是“十九世纪幻想的产物”。此外，盖尔策尔还完全正当地强调指出，绝不能把平民认成是现代人们所理解的民主派，而贵族(optimates)这一概念，其内容也比单纯的“阶层概念”要丰富。④

遗憾的是，明显地被现代化了的“两党制”模式过去也曾被移植到苏联史学里面来。不举任何其他的例子，我们只指出，连专门研究政党的作者 H.A.玛什金都一方面提醒人们不要采取现代化的态度，但他本人却仍然把贵族(optimates)说成是贵族党，而把平民说成是民主党。⑤

但是盖尔策尔小心谨慎地并在合理的限度之内提出的一条重

① 贵族(optimates)的拉丁语原意是“最优秀的人”。同它相对的是平民(populares)。
② 这里贵族的拉丁原文 nobilitas，指氏族贵族与平民融合而成的新的统治贵族，也可以译为“新贵”以区别于共和初期古老的贵族(patricii)。执政官几乎全部来自这些新的贵族。只有像马里乌斯、西塞罗那样的少数人是例外。——译注
③ 盖尔策尔：《罗马共和国的贵族》(*Die Nobilität der Römischen Republik*)，1912，柏林版。
④ 盖尔策尔：《西塞罗》(*Cicero*)，1969，威斯巴登版，第13、15、22、45、63页。
⑤ H.A.玛什金：《公元前二世纪末和一世纪初的罗马政党》，载《古代史通报》，1947年，第3号，第126—139页。

新加以探索的途径今天看来是搞得太过分了。如果说名声不好的
50 “两党制”模式既现代化又过于走极端的话,那么,相反地,在现代史学中“非现代化的”倾向却表现得同样极端。我们这里指的是现时存在的一种倾向,这种倾向既否认古代罗马有政党存在,又否认在政治生活本身之中存在有任何组织性因素。

就存在于国外史学之中的现代看法而论,其代表作品可以举出克·迈尔的对晚期罗马共和国的政治体制进行详尽的分析的著作。[①] 作者力图论证和证实他的全部研究作品这样一个中心论题,即所谓必然的联系(necessitudines)[②],即本特里布斯、地区等等的亲属的、友谊的联系,被保护人的利益不仅优先于阶级的和阶层的利益,不仅是罗马政治生活的一种具有特色的现象,而且对这种生活完全起决定作用。

当然,这样的看法是绝对不能接受的。这是走到另一个极端去了。不言而喻,现代人所了解的那种政党在罗马是不存在的,也不可能存在。而把贵族与平民同这样的政党等同起来,尤其是没有道理的。不过这却绝不排除其他一些形式的政治斗争或其他类型的政治团体。后面我们将会多次遇到这类的团体或帮派(factiones)。

现在我们再回到恺撒上面来。综上所述,我们就未必能提出“平民党”和它的领袖的问题了。然而问题的本质却根本不在这里。在我们谈到的恺撒这一活动时期,甚至不可能提出这样的假

---

① 迈尔(C. Meier):《失去的共和。晚期罗马共和国法制与历史之研究》(*Res publica amissa. Eine Studie zu Verfassung und Geschichte der späten Römischen Republik*),1966,威斯巴登版,第 8、10、15—21 页。

② necessitudines 这个词还有“亲属”、“友情”、“亲密关系”的意思。——译注

设，即恺撒竟敢指望在某一巨大政治集团中起领袖作用或者竟能以被认为起了这样的作用。所有这类的猜测只是由于事后的回顾才产生的。

如果谈到恺撒在其活动初期的政治方向的话，那么我们认为值得注意的是现代的一位恺撒传记作家所持的观点。恺撒从一开始就面临三条可供选择的道路：他可以放弃家庭的传统而转入苏 51
拉的一派；或者，相反地，走向另一个极端，参加这样一些运动，诸如列皮都斯的发动、谢尔托里乌斯的反抗行动；或者，最后，选择罗马人从政的一条比较平常，甚至陈旧的道路——服军役以及在法庭、广场上发表能打动人心的演说等等。恺撒摒弃了任何极端的做法，他选择的正是这第三条道路。①

在阐述上述观点时还可以加上这样的看法：恺撒确实不应被列入"极端的平民派"，而且他所选择的道路为他保证了一定的政治地位，甚至独立性，尽管不久他的活动就有了表现得相当明显的反元老院的倾向。但同时如果我们也谈到恺撒的略有不同的道路的话，那么上述的意见绝不，并且丝毫也不意味着这条道路的天定的性质。必须着重指出当时的情况，因为对于恺撒的事业的一种特殊的、目的论的处理方式产生得相当早，早到恺撒当时的人就有人这样做，这一点我们已经明确指出过了②。当然，即使在当时，这也显然是一种事后回溯的办法。

至于恺撒于公元前 73—前 72 年返回罗马期间，他实际上在政治上能有多大的分量，那么他在政界已经有了一定的政治声望，并且在比较广大的居民阶层中间也有了一定的名气，不过，总的说

① 巴尔斯顿，前引书，第 29 页。

② 参见本书原文第 12 页。

来,他的作用还是微不足道的。恺撒有强烈的功名心,有毅力和决心,这是无可争辩的,然而在贵族中间,这样类型的年轻人并不算少,他们也都有类似的特点,并且踏上了同样的一条从军或从政的道路。还没有任何事物预示他未来的远大前程,证明他才能出众,也没有任何依据可以从任何目的论的角度来看待他的为人和他的事业。①

* * *

当恺撒返回罗马时或在这之后不久,爆发了在斯巴达克斯领导下的一次著名的奴隶起义。大家知道,起义是从极小的一件事引起的。从卡普阿②地方一个名叫连图路斯·巴提亚提斯设立的
52 一座角斗士训练所,有大约七十名角斗士逃了出来。后来这些角斗士在维苏威山上设防自卫,运动就这样发展起来,并且,用普鲁塔克的话来说,成了一支"伟大的和可怕的力量"③。斯巴达克斯使罗马军队吃了一系列十分惨重的败仗,整个意大利变成了战斗场所;在某个时期,甚至出现了斯巴达克斯进军罗马的危险,罗马的人们不是没有根据地开始想起了过去汉尼拔的进攻。④ 元老院竟不得不在事实上撤销了公元前 72 年度的两位执政官⑤的统帅权,因为他们已经证明自己完全没有能力对抗起义者。元老院把

---

① 盖尔策尔:《优利乌斯·恺撒》,第 26—27 页。

② 康帕尼亚的主要城市,考古发掘证明它是埃特路里亚人在公元前七世纪建立的。此处土地肥沃,到公元前三世纪已经成为一座富庶的城市。公元前 216 年它因依附汉尼拔而受到罗马的严惩。苏拉曾把一批人送到那里去建立移民地。——译注

③ 普鲁塔克:《克拉苏斯传》,第 9 章。

④ 欧洛西乌斯(基督教历史学家),第 5 卷,第 24 章;优特洛皮乌斯,第 6 卷,第 7 章。

⑤ 两位执政官是路奇乌斯·盖利乌斯·波普利科拉(L. Gellius Poplicola)和格·科尔涅利乌斯·连图路斯·克洛狄亚努斯(Cn. Cornelius Len. tulus Clodianus)。——译注

军事行动的领导权授予了玛尔库斯·李奇尼乌斯·克拉苏斯。此人在苏拉夺取罗马的战斗中曾立过战功(公元前82年科林那门之战)。

克拉苏斯开头失败了若干次,后来才得以取得明确的优势。公元前71年,在阿普利亚发生了一场决定性的战斗。斯巴达克斯的军队被击溃,他本人也在这次战斗中阵亡了。能够冲向北方的、庞大的起义者队伍被庞培的军队迎击和歼灭。庞培是应元老院之召从西班牙(在同谢尔托里乌斯作战之后)前来帮助克拉苏斯的。后来这一情况使庞培能够肯定,如果说克拉苏斯在一次战斗中击溃了斯巴达克斯,那么他——庞培就把战争本身彻底结束了。①

由于对斯巴达克斯取得的这次胜利,克拉苏斯取得了徒步的凯旋或所谓小凯旋式(ovatio)②的荣誉,而庞培则由于在西班牙的胜利而被给以正式的凯旋式的荣誉。在这两次凯旋之后,两位统帅就当选为公元前70年度的执政官。选举是在紧张的气氛中进行的,因为克拉苏斯和庞培二人互不信任,他们都根本不忙于解散自己的军队。

但是,同马里乌斯和苏拉之间的关系类似的那种局面没有再度出现;尽管谈不上真正的信任,但事态却仍然没有发展到公开冲突的程度。而且,由于命运的嘲弄,正是在两位过去积极拥护苏拉的人担任执政官期间,苏拉的体制遭到最严重的摧毁性打击。一开头就完全恢复了保民官的权力,后来由于行政长官奥列利乌斯(恺撒的母系亲属)的提议,又通过了有关法庭的一项新的法律。

---

① 普鲁塔克:《克拉苏斯传》,第11章;《庞培传》,第21章。

② 举行小凯旋式的统帅徒步(或骑马)进城,头戴桃金娘冠;而正式的凯旋式则是统帅乘战车进城,头戴月桂冠。小凯旋式不像正式凯旋式那样壮观、隆重。——译注

53 现在组成法庭的除了元老阶层的成员以外，还包括不仅是骑士（骑士曾被苏拉逐出法庭），而且还有所谓出纳人[1]——他们是在人口调查时居于骑士之后的阶层的代表者。人们在讨论法庭改革问题的时候，也正是指控前西西里长官盖乌斯·科尔涅利乌斯·维尔列斯[2]（此人甚至比起其他贪欲的行省长官来都显得空前地残暴和专断）的著名诉讼开始的时候。奥列利乌斯法的通过大大地帮助了年轻、但已相当出名和能干的辩护人玛尔库斯·图利乌斯·西塞罗，使他在诉讼中取得辉煌的胜利。

据我们所知，在所有这些年里，恺撒并没有出头露面。[3] 严格地说，关于公元前 68 年以前他的政治活动，我们不知道任何事情或几乎不知道任何可以相信的事情。[4] 公元前 68 年就是恺撒当选为财务官的那一年。顺便指出，自从苏拉制定有关高级官职的法律以来，人们只有在担任财务官这第一个公职之后，才能参加元老院。

史料中的某些报道和暗示使我们只能作出这样的假设，即恺撒在所有这些年里试图巩固和扩大自己的人望，不过他使用的办法与其说是政治性的行动，不如说是慷慨大度地花钱。他的温和有礼的作风，他的宴会与豪奢的生活方式，按照普鲁塔克的意见，大大有助于扩大他的影响。在起初，恺撒的敌人对此并未给予应

---

① 出纳人（tribuni aerarii）是财务官的助手，来自最下层的公民，他们缴纳一定的税金，这样就免除了自己的军役和其他赋役。——译注

② 维尔列斯在公元前 73—前 71 年是西西里的长官（行政长官衔的），西塞罗在公元前 70 年发表了抨击维尔列斯的演说。公元前 43 年，维尔列斯死于流放之中。——译注

③ 译者按：这样说不够准确，只能说文献不足之故。

④ 苏埃托尼乌斯：《圣优利乌斯传》，第 6 章。

有的重视，认为只要他的财产耗尽，人们是会立刻把他忘掉的。①但这种看法是完全不对的，甚至是天真的：恺撒的钱无论如何也不可能枯竭，因为他具有一切时代贵族出身的最“优秀的”青年人所擅长的极为高超的本领，这就是他善于举债，并且更善于（甚至达到十分巧妙的地步）生活在债务里却又不因此而片刻失去乐观的情绪。

恺撒热心搜集艺术作品，他为漂亮的和有学问的奴隶支付如此空前的高价，甚至他自己不许把这些花销记到家用账目里面去。54
在涅米湖附近，他花费巨资修建了一座别墅，但他并不喜欢这座别墅，于是又下令把它铲成平地。② 普鲁塔克报道说，恺撒早在他得到第一个官职（显然是财务官）之前，就负了一千三百塔兰特的债务（或八百万狄那里乌斯）③。但是这丝毫不曾影响他的豪奢的生活方式和不久之后的大量花费。

在担任财务官（公元前68年）之后不久，恺撒就在为他的姑母优利娅举行的葬礼上为马里乌斯举行了一次示威，这件事我们在前面已经说过了。在这同一年，他的妻子科尔涅利娅也去世了。尽管在年轻妇女的葬仪上在罗马一般是不发表歌颂的演说的，但恺撒却不怕违反习俗，发表了一篇十分动情的演说。

在财务官任职期满之后（译者按：应是在任职期间），恺撒被派到远西班牙（Hispania ulterior）的长官那里去。他在担任这一职务时进行了一些怎样的活动，我们实际上是一无所知。一个故事说他奉长官之命巡视西班牙各城市和公社时，他在加地斯的一座神殿里突然看到了马其顿的亚历山大的雕像，于是就叹息说：“亚

---

① 普鲁塔克：《恺撒传》，第4章。

② 苏埃托尼乌斯：《圣优利乌斯传》，第46—47章。

③ 普鲁塔克：《恺撒传》，第5章。

历山大在这个年纪①已经征服了全世界，而我到现在却任何像样子的事情也没有做。”显然，应当承认这个故事是后来的虚构。②苏埃托尼乌斯关于恺撒的预言性的梦的故事也应当认为是同类的虚构。据说他梦见同自己的母亲发生了乱伦的关系，但由于所有生物共同的母亲是大地，所以这个梦就被预言术士说成是统治全世界的前兆。③

但是关于下述情况的报道却可信得多了，即恺撒在任期期满之前突然离开自己的行省，而出现在这时正在酝酿一场骚乱的河北高卢。④ 半岛的这一部分的居民由于在同盟战争之后没有取得罗马公民权，所以现在决定以好像是武装起义的办法来取得它。很难确定事实上恺撒是否准备领导这次起义。看来苏埃托尼乌斯
55 是这样认为的。⑤ 这件事干起来太冒险了，因为很多人都知道，元老院专门在西班牙保持了两个军团，它们是准备派往东方去对付米特里达特斯的。不过，另一种情况也是无可争辩的：由于恺撒这次来到了高卢，这样他就同当地有势力的家族建立了巩固的联系，从而使自己又有了很多被保护人。

恺撒重新返回罗马之后，十分积极地参加了政治活动。他在回来之后不久就重新结了婚，这一情况对于参加政治活动并无妨

---

① 如果恺撒生在公元前100年，那么这一年他是三十三岁，而马其顿的亚历山大就是在这个年纪死的。——译注

② 这种虚构的传闻在中国古代也有，项羽的“彼可取而代也”（《史记·项羽本纪》），陈胜的“嗟乎，燕雀安知鸿鹄之志哉”（《史记·陈涉世家》）也都属于这一类。——译注

③ 苏埃托尼乌斯：《圣优利乌斯传》，第7—8章；普鲁塔克在记述恺撒的话和托兆性质的梦时，把它们放到较后的时期（《恺撒传》，第11，32章）。

④ 河北的河指意大利半岛北部的帕都斯河（今天的波河）。——译注

⑤ 苏埃托尼乌斯：《圣优利乌斯传》，第8章。

碍,甚至可能有所帮助。恺撒的新的妻子是苏拉的外孙女庞培娅①,她又是庞培的一位远亲,而庞培这时正是罗马的军事和政治活动家当中的风云人物。因而恺撒在起初,从他的全部公开的言论和行动来看,都是明确地站到庞培的一边,那就没有任何可以奇怪的了。

但庞培本人的政治观点那时却是不够明确的。他在开始人政时自愿拥护苏拉,甚至可以说是苏拉的战友,但后来由于想担任执政官,才不得不在广大舆论的压力下积极参加恢复保民官权力的活动。他的政治活动的幅度就是如此之大。因此元老院的寡头政权还可以指望把庞培保持在自己的一方面,正有如反元老院的集团也完全可以指望把他拉入自己的阵营一样。

毫无疑问的是:无论怎样,自从恺撒踏上比较广阔的政治舞台那时起,他的活动就有了十分明确的反元老院的倾向。从这一意义来说,他的政治立场当然是比较明确的。但是从另一方面来说,通常人们把这些年间恺撒的活动描述成极端的煽动家、冒险家、“不惜孤注一掷的赌徒”②的活动,这也是没有什么说服力的。元老院集团中他的对头们当然是这样看他,这样认为的,这种看法被写入了许多古典作家的著作,而现代史学又毫无批判地沿袭了这一看法。但是,这是绝对不正确的:恺撒的甚至是公然反对元老院的一切行为、一切“举动”都令人信服地证明,不仅在这些年,而且 56
在后来的年代(无论如何也在内战爆发以前),他是能以把自己保持在适可而止的限度上面的,他避免或者至少力图避免有过火的

① 庞培娅的父亲是公元前88年度执政官克温图斯·庞培·茹福斯,她的母亲是苏拉的女儿穆奇娅。他们在公元前67年结婚,公元前61年离婚,离婚的原因是她因克洛狄乌斯事件(见前)而受到怀疑。——译注

② 盖尔策尔:《优利乌斯·恺撒》,第34页。

行动。

公元前67年，保民官奥路斯·伽比尼乌斯[①]提出一项法案，建议把非常的权力授予庞培，以便同地中海的海盗进行斗争。问题在于，在同米特里达特斯作战期间，海盗的势头空前猖獗起来。海盗有一支庞大的舰队，他们蹂躏岛屿，甚至敢于进攻沿岸的城市。他们登陆后就沿着大道打劫，抓到俘虏后就把他们变卖为奴隶。正如普鲁塔克所说，海盗胆大妄为到如此程度：有一次他们竟绑架走了两位穿着紫边外袍[②]的行政长官和他们的仆从和侍从[③]。元老院派出了不止一支讨伐的队伍去对付海盗，但效果微乎其微。地中海上根本无法进行贸易，无法运送粮食[④]，结果意大利发生了物价上涨的现象。海盗在克里特岛，在奇利奇亚（在小亚细亚）的尚海城市都有自己的基地。

奥路斯·伽比尼乌斯建议委托庞培不仅担任海军的统帅，而且对一切行省离海岸四百斯塔狄乌姆（相当五十哩）以内的地区都拥有无限的权力。庞培还被授权从有元老称号的人们当中为自己任命两位副帅（legati），有权支配国库以及行省的收入，有权征募军队和装备一支由二百只舰船组成的舰队。就权力的广泛和特殊而言，这种做法在罗马还是空前的。

---

① 伽比尼乌斯在这之前一直是同庞培合作的，公元前65—前63年，他是庞培的副帅，又是公元前61年度的行政长官和公元前58年度的执政官（他是他家的第一位执政官）。在内战中，伽比尼乌斯站在恺撒一面，他死于公元前47年。——译注

② 紫边的外袍乃是罗马高级官吏（如执政官、监察官、行政长官等等）的外部标记之一。——译注

③ 普鲁塔克：《庞培传》，第24章。译者按：侍从（lictores）是高级长官外出时抱棍束（fasces）走在前面的低级官员。执政官的侍从通常十二人，行政长官的六人，但独裁官的二十四人。——译注

④ 罗马的粮食不能自给，主要靠北非输入的粮食，如果海路不通，就等于割断了罗马的生命线，所以罗马不能不严重对待这个问题。——译注

伽比尼乌斯的建议在元老院遇到了坚决的抵制。有一位执政官说,如果庞培想仿效罗慕路斯①的话(这就是说,如果他想取得王权的话),那么他将逃不脱最后一个国王的命运。② 唯一支持法案的元老好像就是优利乌斯·恺撒了。虽然普鲁塔克不知道为什 57
么认为恺撒这样做完全不是为了庞培,而只是为了提高自己的人望③,但是认为恺撒同时追求这两个目的,这种看法却要自然得多。

当然,这项法律是在人民大会上通过了。庞培甚至能以取得一些补充的决定,结果他的兵力几乎增加了一倍。单是这一件事就足以使得粮食的价格立刻大大地下降了。后来的事件并没有辜负人们对庞培的期望:他出色地完成了自己的任务。三个月中间他就把地中海的海盗全部肃清了。

在这些年中间,恺撒的活动规模并不很大。他被任命为阿皮亚大道的监督官(curator)。阿皮亚大道是把罗马同意大利南部连接起来的主要干线④。这个职位虽然不高,但是却使担任这一

① 罗慕路斯(Romulus)和列穆斯(Remus)在传说中是建立罗马的孪生兄弟。他们在被篡位者阿穆利乌斯抛弃后是由母狼哺育活命的。他们的祖父是阿尔巴·隆伽的国王努米托尔。罗慕路斯在一次争端中杀死了列穆斯。他的统治时期传说是从公元前753到前715年,最后在一次旋风中失踪,一说他在元老院中被元老们杀死。——译注

② 普鲁塔克:《庞培传》,第25章。译者按:最后一个国王指塔尔克维尼乌斯·苏培尔布斯(Tarquinius Superbus)(公元前534—前510年)。据罗马传说,他是弑父之后而取得王位的。他的残暴统治使得他被逐出罗马,最后在流放中死去。——译注

③ 普鲁塔克:《庞培传》,第25章。

④ 阿皮亚大道(Via Appia)是公元前312年由监察官阿皮乌斯·克劳狄乌斯·凯库斯(Appius Claudius Caecus)修筑的由罗马到卡普阿的大道,全长132哩。公元前三世纪,大道经过倍涅文图姆和塔连图姆一直延伸到亚得里亚海沿岸的布伦狄西乌姆。——译注

职务的人能以在广大居民阶层中间取得和提高自己的名声（如果他已经有了名声的话！）。他应当做的只是不吝惜金钱来维修这条路并保持完好，因为几乎每个罗马人都必然会不止一次地徒步或乘车骑马走在这条路上。至于花钱，那么这恰好是恺撒为了取得人望而最为常用，甚至是最为爱用的手段之一。

但这时一些新的重大事件酝酿成熟了。在东方，对米特里达特斯的战争还在进行中，但战事的进程在罗马引起了越来越大的不满情绪。问题在于，统率罗马军队的路奇乌斯·路库路斯①在开头取得了一些胜利以后，现在行动极为疲沓，好像是故意把战争拖下去的样子。无论如何，在罗马本城，有势力的生意人、金融家就都散布这样的消息，因为他们对如下的情况极为不满，即路库路斯在亚细亚保护被他们弄得破产的城市和公社，限制贷款的利率，反对高利贷者和包税人的各种非法行为。可能在罗马针对路库路斯，想把他搞垮的运动未必能动摇他的地位，如果军队是他的可靠支柱的话。但是他对士兵态度骄横，又定下了严格的纪律，这就使得士兵也起来反对他，结果事情几乎发展到公开的叛乱的地步。
58 因此在军事行动的进程中，正是由于这些情况，而绝不是路库路斯的疲沓拖拉，才造成了不利的转折。②

但不管怎样，这一切都使保民官盖乌斯·玛尼利乌斯有理由于公元前66年在民会上建议把最高统帅权移交给庞培。这一建议受到了这一年度的行政长官西塞罗的热烈支持，西塞罗正是在

① 此人就是在公元前88年随苏拉一道攻占罗马的那个路库路斯。他在公元前78年任行政长官后，出任阿非利加行省的长官。公元前74年任执政官时压制过酝酿取消苏拉的各种做法的活动。他死在公元前55年。——译注

② 普鲁塔克：《路库路斯传》，第33—35章；《庞培传》，第30章；参见狄奥·卡西乌斯，第36卷，第4章，第16节；阿庇安：《米特里达特斯战争》，第90章。

这次的演说中以其固有的全部雄辩才能说服罗马人把战争的领导权委托给庞培的；他并且警告他们说，如果不这样做，罗马人民将遭受巨大的损失，一切事情都要搞乱。① 另一位"庞培派"——优利乌斯·恺撒——也同样坚决地支持玛尼利乌斯的建议。尽管元老院的领袖们试图用一切办法反对通过这一法案，但它当然还是在民会中没有任何困难地通过了。罗马这时没有一个人就其人望而论可以同庞培相比。不容置疑的是：在处理东方的一切复杂问题方面，也如同肃清海盗一事一样，他也是十分成功的。因此庞培甚至用不着返回罗马：他是在本人不在场的情况下被授予各种新的权力的。

公元前 66 年，恺撒当选为下一年度即公元前 65 年度的营造官②。

在这一职位上他的同僚是玛尔库斯·卡尔普尔尼乌斯·毕布路斯③，此人是元老院集团的典型代表人物。他同加图和路奇乌斯·多米提乌斯·阿埃诺巴尔布斯结成了反对恺撒的一个帮派(factio)。加图是毕布路斯的岳父，而阿埃诺巴尔布斯又同加图的姊妹波尔奇娅结了婚。④ 他们三人就是元老院这一帮派的头目。这是可以表现出罗马的习惯的特点的一个结合。可以认为，这种

---

① 西塞罗：《为玛尼利乌斯辩护的演说》，第 6 卷，第 15 章；第 7 卷，第 17—19 章。

② 关于营造官(aedilis)，参阅本书译者所译《古代罗马史》(三联书店版，1957 年)，第 144—145 页。——译注

③ 毕布路斯大概长于恺撒两岁，这之后他是公元前 62 年度行政长官；公元前 59 年，作为"三头"的对头，他当选为执政官。公元前 51—前 50 年，他是叙利亚的长官，曾成功地击退了帕尔提亚人的一次进攻。在公元前 49 年的内战里，他统率庞培的舰队，但未能阻止恺撒的渡海。他死于公元前 48 年。——译注

④ 巴尔斯顿，前引书，第 36 页。阿埃诺巴尔布斯支持过维尔列斯，反对过玛尼利乌斯(公元前 66 年)。

结合的依据既是“必然的联系”(necessitudines)[①],同样又是共同的政治利益。

由于庞培身在东方,而恺撒同元老院集团既不愿也不能有所接触,因此,很自然的,他的目光就转向当时置身寡头集团之外的、唯一的一位重要的政治人物,此人就是玛尔库斯·克拉苏斯(特别是他已当选为公元前65年度的监察官)。这样,这两位政治活动家就相互接近了,这种接近后来是产生了极为重要的后果的。

59 不言而喻,营造官这一职位的职责——监管城中的秩序和公用事业、组织粮食分配,特别是组织公共娱乐活动,而后者照例要求营造官个人支付大量的资财——对恺撒来说并不能成为严重的障碍。

恰恰相反,坚持自己的以借债的办法来表现最大慷慨的原则的恺撒,他所追求的目标只有一个,那就是举办比任何前人都更加豪奢的比赛和表演。他用新的建筑物来装点广场和卡皮托利乌姆山[②];他为了纪念自己已故的父亲而组织比赛,要三百二十对角斗士出场比赛,这些人的全部武器和甲胄都是纯银的。尽管许多表演和比赛,他当然是和自己的同僚毕布路斯一道组织的,但不知怎的,事情的结果却是一切荣誉和居民的感谢都落到恺撒一个人身上。难怪毕布路斯说,他自己的命运就和波路克斯一样:原来在罗马广场上有一座神殿是为上天的孪生子波路克斯和卡斯托尔[③]修

---

① 参见本书原文第50页。

② 卡皮托利乌姆山(Capitolium)是罗马的一个山丘,估计直到公元前六世纪才开始有人居住,这里是公共活动和宗教活动的中心,为朱比特、朱诺和密涅尔瓦修建的大神殿就在这座山上。——译注

③ 罗马广场上奉祀孪生子的这座神殿通常被称为 aedes Castoris。据罗马神话,他们是列坦和图恩达列乌斯的儿子,这一祭祀是早在公元前五世纪便由希腊传入拉提乌姆的。他们在罗马的节日是1月27日。他们有时合称卡斯托列斯(Castores)。——译注

建的,但是老百姓却总是把它叫做卡斯托尔神殿。

但是在担任营造官期间,恺撒绝不仅限于执行自己本职的任务。同克拉苏斯的接近使得他走上了玩弄政治阴谋和权术的道路。这条道路确实不是笔直的,然而却又是有很大诱惑力的,因为选择了这条道路之后,一旦遇到成功的机会,就可以比通过有目共睹的、老老实实的途径要快得多地达到自己的目的。然而只是在有了成功的机会的时候!但这时命运女神却根本不曾垂青于这两位政治家当中的任何一人。如果说他们取得了一些什么的话,那只是由于个人的努力和毅力,而绝不是由于幸运的风云际会。

如果问题涉及的是恺撒和克拉苏斯的共同行动的话,那么应当弄清楚的第一个问题(顺便指出,这是一个极为复杂和不清楚的问题),就是他们两个人是否可能参加所谓卡提利那的第一次阴谋的问题。而且,就是"阴谋"本身也还引起人们的许多怀疑呢。

传统的说法有如下述。阴谋好像是由荡尽了自己财产的一个贵族路奇乌斯·谢尔吉乌斯·卡提利那组织的。卡提利那过去曾积极参加过苏拉剥夺政敌的公民权的活动,后来又被指控同维司 60
塔贞女法比娅有近亲相奸的罪行(顺便指出,法比娅是西塞罗的妻子特伦提娅的姐妹)。但是,由于某些著名元老的支持,诉讼的结果是对被告有利的。公元前68年,卡提利那当选为行政长官,后来又出任阿非利加行省的长官。他提出参加公元前65年度执政官的选举,但是他的名字从候选人名单上被除去,因为从他过去担任长官的行省有一些专门的使节前来控告,从而产生了他因勒索受贿而要上法庭的问题。正如某些历史学家所认为的,这一情况成了组织阴谋的主要原因。

当选为公元前65年度执政官的是普布利乌斯·奥特洛尼乌斯·佩图斯和前独裁官的亲属普布里乌斯·科尔涅里乌斯·苏

拉。但他们却不能就任，原来他们被指控贿买选举人并被判了罪。在重新组织的选举中，代替他们当选的是起初竞争不过他们的路奇乌斯·奥列利乌斯·科塔和路奇乌斯·曼利乌斯·托尔克瓦图斯。

于是奥特洛尼乌斯和苏拉就参加了正在准备的阴谋。正如撒路斯提乌斯所报道的，一个名叫格涅乌斯·皮索的人参加了这个阴谋，“这是一个出身显贵的青年人，此人胆大包天，一贫如洗，生活放荡，对任何政治阴谋都保准参加。”[1]而最后，好像克拉苏斯和恺撒也参加了这一阴谋。对克拉苏斯，是答应给他独裁的权力；对恺撒，则是答应由他担任骑兵长官——独裁官的助手。

阴谋者打算在公元前 65 年 1 月 1 日，也就是执政官就任的日子，在举行庆祝游行时把他们杀死在卡皮托利乌姆山上。但是克拉苏斯在指定的那一天没有露面，因此恺撒也就没有发出约定的信号——从肩上把外袍脱下来[2]。撒路斯提乌斯在这里还指出，由于阴谋者的意图泄露出去了，谋刺的日子只好改到 2 月 5 日，但即使在这一天，谋刺仍未能实现。这次仿佛是由于卡提利那过于性急了[3]。元老院好像早已拟就了反对阴谋者的决定，但这一决定受到了保民官的反对[4]。而且，一个已经当选为财务官的阴谋参加者格涅乌斯·皮索甚至在升官的情况下接受了去西班牙的任
61 命：特别由于克拉苏斯的推荐，他以行政长官的身份被派到那里
去[5]。关于这一点，苏埃托尼乌斯报道了一个在我们看来是完全

① 撒路斯提乌斯：《卡提利那的阴谋》，第 18 章。
② 苏埃托尼乌斯：《圣优利乌斯传》，第 9 章。
③ 撒路斯提乌斯：《卡提利那的阴谋》，第 18 章。
④ 狄奥·卡西乌斯，第 36 卷，第 44 章。
⑤ 撒路斯提乌斯：《卡提利那的阴谋》，第 19 章。

不可信的细节,好像皮索和恺撒就如下一点作了约定,即他们同时发动叛乱:恺撒——在罗马,皮索——在行省[①]。

我们所以这样详细地叙述有关卡提利那的第一次阴谋的经过,是因为人们对此不大清楚,还因为经过的许多细节引起了人们的怀疑,有些人甚至提出这整个事件是否可信的问题。

首先就没有足够站得住的依据认为恺撒和克拉苏斯参加了这一阴谋(即使还存在这一阴谋的话)。这样一些历史学家,如撒路斯提乌斯和狄奥·卡西乌斯,尽管他们知道阴谋本身是存在的,但他们根本没有说恺撒和克拉苏斯参加过这一阴谋。这多半只是传闻和怀疑,而所以有这样的传闻和怀疑,可能是一方面的皮索和另一方面的恺撒和克拉苏斯之间存在着某种接近。

至于整个阴谋,那么,显而易见,它的危险性、它的意义被撒路斯提乌斯和苏埃托尼乌斯极度地夸大了。普鲁塔克和阿庇安却根本没有提到它。最令人吃惊的是,西塞罗实际上并没有利用这一补充的工具对卡提里那进行斗争。他提到这第一次阴谋的话是十分含混的、模糊的,而有一次他竟直截了当地指出,除了传闻与怀疑之外,关于阴谋,他不知道任何比较确实的东西。[②] 如果认为阴谋者的意图就是像撒路斯提乌斯和苏埃托尼乌斯所说的那样,并且相当多的人都知道这一阴谋,那么元老院的立场以及对皮索的显然是荣誉的任命就完全是不可理解的了。当时在元老院中能左右大局的是卡图路斯、加图、毕布路斯等等这样一些活动家,元老院不会如此疏于防备和抱有如此自由放任的情绪。而最后,卡提利那本人在这一阴谋中的作用也是十分荒谬的:所有谈到这一阴

① 苏埃托尼乌斯:《圣优利乌斯传》,第 9 章。

② 西塞罗:《为苏拉辩护的演说》,第 4 卷,第 12 章。

谋的历史学家①都根本没有说清楚事情成功之后卡提利那能得到的是什么，而从这些历史学家的报道中我们却知道，许给克拉苏
62 斯、恺撒，甚至那两位失败的执政官奥特洛尼乌斯和苏拉的到底都是什么。结果，发动阴谋的卡提利那的作用只归结为——只有撒路斯提乌斯一个人提到这一点，而且是附带提到的——在2月5日向参加阴谋的人发信号，而就是这一点，顺便说说，他也未能按照约定准时做到！

因此，我们最好还是排除这样的设想，即恺撒和克拉苏斯都参加了这一离奇的阴谋，不过这样做并不意味着他们同其他政治冒险事件没有关系。他们同皮索、同皮索的使命的某种联系毫无疑问是存在的。恺撒在河北高卢的被保护人和他同西班牙的联系也具有一定的意义。难怪作为监察官的克拉苏斯试图把公民权扩大到河北高卢居民的身上去了。但是他的同僚卡图路斯却坚决反对这种做法。我们始终弄不清楚同皮索有关的冒险行动：它失败得太快了，皮索被杀害了。恺撒的另一件事业也以失败而告终，严格而论，它甚至没来得及开始就失败了。原来在埃及国王托勒密十一世亚历山大（他好像遗嘱把他的王国给予罗马）死后，恺撒通过保民官并通过民会做到把军队派到埃及去。元老院的反对使这一计划未获实现，而领导反对这一计划的又是卡图路斯。

在这之后不久，而正像苏埃托尼乌斯所认为的，甚至为了对此给以回答，恺撒举行了一次新的示威行动以纪念马里乌斯。他在卡皮托利乌姆山上把马里乌斯的像重新树立起来，把同战胜优古

① 撒路斯提乌斯：《卡提利那的阴谋》，第18—19章；狄奥·卡西乌斯，第36卷，第44章；苏埃托尼乌斯：《圣优利乌斯传》，第9章。

儿塔以及战胜金布里人和条顿人有关的战利品也重新陈列出来①。由于过去这些战利品因元老院和民会的决定而被撤除，因此元老院就这一事件专门举行了一次会议。还是那个卡图路斯（便中提一下，此人的父亲就是因马里乌斯的命令而被处死的）声称，"恺撒现在不是通过挖地道，而是用攻城器械明目张胆地谋害国家了！"②

看来，把战利品重新陈列出来是恺撒在他担任营造官之后的事情。当时（公元前 64 年），在恺撒主持有关杀人案件的审判时——这种工作通常被认为是营造官和行政长官之间的一个中间环节——他做到使两名苏拉派受到控诉。这两个人是路奇乌斯·
路斯奇乌斯和路奇乌斯·贝利耶努斯。他们在苏拉发布有关剥夺 63
公民权的命令期间因处死别人而大发横财。而贝利耶努斯还是卡提利那的父执。就连卡提利那本人也上了这一法庭：人们想控告他杀人和参加苏拉的剥夺行动。③ 但是他被宣告无罪，这一点又使我们有理由怀疑恺撒，还有克拉苏斯参与了新的阴谋——支持卡提利那竞选来年的执政官。④

这次选举的结果和人们所期待的结果并不完全一致。竞选的有七个人，其中希望最大的是两个人：卡提利那和盖乌斯·安托尼乌斯。结果之所以出人意料乃是在于，卡提利那由于有关他正在准备新的阴谋的传闻而没有来参加竞选，而代替他当选的却绝不

① 译者按：马里乌斯最后打败努米地亚国王优古儿塔是公元前 105 年的事情；公元前 104 年元旦马里乌斯在举行凯旋式之后几天处死了优古儿塔。在公元前 102 年，马里乌斯在阿克瓦埃·赛克斯提埃击败条顿人，次年即公元前 101 年，他又在维尔凯莱击败金布里人。

② 普鲁塔克：《恺撒传》，第 6 章。

③ 阿斯科尼乌斯，第 84，92—93 页。

④ 阿斯科尼乌斯，第 84，92—93 页，比较撒路斯提乌斯：《卡提利那的阴谋》，第 17 章。

是贵族的代表，甚至不是罗马本地人，而是一个“新人”、“突然崛起的人物”(homo novus)雄辩家玛尔库斯·图利乌斯·西塞罗。

如果恺撒和克拉苏斯确实支持过卡提利那竞选的话，那么在这种情况下他们就失败了。他们肯定是不走运的：不久他们就经历了另一次失败。公元前64年年底，保民官(也是过去的马里乌斯派)普布利乌斯·谢尔维利乌斯·茹路斯提出了一项经过极为全面考虑的土地法草案。人们认为在幕后支持这一行动的又是恺撒和克拉苏斯。无论如何，断然反对这一法案的新执政官西塞罗在自己的一篇演说中就毫不含糊地指出了这一点。[①]

茹路斯的法案建议把土地分配给贫苦的居民，看来，这主要地和首先地指的就是城市流氓无产者。问题是要在意大利本土设立移民地，但由于在这里几乎不再有未经分配的国有土地(ager publicus)，所以茹路斯不仅想分配康帕尼亚的那些尚未触动的土地，而且还规定在意大利地主的同意下，以原价向他们大量购买土地。购买土地所需巨额款项，他建议从各行省出售土地的钱当中来筹划，还有一部分则用庞培的战利品来支付。

实施这一法律的事宜委托给由十人组成的一个委员会。这十
64 个人必须由特里布斯民会[②]选出，而且不完全通过惯常的办法，即不是从所有三十五个特里布斯选出，而只是在指定的十七个特里布斯当中用抽签的办法选出。这样一来，为了选出这样一个委员会，就得要有九个特里布斯的多数。当选的这个十人委员会任期

① 西塞罗：《论土地法》，第2卷，第8,20,23,50,98章。

② 特里布斯民会(comitia tributa)是按特里布斯召开的民会，既不论等级也不论财产资格。民会通常在广场上举行。一般的投票程序是在三十五个特里布斯的每个特里布斯内部按人投票，然后再按特里布斯计算票数。公元前287年以后，这种民会是罗马的主要立法机构。——译注

五年,他们的权限很大,可以依照自己的裁夺把他们认为是国有的土地收归公有,或者在订出地租后留给原来的主人。

法律的特别重要的一个条款是这样的:它规定十人委员会或十人团的成员选出时本人当时必须在罗马。这一点显然是针对庞培的。看来,人们很可能曾专门设法把恺撒和克拉苏斯选入委员会,这一做法使恺撒和克拉苏斯恰恰在庞培从东方返回以前掌握了很大的实权。

但是法律并没有通过。执政官西塞罗在他就职的第一天,即公元前 63 年元旦就决定,用他自己的话"坚持贵族派的路线"①,从而极力反对茹路斯这一法案。为了反对这一法案,他总共发表了四篇演说,其中有在元老院发表的,也有对人民大众发表的,结果他竟然使这一法案未能付诸表决,而是由茹路斯本人撤了回去。当然,这一行动失败的主要原因看来应当认为是这样一个事实,即早就同土地脱离了关系的城市平民对这事表现得不够热情,他们对茹路斯的这一创举没有给予必要的支持。

尽管遭到了失败,恺撒却仍然积极和顽强地参与越来越多的政治阴谋活动,这种情况只能引起我们的惊异。在反对盖乌斯·卡尔普尔尼乌斯·皮索——此人系公元前 67 年度执政官,这时刚从高卢返回;顺便指出,皮索在那里非法处死过一个河北高卢人——的勒索行为的诉讼中,恺撒是作为原告一方的证人发言的。看来,就在这同时,他还参加同类性质的另一个诉讼。诚然,在这一诉讼里,他是以辩护人的身份发言的。恺撒是为努米地亚的一个贵族青年玛辛图斯辩护的,原来国王希延普撒尔②好像曾不公

① 西塞罗:《致阿提库斯书》,第 1 卷,第 20 章,第 3 节。

② 希延普撒尔是在优古儿塔被俘后担任努米地亚国王的,他的统治年代是公元前 106 年到前 60 年。——译注

正地把他宣布为自己的纳贡者。根据苏埃托尼乌斯的使人信服的
65 说法,恺撒辩护时的热情是如此之高,“以致在争论时竟抓住了国王的儿子优巴的胡须”①。由于苏埃托尼乌斯认为有必要专门谈一下这一事件,因此,显而易见,恺撒这样做还是稍稍超越了罗马审判时应当服从的一般准则。

尽管恺撒进行了这样积极的活动,他的两篇发言——无论作为控告者还是作为辩护人——都没有取得成功。为皮索辩护的是西塞罗,西塞罗没有费什么气力就赢得了这场诉讼。至于那个努米地亚青年,则由于官司打输了,恺撒只好把他藏在自己的家里,然后,当他在行政长官任职期满后去西班牙的时候,把这个青年作为一名随从秘密地带出了罗马。恺撒的官司虽然没有打赢,但在另一方面他却得到了好处。可能罗马人对他下述方面的评价要高得多:原来他表明自己是一位完美无缺的、模范的保护人,他热情地保卫自己的被保护人并捍卫他们的利益。②

元老盖乌斯·腊比里乌斯的诉讼是一个更加闹得满城风雨,甚至是声名狼藉的事件。诉讼大概也是由恺撒挑起来的。正式的控诉人是保民官提图斯·拉比耶努斯,这个人在反对米特里达特斯的战争刚刚开始的时候和恺撒同在小亚细亚时便和恺撒有了联系③。腊比里乌斯被指控杀死了著名的保民官路奇乌斯·阿普列优斯·撒图尔尼努斯。

上述保民官是在公元前100年被杀害的,可能就是恺撒本人诞生的那一年。保民官撒图尔尼努斯和他的拥护者被马里乌斯的军队包围在卡皮托利乌姆山上,马里乌斯是根据元老院有关紧急

---

① 苏埃托尼乌斯:《圣优利乌斯传》,第71章。

② 盖尔策尔:《优利乌斯·恺撒》,第46页。

③ 参见本书原文第44,47页。

状态的决定而行动的。当被包围者投降时,马里乌斯保证他的生命财产不受侵犯。尽管如此,撒图尔尼努斯还是被杀害了。而由于保民官的人身被认为是神圣不可侵犯的,所以这一罪行便更为增加了它的严重性[①]。

现在,在公元前 63 年(也就是在杀害事件发生之后的三十多年),提图斯·拉比耶努斯又挑起了反对腊比里乌斯(一个微不足道的人物)的诉讼,而站在拉比耶努斯身后的就是恺撒。他们都力图打击元老院寡头统治集团本身,首先是不承认元老院有作出关于实施紧急状态的决定的权力。同时还试图恢复几乎已经废止的、有关极为严重的叛国罪(perduellio)的法庭审理程序。因此, 66
腊比里乌斯的案件先由一个两人团(duoviri)加以审理。盖乌斯·优利乌斯·恺撒和他的亲属路奇乌斯·优利乌斯·恺撒(公元前 64 年度执政官)就是由他们任命的。他们两个人宣判了被告的死刑。

腊比里乌斯向人民提出上诉,而案件就转给了百人团民会[②]。最著名的辩护人——克温图斯·霍尔田西乌斯[③]和西塞罗——在这里为他辩护。腊比里乌斯的案件很可能没有进行到底。兼行司祭任务——他是一位占卜师(augur)——的行政长官梅特路斯·

---

① 译者按:每年选举的保民官(十人)对每一高级官吏都有监督权,对他们认为违反人民利益的任何决定都有否决权,因此侮辱或伤害(更不用说杀死)他们的人是犯法的行为,应当受到严惩。

② 百人团民会(comitia centuriata),原来是以百人团为单位召开的一种军事性质的民会,投票以百人团的票数计算(百人团计一百九十三个)。在特里布斯民会成为全国性的主要民会之后,百人团民会仍有很大的权力(选出全部高级长官、宣战和缔结和约等),有关剥夺被告公民权的刑事案件,也由这一民会来审理。——译注

③ 霍尔田西乌斯(Q. Horteusius)是可以同西塞罗分庭抗礼的著名演说家,他是顽固的元老院的拥护者,公元前 69 年度的执政官。前面说腊比里乌斯微不足道,但是他有两位大演说家为之辩护,看来也是大有来头的。——译注

凯列尔下令把民会开会期间升起的旗帜降下来①。这实际上表示这次民会解散了。腊比里乌斯的案件后来没有重提,对他的宣判看来也就没有执行②。

这样,恺撒所挑起的另一个政治事件就以失败告终了。但就在不久之后,他竟有了报复的机会。公元前63年年初,最高司祭(pontifex maximus)克温图斯·梅特路斯·皮乌斯去世了。这一受人尊敬的和有相当政治影响的职位的担任者应在人民大会上选出。通常担任这一职务的都是德高望重、担任过执政官的人物。恺撒提出竞选这一职位,这一行动对于特别是另两位竞选者当然是一次公开的挑战。他们是威信极高的两位元老,是当权寡头的两大支柱。他们就是前面我们提到过的克温图斯·路塔提乌斯·卡图路斯和普布里乌斯·谢尔维利乌斯·瓦提亚·伊扫里库斯③。

卡图路斯懂得,既然问题要由人民投票来决定,斗争的结果就无法预料,同时他又知道恺撒陷到债务里有多深,因此传说他建议给恺撒一笔巨额的贿赂,以便使恺撒撤回自己的竞选要求。但对此恺撒断然加以拒绝,他表示即使他为此而要负更多的债务,他也将把斗争继续下去。在选举的日子里,用恺撒的传记作家的话来说,当他向看来对自己的儿子的一切政治活动继续保持最大关心的母亲告别时说:"妈妈,今天你会看到我或者成为最高司祭,或者

---

① 百人团民会通常在城外的玛尔斯广场(Campus Martius)上召开,这里也是军队集合的地方。在百人团民会会议期间,按惯例要升起红色的旗帜。——译注

② 狄奥·卡西乌斯,第37卷,第26—28章。译者按:腊比里乌斯的问题的结局不明,和许多古代的事件一样,主要是文献不足,不宜过早下结论。

③ 普·谢·瓦提亚·伊扫里库斯(公元前134—前44年)曾因支持苏拉而得以担任公元前79年度的执政官,公元前76年—前75年,他曾率军敉平伊扫里亚,故而取得伊扫里库斯的称号。——译注

成为亡命者。”在选举中,恺撒对自己的竞争者取得了辉煌的胜利:
他在他们自己的特里布斯里所得的票数比他们两人在所有其余的 67
特里布斯里所得的票数加到一起还要多。恺撒的引起轰动的成功使统治集团感到严重的不安①。

然而总的形势却极度地复杂化了。卡提利那再次提出竞选公元前62年度的执政官。从这时起又开始了西塞罗和卡提利那之间的公开斗争。很多人都十分清楚这一斗争的进程和斗争的一切起伏变化,在这里就没有必要过分详细地对它们加以叙述了②。

在选举本身开始之前,形势变得如此紧张,致使西塞罗有了更加坚决地进行活动的机会。到这时为止,尽管整个罗马到处都传说阴谋者在召开一些什么会,而卡提利那又在会上发表演说,好像是宣布取消债务并没收富人的财产,但是他还没有干出任何显然是违法的事情,并且执政官西塞罗也不是如此轻易地就能证明存在着一个危险的反政府的阴谋。但现在,当西塞罗竟不惜在元老院提出公开指责的时候,卡提利那却在战术上犯了一个大错误;他回答西塞罗的这种指责的方式,恰好证实了元老们的最坏的怀疑③。通过了有关宣布紧急状态的决定,而西塞罗为了强调他本人面临的生命危险,因此他是全副武装地出席进行选举的民会的④。

尽管如此,选举还是平安无事地举行了。卡提利那再度落选。

---

① 苏埃托尼乌斯:《圣优利乌斯传》,第13章;普鲁塔克:《恺撒传》,第7章。

② 关于这一阴谋的详细情况,参见本书作者所著《西塞罗及其时代》,莫斯科版,1972年,第154—168页。译者按:国内文献参见本书译者所译《古代罗马史》(三联书店版,1957),第580—590页。

③ 西塞罗:《为穆列纳辩护的演说》,第51章;撒路斯提乌斯:《卡提利那的阴谋》,第31章。

④ 按这里所说的应是具有全面意义的特里布斯民会。——译注

只有在这一新的失败之后，他才走上了另外一条道路。在阴谋者召开的紧急会议上，他表示打算亲自统率由他的一名拥护者在埃特路里亚征募的军队。阴谋的两个参加者宣称，他们准备第二天就去收拾西塞罗。但这种谋害的打算也未能实现。由于有人给西塞罗通风报信，他采取了预防的措施。

这之后，卡提利那开始受到更加激烈的攻击。西塞罗在他的《反卡提利那的演说》中猛烈抨击卡提利那，结果卡提利那只好离
68 开罗马。卡提利那确实是去了埃特路里亚，但是，当罗马方面得知他非法地使用执政官身份的标志的时候，元老院就宣布他是祖国的敌人并委托执政官征募军队。①

留在罗马的阴谋者集团现在是由普布里乌斯·科尔涅利乌斯·连图路斯②领导了。好像有人曾向他预言说，他将会成为科尔涅利乌斯氏族的第三个代表人物，而且也如同苏拉和苏拉之后的秦纳一样，他将注定会享有“王权和统治大权”。③ 他拟订了一个广泛的和极为冒险的行动计划：计划包括杀死西塞罗和除掉一些元老，甚至同时在城里的十二个地方放火。但参加阴谋的人一点经验也没有。他们被高卢的阿洛布洛吉斯人这个部族的使节出卖给西塞罗。连图路斯和其他几个阴谋者为了把这一部族拉到自己的一方面来，曾把写给部族领袖的亲笔信交给这些使节。当这些信落到西塞罗手中的时候，他终于拿到了他极为需要的文字罪证。

阴谋者的头目被逮捕和受到控告。公元前 63 年 12 月 5 日元

---

① 撒路斯提乌斯：《卡提利那的阴谋》，第 36 章。

② 连图路斯在公元前 63 年第二次担任行政长官。他在公元前 71 年担任执政官后曾被逐出元老院。——译注

③ 撒路斯提乌斯：《卡提利那的阴谋》，第 47 章；参阅西塞罗：《反卡提利那的演说》，第 3 卷，第 9 章；第 4 卷，第 2 章。

老院举行了一次著名的会议，决定了这些人的命运。对阴谋作过报道的一切作家都描述过这次会议。它所以特别引起我们的兴趣，是因为优利乌斯·恺撒积极地参加了这次会议。

在讨论问题时，按照规定是当选为公元前 62 年度的执政官的戴奇姆斯·优尼乌斯·西拉努斯和路奇乌斯·李奇尼乌斯·穆列纳首先发言。他们两个人都主张给以最严厉的惩罚。不少元老附和他们的意见。但是当轮到当选为下一年度的行政长官优利乌斯·恺撒发言时，他的话是人们没有料到的但同时又是很有说服力的。他绝不是为判罪的人们辩护，但是他坚决反对死刑，他强调说，这样的决定会是违法的（因为没有民会参加），这会造成一个极为危险的先例。恺撒建议使用终身监禁（把被逮捕的人们分送给意大利各城市）和没收财产的办法。

恺撒的建议使元老们的情绪发生了明显的转折。西塞罗本人力图扭转局势，于是又发表了一篇反对卡提利那的演说（第四篇
《反卡提利那的演说》），虽然，作为会议的主持人，他本来是不应当 69
对会议施加压力的。但即使他也没有取得任何结果。有人建议推迟对阴谋者的命运作出最后的决定，直到打败卡提利那的军队的时候。戴奇姆斯·西拉努斯再次发言，他解释说，所谓最严厉的惩罚，他的意思正是指的监禁。元老们显然准备接受恺撒的建议了，但这时当选的保民官玛尔库斯·波尔奇乌斯·加图突然发言，他猛烈地和令人信服地抨击了阴谋者和所有动摇观望的人，还以十分明确的暗示指责恺撒，说他似乎参与了这一阴谋。在他的发言之后，大多数的元老就都投票赞同死刑了。

12 月 5 日晚上很晚的时候，西塞罗亲自把连图路斯带到玛美尔提努斯监狱的地下室，还有四名囚犯也被行政长官带到那里去。这五个人都在这里被刽子手绞死了。为这些事而深感不安的全城

人民都未能成眠，当西塞罗在最著名的公民的陪伴下回家的时候，罗马的居民向他表示盛大的欢迎。[1] 在这之后不久，人民大会就发布特别的决定，把“祖国之父”这一荣誉称号授给了这位挽救了国家的执政官。尽管卡提利那本人还活着，他的军队还存在，但运动的结果已经预先决定了。

撒路斯提乌斯在论述卡提利那的阴谋的专著里记述了 12 月 5 日元老院这次著名的会议，甚至引用了恺撒和加图的演说的全文(当然是通过作者自己的理解)，他在叙述的结尾处对两位政治活动家作了比较的描述，也就是我们在前面相当详细地介绍过的[2]。现在使我们感兴趣的却是另一个问题——恺撒在多大的程度上参加了卡提利那的这一新的并且又是十分现实的阴谋。

问题在于，人们对恺撒提出了，甚至是十分执拗地提出了这类的指控。还是那个撒路斯提乌斯，他提到说两位著名的元老——克温图斯·卡图路斯和盖乌斯·皮索——曾极力试图把恺撒也牵扯到卡提利那的案件里去，甚至不惜采取诬陷的手段。当卡图路
70 斯和皮索未能做到这一点的时候，他们就开始散布败坏恺撒声誉的传闻，并且极力想做到使武装保卫协和神殿(元老院的会议就在这里召开)的骑士们用武力威胁恺撒[3]。

所有这些传闻在多大的程度上是有根据的？看来卡图路斯和皮索还在 12 月 5 日的元老院会议召开之前就提出了指控，不过它的具体内容我们已经不清楚了。他们两人手中未必有什么令人信服的事实，因为他们始终未能对西塞罗发生影响并且他们的这番努力也根本不曾取得任何切实的成果。撒路斯提乌斯认为卡图路

---

① 普鲁塔克:《西塞罗传》，第 22 章。
② 参见本书原文第 17—21 页。
③ 撒路斯提乌斯:《卡提利那的阴谋》，第 49 章。

斯和皮索的行动是出于个人的打算。前面已经说过,在对皮索提出诉讼时,恺撒是以控诉者之一的身份出现的。不言而喻,这一事实完全决定了皮索对恺撒的态度的性质。至于卡图路斯,那么他是仇恨恺撒的;过去他在同恺撒竞选最高司祭的职位时失败了,因此在这一点上,他是不会宽恕恺撒的。

看来引起怀疑和流言的唯一现实的原因只能是我们已经知道的、恺撒在元老院的发言。不过发言是稍后做的,并且,如上所述,加图曾试图利用这一发言。在撒路斯提乌斯笔下,加图发表的那篇演说只有十分含混不清的暗示,没有直截了当地说出来的任何东西。[①] 然而普鲁塔克在加图的传记里却说,加图公开指责恺撒试图庇护、拯救国家的敌人,但与此同时,他却不得不战战兢兢地过日子,而如果对他来说,一切收场顺利并且他能以避免惩罚的话,那他应当说就算幸运的了。指出如下一点是有意思的,即普鲁塔克在复述加图这一演说时,他依据的是西塞罗的受过专门训练的抄手所作的速记记录。[②]

然而指出如下的一点才是公平的:公元前62年,恺撒再次被指控为卡提利那的同谋者。苏埃托尼乌斯介绍说,有一个名叫路奇乌斯·贝提乌斯的人曾向侦查人员诺维乌斯·尼格尔密告过有关事项;克温图斯·库里乌斯在元老院里也作过类似的声明,这个人就是那第一个揭发了阴谋家的计划的人,他甚至为此而取得国家的奖赏。库里乌斯断言,有关恺撒参加阴谋的事情,是他从卡提利那本人那里听到的。而贝提乌斯甚至答应提供恺撒写给卡提利

---

① 撒路斯提乌斯:《卡提利那的阴谋》,第49章。

② 普鲁塔克:《小加图传》,第23章。译者按:在古罗马,抄手大都由奴隶担任,抄手不仅作记录,他们还传抄书籍。有学问的奴隶可以抄录高质量的精美的书籍,这种奴隶可以卖惊人的高价。

71 那的亲笔信。

但所有这些告密和诽谤并没有得到证实;西塞罗好像曾应恺撒本人的要求而表示过,过去恺撒曾向他谈到有关阴谋的某些情况,结果,事情的收场对告密者就很不光彩了。库里乌斯被取消了答应给他的奖赏,而不正当地对上级口出怨言的贝提乌斯和诺维乌斯则被关进了监狱。① 这样看来,恺撒的事业和声誉并未因所有这些指控而受到损害。

恺撒在元老院那次著名的会议上发言时,他是praetor designatus,这就是说,他是已经当选但这时还不能执行自己的职权的行政长官。这在他的政治生涯中是一个新的阶段。因此,看来可以毫不夸张地肯定,他在这些年当中享有一定的声望:他的慷慨大度和"平易近人的作风"给罗马的广大居民阶层留下了十分深刻的印象。在政界里,恺撒在他轰动一时地战胜了卡图路斯和瓦提亚之后,他不仅有了名,而且使人们对他怀有相当大的畏惧情绪。当然,我们甚至不应当怀疑元老院寡头、元老院的那些"首席元老"对恺撒所持的极端否定的态度。另一方面,恺撒在那些年里也未必就能依靠具有反元老院倾向的某一团结一致的和比较大的集团,因为卡提利那的阴谋的揭发和罗马对阴谋者的镇压,给所谓民主的(说得更准确些,是反元老院的)反对派的本来就已经很没有组织的群众造成了混乱和瓦解。这样看来,恺撒根本不可能以某种领袖的身份出现,而且他也丝毫不想扮演一个没有群众的、十分暧昧,甚至可怜的领袖角色。毫无疑问,他有非常充分的政治敏感和分寸感,使他能以避开他不希望看到的局面。

总之,在这些年里,恺撒既有成功也有失败。在我们看来,施

---

① 苏埃托尼乌斯:《圣优利乌斯传》,第17章。

特拉斯布尔格尔在他的一部著作里完全正当地反驳了这样一种看法，这种看法硬说恺撒在六十年代不仅在个人的政治事业中取得了成功，而且还走上了使他能以夺取政权的道路。施特拉斯布尔 72
格尔认为，实际上，三头形成之前恺撒的全部事业（如果不算他在职位上的升迁的话），几乎就是接连不断的一系列的挫折和失败。此外，这些行动当中的最重要的行动都没有足够的史料加以证明。施特拉斯布尔格尔认为属于这类行动的有：对河北高卢人的“教唆”活动、参加卡提利那的第一次阴谋、埃及的冒险等等。在腊比里乌斯的案件中，在支持苏拉时期被没收财产的人们的儿子的行动中以及在这些年的某些政治诉讼中，恺撒的首倡作用在施特拉斯布尔格尔看来也是可疑的①。虽然我们不同意这位研究者的一切怀疑，但我们仍然认为作者对恺撒在六十年代的大部分政治活动所作的估价基本上是可以接受的。

但是，如果我们只谈恺撒的失败那仍然会是绝对不公平的。他已经取得了不少东西，他展望前景则更为有利。当然，比起庞培和克拉苏斯来，恺撒暂时还有一个三等人物，但是他在一点一点地“积蓄力量”。有利于这一点的情况是：他的官阶顺利无阻、按部就班地升迁；可靠的保护人的声望；自己取得的政治权术和斗争方面的经验；毅力，有时甚至是冒险精神同谨慎，以及同善于及时控制自己不走极端的本领的结合。

上述一切或多或少地都出现在撒路斯提乌斯笔下对这位英雄活动家所作的描述的范围以内。但是撒路斯提乌斯早在《书信》里就谈到了最主要的问题。恺撒这时已经不止一次地表现出来的最

① 施特拉斯布尔格尔（H. Strassburger）：《恺撒进入历史》（*Caesars Eintritt in die Geschichte*），慕尼黑版，1938年，第126—127页。

主要的，也是最本质的特点就在于：他极其善于，或者，说得更恰当些，他具一种稀有的出色的才能，能够在失败时不垂头丧气。我们现在只叙述了他的开头阶段的事业。他的事业无论在当时还是在
73 后来，看起来绝不是一连串不断的成功和引人瞩目的胜利。恺撒绝不是，比如说，像庞培一时表现出来的那样是一个走运的人物、一个幸运儿。对庞培来说，一切都是自动送到他的手上来的，从二十几岁就被苏拉给加上“伟大的”这样一个名号，并且苏拉还允许他破格地庆祝凯旋。恺撒绝不是轻易地从一个胜利走向另一个胜利的，不，他自己取得的每一项成就、每一个胜利都曾经历过巨大的努力并且常常体验过失败的痛苦。然而，看来在失败时不垂头丧气的本领可能是一位国务活动家的最高美德，因为历史教给人们——只要它的任务在于提供这种实用的教训和告诫——只有从被克服的失败中成长起来的胜利，才是巩固的、真正的、有充分价值的胜利。

第三章

三头。出任执政官

所谓卡提利那的阴谋,可以相当有意思地说明有关一件历史事实的意义(或特殊命运)的问题。被西塞罗本人过分夸大,并且在某种程度上是他亲自挑起的“阴谋”,在那个充满各种动荡的时代里,根本不是什么突出的或有特殊意义的事件。卡提利那的阴谋就其意义和规模而论,不能说较之比如说列皮都斯的发动——关于这一发动,上面已经提到过——是更为重大的事件。但是,如果说,关于这一发动,我们所能看到的资料仅限于史料中零散的、仓促的记述的话,那么,由于卡提利那的敌人的激情和天赋——而敌人总是比任何同情者有更多的话要说的——我们却可以看到有关阴谋进程的十分详细的、虽然又具有极大倾向性的记述,还有对这一事件的意义的高得不成比例的评价。这一点足以说明,为什么有关卡提利那的“阴谋”的传统看法具有受到特殊歪曲的特点。

然而从上面所说的话却不应当得出如下的结论,即我们所谈的事件并没有任何历史意义。不过它们的意义根本不在于史料和通常同它们符合的专门文献把我们引到什么方向上去。重要的是首先着重指出,卡提利那的阴谋是在古老的城邦民主制解体的环境中产生出来的:被收买的元老院早就失去了它先前的那种无可争议的权威；已经发生过的终身独裁制也使共和国的高级官吏的75 体制变得毫无意义了。民军在事实上为代表小集团利益的军队所取代之后，民会便陷入深刻的危机之中。阴谋的经过和特别是它之遭到镇压，可以为事件的同时代人本身和首先是当时想积极参加政治生活和斗争的人，提供某些并非无益教训。

在卡提利那的阴谋遭到镇压时，看来城邦民主制的最后的和几乎是象征性的属性——宣判死刑时诉之于人民大会的权利——是被毫无顾忌地践踏了。蒙森①曾把这一权利说成是“古罗马共和国的自由的支柱之一”，并且，在他看来，这种权利可以用来证明好像是作为罗马非成文宪法的基础的人民主权的思想。

此外，阴谋之遭到镇压还令人信服地表明，所谓罗马的“民主”极为脆弱，它的力量是分散的，又没有基层组织；这一镇压还十分明显地着重表明，想依靠这些不稳定的、分散的、没有组织起来的居民阶层来夺取政权是没有成功的希望的。人们很自然地会得出这样一个结论：要用某种更加明确、更加有条理的组织来取代这种不成形的群众。而如果他们再能够武装起来，那么在当时的条件下，就应当把这看成是另一张无疑是能起决定作用的王牌。

但是紧接处死阴谋者之后在罗马发生的事件，正如通常会发生的情况那样，却未必能立刻证实刚刚提到的那些结论。形势是逐步明朗化的。当然，这又远非对所有的人都是如此。

公元前 63 年 12 月 10 日是新当选的保民官就职的日子。在这些保民官当中有克温图斯·凯奇利乌斯·梅特路斯·涅波斯——此人是过去强大而这时大大削弱了的梅特路斯“王朝”的代

① 蒙森：《罗马史》，俄译本，第 3 卷，第 154 页。

表人物①。他早在公元前63年夏天就直接从庞培的军队里来到罗马（他是庞培的副帅）。此外，他又是庞培的内兄弟——而我们知道，这一情况在当时政治生活的条件下具有同样重要的意义。76
梅特路斯的任务就在于：在庞培从东方返回的前夕准备相应的舆论，也就是用一种特殊的办法为庞培“扫清”道路。但这一行动的用意何在是一眼就可以看出来的，它的用意太明显了。元老院集团对此立刻采取了应付的措施。加图和梅特路斯同时当选为保民官。加图很久以来就以不屈不挠地热心捍卫罗马体制的传统而知名，他是一个有名的具有极强的“原则性的”人物。在事情根本不涉及他个人利害的情况下，他可以表现出清醒的认识和客观性，甚至一定的勇敢精神。

梅特路斯·涅波斯从他就职的头几天起就开始积极地展开了反对西塞罗的运动。西塞罗对此早就有所准备。还在12月10日之前，梅特路斯就尖锐地抨击了执政官，西塞罗为了想同敌视他的保民官取得和解，曾利用了虽然十分庸俗，却几乎又总是有效的一种办法——通过女人进行活动。② 但他的一切意图这次却没有取得他所期待的结果。因此在12月10日之后，梅特路斯·涅波斯和他的同僚、过去拥护卡提利那的路奇乌斯·卡尔普尔尼乌斯·贝斯提亚，便开始指控西塞罗非法处死罗马公民，而当西塞罗在元旦前夕任职期满想对人民发表演说时，他被拒绝做这件事，而只准

---

① 赛姆：《罗马革命》，第20，23—25页。译者按：关于梅特路斯家族的人物，《罗马革命》有一个从克温图斯·凯奇利乌斯·梅特路斯（公元前206年度执政官）起的家系图，可以参看。涅波斯是与他同名的公元前98年度执政官的儿子，后来是公元前60年度的行政长官和公元前57年度的执政官。这之后，他去近西班牙任长官，但那里不断发生骚乱，庞培就借故把他除掉了（公元前55年）。他的兄弟凯列尔是公元前60年度的执政官，是罗马著名荡妇克洛狄娅的丈夫。

② 西塞罗：《致友人书》，第5卷，第2章，第6节。

他进行在这种情况下通常可以进行的宣誓，即他在自己担任高级官吏时没有破坏法律的行为。

但这些情况并不曾使西塞罗感到手足无措——他以他遇到这类事情时所特有的支吾搪塞的本领绕开了这一禁令，并且把宣誓变成了一篇演说。他在演说中赞扬了自己镇压阴谋的行动，并且做到取得与会人民群众的同意。

尽管如此，梅特路斯·涅波斯在公元前62年元旦再次在元老院的会议上向西塞罗进行了猛烈的抨击，而在1月3日，在人
77 民的集会(contio)上，又显然想要西塞罗对自己的行动负法律责任。这一次梅特路斯所依靠的不仅有自己的同僚卡尔普尔尼乌斯·贝斯提亚，而且还有行政长官恺撒。恺撒是从公元前62年元旦开始视事的。西塞罗用没有保存下来的一篇演说回答了梅特路斯的猛烈抨击；此外，加图也发言为西塞罗辩护，而且，如果相信普鲁塔克所说的话，那么加图在对人民群众所作的发言中大大地颂扬了西塞罗担任执政官时的政绩，而正是在这期间，西塞罗取得了空前的荣誉，并且被宣布为祖国之父。① 就在这同时，元老院也就如下一点作出决定：任何人如果想要求参加处死卡提利那派的人对自己的行动作出说明，这个人将被宣布为国家的敌人。②

但梅特路斯·涅波斯所进行的这一宣传鼓动的运动，——现在同他联合起来的还有恺撒——绝不限于反对西塞罗这样一个这时最容易挑出毛病的靶子。属于庞培派的梅特路斯和——由于这时形成的局势——因而更加积极的庞培派恺撒却力图准备并促成

① 普鲁塔克：《西塞罗传》，第23章；阿庇安：《内战史》，第2卷，第7章。

② 狄奥·卡西乌斯，第37卷，第42章。

未来那次政变的条件，而按照他们(顺便说一下，不仅是他们[①])的意见，从东方率领自己的军队回来的庞培是会发动这样的政变的。他们虽然有这一共同目标，但他们每一个人当然又是按照自己的方式行事的。梅特路斯直截了当和无所顾忌地“清扫道路”，而恺撒则显然认为庞培的胜利和统治是最近的将来不可避免的事实，因此他尽力不使自己同元老院集团接近，从而加强了在处死卡提利那派之后自己那有点动摇的地位。

因此，他在就职之后立刻就重新修建卡皮托利乌姆山上的朱比特神殿一事提出了一项显然带有煽动性的计划。原来在公元前78年苏拉死后，这项工作曾被委托给这一年度的执政官克温图斯·路塔提乌斯·卡图路斯，而从那时起一直由他来负责这一工作。但这时按照恺撒提出的计划，卡图路斯被免去了这一任务并把此事转交给了庞培。

当然，这一建议并没有通过，因为，用苏埃托尼乌斯的话来说，贵族甚至拒绝欢迎新当选的执政官，他们成群地冲向会场以便支持自己的一位领袖，并向恺撒进行反击。[②] 但是恺撒根本没有坚持自己的建议；他的战术上的目的已经达到了：一方面，他有效地 78
表现了对庞培的忠诚，另一方面，他在庞培和元老中间又打进了一个楔子。[③]

梅特路斯·涅波斯的再次受到恺撒的支持的建议引起了更大的不安。涅波斯建议允许庞培在本人不在罗马的情况下竞选执政官，并建议把庞培和他的军队从亚细亚召回以便对卡提利那作战。

---

① 参见比如说克拉苏斯的行为(普鲁塔克：《庞培传》，第43章；再比较西塞罗：《为佛拉库斯辩护的演说》，第32章)。

② 苏埃托尼乌斯：《圣优利乌斯传》，第15章。

③ 迈耶尔，前引书，第40页。

这是要求军事独裁的赤裸裸的煽动。人民大会在讨论这些建议是经历了激烈的斗争的。

梅特路斯和恺撒把自己一派的大群武装的人们,甚至角斗士带到会场上来。但是加图和他的同僚克温图斯·米努奇乌斯·特尔姆斯考虑到自己的保民官的身份是不可侵犯的,因而大胆地试图进行干预(intercessio)。当梅特路斯想朗诵自己写成文字的建议时,加图从他手中夺走了稿子,特尔姆斯甚至堵他的嘴。于是发生了一场搏斗。在搏斗期间,加图差一点被杀死——是执政官穆列纳救了他的命——而就在几天之前,加图还指责穆列纳贿买选民。噪音和混乱达到这样的程度,以致梅特路斯竟然无法使人们就此事进行表决。

在这之后,元老们都穿上了丧服,执政官被授以非常的权力。梅特路斯和恺撒结果都被免去了职务。梅特路斯发表演说,指责加图和元老院。然后他就离开罗马到庞培那里去了。恺撒则试图不理会元老院的决定而继续执行行政长官的任务。但他得知对方准备对他动用武力时,他便解散了自己的侍从,并把自己关在家里不出来了。即使是在这样的情况下,他也能克制自己不做出极端的行动。当准备不惜付出任何代价使恺撒恢复职务的武装人群来到恺撒家里来的时候,恺撒却劝说他们散去。元老院从这件事确信恺撒的忠诚①,而主要的是,再次确信他的人望并且担心会引起新的骚乱,于是为此向恺撒表示感谢,请他来到元老院,并且在撤销先前的决定之后恢复了恺撒的职务。当路奇乌斯·贝提乌斯和
79 克温图斯·库里乌斯利用在他们看来是有利的时机,出面证明恺

---

① 恺撒不肯用武力对抗作为共和国传统的体现者的元老院(按罗马共和国的全称 S. P. Q. R. 就是“元老院和罗马人民”:senatus populusque Romanus),这也就证明了他对罗马共和国的忠诚。——译注

撒参加了卡提利那的阴谋时，元老院坚决地否定了这一企图，而如上所述，告密者反而受到了非常严厉的惩罚。

显而易见，就在这同时①，元老院采取了稍有不同的一个行动：由于加图的建议，从国家手中领取粮食的人数增加到如此程度，以致国家在这一项目的花费上升到七百五十万狄那里乌斯。普鲁塔克并不掩盖他的如下看法：这一措施的目的就在于使城市平民从恺撒的影响下解脱出来。②

公元前62年1月间在罗马本城发生的事情就是这些。就在这个月里，在意大利北部的皮斯托里乌姆③附近演出了被称为卡提利那阴谋的悲剧的最后一幕。卡提利那虽然失去了很大一部分拥护者，但是他这位真正的贵族却又拒绝把奴隶吸收入自己的军队，而根据撒路斯提乌斯提供的证据，在开头，曾有大群的奴隶逃到卡提利那那里去。④ 卡提利那一方面受到梅特路斯·凯列尔，另一方面受到盖乌斯·安托尼乌斯的夹击，但他最后决定同安托尼乌斯进行较量。这样一来，安托尼乌斯便不得不同自己过去的联盟者和同志作战了。于是安托尼乌斯便借口生病把统帅权交给了自己的副帅玛尔库斯·佩特列优斯。发生了一场激烈的战斗，前面提到的那位撒路斯提乌斯对此作了十分生动的描述⑤。卡提利那在战斗中被打败，他自己也阵亡了。

---

① 普鲁塔克把加图的活动提前到公元前63年年底(《小加图传》，第26章；《恺撒传》，第8章)；参见迈耶尔，前引书，第40页。

② 普鲁塔克：《恺撒传》，第8章。

③ 皮斯托里乌姆(Pistorium)是埃特路里亚北部的城市，今天的皮斯托亚(Pistoja)。——译注

④ 撒路斯提乌斯：《卡提利那的阴谋》，第56章。

⑤ 撒路斯提乌斯：《卡提利那的阴谋》，第59—61章。译者按：卡提利那虽然孔武有力，作战英勇，但他们人数处于劣势，装备也差，他们本来想开赴高卢另寻出路，但未能如愿，因此只好背水一战了。

在集中于年初的这些急风暴雨般的事件之后，其余的月份过得就相当平静了。确实，在公元前62年整个期间，针对过去的卡提利那派的政治诉讼从来没有中止过。在上述的这类诉讼中，显而易见，有一件是针对着独裁官的侄儿普布里乌斯·科尔涅利乌斯·苏拉的。人们指控他早在公元前65年曾参加过所谓卡提利那的第一次阴谋。为他辩护的是克温图斯·霍尔田西乌斯和西塞罗。西塞罗处于一种有点微妙的地位，因为，大家知道，他为了购买帕拉提乌姆山上的住宅曾向普布利乌斯·苏拉借了一笔巨款。
80 然而西塞罗并未因这一情况而无所作为。苏拉的案件以宣告无罪而结束。

但是比所有这些诉讼重要得多的是庞培即将率领他的军队返回的问题。不过即使在这时，紧张的局势也大大地缓和了：卡提利那被打垮了，而庞培对于自己的代理人梅特路斯的失败的反应，也只是提出请求，希望把执政官的选举延期到他到达罗马的时候，以便能以对自己的副帅玛尔库斯·普皮乌斯·皮索的竞选给以支持。当然，这之后——又不是没有加图参预其中——他的请求被拒绝了，不过，在后来举行的竞选中，皮索的竞选还是通过了。

但是庞培却使得甚至那些可能没有把他的返回同内战之不可避免联系起来的人们都感到惊讶了：公元前62年12月，他率领着自己的军队在布伦狄西乌姆登陆之后，甚至没有使元老院或民会就他从胜利的战争中返回一事作出什么决定，就解散了自己的军队，并且最严格地按照当前的惯例，以一个普通公民的身份去罗马，以便在城界(pomerium)之外等候有关凯旋的相应许可。自从已经成了传说的“祖宗体制”占据统治地位的时候起，罗马的人们从来还没有看见过这样忠诚和守法的先例。

因此下述情况就没有任何出人意料的了：庞培的这种行为引

起了不仅是他当时的人或古代作家，而且引起了甚至现代历史学家的惊异和相互矛盾的评价。既然庞培的形象（后来庞培是恺撒的主要敌手和竞争者）不能不引起我们的注意，显然，我们应当了解一下某些这类的评价。

比如，蒙森就曾经以其见解所固有的明确性和武断性论述说："如果不费什么气力就取得王冠能够算得幸福的话，那么没有一个人能像庞培那样幸运了。然而诸神是不会垂怜于没有勇气的人的。"在另一个地方，他再一次强调了同一因素："……当需要迈出决定性的一步的时候，他又是没有拿出勇气来。"

对蒙森来说，在始终出现在他眼前的天才的恺撒的背景上，庞 81
培只不过是一个自负多于才能的人物而已。他是一个既想做诚实的共和派，同时又想做罗马的统治者的人物，他没有明确的目的，没有坚强的性格，遇事退让；他自己具有夺取王位的一切条件，但是只缺少一个最主要的条件——"帝王的勇气"。蒙森还指出了庞培对待各政治集团的本质上是不加区别的态度，他的狭隘利己主义的利害关系，他之既很想同时又害怕离开合法性的基础。这是"除了自己的野心之外，在一切方面"都十分平庸的人。①

爱·迈耶尔——蒙森的著名的先行者——却不是恺撒的一个热情的崇拜者。但是迈耶尔可能是由于这个原因而试图对庞培采取比较客观的态度。迈耶尔专门引用了蒙森有关王权和天赋的长篇大论的文字以便对之加以反驳。他认为蒙森在这里是以完全错误的前提为出发点的，因为庞培根本不想取得王权，相反地，如果有人建议他取得王权的话，他是会以真正愤怒的心情加以拒绝

① 蒙森：《罗马史》，俄译本，第3卷，第82—84，88，162—166页。

的。①

爱·迈耶尔对庞培的事业和其人所作的总的评价是以有关下述情况的话开始的，即可能向历史学家提出的最困难的任务之一，就是公正地评价被战败的人②。迈耶尔承认蒙森对庞培的描述是出色的但是并不符合实际。比如说，他认为蒙森说庞培没有军事才能的说法是不对的，而且蒙森（也和其他许多人一样）还特别歪曲了庞培的政治目标。

爱·迈耶尔断言，庞培终其一生，他的政治观点和目的都是十分清楚和明确的。庞培绝对没有推翻共和国而自己做国王的念头。他两次（公元前 70 年和公元前 62 年）都约束自己，不率领忠于自己的军队去夺取独裁的权力。因此，当恺撒与庞培之间的战争爆发时，这场战争完全不是像人们通常所说的那样是两个觊觎王位者之间的战争③，而毋宁应当把它看成是三种可能的政治制
82 度之间的竞争。这三种政治制度就是：由元老院统治的古老的共和国（所谓的民主制度已被彻底消灭，现在已不起任何政治作用了）；恺撒的君主专制制度；最后则是以庞培为代表的一种政治形式即"元首制"。迈耶尔认为这种"元首制"好像也就是奥古斯都所确定的那一制度的先河。④

但是稍后，迈耶尔的论述同把庞培看成是一种新型国家制度

① 迈耶尔，前引书，第 431 页。

② 迈耶尔，前引书，第 3 页。译者按：中国有句俗话"胜者王侯败者贼"，可以说明一般的世俗之见，也可以看出司马迁为陈涉和项羽立传是何等的卓识，而这也就应了我国的另一句俗语："不以成败论英雄。"

③ 译者按：事实是：不管双方打出什么旗号，提出什么目的以及在历史上起了怎样的作用，这是一场个人间争权夺利的斗争。恺撒好虚荣、贪图享受（好的方面且不说），但庞培又何尝不是如此。

④ 迈耶尔，前引书，第 4—5 页。

的体现者的意见有了一点矛盾，因为他又断言，如果说庞培是一个精力充沛的组织者，那么无论如何也不应当承认他是一位杰出的国务活动家，因为他并不具备创造性的思想和崇高的目标。就这一意义来说，他是绝对比不上恺撒的。①

最后谈一谈现代史学中对庞培的评价。不过这一评价并没有重大的特色。M. 盖尔策尔用一部专门的巨著来论述庞培（他另有关于恺撒和西塞罗的专著），他在此书的结尾部分对庞培作了一个好像是概括性的描述。盖尔策尔总的认为，庞培的一切失败或者如他所说的“失望”，是由于作为一位政治家，他的原则性太差了（完全不能始终如一），并且缺乏独立判断的能力。庞培总是受周围环境的影响，特别是屈服于贵族派（optimates）的压力，而在自己事业的决定性的转折关头，他表现出了不能容许的犹豫，并且甚至不善于利用胜利的成果。

他在年轻时无论做什么事情，有什么计划总是一帆风顺的，这对他来说其实是一种不幸。他处于某种特殊的地位。他终生都力图在元老院的寡头集团中间以平等一员的身份出现，但他终生都未能做到这一点。他虽然拥有大量的被保护人，但他遇事却又一意孤行，不征求别人的意见，并且认为在元老院的集团玩弄十分常见的政治手腕、在广场上和元老院议事堂里搞“见不得人的勾当”是有损于自己的身份的。但是他的特殊地位引起人们的恐惧，他的袖手旁观的意图被看成是别有用心的一种权术。直到庞培参加 83
三头之前，他曾试图同民主反对派接近——顺便指出，这会立刻加强他的地位——但是看来他自己把这一试图只看成是一种临时的策略，随后他再次开始寻求同贵族的接触。但贵族继续对他采取

① 迈耶尔，前引书，第 91 页。

不信任的、怀疑的态度，不想心甘情愿地接受他的领导。只有对恺撒的共同的畏惧才使贵族和庞培结成了暂时的和不巩固的联合。

虽然盖尔策尔把庞培说成是一个大的“军事的和政治的组织者”，但他同时在总结时又着重指出，尽管庞培的野心大，却仍然从来不曾有过明确的政治目标。在他看来，恺撒是庞培的一个无法对付的敌手：恺撒的天才勾销了这位“老组织者”的一切算计——无论是军事的还是政治的——而庞培在恺撒面前在本质上是束手无策的。恺撒(同自己的对手相比)受到盖尔策尔的极高的估价。在盖尔策尔的笔下，恺撒不仅仅是天才的、使人生畏的，甚至是魔鬼般的人物①。

在我们看来，我们上面所引用的述评都有一个共同的缺点。说不定庞培的历史命运就是这样——对他加以评价时甚至与其说是同恺撒相比或联系着恺撒，不如说是在恺撒的背景之上。这里的情况也是如此：在上面引用的对庞培的述评里面，人们有意地(如蒙森)或无意地(如爱·迈耶尔、M. 盖尔策尔)，然而又是不可避免地拿他同恺撒来作对比，或者，说得确切些，在更加一般和广泛的意义上加以对比——这就是把天才的尺度和平庸性、局限性的尺度拿来加以对比。而且，同有关天才的尺度的看法并行的照例还有这样一种看法，即真正杰出的国务活动家总是有力图夺取独裁权力这样一个特点，并且，老实说，正是这种意图使得某一政治活动家成为杰出的、天才的人物。

显而易见，如果放弃在方法论方面这种先入为主的和我们所
84 不能接受的、把“天才”和“平庸”加以对比的做法的话，我们就能够不特别困难地使庞培其人取得同他相适应的地位了。这是罗马的

① 盖尔策尔：《庞培》(*Pompeius*)，1944 年，慕尼黑版，第 259—263 页。

一个大人物，受过适当的教育，并且有一定的教养——在他的悲惨的死亡之前几分钟他对自己的妻子和儿子所说的最后一句话是引自索波克列斯的作品[①]——而且，看来从少年时期起，他就受到了尊重罗马的法律和习俗的贵族精神的教育。他的最大特点是缺乏冒险精神，而正是这种冒险精神最能打动无论古代还是现代的许多历史学家的心弦。由于这个特点而产生了他的无条件的忠诚，就是说，执行按照规定应当做的一切。他确实有两次——按照伽比尼乌斯法和玛尼利乌斯法——享有在他之前任何军事统帅都不曾享有过的那样广泛的权力，但两次他都按照罗马传统法律的要求"合法地"执行了任务。他还两次（在公元前 70 年和公元前 62 年）解散自己的军队——这是完全出乎人们的预料的，至少在公元前 62 年是这样情况——而这又是以罗马传统法律的惯例和它的不成文的条例为依据的。最后，当公元前 52 年他当选为没有同僚(sine collega)的执政官时，他再次取得了实际上是无限的权力，但即使是这一次，尽管这一职务本身是前所未有的，并且一般说来，又是违反罗马的传统法律的，但他的当选却是进行得完全"合法"的。

这样看来，庞培本人从来不曾自己主动破坏过法律或传统，他是"按照规定"行事的。当然，有时他也不得不寻求一些"迂回的道路"，但是他一次也不曾有过"违反祖宗体制"的行动。因此他的全部事业就成了一个极为罕见的例子，即用绝对"正当的"办法取得了极大的成功。对于这一情况，古人自己早就怀着惊异的心情指

① 译者按：索波克列斯（公元前 496—前 406）是古希腊雅典三大悲剧诗人之一。据普鲁塔克(《庞培传》，第 78 章)，他复述的索波克列斯的诗句是："想投靠暴君的人，即使他先前是自由的，也会被变为奴隶。"

出过了。① 我们则认为，这种过分的忠诚和“按照规定”行事的意图，它本身既不能认为是天才的特点，也不能认为是平庸的特点。尽管如此，它们却是庞培本人的特点，从上述蒙森的有关庞培的看法引申出来的下面这句话看来却是极为中肯的：“只要做这件事而又不脱离合法的基础，他……就愿意把自己置于法律之外。”②

85 不过蒙森所描绘的那个极为平庸、没有个性并且缺乏勇气的活动家和人物的形象却是完全错误的。而所以造成这一切，按照蒙森的看法，只是因为当王权就在他身旁的时候，他却没有把手伸过去。但是，从另一方面来说，爱·迈耶尔的看法也未必就比蒙森正确。迈耶尔认为，如果有人把王冠送给庞培的话，他是会拒绝的——而且还是完全真心实意地拒绝！看来，要推测在这种不可能的情况下庞培如何行动是没有意义的，可是提出如下的看法，我们又能有什么依据呢？这看法就是：如果一切都“按应有的程序”加以执行和办妥，那么在通过伽比尼乌斯法与玛尼利乌斯法之后，或是在毕布路斯（在加图的支持下）建议选他担任没有同僚的执政官之后，他的做法就会是另一个样子了。

但主要的问题并不在这里。当然，如果我们把元首制这一词理解为按照目的论的方式形成的某种政治制度的话，庞培之创立“元首制”一事看来是完全不能成立的，因为，就这方面来说，“元首制”就如同上面已经谈到过的③、恺撒的“希腊化王国”一样，同样是现代研究者的一种虚构。应当考虑到，即使是奥古斯都的元首

① 普鲁塔克：《庞培传》，第 46 章。

② 蒙森：《罗马史》，俄译本，第 3 卷，第 164—165 页。译者按：这是说想在合法的外衣之下为所欲为，其实蒙森把庞培设想得太多书呆子气了，历史上哪一个胡作非为的统治者不是满口仁义道德，并且有充分的“理论”依据的。

③ 参见本书原文第 32 页。

制，实际上也绝不是事先计划或按照一定目标设想出来的"体制"，而是这样一种政治结构：首先，它是逐步形成的；其次，它是在各种十分具体的因素的影响下形成的①。

最后，我们可以同意这样一个看法，即庞培并不是一位政治思想家。但是，从另一方面来说，我们清楚地知道，即使是政治思想家也并非往往就是杰出的国务活动家。也和许多军人一样，庞培有明确的义务概念（和义务感！），他是一个干事情的人，没有长远的政治打算和手腕。在任何情况下，他都是"按照规定"行动，并且多半不大考虑从这里会产生什么后果。如果考虑到，不仅是平平常常的人，就是在比人们通常设想要频繁得多的情况下，连天才也正是这样行动的，区别只在于历史学家——这些具有"事后的先见 86
之明"（vaticinium post eventum）的大师们——事后认为天才的所作所为是天意注定的，这样，庞培的形象在我们的心目中就比较清楚了。

让我们还是回到公元前 62 年年底的事件来吧。庞培的行为和他到达意大利之后的举动丝毫没有像人们所应期待的那样给他带来荣誉，并且，甚至在同时代人看来，也没有把更多的月桂加到他的胜利的桂冠里面去。这些行动的直接后果是：人们怀着如此紧张的心情和如此担心的情绪期待着的这次返回，几天之后就几乎被忘掉，它已经为另一些更加耸人听闻的事件所取代了。

在这些耸人听闻的事件当中，首先应当指出的就是克洛狄乌斯案件了。这一案件通常被描述成罗马丑闻的一个典型的事例。

---

① 译者按：此言甚是。奥古斯都是一个极其小心谨慎而又善于等待的人，他一直是在稳扎稳打，在试探中前进的。这一点应当说是作者的卓识。

但它从一开始就带有十分明显的政治性质。从本质上说来，在卡提利那的运动被镇压之后，这是“民主”势力，说得更准确些，反元老院势力第一次试图重新抬头，并且为最近一些次的挫折和失败进行某种报复。

大家知道，在为善良女神①举行的节日那一天，克洛狄乌斯曾化妆成女人的模样溜进恺撒家里（那里也在庆祝这一节日）同他的妻子幽会。而克洛狄乌斯在他犯下了这一风流罪行时，已经当选为来年的行政长官。此外，作为反元老院集团的代表人物，作为“人民”的宠儿，他已经也是很有名望的人物了。显而易见，这一情况正好说明为什么元老院大张旗鼓地组织了对他的进攻，为什么恺撒作出了在全部历史上极为奇怪的举动。

克洛狄乌斯的案件是公元前 61 年 1 月在元老院进行审理的。通过了向司祭团请示的决定，以便弄清楚这一案件是否亵渎神灵（sacrilegium）的地方。司祭团对此作出了肯定的回答，元老院于是委托执政官就任命非常法庭一事而制定一项法律以便审判克洛狄乌斯。审判是在公元前 61 年 5 月举行的。亲元老院的证人们用在这类情况下通常使用的一套指控（生活放荡、近亲通奸等等）对克洛狄乌斯展开了猛烈的抨击。比如，路库路斯甚至指控克洛
87 狄乌斯同自己的姊妹通奸。而且，顺便提一下，路库路斯本人正是克洛狄乌斯的姊妹的丈夫。西塞罗则在自己的妻子特伦提娅（特伦提娅则因西塞罗同克洛狄乌斯的另一个姊妹要好而吃醋）的压力之下，提出了对被告极为不利的证言：当克洛狄乌斯要法庭相信，在善良女神的节日那一天他根本不在罗马时，西塞罗反驳了他

① 善良女神（Bona Dea）是古意大利的丰产之神，罗马的主妇在维司塔贞女的参加下每年 5 月 1 日、特别是 12 月初都要在执政官或行政长官的家里庆祝她的节日。——译注

的本人不在场的说法，而指出克洛狄乌斯这一天曾到过他家。反之，恺撒却宣称，他实际上什么也不知道，而对于他同妻子离婚的原因的问题，他回答说，他的妻子甚至是不应受到怀疑的。

在开庭审理期间，广场上的群众如此明确地表示了自己对克洛狄乌斯的同情，以致法官要求执政官对法庭给以武装保护。但实际上是用不着这样做的，因为使亲元老院的活动家们感到愤怒和手足无措的是，克洛狄乌斯被宣告无罪了（三十一票对二十五票！）①。当然，这之后立刻就散布出了法官受贿的消息。西塞罗所作的如下的悲观失望的声明可以证明元老院的完全惊惶失措的情绪。他说，由于克洛狄乌斯被宣告无罪，所有善意的人们的团结一致，国家的"工事"，执政官的威信——所有这一切都在一击之下化为灰烬了。②

克洛狄乌斯案件的审理工作在公元前61年使行省的分配拖了下来。通过抽签的办法，恺撒取得了远西班牙（Hispania Ulterior），而几年前他曾在那里担任过财务官。他立刻奔赴行省，因为他负的债已经达到骇人听闻的数字了——两千五百万狄那里乌斯。债主们威胁说要到法庭上去控告他，并且查封了他的全部财产。很难说恺撒是否能摆脱这一十分现实的威胁，如果不是克拉苏斯帮了他的忙的话。克拉苏斯用五百万狄那里乌斯（八千三百塔兰特）为恺撒作了保。③

有一段轶事和一般归之于恺撒的警句是同恺撒的西班牙之行有联系的。关于这件事，普鲁塔克的说法是这样："当恺撒越过阿

---

① 西塞罗：《致阿提库斯书》，第1卷，第16章，第5节；包比安西乌斯注释，第330页。

② 同上书，第1卷，第16章，第6节；第1卷，第18章，第3节。

③ 普鲁塔克：《恺撒传》，第5、11章；《克拉苏斯传》，第7章；阿庇安：《内战史》，第2卷，第1章，第8节。

尔卑斯山并行经一个只有极少数蛮族居民的贫苦小镇时，他的友
人们笑着问他：‘难道在这样的地方也会有权贵中间那种争夺官
职、争夺领导权、相互倾轧的事情吗？’恺撒十分严肃地回答他们
88 说：‘至于我嘛，我宁肯在这里做第一把手，也不愿在罗马做第二把
手。’”①

但是把公元前61年的几乎前半年都占去的克洛狄乌斯案件对元老院还有这样一个意义，这就是，它使人们可以用各种各样的借口来拖延审议庞培坚持提出的各项要求。这里指的是批准庞培在亚细亚所作的一系列安排和把土地分配给他的士兵的问题。庞培本人在他回到罗马之后的头几天试图同元老院建立接触，而他就克洛狄乌斯案件所作的发言——对人民群众以及在元老院——用西塞罗的话来说，“完全是贵族的口吻”②。

然而很快地他就不能不确信，他的这种做法什么也不能得到。应当寻求迂回的道路，而这在罗马的政治生活中已经成为惯例了。竞选公元前60年度执政官的日子临近了。候选人中有一个就是克温图斯·凯奇利乌斯·梅特路斯·凯列尔——庞培刚刚同此人的姊妹穆奇娅离了婚。显而易见，庞培认为在当时的情况下他自己出来竞选并不合适，因而提出了一个新的候选人路奇乌斯·阿弗拉尼乌斯——此人在亚细亚担任过他的副帅——并且不惜采用肆无忌惮的贿买办法。总之，在选举前展开的竞选活动中，贿买达到了空前的规模。在前61年7月21日举行的选举中，梅特路斯·凯列尔和路奇乌斯·阿弗拉尼乌斯当选为执政官。

在这次选举之后两个月，也就是9月底的时候，庞培举行了为

---

① 普鲁塔克：《恺撒传》，第11章。译者按：这就是我国的“宁为鸡口，无为牛后”之意。

② 西塞罗：《致阿提库斯书》，第1卷，第14章，第2节。

期两天的盛大的凯旋式。老普利尼、阿庇安、普鲁塔克和其他作家都绘声绘色地记述了这次凯旋式[1]。在凯旋式的第一天，游行行列里有两个巨大的牌子，上面列举了庞培的最煊赫的功业：他打败过二十二个国王；把罗马的领土扩大到幼发拉底河；把罗马国家每年的收入从五千万增加到八千万德拉克玛（由于有了从新的行省征得的租税）；由于在世界所有三个部分[2]取得胜利而庆祝凯旋。在这两个牌子的后面是由战车和骡子组成的看不到头的队列，在它们上面载着战士的甲胄、黄金、宝物、工艺品、珍贵的用具、艺术作品。第二天的凯旋行列则是由“活的战利品”所组成：走在最前 89
面的是从各地来的大群俘虏，后面则是显贵的人物和人质，其中包括米特里达特斯[3]的七个儿子、阿里斯托布路斯[4]和他的一个儿子与两个女儿、提格拉尼斯[5]的儿子、海盗的头目、阿尔巴尼亚和伊

① 普利尼：《自然史》，第 37 卷，第 2，6，12 章；阿庇安：《米特里达特斯战争》，第 116—117 章；普鲁塔克：《庞培传》，第 45 章；参照狄奥·卡西乌斯，第 37 卷，第 21 章；李维：《罗马史》（提要），第 103 卷，维列优斯·帕特尔库路斯，第 2 卷，第 40 章；瓦列里乌斯·玛克西姆斯，第 8 卷，第 15 章，第 8 节；佐那腊斯，第 10 卷，第 5 章。

② 译者按：在罗马人看来，全世界就是由环绕地中海的三个部分（欧罗巴、亚细亚、阿非利加）组成的。

③ 指本都国王米特里达特斯六世（生于公元前 132 年左右），他在公元前 74 年发动了第三次米特里达特斯战争，公元前 66 年庞培受命对他作战。米特里达特斯六世战败后逃往克里米亚企图伺机再起，但未成功。他在公元前 63 年自杀，他的尸体被送到庞培那里去。米特里达特斯六世是罗马在东方遇到的最危险的敌人。——译注

④ 指阿里斯托布路斯二世，他是犹太国王叙尔卡努斯二世的弟弟。叙尔卡努斯二世在位时、他任大司祭。他们的母亲亚历山德拉死后，兄弟二人争夺王位，这使庞培得以插手犹太的事务，于公元前 63 年来到耶路撒冷。庞培把阿里托布路斯二世打败后，把他带回罗马，后来又把他毒死。——译注

⑤ 指提格拉尼斯一世（称号“伟大的”），阿尔明尼亚国王，本都国王米特里达特斯六世（参见本页注③）的女婿。他后来被卷入他的岳父同罗马的战争，并被路库路斯所击败。他在向庞培投诚后，只保留了原来王国而让出了先前控制的所有地区。——译注

伯里亚的王公。最后，在副帅和军团司令官所组成的壮观的侍从队伍的簇拥下，凯旋者本人乘坐在用珍珠装饰起来的战车上；他穿着长袖外衣①，而传说这还是马其顿亚历山大穿过的那一件。

但所有这一切都只不过是装点得豪华的丰富多彩的观览物。无论庞培本人还是他那属于元老院集团的有势力的对手，都不曾对此抱任何幻想。元老院的情况这时并不妙，庞培也未必能指望自己的主要要求得到满足。在元老阶层和骑士阶层之间出现了分裂，此外，在对克洛狄乌斯的谴责失败之后，一种极端保守的情绪在元老院公然占据统治地位。庞培不得不再次寻求迂回的道路：他力图同西塞罗与加图接近；他甚至请求加图把两个侄女（或女儿）一个嫁给他本人，另一个嫁给他的长子。但这一请求遭到了拒绝。②

直到公元前60年年初，元老院才讨论庞培提出的各项要求。两位执政官，且不说梅特路斯·凯列尔，就是庞培特别寄予期望的路奇乌斯·阿弗拉尼乌斯对这件事都不给予足够的支持。路库路斯发动了敌视庞培的运动，他终于有可能同庞培清算旧账了。他反对一股脑儿批准庞培所发布的命令，而建议个别地逐条讨论这些命令，这当然就引起了无穷无尽的议论。他的这个意见立刻得到了克温图斯·梅特路斯·克列提库斯、克拉苏斯和加图的支持。③

---

① 长袖外衣（tunica）原来是一种没有袖子的贴身内衣。到共和末期，又出现了一种外衣。男用外衣有袖，长到膝盖上部，腰部系带子。这就是人们在罗马雕像上经常可以看到的那种。帝国时期，这种外衣袖子加长，身长也延伸到脚背，但在共和时期，这种款式被认为是懦弱的表现。——译注

② 普鲁塔克：《小加图传》，第30章；《庞培传》，第44章。

③ 狄奥·卡西乌斯，第37卷，第49章；普鲁塔克：《路库路斯传》，第42章；《庞培传》，第46章；《小加图传》，第31章；阿庇安：《内战史》，第2卷，第9章；维列优斯·帕特尔库路斯，第2卷，第40章；苏埃托尼乌斯：《圣优利乌斯传》，第19章。

通过这一事例,庞培确信元老院中为实现他的要求而进行的斗争将会是长期的,甚至很可能是没有结果的,于是他决定在土地问题上采取另外的行动办法。公元前60年年初,同他接近的保民官路奇乌斯·佛拉维乌斯提出了一个土地法案。法案涉及苏拉时期,甚至格拉古兄弟时期所进行的土地分配。问题是这样提出来的:从庞培征服的那些新行省所得的租税收入,应当用来在五年中 90
间购买土地。西塞罗赞同这个土地法案,但是他声明要作一系列重大的改变。然而,这一次反对这项法律的不仅有保守阵营中一贯的反对派加图,而且有公元前60年度的执政官克温图斯·梅特路斯·凯列尔。环绕着法案的斗争是如此激烈,以致佛拉维乌斯为了摧毁梅特路斯的顽强抵抗而竟然采取了极端的手段:他把执政官关进监狱,并且不准他同元老院进行接触。庞培不得不纠正自己的过分热心的拥护者的错误做法,并放弃施行土地法。

这样一来,庞培一时便遭到了接二连三的失败。他的地位变得岌岌可危了:同元老院的接触不仅没有取得协调,相反地,裂痕显著地扩大了,并且看来没有什么办法可以填平这一裂痕。另一方面,他不能,也不想放弃自己的要求,因为要求的实现是同他的全部声誉、同他在国内的地位息息相关的。顺便指出,庞培在这对他十分不利的情况下表现出了政治上的谨慎、灵活和目的的明确。显而易见,现在应当寻求其他办法。而他也就找到了这种办法。

公元前60年6月,优利乌斯·恺撒从西班牙回来了。他从那里回来时已经变成了一个富豪,尽管在他出发去西班牙之前,如前所述①,他负了巨额的债务,乃至债主不肯放他离开罗马。他在西班牙的军事行动是成功的,他征服了一直不曾屈服于罗马的部族

① 参见本书原文第87页。

路西塔尼亚人和加莱奇亚人[1]，并且在内政方面实行了一系列的措施：调整了债权人和债务人之间的关系（但同时又没有忘记本身的利益），并且做到通过元老院取消了先前加到当地居民身上的租税。他再度成为个别人和某些公社的保护人。普鲁塔克写道："恺撒在做了得到普遍赞扬的事情之后，便离开了行省。他本人在行
91 省发了财，并且在征讨期间使自己的士兵也都能富了起来。士兵们于是宣布他为统帅[2]。"[3]

恺撒甚至没有等到接替自己担任行省长官的人到来，就匆匆忙忙地从西班牙回到了罗马。他之所以如此匆促，其原因就在于：他决定参加即将举行的执政官选举，但是有一个情况使有关他的竞选的表决问题复杂化了：由于恺撒被宣布为统帅，所以他可以提出举行凯旋式的要求，但是在未举行凯旋式的情况下，他就没有权利进城因而被认成是不在罗马，而他既然不在罗马，那也就没有权利提出竞选执政官了。恺撒极力想找到一个办法摆脱这一困境，于是他请求元老院准许在他本人不在场的情况下竞选执政官，而且由于这次他有根据指望许多元老对他表示友好的态度，于是合法性的不屈不挠的维护者和恺撒的私敌加图就发表了一篇目的显然在于起阻碍作用的演说。这次演说持续了一整天。期限快到了，不能再耽搁了。因此恺撒决定放弃举行凯旋式，这样就可以进城，提出竞选了。[4]

---

① 路西塔尼亚在伊伯里安半岛西南部，大致相当于今天的葡萄牙；加莱奇亚或卡莱奇亚（Gallecia，Callecia）在半岛西北部，相当今天的加利西亚（Galicia）。——译注

② 按统帅一词的拉丁原文 imperator 还有统治者、主人、命令者的意义。后来在帝国时期，这种行动就意味着拥戴某人为皇帝。——译注

③ 普鲁塔克：《恺撒传》，第 12 章。

④ 狄奥·卡西乌斯，第 37 卷，第 54 章；第 44 卷，第 41 章；普鲁塔克：《恺撒传》，第 13 章；《小加图传》，第 31 章；苏埃托尼乌斯：《圣优利乌斯传》，第 18 章；阿庇安：《内战史》，第 2 卷，第 8 章。

还是以同一个加图为首的、极力反对恺撒竞选的那个元老集团，提出了玛尔库斯·卡尔普尔尼乌斯·毕布路斯竞选执政官，作为一项反措施。毕布路斯曾是恺撒担任营造官和行政长官时的同僚。他们之间的关系远不能说是友好的。此外，元老院想使恺撒在今后不能发挥作用，同时又认为他毫无疑问将会当选，所以还在选举之前便通过了一项决议，根据这一决议，未来的执政官在他们任职期满之后，不再像通常那样被任命担任意大利以外某一地区或国土的长官，而只是负责监管森林和牧场。选举的结果是两个候选人恺撒和毕布路斯全都当选了。不过无论候选人本人或他们的拥护者都是十分肆无忌惮地贿买选票的。顺便说一下，这次就是加图本人的行为也不是无可指责的。

在选举前不久或选举后不久，发生了对事件今后的发展具有 92
决定意义的一个情况：罗马的三位活动家——庞培、恺撒和克拉苏斯——缔结了一项秘密协定（协定的发起人通常都肯定是恺撒），这一协定在文献当中称为前三头①。

这一协定的日期问题是极不清楚的。爱·迈耶尔指出，由于协定是秘密性质的，这就使人们根本无法确切地解决这一问题。②就是古人自己对这个问题也是不清楚的。事件的唯一同时代人西塞罗所提供的证据，由于他的文字过于简练③，所以什么问题也说明不了。至于所有其余的资料，那么，第一，它们出自后来的作家之手；第二，它们之间又十分矛盾。诚然，几乎所有的作家，除了维

---

① 三头（triumviri）一词由三（tres）和人（vir）所构成，罗马官职中由三人担任者通常也用这个词。关于此词的译法参见译者序。——译注

② 迈耶尔，前引书，第59—60页。

③ 西塞罗：《致阿提库斯书》，第2卷，第3章，第3节。译者按：古拉丁语和我国秦汉古文一样，因为文字简练高古而可以作各种不同的理解，古拉丁语到帝国初期的塔西佗可以说达到简练的极致，已到十分晦涩的程度。

列优斯·帕特尔库路斯，都说协定是公元前60年的事情，但普鲁塔克、阿庇安、李维和狄奥·卡西乌斯却都认为，还在恺撒当选为执政官之前便已经有了这一协定，而苏埃托尼乌斯则把它定在公元前60年的秋天即选举后不久的时候①。

史料中的这种分歧，其后果是造成这样一个事实，即在现代史学中对前三头缔约的日期也存在着各种不同的看法。卡尔科皮诺、科尼曼、赛姆和恰切里认为协定是在公元前60年结成的。爱·迈耶尔虽然有如上所述认为缔结协定的时间无法确定，但他仍倾向于把它推迟到接近年底的时候。但是爱·施瓦尔茨和其他几位研究者却认为三头的结成甚至是公元前59年的事情。② 在汉斯利克的专著③中，对所有这些问题都作了相当详细的论述，然而这部研究作品的基本结论却把三头的结成时间定在公元前59年2月。不过这个结论在我们看来仍然是没有什么说服力的。

确定三头结成时间的问题值不值得如此认真对待呢？除了上面所引爱·迈耶尔所提出的看法之外，还可以加上这样一点，即我

---

① 维列优斯·帕特尔库路斯，第2卷，第44章；普鲁塔克：《恺撒传》，第13章以次；《小加图传》，第31章；阿庇安：《内战史》，第2卷，第9章；李维：《罗马史》(摘要)，第103卷；狄奥·卡西乌斯，第37卷，第54章；苏埃托尼乌斯：《圣优利乌斯传》，第19章。

② J.卡尔科皮诺：《罗马史》(*Histoire Romaine*)，1936，巴黎，第2卷，第677页以次；E.科尼曼：《罗马史》(*Römische Geschichte*)，第1卷，慕尼黑，1938，第572页；赛姆：《罗马革命》，第35页；E.恰切里：《西塞罗及其时代》(*Cicerone e i suoi tempi*)，1941年11月2日，第3页；爱·迈耶尔，前引书，第60页；爱·施瓦尔茨：《卡西乌斯·狄奥》(*Cassius Dio*)——载《保利—维索瓦古典古代实科百科辞书》(*Pauly-Wissowa*: *Real-Encyclopädie der class. Alterthumswissenschaft in alphabet, Ordnnng*)，第Ⅲ卷，第2页。

③ 参见R.汉斯利克(R. Hanslik)：《西塞罗和前三头》(*Cicero und das erste Triumvirat*)，载《莱茵文献学杂志》(*Rheinisches Museum für Philologie*)，98，4.新编，美因河畔法兰克福版，1955，第324—334页。

们怀疑想解决这一就其意义来说远非头等重要的问题的意图是否适当。在我们看来，事情是这样的：要想精确地确定前三头“成立”
的日期是不必要的，也是不可能的，因为它是逐步形成的，而且是 93
暗中形成的，而只有当它第一次自己“暴露出来”的时候，我们才能把它的日期比较确切地定下来。①

我们认为，有关使这一同盟结成的原因以及有关它的历史意义的问题却是重要得多的。当然，罗马的三位政治活动家的结合并不是一个偶然的现象，而是决定于一定的政治形势的。我们在这里只指出这种形势的最突出的一些特点，这样我们才能以理解，当时三头成员的利益是如何并且为什么会一致起来的。

庞培是迫于元老院的极为“顽固的”政策才不得已而参加了三头的。我们大体上能够追溯卡提利那的阴谋被镇压后这一政策的发展情况。元老院的政策没有任何灵活性，根本不考虑现实情况，没有任何积极主动的精神。它甚至不是进攻的政策，而只是借助于禁止、权术、捣乱等手段的帮助而进行的、不声不响的顽固防守的政策。在这一时期元老院实行的措施里唯一还有某种比较广泛的社会意义的措施——增加发放的粮食的数量——如上所述②，这又是为了狭隘的党派倾轧的目的。而除了所有这一切之外——还有表现得十分明显，往往甚至没有必要加以强调的保守性，这种保守性公开地和带有示威性地被宣布为对名声很臭的“祖宗体制”的依恋。“祖宗体制”这一概念对一般罗马人来说早已变成毫无内容的空话了。

---

① 参阅 H. A. 桑德斯(H. A. Sanders)：《所谓“前三头”》(*The so-called first Triumvirate*)，载《美国科学院院士在罗马》(*Mem. of the American Academy in Rome*)，1932，第 X 卷，第 55 页以次。

② 参见本书原文第 79 页。

在梅特路斯·涅波斯担任保民官、恺撒担任行政长官时期的情况就是如此。庞培从东方返回之后，当他开始同元老院展开长期争论的时候，情况也是如此。但只要是我们回想一下那时被认为是元老院的领袖人物(principes)的都是些什么人，这就没有什么可以奇怪的了。这些领袖是：年老的苏拉派克温图斯·卡图路斯；恺撒担任营造官、行政长官、后来担任执政官时的同僚、无能却顽固的玛尔库斯·毕布路斯；路奇乌斯·路库路斯——路库路斯只有在给自己的宿敌庞培带来某种不愉快的时候，才表现出对国
94 家事务的兴趣；最后，还有玛尔库斯·加图。几乎可以说是加图的同志的西塞罗在谈到此人时仍然挖苦说，加图忘记他不是生活在柏拉图的理想国里，而是生活在“罗慕路斯的渣滓”中间。[①] 这是不可能与之找到共同语言的一些人(庞培想同加图攀亲竟未能如愿！)[②]。而且，他们搞的是没有任何前途的政治。

至于克拉苏斯，则使他作出参加三头的决定的，毫无疑问，应当是骑士观点对他有一定的影响。我们前面曾附带地提到过在骑士和元老院之间的裂痕。分歧的本质就在于：骑士不喜欢在克洛狄乌斯案件之后不久，因加图的倡议而由元老院作出的有关对于被认为有受贿嫌疑的法官进行侦查的决议草案。包税人曾请求取消有关亚细亚行省的现行协定，但元老院对这一请求所作出的反应引起了更大的不满情绪。事情的本质在于，他们这些过去一直贪得无厌的人，在承包税收时付出了过高的代价。

---

① 西塞罗：《致阿提库斯书》，第 2 卷，第 1 章，第 8 节。译者按：罗慕路斯是王政时期的第一位罗马国王，传说他建立了元老院。

② 译者按：虽然不能相比，但这使我联想到我国历史上孙权向刚愎自用的关羽要求结亲的事情，坚持“原则”到顽固不化的人，无论在政治上还是军事上没有一个不是以惨败告终的。

尽管有克拉苏斯的支持(他在这件事上甚至是倡导者),尽管还有西塞罗从旁协助(但西塞罗认为,包税人的要求是可耻的,尽管如此,由于战术上的考虑,他还是为他们进行了辩护),包税人的企图仍未得到任何结果,而加图则把事情彻底搞糟了。正如还是那位西塞罗所断言的[1],这使得骑士们“背离了”元老院,同它“断绝了关系”。在这样的情况下,从来对元老院也不曾表现出特别的忠诚的克拉苏斯就有了参加上述协定的一个直接的理由。无论如何,他的这一行动同在某些骑士集团中间占主导地位的情绪是完全合拍的。

最后再谈谈恺撒。对历史事件主张采取目的论看法的人们认为,恺撒——所谓前三头的发动者和组织者——在自己事业的这一阶段所追求的是十分明确的目的,这就是夺取专制王权的目的。这样的观点甚至对古人自己也不是陌生的。比如,在前面已经提到过,西塞罗怎样要人们相信(然而,不言而喻,不是在三头结成时 95
期,而是在恺撒死后),恺撒长年间都在酝酿着一个夺取王权的想法[2],而普鲁塔克则写道,恺撒在人道行动(即使庞培同克拉苏斯和解)的外表下,完成了一次真正的政治变革。[3] 在现代,蒙森则认为恺撒具有出于天意的王政意图。[4] 后来持有这一看法的则有卡尔科皮诺。[5] 但所有这一切只是后来的 ex eventu[6] 的结论,其

---

① 西塞罗:《致阿提库斯书》,第 1 卷,第 17 章,第 8 节;第 18 章,第 3 节;第 2 卷,第 1 章,第 7—8 节。

② 参见本书原文第 12 页。

③ 普鲁塔克:《恺撒传》,第 13 章。

④ 蒙森:《罗马史》,俄译本,第 3 卷,第 171—173 页。

⑤ 格罗茨(J. Glotz):《通史。古代史。罗马史》(*Histoire générale, hist. ancienne, hist. Romaine*),1935,巴黎,第 2 卷,这一意见于全书到处可见。

⑥ 拉丁语:事后。——译注

中也包括西塞罗本人的评价。

我们没有重大的依据提出如下的假设，即恺撒在参加三人的联盟或者甚至在组织这一联盟时，除了政治形势本身所促成的那些迫切的和人人关心的问题之外，他已经有了某些比较长远的目标。属于这类比较长远的目标的可以举出：满足庞培的各项要求，安抚骑士，稳定自己的政治地位。当然，对恺撒来说，后面一点是当前的首要任务，然而只有在解决了前两个问题之后才能实现这个任务。

但是从前面所说的一切却绝不能得出如下的结论，即为解决最迫切的战术任务而结成的"三人联盟"在这些任务获得解决之后便不可能存在了。实际的情况也正是这样。我们认为 H. A. 玛什金的意见是很有道理的。他肯定说，可以认为，选举前非正式的协议——这在当时的罗马是相当常见和平常的事情——就是这一联盟的先例。区别只在于，这种协议照例都是短期的，而在当时情况下，政治形势使得"临时的协定变成经常性的，而终于在罗马共和国的历史上起了重大的作用。"①

从我们的观点来看，前三头的历史意义就在于，它是全部反元老院的力量团结一致的体现（通过罗马的三位政治活动家）。因此，它的产生（且不说在它结成时所追求的那些目标）在公元前一世纪的罗马史上就成了极为重要的和甚至是转折性的一个要素。如果说，认为这一事件是共和国的结束和君主政体的开始的人们的看法是错误的，那么，无论如何也应当注意一下加图说过的话。
96 加图说过，对罗马国家来说，政治集团及其领袖的内部斗争甚至内战都不是那么可怕，更可怕的却是所有这些力量结合起来，是他们

① H. A. 玛什金：《奥古斯都的元首制》，第 21—22 页。

之间的联盟。[①] 如果在这里不说“罗马国家”而改为“元老院的共和国”——因为加图指的正是这个元老院的共和国——那么他的看法就完全可以接受了。

* * *

公元前 59 年元旦,两位执政官——恺撒和毕布路斯——开始履新。持有比较公开的目的论观点的人倾向于不仅把前三头的组织,而且把恺撒的执政官职务,都看成是抱着“长远目标”而施行的一系列措施。甚至在比较不久之前出现的作品里,恺撒之第一次担任执政官职务有时都被看成是他的独裁的原型。[②]

但是,我们是不能同意这样的看法的。且不说在公元前 59 年头几个月里相当紧张的政治形势和展开的斗争都要求恺撒集中全部力量和注意力于当前的迫切问题,恺撒在当时不仅在一般罗马政治活动家中间,就是特别在三头当中,也还是这样一个次要的人物,以致说他为了今后取得独裁权力而实行某些措施,那是绝对讲不通的。就是对恺撒第一次担任执政官时期他的立法活动所作的客观分析,也不能提供作出这类结论的依据。

这在就任之前,恺撒就宣称他打算提出一个新的土地法案。显而易见,应当谈一谈恺撒的两个土地法,并且指出这些法律把谢尔维利乌斯·茹路斯法案中的主要因素同保民官佛拉维乌斯在前一年为了庞培的利益试图实行然而没有成功的那些要求结合起来。[③]

---

① 普鲁塔克:《庞培传》,第 47 章;《恺撒传》,第 13 章。

② S. I. 乌斯特(S. I. Oost):《反勒索的优利乌斯法的日期问题》(*The Date of the Lex Iulia de repetundis*),载《美国文献学杂志》(*American Journal of Philology*),第 77 号,1956,第 21—22 页。

③ 迈耶尔,前引书,第 62—63 页。

尽管第一个土地法的性质是温和的，尽管恺撒试图保持对元
97 老院的忠诚，并且讨好个别有影响的元老直到西塞罗和毕布路斯，但土地法案还是受到猛烈的反对。执政官破坏传统而提出土地法案，这一情况已经使元老们感到很大的不快了——这是从半传说的斯普里乌斯·卡西乌斯①时期以来从来未曾有过的先例——这就是说，他做的事情，用普鲁塔克的话来说，只适合于“某一位鲁莽的保民官，却绝不适合于执政官”。②

然而恺撒的第一个土地法的确是温和而又小心谨慎的。它建议分配国有的土地（除了某些例外，比如说，ager Campanus③），还建议用从新的行省得来的税收和庞培的战利品来购买土地，但只向同意按照编制人口调查表时规定的价钱出售土地的人购买。按照这一法律能够取得的土地在二十年中不得出让。为了执行这一法律，他建议成立一个由二十人组成的委员会（顺便说说，恺撒曾拒绝参加这个机构），并由其中的五人组成领导小组。

恺撒在把土地法草案提交元老院时宣称，只有在得到元老院同意的条件下他才把法案付诸实施，并且他同意对法案进行可以接受的修改和补充。同时，为了使元老院受到舆论的监督，恺撒首次定期公布有关元老院会议和民会的报告。然而这些办法并未能起作用。经过长时间的拖延而终于在元老院讨论土地法草案的时候，许多元老表示反对，加图则用他那没完没了的发言占去了会议的全部时间。加图就试图用他的这个爱用的捣乱办法根本破坏对

① 斯普里乌斯·卡西乌斯是公元前502、493和486年度的执政官。公元前486年他为了平民的利益提出了一项土地法，为此，他作为叛徒从塔尔佩乌斯山（Tarpeius mons，在卡皮托利乌姆山西南侧）被掼了下来。——译注

② 普鲁塔克：《恺撒传》，第14章；参见《庞培传》，第47章；《小加图传》，第52章。

③ ager Campanus，康帕尼亚的土地，这里的土地以肥沃著名，一年可三熟甚至四熟。——译注

法案的表决。恺撒发出了逮捕加图的命令。但当在这之后大多数元老开始离开会场的时候，恺撒不得不在实际上（通过一位保民官）取消了自己的这一命令，宣布散会并宣称今后除了诉诸人民，他没有别的办法。[①]

元老院集团按照自己的战术试图组织“无声的防御”。毕布路 98
斯和支持他的三位保民官以观察天象时没有吉兆为借口而把民会的召开一天一天地拖下去。最后毕布路斯竟宣布说，当前这一年所有的日子都不适于召开人民大会。恺撒只好不顾这些禁止，指定了一个投票的日子。在毕布路斯家中集会的元老们决定就在人民大会的会场上加以抵制。但是，当毕布路斯出现在恺撒还在向人民发表演说的广场上时，格斗爆发了：毕布路斯的作为执政官的权力标志的棍束被折断了，陪伴着他的保民官被打伤了，而试图从讲坛上向民众讲话的加图两次被人们从讲坛上拖了下来。这之后法律通过了。第二天，毕布路斯试图使元老院作出决定，以法律的程式方面的因素为依据而宣布法律无效，但他这一企图未能得逞。而且，当恺撒迫使元老们宣誓服从通过的法律时，经过短时间的犹豫，甚至最顽固地反对法律以及恺撒本人的人们，其中包括加图，都不得不宣誓了。这之后，又进行了二十人委员会的选举，庞培、克拉苏斯、玛尔库斯·特伦提乌斯·瓦罗[②]和其他一些人参加了

---

① 狄奥·卡西乌斯，第 38 卷，第 3 章；普鲁塔克：《恺撒传》，第 14 章；《小加图传》，第 31 章；阿庇安：《内战史》，第 2 卷，第 10 章；苏埃托尼乌斯：《圣优利乌斯传》，第 20 章。顺便说说，普鲁塔克把加图的这个故事时而说成是人民大会上的冲突，时而又说成是讨论有关恺撒的行省的问题时发生的事情。

② M. T. 瓦罗（公元前 116—前 27）是一位多产的学者，后来在内战中是恺撒的对头，但受到恺撒的赦免。在后三头时期，瓦罗再次受到追究，财产书籍损失不少，但最后以研究学问终其余年。他的作品只有《论农业》三卷完整地保存下来，有王家绶译本（商务印书馆版）。——译注

这一委员会。有人建议西塞罗也参加这个委员会，甚至参加它的五人领导小组，但是西塞罗经犹豫之后并未同意。

可能就在环绕着第一个土地法展开斗争期间，庞培、恺撒和克拉苏斯之间的秘密联盟“自己暴露出来了”。无论如何，克拉苏斯和庞培是第一次“结成统一战线”，以支持恺撒的法律，而且庞培甚至以使用武力相威胁。大家还知道，在公元前59年4月，西塞罗已经把“三人联盟”作为一个众所周知的事实写在书信里了。①

恺撒的第二个土地法是在4月通过的。根据这一法律，现在要分配的正是第一个法律声明作为例外的那一部分。在分配土地时，优先照顾家中有三个或三个以上孩子的父亲。尽管西塞罗写道，当他听到这一新闻时，他在午饭后竟睡不好觉②，但第二个土
99 地法看来并没有受到严重的抵制。由于这一法律的施行，恺撒得以加强了自己的地位：首先是庞培和他的老兵得到了满足；其次，用阿庇安的话来说，恺撒用这一办法得到了大量的依附者，因为只是有三个孩子的父亲就有两万人。③

元老们在围绕着第一个土地法展开斗争时遭到失败之后，在他们中间流行着一种惊惶失措的情绪。恺撒就十分卖劲地利用了这种情绪。在广场上格斗时出人意料地表现得英勇的毕布路斯现在的情绪彻底消沉了，他把自己关在家里，继续传出天无吉兆的消息，并且在自己发布的公告中痛斥恺撒，不过恺撒本人对此根本不予理睬。正是在这些日子里，罗马那些爱讲俏皮话的人们不再像通常那样说“在恺撒和毕布路斯担任执行官的时期”，而是说“在优利乌斯和恺撒担任执政官的时期”了。

---

① 西塞罗：《致阿提库斯书》，第2卷，第9章，第1—2节。

② 同上书，第2卷，第16章，第1节；参见同上书，第1卷，第17章，第1节。

③ 阿庇安：《内战史》，第2卷，第10章。

第一个土地法通过之后,很快又通过了两个法案,这两个法案是恺撒(不经过元老院)直接向民会提出的。根据这两法案中的第一个,曾经给庞培以重大支持的托勒密·奥列特斯被宣布为“罗马人民的同盟者和朋友”,不过这样做还不是无私的:托勒密为了这一荣誉称号付出了六千塔兰特的代价,而这笔钱就在庞培和恺撒之间瓜分了①。第二个法律看来是为了迎合克拉苏斯而施行的。根据第二个法律解决了包税人过去要求元老院解决而未成功的问题,这对包税人当然是十分有利的②。他们承包用的金额减少了三分之一。阿庇安认为,由于政治上的这一妙招,恺撒把很大一部分骑士争取到自己这方面来,并且正如他着重指出的,这支政治力量比“人民”的作用更大。③

对庞培的最后一项义务很快地被履行了:恺撒使人民大会通过了一项法律,法律终于批准了如此长时期没有为元老院所承认的、庞培在东方发布的命令。路库路斯试图抵制这一法律,但这一企图立刻受到恺撒的制止,恺撒威胁说要通过法律追究他在亚细亚作战的问题。路库路斯被吓到如此程度,而如果相信苏埃托尼乌斯的记载的话,那么他竟然在恺撒面前下跪求饶了。④

恺撒完满地履行了他对自己的同僚所担负的一切义务。三人 100
联盟大大地巩固起来,并且由秘密的协定变成了政治活动中一个明显的和十分重要的因素。连预定在不久的将来才做的事情现在都变成了现实;特别出现了不仅是保卫已经争得的阵地的问题,还有联系当前的执政官选举确保三头之中每一个人的政治地位的问

① 这笔钱可以同本书原文第 87 页所谈恺撒负债的数目作一有趣的对比。——译注

② 参见本书原文第 94 页。

③ 阿庇安:《内战史》,第 2 卷,第 13 章。

④ 苏埃托尼乌斯:《圣优利乌斯传》,第 20 章。

题。要做到这一点，最简便的办法是缔结王朝的婚姻关系。

因此恺撒就把自己的女儿优利娅嫁给了庞培，尽管她本来已经许配给了谢尔维利乌斯·凯皮欧①。现在是把庞培的女儿嫁给凯皮欧。顺便指出，庞培的女儿原来是许给了苏拉的儿子法乌斯图斯的。恺撒本人则娶了皮索②的女儿卡尔普尔尼娅。由于这些婚姻上的结合而安排了当前选举的候选人：恺撒的岳父卡尔普尔尼乌斯·皮索和庞培所宠信的奥路斯·伽比尼乌斯。加图这时可能确实对他过去如此不慎重地拒绝庞培的求亲感到懊悔，因此他便更加愤怒地宣称，对于通过裙带关系谋取国家最高权力并且借女人之力相互私分行省统治权和各种官职的人是不能容忍的。③

现在恺撒已经使三头之中其余两个人的一切要求得到满足，并且可以指望得到他们的支持，这之后，就可以考虑自己即将面临的事务了。当然，元老院为公元前 59 年度的执政官规定的无关紧要的，甚至是侮辱性的任务④对他根本不适用。同时形成了这样一种局势：它使人们有很好的成功机会来提出有关高卢的问题。

公元前 62 年，当着由于卡提利那的运动而阿洛布罗吉斯人试图脱离罗马的时候，曾派出由盖乌斯·彭普提努斯率领的一支讨伐队伍去对付他们。他做到重新控制了局势。但是山北高卢⑤的

---

① 凯皮欧的祖父、公元前 106 年度执政官克温图斯·谢尔维利乌斯·凯皮欧（贵族派的领袖）是马里乌斯的对头；凯皮欧的和他的祖父同名的父亲（公元前 100 年度监察官）则支持骑士反对元老院。——译注

② 此人就是后来西塞罗在演说中多次加以抨击的那个皮索，他被指责在行省侵吞公款、滥用职权。——译注

③ 普鲁塔克：《恺撒传》，第 14 章；比较阿庇安：《内战史》，第 2 卷，第 14 章。

④ 参见本书原文第 91 页。

⑤ 山北高卢指阿尔卑斯山以北的高卢地区。——译注

局势是不平静的。公元前 61 年，埃杜伊人[①]的领袖狄维提亚库斯来到罗马，他请求元老院帮助和支持他们反对谢夸尼人[②]。公元前 60 年，罗马方面人们一般都担心会同高卢人作战，甚至采取了一系列的预防措施。这之后出现了暂时的平静，由于恺撒的倡议，由阿尔维尔尼人[③]和谢夸尼人召来的、日耳曼民族的苏埃维人[④]的领袖阿里欧维斯图斯在罗马甚至被承认为国王，并且被宣布为罗马人民的同盟者和朋友。 101

根据公元前 59 年度的保民官普布利乌斯·瓦提尼乌斯提出的一项法案[⑤]，人们建议把山南高卢和伊利里库姆交给恺撒来治理，因为在公元前 60 年用抽签的办法取得这一行省的梅特路斯·凯列尔死了。治理行省的期限是五年(从公元前 59 年 3 月 1 日起)；恺撒获准征募三个军团和按照自己的意思任命行政长官级的副帅而无需得到元老院的同意。当瓦提尼乌斯法在民会上通过时，元老院不得不“输了钱还得赔上笑脸”，而且它在庞培和克拉苏

---

① 埃杜伊人传说是在公元前六世纪曾参加进攻意大利的一个高卢部族(据李维:《罗马史》，第 5 卷，第 34 章)。他们住在法国勃艮第地区，在阿拉尔河与利格尔河之间，首府是毕布拉克提(今天的奥顿)，后来(公元前 12 年)在原址建立了奥古斯托杜努姆。他们早在公元前 121 年便和罗马结成了联盟。——译注

② 居住在索恩河、罗纳河和瑞士的汝拉山之间的凯尔特部族，首府是维宗提欧(今天的贝赞松)。——译注

③ 阿尔维尔尼人(arverni)，阿克维塔尼亚地区的一个强大的高卢部族，他们居住在今天法国奥维尔涅地方。据李维的说法(《罗马史》，第 5 卷，第 34 章)，他们在公元前六世纪也参加了对意大利的进攻。公元前二世纪他们的王国从罗纳河一直延伸到大洋沿岸，但在公元前 121 年，他们的国王比图伊图斯被罗马人击败。——译注

④ 苏埃维人(suevi 或 suebi)是西日耳曼的部族，他们自公元前一世纪时起，从北德向南德移动，直到多瑙河中游一带地方。——译注

⑤ 关于 lex Vatinia(瓦提尼乌斯法)的日期问题，参见 Chr. 迈尔(Chr. Meier)的《关于恺撒担任第一任执政官时的年代和政策》(*Zur Chronologie und Politik in Caesars erstem Konsulat*)——《历史》(*Historia*)，第 X 卷，第 1 分册，1961，第 69—75 页。

斯的压力下，把纳尔波高卢也并入恺撒的行省，为此恺撒还有权再征募一个军团。加图认为元老院的这样一个决定，就是亲自“把暴君送进了卫城”①。

由于上述的一切措施，三头的全部成员的最迫切的问题和刻不容缓的要求看来都已得到满足。因此下述情况就不是偶然的了：恺撒作为执政官的全部立法活动，出于当时的实际需要而带有十分迫切的、短期的性质。就这一个意义来说，恺撒在他的这一系列的措施中只有一项是特殊的并且具有比较原则性的和全国性的——就该词的本来的意义来说——意义，这就是他的反勒索法(lex Iulia de repetundis)。

现代的研究者一般对恺撒的这一立法活动给以极高的评价。爱·迈耶尔认为，除去那些土地法之外，调整行省的行政管理工作的反勒索法“是国务活动家的一项杰出的创造，它本身包含着远大的未来，它不仅超过腐败透顶的元老院的一切措施，而且也超过庞培的一切目标”②。有关 lex Iulia de repetundis(优利乌斯反勒索法)的专著的作者乌斯特把我们所论述的这一法律说成是恺撒的
102 国务活动的最重要的文献之一。他认为这一法律在五百多年中间始终是各行省罗马高级官吏的指针。③

老实说，我们只是根据间接的史料才得知这一法律的。它是细心拟订的，包括不下一百零一款。法律为行省长官的活动订出了一系列新的规则。比如说，不允许他们离开自己的行省并在行

---

① 普鲁塔克：《小加图传》，第 33 章；比较《克拉苏斯传》，第 14 章。译者按：希腊城邦凡有条件者均在城内高处设堡垒或建筑物，称卫城(acropolis，直译是“最高处的城”)，城中通常有神殿、宫殿、宝库等设施。加图这里的意思是使暴君有了根据地。

② 迈耶尔，前引书，第 91 页。

③ S. I. 乌斯特，前引书，第 19 页。

省领域之外自行开展军事活动；法律为行省居民对长官和他们的侍从的供应作了严格的规定和限制。在诉讼期间或征兵时，一切直接的和间接的贿赂、伪证等等——所有这一切都要受到最严厉的追究和罚款。只要不是元老院批准举行的凯旋式，就禁止接受行省城市通常向长官奉献的金冠。诉讼的期限缩短了，因为指控的和辩护的演说都有一定的时间限制。为了避免对法律的文本进行无意或有意的歪曲，又作了如下的规定：除了保存在罗马国库[1]里面的原本之外，还有经行政长官核实无误的副本分别保存在各行省的不下二百个城市里。

法律的基本内容就是如此。有关这一法律的日期问题，我们并不能确定。但是一系列的理由，比如，制定法律时的细心态度和其他一些比较局部的因素使我们不能不把它的时间定在恺撒执政官任期的最后几个月，使我们不能不认为乌斯特的结论是可以接受的。乌斯特把这一法律的日期定在公元前 59 年 9 月。[2]

到恺撒执政官任期结束时，人们可以看到三头的情况发生了某种变化。如果说他们的政治地位总的来说没有被削弱而毋宁是情况相反地话，那么在舆论方面仍然能够看到一定的变化。当三人联盟被认为是政府，也就是手中掌握着政权的元老院的大胆的反对派的时候，它可以享有一定的威望，但当它本身变成了当权的政府，而元老院竟不得不几乎转入地下的时候，这很自然地引起了 103
否定的反应。毕布路斯的无穷无尽的公告不惜涉及庞培和恺撒私生活中见不得人的一面，这些公告激发了罗马居民的好奇心，并在某种程度上影响了他们的情绪。出现了瓦罗写的一个进行政治抨

① 罗马国库(aerarium)设在卡皮托利乌姆山下的撒图尔努斯神殿内，由元老院委派两位监察官管理。——译注

② 乌斯特，前引书，第 20—23 页。

击的题为《三头》的小册子。西塞罗在给阿提库斯的书信中满意地指出，年轻的库里欧反对三头的大胆的发言得到了人们的喝彩，相反地，拥护恺撒的保民官克温图斯·富里乌斯·卡列努斯却受到了听众嘘声的对待。西塞罗还说，在为了奉祀阿波罗神而举行比赛时，对庞培的"毫无顾忌的"暗示受到了公众的热烈欢迎，人们以冷淡的沉默对待恺撒，但是对年轻的库里欧则鼓掌欢呼。①

在舆论方面发生某种变化的一个同样具有特色的标志，就是执政官选举日改期的事件。恺撒规定选举在7月底举行，但是毕布路斯发出公告，把民会的会期改到10月18日。而无论庞培专门为此事所作的发言，还是恺撒想在毕布路斯的住宅门前组织要求取消这一公告的示威的企图，都没有取得任何成果。瓦提尼乌斯本来已经准备使用武力逮捕毕布路斯，但恺撒显然记起了过去逮捕加图时的失败经验，所以制止了瓦提尼乌斯这一冒险行动而同意举行选举的民会改期。

尽管如此，恺撒还是犯了另一个大得多的错误。他想在法庭上控告元老院的一些上层人物，借以把他们排除掉。有利的先例是有过的：西塞罗担任执政官时的同僚盖乌斯·安托尼乌斯就曾被判罪。这是公元前59年3月的事情。西塞罗虽然为安托尼乌斯进行了辩护，但是没有取得成果。这次则是想控告路奇乌斯·瓦列里乌斯·佛拉库斯在亚细亚行省犯下的勒索罪行。此人是西塞罗担任执政官时的行政长官。但是公元前59年秋天即审理佛拉库斯案件时的形势已不是这一年年初的形势了。受到霍尔田西乌斯和又是那位西塞罗辩护的佛拉库斯被宣告无罪。于是恺撒决定作出一个比较有长远影响的行动，而这一行动如果得手的话，则

① 西塞罗：《致阿提库斯书》，第2卷，第18章，第1节；第2卷，第19章，第3节。

是可能一举而消除三头所讨厌的许多人物的。这前景当然是诱人 104
的。因此就发生了所谓维提乌斯事件。

维提乌斯事件发动得如此冒险，如此笨拙，致使恺撒的崇拜者蒙森①、卡尔科皮诺②认为恺撒同这一事件根本没有关系。但是爱·迈耶尔③和后来研究这一问题的莉莉·罗丝·泰勒④则持另一观点，这在我们看来是有相当根据的。如果所谓维提乌斯案件，用爱·迈耶尔的话来说，是“恺撒面部最见不得人的一个污点”的话，那么这还不能作为一个理由，用来把失败的冒险行动的全部责任推到瓦提尼乌斯身上，像过去不止一次做过的那样。

为了实现经过周密考虑的行动，恺撒利用了维提乌斯这样一个人。维提乌斯在卡提利那的阴谋被镇压后不久，就曾指控恺撒参预阴谋者的活动(但是没有成功)⑤。现在则是维提乌斯要向年轻的库里欧建议参加杀害庞培的阴谋。看来计划是在于：当维提乌斯试图组织谋杀事件的时候，他将会被捉住，这样他就可以供出库里欧和元老院方面的一些活动家，可能甚至还有路库路斯和西塞罗为自己的同谋者。但是计划未获成功，它在一开始的时候便由于库里欧的活动而被破坏了。

库里欧把正在准备中的、谋害庞培的事情告诉了自己的父亲，而他父亲又把这事告诉了庞培，于是案件提交给元老院审议。维提乌斯开头什么都不承认，后来他才表示，存在着一个以小库里欧

① 蒙森，前引书，第3卷，第167页。
② J.卡尔科皮诺，前引书，第2卷，第681页以次。
③ 迈耶尔，前引书，第84—87页(第87页注①)。
④ 莉莉·罗丝·泰勒(Lily Ross Taylor)：《维提乌斯事件的日期和意义》(*The Date and the Meaning of the Vettius Affair*)，载《历史》，1950，第1分册，第45—51页；比较迈尔，前引书，第89—96页。
⑤ 参见本书原文第70—71页。

为首的贵族青年所组织的、杀害庞培的阴谋，后来又说参加阴谋的有这时以财务官身份在马其顿的路奇乌斯·帕乌路斯，执政官候选人的儿子连图路斯，后来杀害了恺撒的年轻的布路图斯。他甚至宣称，为了组织谋杀，他从毕布路斯那里得到了匕首。但所有这一切都如此地不足凭信，以致元老院通过了逮捕维提乌斯的决定。

第二天恺撒试图挽救局势。他把维提乌斯召到广场的讲坛上来，叫维提乌斯向人民重复自己的证言。但这次却没有提到布路
105 图斯——据西塞罗的意见，这大概是因为布路图斯的母亲谢尔维利娅同恺撒的暧昧关系——但是却举出了一些新的名字：路奇乌斯·路库路斯①、盖乌斯·法尼乌斯、路奇乌斯·多米提乌斯·阿埃诺巴尔布斯②，而在保民官瓦提尼乌斯的压力下举行的密会之后，又举出了玛尔库斯·拉提伦西乌斯和西塞罗的女婿盖乌斯·皮索。但这些指控仍然得不到证明并且给人们以如此奇怪的印象，以致这全部冒险行动的组织者都宁愿及时了结此案，于是维提乌斯干脆就在监狱中被处决了。

看来，“维提乌斯案件”是在民会进行选举之前不久，很可能是在10月初发生的。毫无疑问，案件是想败坏竞选执政官和行政长官的某些人的名誉。10月18日，在民会举行的选举中，当选执政官的仍然是属于三头的人：奥路斯·伽比尼乌斯和路奇乌斯·卡尔普尔尼乌斯·皮索，然而在当选的行政长官中间却有属于元老院“派”的顽固分子，如路奇乌斯·多米提乌斯·阿埃诺巴尔布斯

---

① 译者按：此人就是公元前66年被庞培从东方接替回来的那个路库路斯。他曾是公元前74年度的执政官，在东方立过战功。公元前59年以后，他退出国事活动成了寓公。他死在公元前55年。

② 译者按：阿埃诺巴尔布斯是加图的姐妹波尔奇娅的丈夫，他也是站在元老院一方反对恺撒的。内战时他站在庞培一边，最后战死在帕尔撒路斯一役。

和盖乌斯·梅米乌斯。

恺撒当选执政官未必就加强了整个的“三人联盟”。尽管从三头“显露真相”的时候起，恺撒就开始在元老院总是要庞培第一个发言（在这之前，他总是请克拉苏斯第一个发言的）借以强调现在庞培的元老院的首席元老（princeps）、罗马共和国第一公民的正式地位，然而庞培如此长时期地追求并且终于到手的这一地位，却在很大的程度上使他付出了丧失先前的威信和人望的代价。[1] 克拉苏斯的地位一般地没有什么变化。看来，到公元前 59 年年底，“三人联盟”中政治地位最巩固的人物应当认为是恺撒本人，尽管他的地位远不是没有争议的。[2]

恺撒之当选执政官不能被认为是实现了平民派领袖的传统纲领。如果说他的土地法还经得起这些传统的精神的考验的话，那么这些传统在这里只是表现在外部的形式方面，而不是表现在实行的措施的本质上。此外，恺撒在他担任执政官时期所实行的其他法律和措施，即使在形式上同平民派领袖的传统法律也并不相近。前面引用的阿庇安的话也许并不是那样幼稚的，阿庇安把为 106
了包税人的利益而通过的法律，看成是试图寻求一个比“人民”更有力量和更起作用的支柱[3]。我们并不愿，也不力图以上述一切为依据而断言，恺撒早在他担任执政官的时候，便已经离开了“民主派”，但显而易见，他已经明确地懂得，未经充分组织起来的“人民”群众是不可能成为可靠的支柱的。在谈到镇压卡提利那的阴谋时我们试图加以表述，但只是逐步地才能为同时代人所认识的那些结论，尽管它们应当说还悬在空中，而现在因庞培的悲惨经验

① 迈耶尔，前引书，第 82 页。

② Chr. 迈尔，前引书，第 95—96 页。

③ 参见本书原文第 99 页。

和他本人担任执政官时的经验而加以证实之后，也许促使恺撒作出一个基本的总的决定——接受行省和四个军团的士兵。

同时，把恺撒担任执政官一事看做是某种"出自天意的"事件或者至少是他未来独裁的原型，那也是绝对不正确的。恺撒同他当时其他许多政治活动家一样，是力图取得权力和领导地位的，然而在公元前 59 年，他还不能在实际上为自己提出如此长远的目的。而且，如上所述，他在担任执政官时所执行的一切措施，都是出于必要而只带有迫切的、当前的和"短期的"性质。唯一意义稍稍不同的措施即反勒索法可以证明随便别的一些什么问题，但只是不能证明他的王政意图。

在恺撒担任执政官之后，我们论述的这一时期最大的政治事件毫无疑问就是克洛狄乌斯担任保民官的事件了。最初他曾几次想担任保民官并因此而想转入平民阶层，这还是公元前 60 年的事情。但这些企图最后都失败了。

第二年，就是恺撒担任执政官的一年，情况对克洛狄乌斯比较有利。在安托尼乌斯案件期间——安托尼乌斯曾打败过卡提利那，但他在治理了马其顿之后，被指控有勒索行为——为安托尼乌斯辩护的西塞罗未能避免对国家的情况作了一些尖锐的批评，并
107 且对恺撒也有一些刺耳的暗示时，按照苏埃托尼乌斯的说法，恺撒就在那一天，在库里亚民会上要一个名叫丰提乌斯的平民过继克洛狄乌斯为继子。① 在公元前 59 年 10 月举行的选举中，克洛狄乌斯当选为保民官。

现代的研究者大多数认为克洛狄乌斯只不过是恺撒手中的

① 苏埃托尼乌斯:《圣优利乌斯传》，第 20 章；比较狄奥·卡西乌斯，第 37 卷，第 51 章。

“工具”，是他的“走卒”。但是在我们看来，这一广泛流行的看法是完全站不住脚的。克洛狄乌斯完全是独立的，有时甚至是敌视三头的力量。西塞罗早在克洛狄乌斯担任保民官之前就暗示过这一点[①]，而在他担任保民官时期同庞培和恺撒的冲突也表明了这一点。

公元前59年12月10日，克洛狄乌斯开始履行他的保民官的职务，而在这之后，他立即向人民建议四个新的法律。第一个法律是取消每月发放给最贫苦居民的粮食的任何代价；第二个法律是把公元前64年的元老院决议(senatus consultum)[②]所禁止的所谓街坊团恢复起来并准许设立新的街坊团；第三个法律允许立法的大会甚至在被认为不适当的日子里举行投票，同时禁止在这些日子里观察天象；最后，第四个法律限制监察官在编制元老院元老名单时的权力。名单上某一位元老只要不是受到监察官们一致认可的正式指控，法律就禁止把他的名字从这些名单中删除。

所有这四个法案在公元前58年1月3日全部为民会通过了，而站在西塞罗一边的保民官路奇乌斯·宁尼乌斯·克瓦德拉图斯想进行干预的软弱无力的企图，被克洛狄乌斯不费什么气力地排除了。他保证说，如果对上述四个法案的通过不加抵制的话，他将不提出什么旨在反对西塞罗的建议，而宁尼乌斯按照西塞罗本人的请求也放弃了原来的打算。

但是过了不久，看来就在公元前58年2月，克洛狄乌斯又提

---

① 关于三头对克洛狄乌斯的态度，参见西塞罗：《致阿提库斯书》，第2卷，第7章，第3节；关于克洛狄乌斯对三头的态度，参见西塞罗：《致阿提库斯书》，第2卷，第12章，第2节。

② 元老院决议(SC)对执政的高级官吏是属于建议的性质，并无法律效力，但实际上它是必须执行的。——译注

出了新的法案。其中的一个法案实质上归结为把加图加以排除的问题，尽管这种排除表面上是要通过委托加图以荣誉而又负责的
108 任务的办法来实现的。加图接受了去塞浦路斯岛的委托——这个岛是托勒密·亚历山大在遗嘱中赠给罗马的①。所以把这一任务交给加图，是因为他的品行方正无可指责②，因为这里涉及把巨额的款项和财产收入罗马国库的问题，而罗马国库由于实施恺撒的土地法与克洛狄乌斯本人的粮食法而大大地枯竭了。

反对西塞罗的法律并没有指出他的名字。法律中只谈到了处罚那些犯了不经审判便处死罗马公民之罪的高级官吏的问题，处罚的办法就是"剥夺水和火"，也就是处以放逐的惩罚。但这一法律是针对着什么人，这对所有的人都是清楚的，首先西塞罗本人是清楚的。与这两个法案同时，又提出了克洛狄乌斯有关行省的法律，这一法律的十分明确的目的是对执政官的一种特殊形式的贿买。为执政官指定了比元老院指定的对他们更加有利可图的新的行省。为皮索指定的是马其顿，为伽比尼乌斯指定的是叙利亚。

在这些法案公布之后，西塞罗陷入了完全绝望之中。他穿上了丧服，低三下四地乞求皮索和庞培的保护。他甚至匍匐在庞培的面前。但两个人都拒绝了他。前者以伽比尼乌斯为借口，后者以恺撒为借口。于是，用阿庇安的话来说，他便不惜穿上了又脏又破的衣服在罗马的街道上拉住他遇到的所有人，想取得他们的同情和支持。③

---

① 公元前 58 年塞浦路斯正式成为罗马的一个行省，在这之前它先后处于波斯、马其顿和埃及的统治之下。——译注

② 据普鲁塔克的《小加图传》，加图的接受清册在一次事故中被烧掉了，但他在返回罗马时仍然受到凯旋式的欢迎。——译注

③ 阿庇安：《内战史》，第 2 卷，第 15 章；参见普鲁塔克：《西塞罗传》，第 30 章。

骑士和一部分元老也都穿上了丧服。专门派出了一个代表团去见两位执政官。甚至皮索(西塞罗曾对他寄予重大希望,并且就在前几天他在元老院里还请西塞罗第三个[tertio loco]发言[①])也认为,对西塞罗来说,这时唯一的出路就是自己离开罗马。伽比尼乌斯的态度更不用说了。他不许代表团进入元老院并且把特别热心为西塞罗奔走的骑士路奇乌斯·埃利乌斯·拉米亚逐出罗马,他还命令元老们立刻脱下丧服。当西塞罗的一些拥护者和去伽比尼乌斯处的代表团受到克洛狄乌斯手下武装分子的攻击,并且当加图也亲自劝说西塞罗自愿离开罗马以便避免无谓的流血事件的 109
时候,西塞罗除了按照这个意见去做之外,已经没有任何别的办法了。

克洛狄乌斯召集了人民的一次集会,会上两位执政官发言,谴责了对卡提利那的拥护者的镇压,并且得到了恺撒的支持。针对西塞罗的法律看来是在 3 月 20 日通过的,与此同时还通过了克洛狄乌斯有关行省的法律,这之后不久又通过一项加图据之要去塞浦路斯的法律。大家知道,西塞罗是在决定通过之前就离开了罗马的[②],跟着加图和恺撒也离开了。恺撒是去自己的行省高卢的。[③]

这三个人的离去使克洛狄乌斯彻底放开了手脚。他展开了狂热的活动。在通过针对西塞罗的法律的那一天,他在罗马的住宅被烧掉了,他的一些别墅被掠夺了,而克洛狄乌斯则宣称他要在被

① 译者按:元老院一般是最有声望的首席元老(Princeps Senatus)第一个发言(在苏拉时期之后,则是当选下年执政官的人最先发言),然后是担任过监察官、执政官、行政长官的人发言,次序不是定死了的,但发言在前面的,表明人们对发言者的尊重。

② 狄奥·卡西乌斯,第 38 卷,第 17 章。

③ 普鲁塔克:《恺撒传》,第 14 章;恺撒:《高卢战记》,第 1 卷,第 6 章;第 7 章。

烧掉住宅的废墟上修建一座自由神殿。随后，为了把西塞罗的自愿的流放变成具有法律意义和效力的行动，克洛狄乌斯又实施了一项新的、公开反对西塞罗的法律，这一法律宣称，正是西塞罗适用于早些时候的那个以一般的方式加以表述的法律，而据以处死卡提利那派的元老院的决定是伪造的；还禁止为亡命者提供逃避场所，如果此人在离罗马五十哩以内的地区的话，违者处以死刑，此外，还禁止在今后的任何时候提出重新审议或取消法律的问题。

克洛狄乌斯和他的拥护者这时在罗马居民，或者，用普鲁塔克的说法，“放肆的民众”①的广大阶层中间得到了无条件的支持。然而克洛狄乌斯，特别是他最顺手的时候，并不打算把自己的活动场所限制在罗马一地。他开始积极参与外交性质的事务。还在公元前 59 年，他就对阿尔明尼亚有兴趣并且以使节的身份到那里去，现在他开始对个别公社与王朝——例如，拜占庭和加拉提亚——给予保护，而最后，他又安排了在行政长官路奇乌斯·佛拉维乌斯的监视下的年轻的提格拉尼斯的声名狼藉的逃跑事件②。
110 但是上面提到的这一行动，也和想使庞培在东方发布的命令受到怀疑的其他某些试图一样，引起了他同庞培的严重的和长期的冲突。克洛狄乌斯公开地进行这一冲突，就好像稍后他公开反对恺撒，号召废除他的法律那样。所有这一切终于揭示了克洛狄乌斯和三头之间关系的真正性质。

这里有必要哪怕是概括地对克洛狄乌斯担任保民官时期，或者说得更广泛些，对克洛狄乌斯的运动作一估价。从蒙森的时期起，一个十分流行的看法是把他看成是一个无政府主义者和无原

① 普鲁塔克：《西塞罗传》，第 33 章。
② 提格拉尼斯一世是向庞培投诚之后随庞培来到罗马的。——译注

则的煽动家。①例如，希顿在他的有关罗马“贱民”的著作里指出说，克洛狄乌斯依靠的是“盗贼分子”。② 当然，对于这类看法，人们是不能认真对待的。

看来是苏联的学者 H. A. 玛什金才试图最彻底地从社会的观点对克洛狄乌斯的运动作出评价。③ 他指出，把克洛狄乌斯的运动说成是无政府主义的运动，这根本不能阐明这一运动的本质。H. A. 玛什金仔细地研究了克洛狄乌斯的“队伍”的成分问题和奴隶参加他的运动的问题。玛什金的结论就在于，运动并没有“民主解放的性质”，而是“在罗马国家危机条件下罗马城市居民中流氓无产者阶层的运动”。H. A. 玛什金认为克洛狄乌斯本人乃是一个没有原则的政客。

而我们则认为，对于研究者的这些总结性的结论，我们未必能完全同意。在我们看来，克洛狄乌斯的运动较之仅仅是流氓无产者居民阶层有更加广泛的社会基础。

如果分析一下克洛狄乌斯的头几项立法措施，则对于它们的“民主的”性质——在它们忠于平民派纲领传统的意义上——就未必能引起人们的什么怀疑了。就这一方面来说，占首要地位的应当是粮食法，这乃是从盖乌斯·格拉古开始的“伟大的保民官们”
有关粮食的法律的合理发展。然而有关街坊团——罗马平民的这 111
些政治“俱乐部”——的法律，也和克洛狄乌斯有关民会日期的法律一样，同样有助于反元老院的，或者一般所说的“民主的”力量的活跃。当然，可以断言，所有上面三个法律满足了城市平民居民的

① 蒙森，前引书，第 3 卷，第 250—255 页。

② J. W. 希顿(J. W. Heaton)：《罗马共和国晚期贱民的暴力行动》(*Mob violence in the late Roman Republic*)，乌尔巴那(伊利诺斯州)，1939 年。

③ 玛什金，前引书，第 28—35 页。

要求并且根本没有涉及农村平民的利益。然而不应当忘记，克洛狄乌斯上述的立法措施是在恺撒的那些土地法通过之后不久实施的，而那些土地法的实现——当然，即使是暂时地——缓和了土地问题的尖锐性。而最后，如果甚至考虑到这时就本身的政治活动这一意义而论起了比农村居民更加重要和显著作用的城市平民的话，那么仍然没有任何根据把他们都认成是流氓无产者分子。

有关克洛狄乌斯的社会支柱的某种尽管可惜是不够明确的概念，使我们认识到他们所组织的“队伍”（这个队伍的人数是如此之多，致使西塞罗有时竟把他们说成是“克洛狄乌斯的军队”[①]）的社会成分。这种“队伍”的组织当然是同各种平民团体的恢复有密切联系的。因此下述的情况就完全是自然的了，即新的领取粮食的人，各团体的新的成员广泛地参加了上述的“队伍”，成了其中的构成部分。这些新的成员有时甚至领导了个别的队伍。毫无疑问，在这中间有手工业者、大量的被释奴隶，因为这时由于粮食发放范围的扩大，取得自由的奴隶的数量大大地增加了；“队伍”里面还有奴隶和角斗士。西塞罗甚至要人们相信，克洛狄乌斯准备组织一支奴隶的军队，并想借着这支军队的帮助篡国和夺取全体公民的财产。[②] 当然，这乃是一种恶意的夸大其词的说法。

我们认为，从上面所说的一切，我们可以得出这样的结论，即克洛狄乌斯的运动是在平民的口号下和平民的传统中所发生的最后一次的广泛的运动。也和卡提利那的情况一样，我们——如果谈到这一运动当时的史料的话——只是从克洛狄乌斯的不共戴天
112 的敌人西塞罗那里才得到有关克洛狄乌斯以及关于同克洛狄乌斯

① 西塞罗：《为塞斯提乌斯辩护的演说》，第 39，85 章。

② 西塞罗：《为米洛辩护的演说》，第 28，76 章。

的名字有联系的一切事件的资料。因此，在这些报道里有许多诽谤性的、不真实的、被歪曲的东西，就好像克洛狄乌斯本人的形象在传统中也受到歪曲一样。

同这些传统的资料相反，我们却有理由认为，在公元前五十年代，广大的舆论都承认，平民派的首领与其说是恺撒，毋宁说是克洛狄乌斯，因此，克洛狄乌斯之出任保民官乃是对于恺撒在他出任执政官时期使广大群众感到失望的活动的一种特殊形式的"民主的"反应。

顺便提一下，这一点还可以说明从善良女神的节日时那次丑闻开始，为什么恺撒对克洛狄乌斯持有那样一种奇怪的、初初一看是不大可理解的和过于"小心谨慎的"态度。克洛狄乌斯当时尽管年轻，正如许多史料一致证明的[①]，却在"人民"中间享有很高的威信。这样看来，正是这一情况，而绝不是什么恺撒还在当时就"预料到"克洛狄乌斯将会成为他手中的一个十分有用的"政治工具"，才使得我们有可能理解恺撒在当时具体情况下以及在他后来同克洛狄乌斯之间相互关系的历史中的行为。恺撒处于一种微妙的地位。在克洛狄乌斯的威望日益提高的情况下同他公开发生冲突，这只能使恺撒失去同罗马"民主派"的一切联系。正如我们所看到的，尽管恺撒不曾过高估计民主派的力量和意义，但事情的这种转变无论如何是他所不愿意看到的。因此，在当时已经形成的局势下，保持"武装中立"或者甚至有时缔结局部的与临时的协定，这对双方都远为有利，更何况克洛狄乌斯也相当聪明，他不到一定的时候是绝不会严重干扰恺撒的。

但在这样的情况下，恺撒又怎么能冒险长期离开罗马呢？对

---

① 参见本书原文第86—87页。

于这个问题却没有任何解释不通的地方。根据自己过去的全部政治经验，不再相信“民主派”和没有组织起来的人民群众这种不大可靠的支柱的恺撒，因此在争取政权，争取巩固自己地位的斗争中寻求新的途径和方法。他手里有军队，可能他暂时还没有把明确
113 的意图和计划同这些军队联系起来，但这仍然为他开拓了某些新的前景。从本质上说，现在的问题是这样：决定性的因素已经不是个别人之间的竞争，而是两种思想之间的斗争（虽然，斗争的参加者本人未必能清楚地懂得这一点）——依靠广大的，但组织得不好的人民群众的思想和依靠派系的军队的思想。就在不久之后发生的事件表明，现实的权力和胜利是支持这两种思想的哪一种的。

第四章

高卢战争。任同执政官长官

不管在这方面人们说些什么，事实终归还是事实：高卢战争的历史的基本史料过去、现在和将来都是恺撒的《高卢战记》(*Commentarii de Bello Gallico*)①。与之并行的全部传统文献为数有限，并且归根到底也还要以这部《高卢战记》为依据。应当说，这部战记是事件刚刚结束就发表了的。某些研究者认为，《高卢战记》是恺撒全部并且同时(在公元前52—前51年)发表的。但也有人持另一种看法：战争期间每年年底发表一卷。情况到底怎样，看来现在是无法解决的。不过在我们看来，这个问题并无重要意义。

对历史学家来说，远为重要的是《高卢战记》可信到什么程度的问题，是作为史料的性质和意义如何的问题。但即使是在这种情况下，我们也不应当把这样一种意义赋予《高卢战记》一书，这就是作者本人最不想赋予这部作品的那种意义，或者，它的最早的读者根本不曾指望，而且当然也不可能指望会有的那种意义。

恺撒抱着什么目的来写作和发表他的有关出征高卢的《战记》呢？通常人们认为，在恺撒的全部记述中贯穿着两个基本倾向：

---

① 译者按：此书已有商务印书馆出版之中译本，收入汉译世界名著丛书；另外本书译者也有自拉丁文译出的一个译本(稿本)，注释亦较多，有一部分是涉及原文语法与风格方面的，将来拟以拉汉对照本的形式发表。

一、证明自己的行动是正确的；二、夸耀自己的成就。① 但是在这样的情况下，把完全能用来说明和评价内战中的事件的那个理由——也就是力图设法不仅仅为自己的行动，而且为自己的首倡
115 精神辩护的意图——放到首位就未必怎么合适了。高卢的军事行动并不需要这样的专门为之辩解的著作。②

除此之外，作者也未必想使比较遥远的后代的人们，至少比事件的同时代人，对自己的《高卢战记》发生更大的兴趣，而那些同时代人却可以对《高卢战记》发生兴趣，甚至为它所打动——顺便说一下，这是完全自然的事情。

作者的十分明确和不言而喻的“方针”就是从这些考虑产生出来的。他的《高卢战记》绝不是一部精心撰述的研究作品，不是想传之永久的、有重大意义的历史著作，而只是事件的直接参加者的鲜明生动和尽可能真实的叙述，也就是说，对事件作的生动的解说。所谓尽可能真实的叙述是什么意思呢？这就是说，由于事件刚刚过去，直接的印象还全部留在脑海里没有消失，而主要的，又完全为自己对事件的看法所支配，因此作者力图提供一幅能给人以深刻印象的和令人信服的总的画面，而不大重视次要的、在他看来不能改变总的印象的细节。

但同时下述的情况也是无可怀疑的：《高卢战记》的基础，是恺撒写给元老院的报告，还有他写给自己的副帅们的书信。但是外面的长官的报告在元老院要受到十分认真的审查，这就使得甚至在文学作品中也不可能过于明显地离开这些文献。此外，还应着重指出，恺撒的敌人多次指责、批评的是他的行动，却从来不提他

① J.吉达特(J. Szidat)：《恺撒在高卢战争中的外交活动》(*Caesars diplomatische Tätigkeit im gallischen Krieg*)，载《历史》，单行本，第14号，威斯巴登版，1970，第5页。

② 盖尔策尔：《优利乌斯·恺撒》，第181页。

的报告的可信性。实际上，我们知道只有一次——下面还要提到——当时古人自己曾怀疑恺撒所提供的报道是否可信，不过可能那次指的不是《高卢战记》，而是《内战记》。①

当时人对恺撒的《高卢战记》的反映是保存到了今天的。苏埃托尼乌斯对这部书就谈得相当详细。再比如，西塞罗首先就着重指出了此书的文学价值。他指出了“摆脱了雄辩术的华丽外衣的淳朴和魅力”；在他看来，《高卢战记》的作者所希望的只是为未来 116
的历史学家提供资料，虽然，实际上作品的意义更要伟大。② 在这个意义上，与恺撒共同写作的一个人——希尔提乌斯③——对恺撒的回忆录作了十分肯定的评价。希尔提乌斯写道：“作品受到如此一致的赞扬，以致可以说，历史学家已经有了现成的作品，而无需由他们再来表述了。”希尔提乌斯还指出了恺撒在写作《高卢战记》时那种非凡的轻快④。但是苏埃托尼乌斯却引用了我们所知道的、同时代人的唯一批评意见。他引用的是一位著名的恺撒派阿西尼乌斯·波利欧⑤的意见。波利欧认为，恺撒的《战记》写得

---

① J.吉达特，前引书，第153—154页。

② 西塞罗：《布路图斯》，第262章；参阅苏埃托尼乌斯：《圣优利乌斯传》，第56章。

③ 奥路斯·希尔提乌斯(Aulus Hirtius)可能是费伦提努姆人，他从公元前54年随恺撒在高卢作战，内战时仍追随着恺撒。公元前46年希尔提乌斯任行政长官后出任高卢长官。恺撒死后的公元前43年他在木提纳打败了安托尼乌斯，但他本人在4月21日的一次战斗中阵亡了。本书后面对此人还有记述。——译注

④ 恺撒：《高卢战记》，第8卷，引论；比较苏埃托尼乌斯：《圣优利乌斯》，第56章。

⑤ 盖乌斯·阿西尼乌斯·波利欧(Gaius Asinius Pollio)虽然具有共和情绪，但在内战中却是站在恺撒一面的。他曾参加西西里、阿非利加和西班牙的战斗。公元前45年他任行政长官，恺撒遇刺时他正在远西班牙。公元前43年他和安托尼乌斯联合起来。后来他放弃政治，不参加屋大维和安托尼乌斯之间的斗争。波利欧本人写过一部从公元前60年开始的《历史》，并把罗马的内战一直叙述到公元前42年。他用自己的战利品在罗马修建了第一座公共图书馆。他收集了不少艺术品，并第一个在罗马公开朗诵自己的新作。他是一位严格的批评家，除恺撒外，他还批评过西塞罗、撒路斯提乌斯、李维等人。他和维吉尔、贺拉斯、卡图路斯等诗人都有交往。他自己也写诗和悲剧。——译注

不够细心，对真实性也注意得不够；别人做的许多事情恺撒都信以为真，而对于自己所做的事情，他有时是故意地，有时则由于忘记而描述得不正确，甚至歪曲了。①

但是，正如方才指出的，我们不清楚波利欧指的是恺撒的哪一种《战记》：是关于高卢战争的，还是关于内战的。但即使抛开这些意见不谈也可以知道，恺撒写的书并不是"真理、全部真理，除了真理之外别无他物"。同时也不能同意那些持有极端观点的人们的意见，即《战记》中的一切都为了宣传的目的而被歪曲了。即使出于下列的理由，这种看法也是不能成立的，即当时读这部书的读者是恺撒军队中的军官，还有这样一些具有批判精神的人物，例如，还是那位同军队中的亲友保持着多方面联系的西塞罗。因此，要想对事实肆意加以歪曲那根本是不可想象的。② 从另一方面来说，当然，也不能一味相信《高卢战记》的"叙述的客观性"。因为，正如我们可以确信的③，甚至恺撒本人有意识地加以强调的"客观性"也要求我们对之加以小心的对待(cum grano salis)④。

对高卢的军事行动的记述可以主要从战术史的观点来着笔。这种做法是我们十分熟悉的⑤。但是，在当前的情况下，从这一方面着笔未必是合适的：这样一来，这部书就会写得过分"狭窄"和

① 苏埃托尼乌斯：《圣优利乌斯传》，第 56 章。

② J. P. V. D. 巴尔斯顿，前引书，第 104—105 页。

③ 参见本书原文第 5 页。

④ 拉丁语原文 cum grano salis，直译是"用一粒盐"，即稍加斟酌之意，意思是说，我们相信恺撒的叙述中有一定的"客观性"，但我们又不能完全相信这种"客观性"，而对之要有批判态度。——译注

⑤ 从前面提到的拿破仑三世的三卷的著作，戴尔布吕克的经典作品开始到某些现代的著作，比如 J. 阿尔芒(J. Harmand)的《恺撒的一次战役：阿列西亚》(*Une campagne césarienne, Alesia*)(1967，巴黎版)。在后一书里，作者提出了十分离奇的观点，根据这种观点，维尔琴托里克斯几乎成了恺撒的代理人。

“专门”，更何况征服高卢的历史，特别是在战争的开头几年，应当 117
更多涉及军事外交史方面，而不单纯是军事历史[1]。

在恺撒出征前夕，高卢是什么样子呢？它分成两部分，说得准确些，应当是三部分：山南高卢（Gallia Cisalpina）[2]、纳尔波高卢（Gallia Narbonensis）和山北高卢（Gallia Transalpina）。山南高卢也叫“长袍高卢”（Gallia togata）[3]，这一名称强调它已被罗马化，它的“文明化”；纳尔波高卢干脆就叫做“普洛文奇亚”[4]（Provincia，今天的普罗旺斯）；山北高卢则称为“长发的”（comata）或“长裤的”（bracata）[5]高卢。山北高卢包括今天的法国、比利时的几乎全部领土、荷兰的一部分、瑞士的一大部分和莱茵河的左岸。山北高卢的巨大领土又分成三部分：比里牛斯山和加卢姆那河（加隆河）之间的西南部，这是住着凯尔特人[6]的部族阿克维塔尼亚人（其中有伊伯里亚人的成分）；中央的部分住着高卢人（凯尔特人）自己；而最后，则是位于塞夸那河（塞纳河）和莱茵河之间的北部——这里居住着凯尔特-日耳曼人的部族比尔吉人。但自由高卢的居民绝不仅限于这些部族：在紧接着普洛文奇亚的那一部分里则住着埃杜伊人、谢夸尼人和阿尔维尔尼人这样一些最大的部

① J.吉达特，前引书，第8页。

② 这里的山，指阿尔卑斯山。——译注

③ 指这里的高卢人穿着和罗马人一样的外袍（toga）。——译注

④ 原来就是“行省”的意思，后来就成了此地的专用地名。——译注

⑤ 这都是从高卢人的打扮着眼而起的名字。bracatus一词后来成了阿尔卑斯山以北的一个代词，转而有“异国的”意思。——译注

⑥ 凯尔特人是具有共同文化、语言的一个民族，他们的文化有东方的成分，也有希腊的成分，但他们的起源迄今尚无定论，但总的来说，他们是从东向西移动的。他们大约在公元前九世纪到了高卢，到不列颠和西班牙的时期更要晚些。另一部分的凯尔特人在公元前五世纪越过阿尔卑斯山进入波河流域，赶走了埃特路里亚人。——译注

族集团。

高卢人或一般所说的凯尔特人能不能被看成是一个人种单位呢？最近的研究得出了否定的结论。专家们敢于作出的最恰当的定义大体上是这样：凯尔特人是一个其语言相互间有亲属关系的部族、公社集团。可以区别于日耳曼人的那些特征也不总是清楚的[1]。对于比尔吉人，人们有时把他们看成是凯尔特人，有时把他们看成是凯尔特-日耳曼人；人们有时把特列维里人算作凯尔特人，有时把他们算作日耳曼人等等[2]。

至于罗马人和许多高卢部族之间的相互关系，那么，它们在不同时期是有所不同的。比如，居住在普洛文奇亚和自由高卢之间边界地区的阿洛布罗吉斯人就在公元前 61 年起来反对过罗马的统治，但是再次被征服了。埃杜伊人则站在罗马的一边并被认成是罗马的联盟者。谢夸尼人和阿尔维尔尼人同莱茵河对岸的日耳
118 曼部族有密切的联系。由于他们敌视埃杜伊人，所以应谢夸尼人的邀请，日耳曼的一个部族苏埃维人的领袖阿里欧维斯图斯便率领着一支大军渡过了莱茵河，并且在长期而顽强的斗争之后击溃

---

① 凯尔特人和日耳曼人各部族之间也存在着文化特征的相似之处。但凯尔特人大体上说来是自东方向西移动，而日耳曼人则是从北欧向南移动，至少对罗马人来说二者的区别还是相当清楚的。同希腊人或罗马人有直接接触的最早的日耳曼人部族是巴斯塔尔纳伊人(bastarnae)，他们在公元前三世纪进到多瑙河下游。公元前 120 年以后自中欧南下的金布里人和条顿人则是罗马要对付的部族。——译注

② G. 舒尔特-霍尔泰(G. Schulte-Holtey)：《高卢反罗马起义之研究》(*Untersuchungen zum gallischen Widerstand gagen Caesar*)，闵斯特(威斯特法伦)，1969，第 24—25 页；参见 J. 莫罗(J. Moreau)：《凯尔特人的世界》(*Die Welt der Kelter*)。斯图加特，1958，第 9 页以次；J. 德·弗里斯(J. de Vries)：《凯尔特人和日耳曼人》(*Kelten und Germanen*)，伯尔尼，1960，第 34 页。译者按：特列维里人从文献记载来看还应当算是凯尔特人，他们不过是受日耳曼人文化的影响而已。特征虽然有种种，但是就其主要特征而言，各部落的归属还是清楚的。

了埃杜伊人。为此谢夸尼人不得不把自己的一部分领土(在今天的阿尔萨斯)让给阿里欧维斯图斯。罗马元老院出面为埃杜伊人进行斡旋。阿里欧维斯图斯中止了敌对的行动，并且在恺撒担任执政官时期被宣布为罗马人民的同盟者和朋友。

虽然从上面所说的可以清楚地看到，高卢在政治上并不是统一的，但它在经济上却是相当发达的，是一块人口众多、生活富裕的国土。不过个别部族的处境之间，其区别还是相当之大。其中某些部族似乎还处于氏族生活的阶段，而另一些部族则已在国家关系形成的道路上走了很长的一段路。

恺撒在有关高卢及其“风习”的一般描述中，首先着重指出，存在着大量各种不同的集团，而他甚至把这种集团称之为“帮派”(factiones)。看来他在这里指的某些集团，是作为部族贵族某一代表人物的“侍从”而产生的一批周边人物。这种“侍从”是由大量的被保护人(ambacti)①、奴隶和在某种程度上仍然处于依附地位的人们所组成。但有时所谓“帮派”②还应当理解为巨大的部族集团，因为恺撒曾断言，当他来到高卢的时候，领导一个“帮派”的是埃杜伊人，而领导另一个“帮派”的则是谢夸尼人。这样看来，这些“帮派”的概念就不是十分明确，而是相当有伸缩性了。③

恺撒一般认为，在高卢只存在着两个特权的居民阶层或“阶级”，而作为基本群众的平民——这是恺撒的用词——实际上处于

---

① 这种人和我国的门下客、食客差不多，一些弱小的部族首领为了图生存，往往要依附强大的部族首领，而自己甘愿作他的附庸。——译注

② 作者用 партия 来译 factio 一词，不妥。同 factio 一词相对应的俄语词是 фaкция。factio 一词政治色彩不如 партия 鲜明，多属利害关系的结合。——译注

③ 恺撒:《高卢战记》，第 6 卷，第 11—12 章。

奴隶的地位。属于特权阶层的是“骑士”和司祭(druidae)①。显而易见,所谓“骑士”,指的应当是部族的贵族;每一部族就从贵族当中选出自己的首领(principes)。这些首领照例拥有大量依附于他们的人——被保护人与奴隶。某些研究者认为,高卢的保护人与
119 被保护人之间的关系与罗马的不同:在这里谈不上什么双边的义务,而只是被保护人有义务对保护人保持自己的忠诚②。

除去部族贵族之外,司祭(德鲁伊德)的势力也不小,他们组成一个特殊的、闭关排外的团体。他们是法律的解释者、未来的预言者,并被认为是凯尔特人世代相传的智慧以及宗教习俗的保存者。恺撒认为德鲁伊德的故乡是不列塔尼亚。他们的教义是从不列塔尼亚传到高卢的③。在恺撒当时,德鲁伊德还保持着自己道德方面的权威和实际的权力,但总的说来,他们在社会生活中的重要性显然降低了,而相反的,军事贵族的重要性提高了。

高卢各部族的政治体制照例是十分古老的。恺撒称之为“元老院”的东西实际上只是族长的会议;地方的“国王”(例如阿姆比欧里克斯)则是部族的领袖,而埃杜伊人仿照罗马执政官的职位而设立的“维尔哥布列图斯”④的职位并无真正头等重要的意义。但是在选举(例如军事领袖)时发生的各种幕后的阴谋和斗争却和罗马同样地尖锐。高卢社会的特点是内部分散而又相互敌视:氏族同氏族斗争,部族同部族斗争,埃杜伊人同阿尔维尔尼人斗争,比尔吉人同中部地区的各高卢部族斗争等等,等等——总而言之,

---

① 这里的 druidae 实际上还是原始宗教的一种“巫”,他们并没有系统的宗教理论。这个词一直保存在现代英语里(Druid)。——译注

② G. 舒尔特-霍尔泰,前引书,第 61 页。

③ 恺撒:《高卢战记》,第 6 卷,第 13—15 章。

④ 在凯尔特语中维尔哥布列图斯(vergobretus)意为审判官。——译注

bellum omnium contra omnes[①]!

但如果说这种内讧预先决定了高卢政治上、还有军事上的软弱的话，那么就其经济发展，甚至更广泛一点，就其物质文化发展这一意义来说，高卢同罗马未必有明显的差距。无论怎么说，像过去那样的做法，把"文明"（罗马）同"野蛮"（高卢）加以对比，这种做法是绝对不合适的。

人们把高卢居民的总数确定为一千五百万到两千万之间，这一点证明它的人口密度同意大利接近。[②] 大量的城市、村落以及 120
发达的交通工具（道路、航路）都说明了这一点。

高卢的农业水平非常高，以致在某种意义上来说竟超过了意大利。人们都知道，意大利自身并不能保证罗马的粮食。另一方面，我们知道，恺撒在出征高卢时完全指望就地取得粮食。[③] 农业和畜牧业都是发达的。高卢人当时已知道使用犁（带轮子和不带轮子的）、大镰刀、收割器。

高卢的手工业生产也达到高度的发展水平。恺撒就提到过高卢的铁矛和高卢人在修筑城墙时的建筑技术。[④] 加工木材的工匠也是十分有名的（大小船只、各种车辆、木桶等等的制造）。高卢人加工金属的技艺也很高——从军事装备和武器到最精细的首饰。高卢刀剑的锻造是有名的，加工制造皮革、纺织品、玻璃的技艺也很高。

---

① G.舒尔特-霍尔泰，前引书，第67页。译者按：bellum omnium contra omnes 在拉丁语为"一切人反对一切人的战争"，即一场混战的意思。

② 同上书，第40页以次；参见 St. 皮戈特（St. Piggott）：《从开始有农业到古典古代的古代欧洲》（*Ancient Europe from the beginning of agricul ture to Classical Antiquity*），爱丁堡，1955，第266页以次。

③ 恺撒：《高卢战记》，第1卷，第16、39章；第2卷，第2章等等。

④ 同上书，第7卷，第22—23章。

我们有充分的根据谈到内部的、过境的和甚至对外贸易的发展：同玛西利亚[①]、迦太基、埃特路里亚人和罗马都有联系。大家知道，在恺撒时期存在着相当广泛的货币流通，尽管币制当时还是不统一的。

总的情况就如上所述。如果对公元前一世纪中叶的高卢社会发展情况作一简短总结的话，那么就可以毫不夸张地断言：高卢的物质文明不仅不比罗马差，而且有超过它的地方。如果这也可以叫做"蛮族的"物质文明的话，那么这绝不是落后的文明，而是同希腊与罗马物质文明不相干的另一种文明。[②]

现在让我们从一般的观察转向具体的事实吧。当公元前58年恺撒来到普洛文奇亚时，高卢当地的情况相当复杂，甚至是动荡的。需要立即解决的首要问题是埃尔维提伊人的迁移问题。他们
121 是居住在今天瑞士西部的一个人数众多的部族。促使埃尔维提伊人迁移的原因还不完全清楚，但总之，在公元前58年，埃尔维提伊人除了可以带着上路的东西以外，他们烧掉了自己的城市和村庄，毁掉了储备的全部粮食，这之后就开始迁移了。他们打算向加卢姆那河河口方面推进。

老实说，这样的迁移可以走两条路。其中的一条狭窄而难行，它穿过犹拉山和罗丹河之间谢夸尼人居住的地区。穿过普洛文奇亚的第二条路则要方便得多。埃尔维提伊人打算利用的当然正是这第二条路。这一情况使恺撒不得不以急行军的方式去远方高卢，到盖纳瓦城（今天的日内瓦）去。这座城市就在埃尔维提伊人居住的地区的近旁；有一座桥从这一城市通向埃尔维提伊人的地

① 玛西利亚即今天法国的马赛。——译注
② G.舒尔特-霍尔泰，前引书，第53—54页。

区。恺撒下令立刻毁掉这座桥，并且在向盖纳瓦推进时，下令在整个普洛文奇亚紧急补充征募军队。

埃尔维提伊人得到恺撒前来的消息之后，就把一个使团派到他那里去，请求允许他们穿过普洛文奇亚，并且保证不使普洛文奇亚遭受任何损失。问题在于这乃是人数超过三十万（其中当然包括妇女和儿童）的一次大迁移，其中九万多人是能够拿起武器来作战的。甚至如果认为这个数字被夸大了一倍以上，那么在这种情况下，这仍然是一支"蛮族大军"。① 而关于金布里人和条顿人的进攻，罗马的人们是记忆犹新的。②

恺撒绝不是用军事行动，而是用纯外交行动——这是他的一个很大特点——展开了高卢战役的。对于使节们提出的要求，他没有表示断然的反对或拒绝，而是想赢得时间等待他要征募的军队，因此他建议使节们到 4 月的伊都斯日（即 4 月 13 日）③再到他这里来。而就在这段时间里，他本人在长达十九哩的地带（从列曼努斯湖到犹拉山）上组织修筑了一道带壕沟的壁垒。④

当埃尔维提伊人的使节第二次来到恺撒这里时，他就表示坚决拒绝他们通过。感到自己期望落空的埃尔维提伊人试图突破防

---

① M. 盖尔策尔：《优利乌斯·恺撒》，第 107 页。译者按：古人记载的数字大多极不可靠，故三十万人云云，说不定也许只有三万人，而绝不是仅仅夸大一倍的问题。就我国历史上的事例来说，长平一役、扬州十日、嘉定三屠中死者的数字夸大的也何止一倍两倍。

② 属于日耳曼民族的金布里人和条顿人于公元前 113 年曾在诺里库姆大败罗马人，但他们最后败在马里乌斯手里（公元前 102—前 101 年）。——译注

③ 译者按：据罗马历法，一年中 1 月、2 月、4 月、6 月、8 月、9 月、11 月、12 月的 13 日称伊都斯日（ldus），其他四个月的 15 日称伊都斯日；3 月、5 月、7 月、10 月的 7 日称诺纳伊日（Nonae），其他八个月的 5 日称诺纳伊日；每月的第一天称卡连达伊日（Kalendae）。

④ 恺撒：《高卢战记》，第 1 卷，第 8 章。

122 线，但他们的一切努力都没有结果。剩下的只有唯一的一条路，那就是穿过谢夸尼人的地区。严格地说，向这个方向移动既不侵害罗马人的现实利益，也无损于罗马人的实际威望，因此不应使罗马人有干预高卢人内部事务的借口。但恺撒认为埃尔维提伊人过分好武和抱有敌对态度，从而对普洛文奇亚是一个严重的威胁，因此他认为有必要公开采取行动来对付他们。这又是一个能够清算某些旧账的难得的机会。原来在公元前 107 年，埃尔维提伊人曾有一次战胜过罗马的军队，让他们从轭下通过并且杀死了执政官卡西乌斯①。

恺撒把自己的副帅提图斯·拉比耶努斯留下来守卫他修筑的工事，然后就去山南高卢了。他从山南高卢的冬营（在阿克维列亚附近）带出了三个军团，又征募了两个军团，然后就率领着这五个军团越过阿尔卑斯山开赴远方高卢。那时埃尔维提伊人已经到达了埃杜伊人的地区，并开始蹂躏他们的土地了。埃杜伊人立刻派使节到恺撒那里去请求帮助和保护。不久他们南方的邻人阿姆巴里人，后来还有阿洛布罗吉斯人也来归附于他了。

流经埃杜伊人和谢夸尼人的地区的有一条阿腊尔河（今天的索纳河）。当侦察队伍向恺撒报告说埃尔维提伊人已经渡过这条河，并且已经把自己的大约四分之三的兵力转移到对岸去的时候，恺撒便极为迅速和坚决地派出三个军团去攻打还没来得及渡过去的那一部分埃尔维提伊人，而由于他的行动是出其不意的，所以这次进攻使敌人遭到了毁灭性的失败。这正是所谓提古里努斯地区

① 使战败的敌人从轭下通过并加以嘲弄、侮辱是高卢人的一种习俗。罗马军队则用三支长枪搭成一座门让被战败的敌人在放下武器后从下面通过。轭是制服的一种象征。——译注

(Tigurinus pagus)[①]的那些埃尔维提伊人，他们过去曾依附于金布里人和条顿人，并且还在一次战斗中打败过罗马人，而执政官卡西乌斯和他的副帅皮索就是在这次战斗中阵亡的[②]。

在这之后，恺撒便渡过了阿腊尔河，跟踪在埃尔维提伊人的后面，同他们保持五六哩的距离。这次跟踪继续了两周。恺撒的军队开始感到粮食的不足：地里的粮食还没有熟，埃杜伊人答应供给的粮食一天天地拖下去。恺撒看到这是不怀好意的，甚至是叛卖的行动，于是他就把他的营地里的埃杜伊人的头目们召集到一起，以极为尖锐的方式向他们提出了自己的要求。很快人们就清楚， 123
正是一个名叫杜姆诺里克斯的有影响的埃杜伊人在这里面捣鬼。这个人有个人野心并且对罗马人玩弄两面三刀的阴谋。

在行军的情况下，杜姆诺里克斯的行为应该受到最严厉的惩罚。但是考虑到杜姆诺里克斯的兄弟狄维提亚库斯的忠诚并不曾引起人们的怀疑，并且不愿意使自己同高卢人的其余头目的关系尖锐化，恺撒决定表示一定的宽厚与仁慈，因此他也只限于把杜姆诺里克斯监视起来而已。

由于粮食供应问题终于未获解决，而恺撒这时离埃杜伊人富产粮食的大城市毕布拉克提却比较近，于是他就在一段时期里不再跟踪埃尔维提伊人，转而来到这座城市。埃尔维提伊人得知这一情况，却改变了自己的战术，改变了自己先前的计划而决定先发制人，向罗马人发动了进攻。

恺撒这方面也竟敢接受敌人的挑战。他把自己的军队配置在一座小山之上，并在战斗开始之前下令把自己的乘骑以及其他将

① 提古里努斯地区大约相当今天瑞士的佛里布尔格(Fribourg)、沃(Vaud)和伯尔尼(Berne)三郡。——译注

② 恺撒：《高卢战记》，第1卷，第12章；参见普鲁塔克：《恺撒传》，第18章。

领的乘骑牵走，以示自己不寻求逃跑的机会而决心与阵地共存亡。战斗是激烈和顽强的，恺撒对这一战斗作了十分内行的描述①。罗马人取得了一次重大的胜利。埃尔维提伊人的抵抗被摧毁了。埃尔维提伊人的幸存的、零散的队伍不分昼夜地逃到林戈尼斯人②的地区去了。当人们得知恺撒率领着自己的军队追踪而来的时候，埃尔维提伊人就派出使节到他那里去，表示完全降服。

恺撒要求首先交出人质和武器。然后他命令埃尔维提伊人返回自己的土地上去，重建被他们烧掉的城市和村庄。恺撒还建议阿洛布罗吉斯人先把自己的部分粮食储备分给埃尔维提伊人，因为，前面已经说过，埃尔维提伊人已经把收获的全部粮食毁掉了。

对埃尔维提伊人取得的胜利在高卢造成了十分深刻的印象。
124 几乎所有公社的领袖都到恺撒的本营来祝贺。他们在自己的贺词中，不仅颂扬罗马人的成功，而且着重指出了胜利的意义，指出对高卢本土的威胁已被消除。正如紧接在这之后的事件所表明的，高卢的头目们有其长远的打算。他们请求恺撒允许他们召开高卢全部代表的会议，以便就对他们来说十分重要的一些问题作出一致的决定。

这次会议好像是在十分秘密的情况下举行的，但是会议结束之后，公社的那些最有影响的头目再次到恺撒这里来，用恺撒的话来说，跪倒在他的面前。狄维提亚库斯代表他们所有的人发言。他在发言中描述了下述复杂情况。原来奉召前来帮助阿尔维尔尼人和谢夸尼人的阿里欧维斯图斯，在多次重创了埃杜伊人而他本人又盘踞在谢夸尼人的土地上之后，莱茵河对岸的日耳曼人开始

① 恺撒:《高卢战记》，第1卷，第24—26章。

② 林戈尼斯人(lingones)的住区与谢夸尼人的住区隔阿腊尔相对，他们的主要城市是安德玛图努姆(Andematunnum)，即今天法国的朗格勒(Langres)。——译注

越来越多地向高卢的领土上迁移，而现在在高卢，已经有大约十二万日耳曼人了。阿里欧维斯图斯为从莱茵河对岸来的移民要求越来越多的新的土地。毫无疑问，几年之后，所有的高卢人将被排挤出自己的国土，而所有的日耳曼人将要渡过莱茵河来到这里。因此，如果恺撒不以自己的个人威信、自己的军队和最后以罗马人民的名义帮助高卢人的话，他们很快就会陷入埃尔维提伊人的地位，并且不得不到别的什么地方去寻求新的土地、新的避难场所。[①]

狄维提亚库斯的发言就是这样——当然，发言是经过恺撒的加工的。对于这一发言，我们应当介绍得详细一些，因为通过狄维提亚库斯之口，实际上向人们介绍了必须对阿里欧维斯图斯作战的理由和依据，而另一方面，看来阿里欧维斯图斯根本不想破坏同罗马人的关系，并且那时也未必想取得对全部高卢的统治权。恺撒描述了高卢的头目们自己倡议召开的高卢代表会议或大会，对此我们虽然没有直接的资料，但仍然不能排除另一种可能性，即无论是代表大会还是高卢的头目们到恺撒这里来请愿，都是由恺撒本人授意的。毫无疑问，恺撒想使他之反对阿里欧维斯图斯被看成是应高卢人本身的请求而作出的反应，看成是一件他受到全部 125
高卢支持的事业。

某些间接的资料可以证明这事是出于恺撒的授意。首先，恺撒本人在记述高卢头目们向他提出请求一事时显然是夸大了。如果相信这一记述的话，则高卢的头目们一直是匍匐在他面前，时而"含着泪"，时而"高声哭泣着"向他恳求的[②]，这一切都是罗马演说家惯用的手法，而在当时的具体情况下，也并不能使我们完全相

① 恺撒:《高卢战记》,第1卷,第31章。
② 同上书,第1卷,第31—32章。

信。此外，我们还可以看到苏埃托尼乌斯的十分含混的说法，但从中我们却得知，恺撒在高卢"不放过任何一个机会挑起战争，甚至是不公正的或危险的战争，并且无论是对联盟的部族还是对敌对的野蛮部族，他都是首先发动攻击。"①虽然苏埃托尼乌斯接着引证了恺撒这类行动的具体事例，但他心目中所指的是后来的事件，但这同下述情况却毫不矛盾，即在反对阿里欧维斯图斯的发言中可以看到完全类似的现象。这乃是一个经过细心策划的外交行动。

在高卢的头目们开过会之后，恺撒便开始了同阿里欧维斯图斯的谈判。他建议在距离双方的营地同样远的地方会晤。阿里欧维斯图斯拒绝了。于是又派了一个新的使团到阿里欧维斯图斯那里去，向他传达了类似最后通牒的意见，其中提出了如下的要求：不要再使任何人数比较众多的移民渡过莱茵河到高卢的领土上来；把埃杜伊人的人质（包括在谢夸尼人手里的）送还给他们；不许再用战争威胁埃杜伊人本身或他们的任何联盟者。恺撒虽然向阿里欧维斯图斯提出了这些要求，但是他当然清楚地知道，对方是不会接受的，不过他所以还这样做，是有其一定打算的。阿里欧维斯图斯的拒绝会使他变成一个破坏同罗马人民的友谊的人，变成一个危险的敌人，而对这样一个人宣战不仅是必要的，而且是正当的。②

与阿里欧维斯图斯作出否定的回答的同时，恺撒这里又开始收到了另一种性质的报道。埃杜伊人的使节抱怨说，不久前渡过了莱茵河的日耳曼人的移民蹂躏了他们的土地，而特列维里人的

---

① 苏埃托尼乌斯：《圣优利乌斯传》，第 24 章。
② J. 吉达特，前引书，第 144 页。

使节则带来了更加令人不安的消息：大批的日耳曼人（苏埃维人） 126
准备渡河进入高卢。从纯军事的观点来看，使阿里欧维斯图斯能以同这些新来的大群人联合到一起，这会是一个不可饶恕的错误。

因此恺撒不失时机地以急行军的速度向阿里欧维斯图斯那里推进。在行军途中，他占领了一个设防巩固的重要据点——谢夸尼人的首府贝松提欧（贝赞松）。恺撒在这里停留了几天，以便安排军队的供应问题。这始终是一个他极为重视的问题。

在这一不得已而耽搁下来的时期里，由于士兵和军官同当地居民有了比较密切的接触，所以在军队中开始传播有关日耳曼人、他们的体力、他们的不怕死的精神和丰富的作战经验的惊恐的消息。受这种惊恐的消息和情绪的影响的，首先是年轻的将领；他们出发作战，正如恺撒本人要人们相信的，"只是为了同他的友谊"①，但后来这种情绪开始传播得更加广泛了。甚至出现了如下的威胁论调，即军队可能不服从统帅的命令。

于是恺撒召集了一次军事会议，甚至百人团长们也应邀参加了这一会议。他在这次会议上发了言，并且做到决定性地扭转了人们的情绪。在发言的结尾部分，他谈到了军队可能拒绝作战的问题。对于这一部分，普鲁塔克是这样传达的："恺撒说，哪怕只有一个第十军团，我也要率领他们向蛮族发动进攻，因为我要对之作战的人们不会比金布里人更强，而我本人作为统帅也不会比马里乌斯更差。"②第十军团是恺撒心爱的一个军团，他总是给这个军团以特殊的优待，并且由于士兵们的众所周知的勇敢，所以他对军团也特别信任。

---

① 恺撒：《高卢战记》，第 1 卷，第 39 章。

② 普鲁塔克：《恺撒传》，第 19 章。

恺撒在军事会议上的发言颇见实效：首先第十军团通过自己的军团司令官向他表示感谢，并向他保证了自己的作战决心。在这之后，其余的军团也力图在恺撒面前表白自己，宣称自己既不会动摇又不会畏惧。军队在当夜就出发了，而行军到第七天，侦察队报告说，阿里欧维斯图斯就在离他们只有二十四哩的地方。

127 这次苏埃维人的头目以恺撒亲自到他这里来为理由，表示愿意谈判。双方见了面，但未取得任何结果：恺撒和阿里欧维斯图斯都坚持各自原来的立场。而且，在谈判结束时阿里欧维斯图斯宣布说，他从来自罗马的几位特使那里得知，他——阿里欧维斯图斯——如能打败恺撒，这将极合许多显贵的和有影响的罗马人的心意。谈判突然中止了：陪同阿里欧维斯图斯前来的骑兵队伍竟试图进攻恺撒的骑兵。

第二天，阿里欧维斯图斯建议继续进行谈判。但是恺撒却认为还是以不再会晤为好，因此他只把两名代表派到阿里欧维斯图斯的营地去。阿里欧维斯图斯为了对付恺撒本人而有什么打算，用了什么办法，我们并不清楚，但是他派出的调停者却被逮捕，甚至上了镣铐。在这之后，阿里欧维斯图斯率领自己的军队从恺撒的营地旁边通过，并停驻在恺撒的营地后面二哩的地方，打算从背后切断敌人同供应基地的联系。决战已是不可避免的了。

恺撒同阿里欧维斯图斯的谈判和在这之后的战斗是在今天的阿尔萨斯地区进行的(公元前 58 年 9 月)。但是罗马人和日耳曼人之间的战斗却不是在谈判结束后立刻发生的——在战斗之前几乎还有一个星期的试探活动。尽管发生了几次规模较大的冲突，阿里欧维斯图斯却显然回避进行决定性的战斗。恺撒通过俘虏得以弄清楚，根据日耳曼人当时的习俗，预言的女巫按照自己的占卜和兆头，不赞同在新月之前展开战斗。于是恺撒决定首先发动进攻。

战斗是极为顽强和残酷的。在战斗的进程中，敌人的左翼，也正是恺撒给以重点打击的一翼被击溃并逃跑了，但右翼由于数量上的优势对罗马人的压力却很大，这一情况颇有改变整个战斗的结果的危险。骑兵队长即年轻的普布利乌斯·克拉苏斯（三头之一的那个克拉苏斯的儿子）是这一天的英雄。他把预备部队投入了战斗以帮助受到压迫的一翼。

最后还是罗马人取得了光辉的胜利。全部敌军都溃逃了；罗 128
马人把日耳曼人一直追到莱茵河（它距离战场大约有五哩）。只有很少的人才能以渡河逃到对岸去，这中间就有阿里欧维斯图斯本人。绝大多数逃跑的敌人被罗马的骑兵追赶上杀死了。同阿里欧维斯图斯在一起的有他的两个妻子和两个女儿。两个妻子在逃跑时死掉了，一个女儿也被杀死，另一个女儿被俘。

当阿里欧维斯图斯被击溃的消息传到莱茵河对岸去的时候，打算渡河到高卢来的大群苏埃维人就开始赶回自己的土地上去。在路上他们受到了另一个日耳曼部族乌比伊人的攻击并蒙受了巨大的损失。顺便指出，乌比伊人就在不远的未来同恺撒建立了友好的关系，甚至同他缔结了相应的条约。①

这样一来，恺撒通过公元前 58 年夏天的一次战役而成功地结束了两个战争——反对埃尔维提伊人的战争和反对阿里欧维斯图斯的战争。因此，甚至在年中的季节需要他这样做以前，他就把自己的军队率领到位于谢夸尼人地区的冬营去。拉比耶努斯被任命为冬营的营帅，恺撒本人则去近高卢处理诉讼事件，因为作为同执

① 恺撒：《高卢战记》，第 1 卷，第 54 章；第 4 卷，第 16 章。译者按：乌比伊人的居住区大体上在莱茵河右岸美因河与威斯特尔瓦尔德（Westerwald，系普鲁士的一个丘陵与高原地区）之间。

政官的长官，这是他职权范围以内的事情。

毫无疑问，恺撒到这里来，不仅仅是，甚至与其说是为了处理诉讼事件，不如说是为了其他一些他认为更加重要的事情。只要他想保持某种影响、某种人望，只要他不打算“被排除在赌博之外”，他就不能脱离罗马的激烈的政治斗争。

当然，恺撒甚至不可能有脱离罗马的政治斗争的打算。相反地，他力图最积极地参加这一斗争，而且是尽可能直接地参加。不过在这种情况下，那就得每年至少有一次尽可能地走近罗马。恺撒并不放过这样的机会，因此就这一意义来说，公元前 58 年到公元前 57 年的冬天，他过得绝不是毫无结果的。普鲁塔克——对他来说，作出综括性的结论较之事件的同时代人要容易得多——曾作过如下的报道：“许多人从罗马来到恺撒这里，因此他有可能通过满足每个人的请求而加强自己的影响，结果所有的人在离开他那里时，或者得到了他们希望的东西，或者有了得到它的指望。而
129 在整个战争期间他就是这样活动的：时而是利用本国同胞的武器来战胜敌人，时而又借助于从敌人手中掠夺来的金钱来左右罗马的公民。”接着普鲁塔克看来不无惋惜地，怀着忧郁的心情补充说：“可是庞培根本没有注意到这一点。”①

例如，人们知道，在从罗马到恺撒这里的人们中间就有一个名叫普布利乌斯·塞斯提乌斯的人。此人是刚刚当选为保民官的。他到这里来是为了预先取得恺撒的同意，以便使流放中的西塞罗返回罗马，因为西塞罗本人和他的许多拥护者一直都在提出这一问题，此外，还因为克洛狄乌斯由于同庞培发生争吵，他的地位大大地削弱了。看来恺撒对待这个问题的态度是相当谨慎的，这一

① 普鲁塔克：《恺撒传》，第 20 章。

情况——还有其他一些原因——使得西塞罗返回罗马的时间拖了好几个月。

然而除了纯粹罗马的事务和利益以外，高卢也有使它本身不被遗忘的理由。恺撒越来越频繁地听到了为拉比耶努斯的书面报告所证实的传闻，即占据高卢大约三分之一领土（高卢北部，即今天法国马恩河与塞纳河以北的地区、比利时和尼德兰）的比尔吉人正在准备对罗马人进行反击，他们相互间缔结了秘密的联盟并且交换了人质。

因这些消息而感到不安的恺撒在近高卢又征募了两个军团（以补充驻在冬营的那六个军团）。现在，在他麾下的军团的数目比元老院所批准的军团的数目已经多了一倍。他就率领着这些军队向比尔吉人的地区进发，力图重新掌握主动并先发制敌。经过十五天的行军，恺撒才迫近属于比尔吉人的领土（今天的香槟）。

罗马的军队在这里最初遇到的是列米人，他们是离比尔吉人最近的邻人。他们通过自己的代表向恺撒表示完全服从，保证向他交出人质，还向他提供粮食和其他食品。列米人保证的一切都确实迅速和诚实地实现了。

在这之后，恺撒很快地就使自己的军队渡过了阿克索那河并 130
且扎下了营，以便使这条河成为他的营地后面的屏障。由于列米人的请求，他用自己的一部分兵力协助解救了被比尔吉人包围的一座城市。于是比尔吉人毁掉了他们四郊的田地，烧掉了他们的村庄和庄园，然后倾巢而出向恺撒攻来。他们设立的营地离恺撒还不到二哩。

开头恺撒考虑到敌人在人数上的优势，所以避免展开决战。但是在几乎每天都发生的冲突中，他确信他的士兵丝毫不劣于敌人。于是恺撒在进一步加强了自己的营地，并且把不久前征募的两个军团作为后备部队留在营地之后，便把自己其余的六个军团引出军营并在营前列好了队。敌人一方也排列出准备战斗的队形。

但是双方并没有展开正面的战斗。原来在两军的阵地中间有一处沼泽地。无论罗马人还是比尔吉人都不想首先开始穿过这片沼泽地。只发生了骑兵的战斗，但那时比尔吉人却试图涉水渡过阿克索那河而包抄罗马人的背后，并切断罗马人同列米人居住区的联系和粮食的供应。但敌人的这一企图为恺撒所击退并遭到巨大的损失。比尔吉人渡河的行动失败了，那些已经渡过了河的人则被骑兵包围并歼灭了。

在这之后，比尔吉人的联合的军队事实上四分五裂了。他们决定撤退，但他们的撤退很快就变成了乱成一团的逃跑。罗马人利用了这一情况。他们进攻敌人的后卫，使撤退的敌军遭到一连串十分沉重的打击。随着恺撒率军向前推进，他就进入了比尔吉人这一或那一部族的领土，但这时比尔吉人事实上已经没有任何抵抗的能力了。敌人表示愿意归顺，交出了武器和人质。苏埃西欧尼斯人、贝洛瓦齐人、阿姆比亚尼人的情况也是如此。为贝洛瓦齐人说情的是他们的老联盟者埃杜伊人：狄维提亚库斯再次来到恺撒这里，呼吁他表现宽厚仁慈的胸怀。尽管如此，贝洛瓦齐人仍然不得不把人质（六百人）和武器交出来。①

131 这之后恺撒又向东北方向推进，进入了涅尔维伊人的地区（今天的坎布雷）。这一部族以非凡的勇敢著称。涅尔维伊人并没有同罗马人建立过任何联系，但是他们却和相邻的某些公社结合起来，占领了撒比斯河（撒姆布腊河）对岸的阵地，在那里等候恺撒的

---

① 恺撒：《高卢战记》，第2卷，第11—15章。

到来。战役中最悲惨的一件事正是在这里发生的(公元前57年夏天)。

恺撒相当详细地记述了罗马人同涅尔维伊人的这场战斗的经过,但他的记述并非总是足够清楚的。无可争辩的只有一件事:涅尔维伊人的神速的进攻完全是罗马人未曾料到的。他们在进攻罗马人时,罗马人还在安营和加固营地。情况立刻变得十分危险。没有总的指挥;小山丘和小树林挡住了视线;军团事实上是同敌人展开了一对一的决斗,只有士兵本身的经验才使他们免遭于难。恺撒不得不亲自拼命参加战斗;他出现在一切最危急的地点,鼓励士兵和将领。甚至发生了这样的事情:他从一个战士手中夺过了盾牌冲向战斗的前列,并呼唤着每一个百人团长的名字,命令他们转入进攻。

战斗中还有这样一个插曲:派到恺撒这里来助战的、特列维里人的部族的一支骑兵队伍在迫近罗马人的营地时,看到由于涅尔维伊人冲入营地而在那里造成的一片混乱与惊恐,便认定罗马人已经失败了,于是他们便转了回去,而在回到家里之后,就把这样一个消息传播出去:罗马人已遭到毁灭性的失败,他们的营地甚至辎重都被占夺了。

在战斗的进程中是怎样,又是在什么时候出现了转折的呢——从恺撒的记述里,这一点我们不能看得十分清楚。他本人倾向于把这一转折归功于自己的巧妙的指挥调度:各军团的团结一致、机动灵活的战术、相互帮助。事实上,看来战斗的结果是由著名的第十军团决定的。这一军团是在最危险和紧张的时刻被提图斯·拉比耶努斯派到营地来的。但无论如何,转折确实发生了,罗马人终于取得了这场战斗的胜利。不过处于绝望状态的涅尔维伊人继续进行殊死的抵抗,因而遭到了巨大的损失。在能够拿起

武器作战的六万人当中，活下来的大约只有五百人，而在六百名
132 “元老”(恺撒是这样称呼他们的)当中活下来的只有三个人。至于躲在森林里和沼泽地带的妇女和儿童，由于他们向胜利者无条件投降，所以恺撒全都赦免了他们，并且命令相邻各部族不要对他们施加任何暴力，不要给他们不公正的待遇。①

赶来援助涅尔维伊人的阿杜阿图奇人的庞大队伍得知战斗的结果之后，在半途中就折回家去了。阿杜阿图奇人被认为是一个十分好战的部族——他们好像是从金布里人和条顿人分出来的一支。他们毫不怀疑恺撒的军队很快就会开进他们的领土，于是他们便放弃自己的村庄，带着自己的全部财产集合到一座有天然屏障的城市里——他们认为这里是敌人绝对无法接近的。

但是当恺撒开始了围攻，特别是当罗马人修造的巨大的塔楼开始迫近城墙的时候，阿杜尔图奇人就请求讲和并吁请统帅的仁慈宽大，因为关于这些品德他们早就听得耳熟了。但这次恺撒却表现出了他的性格中的完全是另外一种特点。他对阿杜阿图奇人提出了惯常的条件——交出武器。阿杜阿图奇人只是为了装装样子才照办的，很大一部分武器被藏了起来。夜里，恺撒率领士兵出了这座被攻占的城市。而就在这同一夜里，阿杜阿图奇人不顾一切地向罗马人的营地发动了一次突然的进攻。当然，进攻最后是彻底失败了：进攻者的很大一部分被消灭了，其余的人被赶回到城里去。第二天，城门被打开了。阿杜阿图奇人已经不能进行任何抵抗了。恺撒下令拍卖全部战利品和全体居民。被拍卖的总计五万三千人。

大概就在这同时，奉派率领着一个军团去对付沿海各公社(维

① 恺撒：《高卢战记》，第2卷，第20—28章；参见普鲁塔克：《恺撒传》，第20章。

内提人、埃苏比伊人、列多尼斯人等等)的普布利乌斯·克拉苏斯通知恺撒说,所有这些部族和公社都已承认罗马人的领导。这样一来,看来——恺撒对这一点似乎深信不疑——由于公元前58年和公元前57年的战役,整个高卢是被平定了,而恺撒送往罗马的 133
报告正是用这样的精神写成的。最不可能被认为对恺撒会怀有善意态度的元老院,无论如何也是它的大多数,仍然不得不作出庆祝的决议并决定举行一次为期十五天的感恩祈祷——用庆典主人自己的话来说,这个荣誉"迄今还没有任何人享受过"。[①]

然而如此隆重宣布的平定高卢一事,正如紧接着发生的情况所表明的,却不能认为是可靠的和巩固的。公元前57年秋天,恺撒去伊利里库姆[②],这地方是作为和高卢一道的行省,由元老院指定给他的。他在这里度过了甚至公元前56年冬天的一部分,但后来从他的副帅们那里开始有信息送来,坚持要求他返回高卢,亲自参加处理那里的事情。

问题在于,在"被平定的"高卢的个别地区,实际上再次爆发了军事行动。他的一位副帅谢尔维乌斯·伽尔巴受命保证通过阿尔卑斯山的商路的安全。居住在这里的部族表示完全归顺罗马人。但是当手里只有一个军团的伽尔巴定居在冬营的时候,拥有优势兵力的阿尔卑斯山诸部族就向罗马营地发动了进攻。这次进攻虽然被打退,但伽尔巴仍然不得不把自己的士兵带到普洛文奇亚去。

沿海各地区——在布列塔尼——的情况就更复杂了。在这里成立了一个以维内提人为首的部族联盟。拥有强大舰队的联盟者反对罗马人。恺撒率领自己的军团来到这里。但这时陆军的行动

---

① 恺撒:《高卢战记》,第2卷,第35章。

② 伊利里库姆(Illyricum)是亚得里亚海东岸的一块多山的地区,大致相当今天的达尔玛提亚(Dalmatia)、波斯尼亚(Bosnia)和阿尔巴尼亚。——译注

并不能导致决定性的胜利。只有在恺撒下令修造的舰队在海上打了胜仗之后(在罗亚尔河河口附近),罗马人才取得了决定性的胜利。对起义者再次进行了无情的惩处,也顾不得那臭名昭著的仁慈了:“元老院”的成员全部被处死,而“所有其余的人”则被拍卖为奴隶。①

看来,在公元前 56 年的战役中,恺撒所有的副帅中战功最突出的要算是年轻的克拉苏斯了。加隆河和比里牛斯山之间许多阿克维塔尼亚人的部族都被他征服了。阿克维塔尼亚就其面积与人
134 口而论大约占整个高卢的三分之一。在克拉苏斯进行的大战中,敌人方面参加战斗的多达五万人;在罗马人取得胜利之后,敌人保存下来的至多不过四分之一罢了。

公元前 56 年的战役是以恺撒亲自征讨莫里尼人和美那皮伊人(他们居住在设尔得河与莱茵河下游一带)而完成的。但是这些人千方百计地避免同罗马人进行公开的战斗,他们在森林里和无法穿行的沼泽地带里躲避罗马人。恺撒则只限于蹂躏敌人的村庄与田地,并且由于冬天来到了,天气开始变得恶劣,又下起倾盆大雨,因此他不得不把自己的军队带到冬营去。

这样,高卢事实上就完全被平定了。各种战利品——贵金属、牲畜、成千上万的奴隶——超过了人们的一切预想。大量的财富这时汇集到恺撒这里来,而他就按照自己的习惯,把它们慷慨地分给自己的助手、同僚和仅仅是自己的拥护者。当然,这一切做法提高了他在罗马的人望,加强了他在罗马的影响。

如果对恺撒以同执政官的身份治理高卢的头三年给以总结的话,那么看来首先应当看到的,正是他个人地位方面的这些变化,

① 恺撒:《高卢战记》,第 3 卷,第 16 章。

可以说，是他的声誉更加牢固和"切实"了。现在问题已不单纯是罗马群众所喜爱的人，不单纯是慷慨的和机智的煽动家的问题，而是一位被辉煌胜利的光环所围绕的统帅的问题，在他手中集中了财富、武力和实际的权力。

在高卢作战的三年，毫无疑问，表现并证明了统帅和他的士兵之间相互关系的特殊性质。看来恺撒十分善于体会士兵的情绪，了解他们的习惯、心理，懂得应当用什么以及如何对他们施加影响。有时他用的是言语，有时则是行动——这要视情况而定。但是他确确实实是掌握了自己的军队，不仅仅在名义上而且在实质上是他们的领袖。

当着在同阿里欧维斯图斯会面之前，在军队中开始流传着有关日耳曼人的令人惊恐的消息的时候，正如前面所说，恺撒在军事会议上作了"愤怒的发言"，而这一发言，用演说家自己的话来说， 135
"使全军的情绪发生了令人惊异的转变"①。而且即使是在这之后，恺撒也不只一次地要试验自己的语言，自己的影响对士兵的情绪发生作用的程度。

当然，单是用语言是不能取得士兵对自己的忠诚和领袖的威信的。但是，我们已经看到，在决定性的时刻，恺撒毫不犹豫地投身到最激烈的战斗中去，以个人英勇的榜样对士兵和军官发生作用。例如，在同涅尔维伊人作战的过程中，就有过这样的情况。②顺便指出，这样的情况也远非唯一的一次——出于必要，恺撒不得不在一连串的战斗中采取这样的行动，直到他一生中最后的一次战斗（公元前 45 年的孟达之役）③。

① 恺撒：《高卢战记》，第 1 卷，第 40—41 章；再参见本书原文第 116 页。
② 恺撒：《高卢战记》，第 2 卷，第 25 章，再参见本书原文第 131 页。
③ 参见本书原文第 299—300 页。

但是恺撒在高卢三年的居留和活动使得人们能够作出如下的结论：他不仅有统帅的天才，而且是一位第一流的外交家。而且高明的外交家的特点可能表现得甚至更加令人信服和鲜明突出。恺撒在他的《高卢战记》中对战斗所作的描述——要知道，我们只是根据这些描述，通过他本人的说明才知道这些战斗的——表现出一位统帅十分在行的观点和无庸置辩的经验。但是，从另一方面来说，由于统帅本人具有先见之明，一切结果好像过于顺利，而作者所记述的一切战斗——同涅尔维伊人的战斗是例外——又开展得过于"正确"了。总的来说，这是十分自然的。几乎每一位军事活动家或政治活动家都倾向于把他所领导的某一事亚的成功正是归之于他的领导，而把失败归之于命运，归之于最不利的、照例又是最出乎意料的情况的汇合。①

然而恺撒在外交方面取得成功的例子看来仍然是比较确实和比较令人信服的。只需回想一下如下的情况就可以了：他是用纯外交行动开始了自己在高卢的第一战役的，结果，他得以赢得时间修筑一道强大的防御壁垒以对付埃尔维提伊人。② 还有一个更加突出的例子——召集全高卢的"代表大会"，大会的决议使他能够
136 好像不是由于自己的发起，而是由于高卢人的坚持请求才展开了反对阿里欧维斯图斯的战争的。前面我们已经谈到了这一军事外交行动的意义③。这一切只是个别的例子，但可以毫不夸张地说，

① 译者按：这使我们想起了太史公给项羽所下的评语："……羽非有尺寸乘势，起陇亩之中，三年，遂将五诸侯灭秦，分裂天下，而封王侯，政由羽出，号为'霸王'，位虽不终，近古以来未尝有也。及羽背关怀楚，放逐义帝而自立，怨王侯叛己，难矣。自矜功伐，奋其私智而不师古，谓霸王之业，欲以力征经营天下，五年卒亡其国，身死东城，尚不觉悟而不自责，过矣。乃引'天亡我，非用兵之罪也'，岂不谬哉！"

② 恺撒《高卢战记》，第1卷，第8章；再参见本书原文第121页。

③ 同上书，第1卷，第31—32章；参见本书原文第125页。

事实上高卢的军事行动几乎一直是在恺撒加紧进行外交活动这个背景下进行的:他设法分化高卢的各个部族,甚至嗾使某一部族内部的个别集团相互敌视(对埃杜伊人的情况就是如此)。[①]

同恺撒的军事的和当然还有外交的活动紧密联系着的,看来是由他首次如此广泛地和坚持地加以宣传的仁慈(clementia,misericordia)的口号[②]。从这时起,恺撒终其一生也没有放弃这个口号。在《高卢战记》中,作者一再使用和提到clementia这个词。看来,恺撒第一次表现仁慈(不过这时他没有使用clementia这个原词)是在对狄维提亚库斯向他提出恳请的时候,当时他同意对狄维提亚库斯的实际上被怀疑有叛变罪行的兄弟表现了宽大。[③] 在为贝洛瓦奇人斡旋的狄维提亚库斯的演说中(当然,这一演说是由恺撒"设计"的)已经比较直截了当地提到了恺撒所特有的仁慈与温和(clementia ac mansuetudo)[④]。在对待涅尔维伊人这一部族的老人、妇女和儿童的态度方面[⑤],以及当阿杜阿图奇人还在自己背信弃义的行为之前试图同恺撒进行谈判,并请他表示好像他们早已熟悉的仁慈与温和的时候,也提到了仁慈(misericordia)[⑥]。

但是这所谓的温和,按照恺撒的意见,在必要的情况下,可以变成无情的暴行和报复。阿杜阿图奇人[⑦]和后来的维内提人[⑧],对这一点是都领教过的。诚然,在这样的情况下,问题涉及的是"正

① 参见J.吉达特,前引书,第149—153页。
② 译者按:misericordia偏重于"同情"、"怜悯"的意义。对于这一口号。我们并不陌生,孔孟提出的仁义,也包括这样的意思。
③ 恺撒:《高卢战记》,第1卷,第17—20章。
④ 同上书,第2卷,第14章。
⑤ 同上书,第2卷,第28章。
⑥ 恺撒:《高卢战记》第2卷,第31章。
⑦ 同上书,第2卷,第33章。
⑧ 同上书,第3卷,第16章。

当的"报复,是对于背叛和对于破坏条约规定的义务的行为所进行的报复,不过恺撒从自己的观点来看认为是背信弃义的行为,在比如阿杜阿图奇人本身来说,却可以认为是完全容许的军事上的机智行为[①]。而且,一般说来,在那一战争的条件下,正当的报复、军事上的机智和最无耻的狡诈行为之间的区别实际上完全是有条件的和难以区分的。一切都要看从谁的一方面,从谁的立场来记述事件。

137 最后,恺撒在高卢度过的三年表明,他从未失去自己的主要特点——在困难情况下不惊惶失措,不因失败而垂头丧气。确实,最复杂的考验还在后面,但是高卢战役的前三年完全不是在游荡中度过的。无论如何,这三年要求无论统帅自己还是每一个战士都必须经常全力以赴并保持坚忍不拔的精神。在这样的条件下,恺撒对自己敌人提出的指责就有了特殊的和深远的意义:"高卢人多么大胆和坚决地准备发动任何战争,他们在承受挫折和失败时也就表现得多么怯懦和不坚定。"[②]但无论对罗马人还是对他们的统帅恺撒,人们无论如何是不能指摘他们有这样一个严重缺陷,有这样一个弱点的。

* * *

公元前 56 年 4 月,三头在卢卡[③]举行了著名的会晤。这样看来,这一会晤发生在刚才提到的那些事件之前不久的时候,也就是反对维内提人的和在阿克维塔尼亚进行的军事行动之前不久的时候。我们所以在这里稍稍倒笔叙述这件事,是为了不破坏叙述军事行动——罗马方面认为这些行动导致高卢的征服与平定——过

① 译者按:这就是"战阵之间,不厌诈伪"的意思。

② 恺撒:《高卢战记》,第 3 卷,第 19 章;参见同书,第 4 卷,第 5 章。

③ 卢卡是埃特路里亚北部的城市,位于比萨东北。——译注

程时的时间顺序。

卢卡的会晤是因恺撒的倡议而举行的，其目的首先在于加强“三人联盟”的不大巩固的一致。指出如下一点并不是没有意义的，即恺撒由于一系列十分容易理解的原因而在自己的《高卢战记》里一个字也没有提到这次会晤[①]。当然，会晤是秘密举行的，说得更确切些，是在非官方的情况下举行的，然而三人即将会晤的消息还是传到了罗马。结果，据普鲁塔克的说法[②]，除了克拉苏斯和庞培外，还有二百多位元老来到卢卡。单是侍从(lictores)，即陪同当时在职的高级官吏前来的人员就有一百二十人。

恺撒首先在拉温那同克拉苏斯见面并举行谈判。庞培则是绕了个“小小的”弯子才来到卢卡的。罗马方面认为他是去撒地尼亚 138
视察采办粮食的情况的[③]，因为就在当时不久之前，他从元老院取得了有关向罗马供应粮食的广泛权力。此外，到卢卡来的著名政治活动家中有前任执政官，去西班牙担任长官的克温图斯·梅特路斯·涅波斯[④]和前任行政长官，去撒地尼亚也是担任长官的阿皮乌斯·克劳狄乌斯[⑤]。

卢卡会晤的意义首先在于，恺撒能够重新使克拉苏斯与庞培

---

① 由于不大清楚的原因，狄奥·卡西乌斯在谈到同卢卡的会晤有关的某些现象时(参见例如狄奥·卡西乌斯，第39卷，第24—26章)，也根本没有谈到这次会晤。

② 普鲁塔克：《恺撒传》，第21章；《庞培传》，第51章；比较阿庇安：《内战史》，第2卷，第17章。

③ 撒地尼亚(Sardinia)是罗马人在公元前238年从迦太基人手中夺得的，后来就把它同科西嘉并为一个行省(公元前227年，但帝国时期又分开)。它直是向罗马供应粮食的基地之一。——译注

④ 此人即庞培在东方时的副帅，公元前63年曾到罗马来为庞培进行活动。公元前60年他是行政长官，公元前57年他是执政官。——译注

⑤ 此人的父亲是公元前70年度执政官(后在马其顿任长官)。他后来也站在庞培的一边，在帕尔撒路斯一役(公元前48年8月)之前就死了。瓦罗和西塞罗的作品都提到过他。——译注

和解，因为在最近一个时期，他们二人之间的关系大大地尖锐化了[①]。会晤时通过了一系列意见一致的决定，这些决定对随后的时期具有重要意义。为了不使元老院寡头集团提出的候选人路奇乌斯·多米提乌斯·阿埃诺巴尔布斯（此人是恺撒的不共戴天的敌人）当选为公元前55年度的执政官[②]，决定庞培和克拉苏斯都提出竞选。这一意图应予保密，要用一切可能的办法把选举拖到冬天，因为这时候选人在人民大会上可以得到恺撒那些在冬天休假的士兵的支持。而克拉苏斯和庞培这方面，则必须做到使恺撒对他的行省的统治能再延长五年。[③]

公元前55年1月，罗马举行了执政官的选举。加图集团尽一切力量想使自己的候选人路奇乌斯·多米提乌斯·阿埃诺巴尔布斯当选。正像人们预料的那样，决定了选举结果的，是被率领到玛尔斯广场[④]上来的恺撒的士兵。他们几乎是排好了队由小克拉苏斯率领前来的。发生了武装冲突。多米提乌斯不得不逃走。加图的手臂受了伤。就在随后的几周里通过了一项法律，把行省在新的执政官中间作了分配，然后他们就履行自己对恺撒的义务。

看来，三头中的所有三个人都完全心满意足了：恺撒的地位稳

---

① 克拉苏斯反对托勒密·奥列特斯重新取得埃及的王位，以及他在经济上支持公开攻击庞培的克洛狄乌斯，都是他们之间关系紧张的表现。——译注

② 阿埃诺巴尔布斯的妻子波尔奇娅是加图的姊妹，当然属于元老院的死硬派。他的存在对恺撒在高卢的地位是一严重威胁，对付此人正是恺撒要促成卢卡会晤的本意所在，作者所说的卢卡会晤的意义首先在于使克拉苏斯与庞培和解，看来还没说到点子上。——译注

③ 苏埃托尼乌斯：《圣优利乌斯传》，第24章；普鲁塔克：《恺撒传》，第21章；《庞培传》，第51章；《克拉苏斯传》，第14章；《小加图传》，第41章；阿庇安：《内战史》，第2卷，第17章。

④ 在百人团民会上举行执政官选举的地点一般是城界外的玛尔斯广场（Campus Martius），这是在皮恩奇乌山、克维里那利斯山和卡皮托利乌姆山的山脚下，濒临梯伯河的一处平地。因那里的玛尔斯神的祭坛而得名。——译注

定，甚至加强了；庞培有根据可以指望通过自己新的一任执政官的职务，恢复自己先前不仅在元老院而且在全国范围内第一个重要人物的地位。而最后，克拉苏斯则可以实现在行省方面多年的梦 139
想，行省使他有机会把胜利的统帅的已经相当枯萎的桂冠得到更新①。

这样，卢卡会议的决定好像就完全实现了，因为三头通过这次会议确认了彼此之间的一致，恢复了在某个时期里他们所处的特殊地位——不公开的，然而实际上是罗马政府的地位。但是在使这些决定获得通过的时候，三头的成员未必能够在某种程度上预见到它们的真正致命的后果。尽管如此，这些决定还是在很多方面决定了他们每一个人的命运。而且，为了巩固"三人联盟"而实施的卢卡决议，起初确实巩固了这一联盟，但后来却又导致了这一联盟的垮台。

公元前 55 年，高卢的战役比通常要早地开始了，恺撒本人也提到了这一点②，但这次问题涉及的不是对付高卢人的军事行动。问题在于，在莱茵河左岸，靠近河口的地方，有人数众多的两个日耳曼部族乌西佩提斯人和腾克特里人渡过了河。苏埃维人把他们排挤出原来居住的土地是他们渡过莱茵河的原因。某些高卢部族正在同日耳曼人进行谈判的消息开始传到恺撒这里来。于是恺撒把高卢的头目和首领召集起来，向他们宣布了自己打算进攻乌西佩提斯人和腾克特里人的意图，他要到会的人必须派出一定数量的骑兵队伍参加他的军队。公元前 55 年的战役所以开始得较早，正是由于发生了所有这些事件。

① 公元前 72 年克拉苏斯任行政长官时曾因在庞培到来前击败斯巴达克斯起义部队而出名。——译注

② 恺撒：《高卢战记》，第 4 卷，第 6 章。

恺撒在匆忙地完成了准备工作之后，就向着日耳曼人占领的那些地区（科布伦茨地区）进发了。后来的事件我们是通过恺撒本人的远非公正的记述才知道的，而且，他越是执拗地力图为自己的行为辩护，人们也就越是怀疑他的记述的真实性。看来这一次甚至《高卢战记》的作者本人也不相信，他是在人们所能容许的“军事机智”①的范围内行动的。

乌西佩提斯人和腾克特里人把自己的使节派到恺撒这里来，
140 建议建立和平友好的关系，并请求恺撒允许他们移居到事实上已被他们占据的土地上来，或者为他们指定另一些可以移居的地方。恺撒是这样回答他们的：如果日耳曼人打算留在高卢，那就谈不上什么友好关系，因为这里没有空闲的土地，但由于居住在莱茵河右岸（科伦地区）的乌比伊人曾请求过罗马人的帮助和保护使不受苏埃维人的侵犯，所以他恺撒可以下令乌比伊人把乌西佩提斯人和腾克特里人接纳到自己的土地上来，以报答恺撒对他们的保护。

使节们表示，必须给他们三天的期限以便作出答复并且请求恺撒的军队在这一期间不要向前推进。恺撒发现这个请求只不过是一个手法，目的在于使日耳曼人能够等到自己派出去搞食品的马队返回，于是便继续向前推进，直到离日耳曼人的营地只有三万步（十八公里）的地方。于是日耳曼人的使节再次带着同样的请求前来。恺撒这次只保证：自己的军队稍稍向前推进以便寻水，并且好像下令自己的打前锋的骑兵队伍不要同敌人展开战斗。

尽管如此，就在那一天，还是发生了骑兵的战斗，而用恺撒的话来说，这是因为敌人的骑兵队伍发动了突然的和狡猾的进攻。总共只有大约八百名骑兵的日耳曼人的队伍向恺撒的军队里的五

① 译者按：即所谓兵不厌诈。

千名高卢骑兵发动了进攻并使他们可耻地败逃。因此，当第二天一个庞大的使团(其中有许多日耳曼的王公和族长)来到罗马的营地，为前一夜的事件请求宽恕，并且再次保证自己的和平意图时，“因他们的到来而感到高兴的恺撒不予回答，却下令把他们捉起来并立刻率军前进，而把表现出了怯懦的骑兵队伍调到后卫部队去”。[①]

罗马军队的进攻是日耳曼人根本没有料到的。他们不能进行有组织的抵抗，于是就在混乱中溃逃了。在逃跑时许多人被杀死，许多人在试图渡河时溺死。据恺撒的说法，营地中日耳曼人的数量(显然其中包括妇女和儿童)多达四十三万人[②]。

这是一次全面的胜利，但罗马方面对这次胜利的反映却远不 141
是一致的。很可能恺撒的行动过于骄横，也过于明显地破坏了传统的“战争常规”，因为即使问题涉及的是反对蛮族的军事行动，这种做法对罗马军队的荣誉来说也是不能容许的。无论如何，我们只知道元老院打算派一个专门委员会去高卢调查此事，而用苏埃托尼乌斯的话来说，“有一些人干脆建议把他交给敌人来处置”[③]。另一方面，普鲁塔克对整个事件则叙述得比较详细，并且使苏埃托尼乌斯的很不明确的说法变得清楚了。普鲁塔克说，首先是加图要求把恺撒交给蛮族，因为他犯了违背誓言罪(显而易见，这里是指“非法地”把使节捉了起来)[④]。当然，恺撒的政敌是想把事态扩大，但是这整个事件的性质从一切迹象来看仍然是这样，即它为这种可能性提供了完全可以接受的和有充分理由的借口。很可能恺

① 恺撒:《高卢战记》,第 4 卷,第 13 章。
② 译者按:这显然又是夸大。我们知道当时即使一般大城市也不会有四十多万人。
③ 苏埃托尼乌斯:《圣优利乌斯传》,第 24 章。
④ 普鲁塔克:《恺撒传》,第 22 章。

撒通过拥护自己的一派人采取了必要的反措施——据我们所知，并没有成立元老院的任何委员会，事情只不过是口头上说说罢了。

公元前55年到公元前54年的战役之所以值得注意，主要是由于罗马军队第一次渡过了莱茵河，还两次渡海登上不列塔尼亚的领土。这两次行动，尽管它们在很大程度上带有示威、军事侵袭的性质，并且没有为罗马取得任何领土，但它们仍然具有重大的政治的和军事的意义。

恺撒在《高卢战记》中着重指出，他有许多重大的理由促使他渡过莱茵河。其中主要的一个理由就在于显示罗马军队的强大威力，向日耳曼人证明这一武力的优势，而且是在日耳曼人自己的领土上证明这一优势。当然，另外还有一些比较局部的，然而却是比较具体的理由。例如当恺撒要求交出乌西佩提斯人和腾克特里人当中被派出去搞食品、没有参加前一次战斗而现在躲在莱茵河对岸的那一部分马队的时候，在他得到的十分含混的答案中强调指
142 出，他既没有权力，也没有理由在莱茵河对岸的领土上发号施令。最后，和罗马人结成同盟的部落乌比伊人曾把使节派到恺撒这里来，并向他交出了人质。他们越来越坚持地要求他的帮助和庇护，使自己不受宿敌苏埃维人的侵害。

这样，罗马的军团就第一次渡过了莱茵河，并攻入他们自己也认为自古以来就属于日耳曼各部族的那些土地。这第一次同日耳曼人和他们的领土的比较密切的接触，使得恺撒在自己的《高卢战记》里能够对日耳曼人的习俗和生活方式作相当详细的记述。①

恺撒在自己的记述中描绘了处于相当早期的社会发展阶段的日耳曼人。他们的主要职业是狩猎和战争；他们只是非正规地从

---

① 恺撒:《高卢战记》，第6卷，第21—24章；比较同书，第6卷，第11—20章。

事农业。因此他们主要靠肉、奶和干酪为生。在日耳曼人那里还不存在土地私有制，但是每个氏族都可以按照族长的决定分得一块面积不限的土地。但土地给予氏族的期限一共只有一年，这是为了不使人们追求私有的土地并扩大它，同时也为了使取得财富的愿望不会排挤掉更加崇高的、作战的愿望。

日耳曼人从幼年就通过劳动和相应的锻炼加强自己的体质。他们把自己的童贞保持到二十岁，并且，一般说来，不结婚的人在他们中间受到最大的尊敬。在战争时期，日耳曼人选举统帅，统帅们对自己麾下所有的人掌有生杀大权。在和平时期，这个部族并没有共同的头目，但是每个地区（pagus）有一位拥有审判权的长官。日耳曼人的宗教是原始的：和高卢人不同，他们崇拜太阳、月亮和火神（恺撒按照罗马的方式称它为武尔坎努斯①）。

在过去某个时期，高卢人的勇敢曾超过日耳曼人，他们还曾打败过日耳曼人，并且在莱茵河对岸建立过移民地。但这时情况不同了：由于淳朴的和严格的生活方式，日耳曼人保存了自己的一切战斗品质，而高卢人由于接近罗马的领土而受到了财富与豪奢风 143
习的有害影响，他们腐化了，失去了先前的战斗力，而现在连他们自己也承认日耳曼人要胜过他们了。

显而易见，恺撒的记述应当适用于居住在莱茵河对岸的所有部族，因为罗马人，其中包括恺撒，对下述情况从来没有怀疑过，即居住在莱茵河对岸的全部土地上的正是日耳曼人的各个部族。但实际上情况是否如此呢？

指出下列情况是有意思的：这个问题近来在学术界，而首先在

---

① 武尔坎努斯（Vulcanus）在罗马神话中是火与锻冶之神，他的形象是一个跛子，他是朱比特和朱诺的儿子，在诗语中它就是火的代词。——译注

德国的考古学家和人种论学者[1]中间引起一定的怀疑。比如，人们认为，“日耳曼人”这个词曾被认为指的是凯尔特人的东部邻人，而这很可能是错误的。在起初，只有凯尔特人的北部邻人有这样的称呼（虽然是因为他们这样称呼自己），而只有罗马人（特别是恺撒本人！）把这个称呼扩大到居住在莱茵河以东的全部蛮族。实际上，如果指的是这些大片的土地和它们的居民的话，那么也许应当提到的是“日耳曼的日耳曼人、非日耳曼的日耳曼人、错误地被称为日耳曼人的部族和并不自称日耳曼人而看来仍然是日耳曼人的人们”。现代的考古学和人种论大体上就是这样地来确定莱茵河对岸各部族的复杂成分的。

罗马军队第一次是怎样渡过了莱茵河的？他们是用专门修造的桥，极为有效地渡过了莱茵河的。恺撒写道，用船渡过去——这是比较容易理解的——他认为不安全，而且不适合于——这一点看来要难于理解得多——他个人的尊严和罗马人民的尊严。因此他们就在十天中间修造了一座桥，而在第十一天，恺撒的军队就通过这座桥到达莱茵河的右岸。

这座桥是极其有名的。恺撒在自己的《高卢战记》里详细地记述了造桥的情况。但是，尽管作了这样的记述，许多地方仍然不清楚：人们曾试图重建这座桥，各博物馆里保存了它的一些模型；最后，有相当多的文献是谈论造桥问题的[2]。

144 但不管怎样，在莱茵河上架桥和军队从桥上过去，这是一个十

① 参见例如 R. 哈赫曼（R. Hachmann）：《日耳曼人》（Die Germanen）、载《世界考古学》（*Archacologia Mundi*）。长崎—慕尼黑—日内瓦—巴黎，1971。

② 要想进一步了解这个问题，请参见 И. И. 艾尔绍维奇：《关于恺撒渡过莱茵河的问题》，载《古代史通报》，1968，2 月号，第 120—130 页；再参见恺撒：《高卢战记》，第 4 卷，第 17—18 章。

分有效的手段。恺撒在莱茵河右岸遇到了不同部族的使者;他们都向他请求建立和平友好的关系并愿意交出人质。恺撒则首先去苏伽姆布里人的地区,因为正是这个部族为乌西佩提斯人和腾克特里人的骑兵提供了庇护所,并且在恺撒要求他们交出这些骑兵时,他们作了十分横傲的答复。但是苏伽姆布里人带着自己的财产逃到森林里去了。于是恺撒烧了他们的村庄,收割了他们的粮食作物,然后就去乌比伊人的地区,因为他先前曾答应保护乌比伊人,使他们不受苏埃维人的侵害。然而就是苏埃维人,他们一听到罗马人过桥的消息,就召开了头目们的一次会议,并且在这次会议上通过了一项决议:居民离开城市和村庄,把妇女儿童和财产都藏到森林里去,所有能拿起武器的人都集中于指定的地点(在他们土地的中央),准备展开一次决斗。

恺撒对他在莱茵河对岸的征讨成果是十分满意的。促使他进行这次征讨的原因都实现了。全部目的都达到了:苏伽姆布里人遭到了报复;把乌比伊人从苏埃维人的压迫和威胁之下解放出来;所有日耳曼人的部落都懂得了罗马的武力有多么强大。这样,虽然在莱茵河对岸总计度过了十八天,甚至没有看到敌人,但是恺撒已作为胜利者返回了高卢。按照他的命令,莱茵河上的桥又被毁掉了。在这之后,恺撒又开始准备对不列塔尼亚的征讨。这次征讨是公元前 55 年秋天的事情,并且是由两个军团的兵力来进行的。实质上这还只是一次侦察行动,因为不列塔尼亚在罗马人的心目中还是个谜一样的岛,他们可能在那里遇到任何意想不到的事情。但是高卢本地事态的发展也注定会使罗马人认为有必要对不列塔尼亚作进一步的了解。首先,海峡两岸的凯尔特人之间毫无疑问是有联系的;来自不列塔尼亚岛的凯尔特人甚至相当积极地参加了前一年维内提人对罗马人的战争。其次,不列塔尼亚以国土富庶而闻名，它不仅富产粮食和牲畜，而且传说它还富产铁、银、金等金属。

145 为了登上这个陌生的国土，恺撒采取了一系列的预防措施。他先派出自己的一名军官乘着战船去进行侦察，这个军官只是站在船舷上对该地进行考察，却不敢冒险走到岸上去。当不列塔尼亚的某些部落派遣使节到恺撒这里来的时候，恺撒准他们回去，但派遣一个叫康米乌斯的人和他们同行。恺撒曾亲自宣布康米乌斯为被他征服的阿特列巴提斯人这个部族的国王。康米乌斯奉命去进行鼓动活动，以便使不列塔尼亚各公社自愿地和不加反抗地服从于罗马的统治。但是他肩负的这一外交使命并未能如愿：康米乌斯刚刚来到不列塔尼亚并且提出了恺撒的建议，他立即被捉了起来并被关入监狱，直到登上这个岛的罗马人取得了第一次胜利，他才被释放出来。

为了渡海到不列塔尼亚，恺撒使用了舰队；这支舰队还是他在对维内提人作战时修造和集合起来的。然而军队登陆却不是一件轻而易举的事情：罗马人遇到了顽强的抵抗。发生了一场激烈的战斗。罗马人最后取得了胜利，然而不是彻底的胜利。罗马人无法追击被打败的敌人：突然间发生了强烈的暴风，而罗马骑兵尽管经过种种努力却未能登陆。

但是在罗马人取得了第一次胜利之后，双方还是缔结了和约。沿海的以及离海岸较远的公社的头目们都来到恺撒这里，他们交出了人质并声明完全服从罗马的统治。同时罗马人的处境也远非是理想的：他们的战船和运输船又遭到了一些次风暴的破坏，没有骑兵，粮食储备也被毁掉了。

考虑了这些情况之后，恺撒便赶忙开始修理其余的船只，同时准备应付蛮族方面可能发动的进攻。进攻果然不久便发生了。不列塔尼人决定利用对自己有利的形势。有一次，当罗马人的一个军团被派出来征集食品时，他们便利用骑兵甚至战车对这个军团 146
发动了一次突然的进攻。但这次恺撒和几个步兵中队却得以及时起来增援，于是这次进攻就被打退了。几天之后，不列塔尼人又向罗马营地发动了新的进攻，但这次进攻又被击退，不列塔尼人被赶跑了。尽管如此，恺撒看来决定不再试探自己的命运，因此一遇到好天气，就下令自己的战士乘上修理好的或保全下来的战船，驶离了这个对他不友好的岛，并且顺利地(他总共只损失了两艘运输船)返回了大陆。

这第一次对不列塔尼亚的出征在军事方面什么也没有得到，甚至毋宁说是失败了。但是它在社会上引起的反响是十分巨大的，就和出征莱茵河对岸时所造成的印象那样。根据恺撒提出的有关过去一年的报告，元老院决定举行一次为期二十天的感恩祈祷，尽管看来加图和他一派的人正是在这个时候试图要恺撒对破坏誓言一事负责(这一点前面已经谈过①)，但是为实现这一企图而使用的手段显然是不适当的，而恺撒的成就、他的辉煌的胜利，他的动人的出征引起了甚至像卡图路斯或西塞罗这样一些人(任何人都不会怀疑他们对恺撒会特别同情)的热情的反应。②

在随后的公元前 54 年，恺撒开始准备对不列塔尼亚进行新的征讨。这次征讨是在广泛得多的规模上加以考虑的。因此它的主要任务就在于准备一支舰队——要把五个军团和两千名骑兵运送过海到不列塔尼亚去。恺撒在向自己的副帅们发出了相应的命令之后，他自己就像通常那样地到山南高卢去过冬天。他在这里处

① 参见本书原文第 141 页。

② 西塞罗:《论执政官级长官的行省》，第 19，22，32—35 章；卡图路斯，第 11 卷，第 10 章。

理了例行的审判事务，同时扩大了自己的被保护人的范围，并且加强了同地方贵族的友好联系。5月底，他回到军队里来。有意思的是：恺撒利用他的这次出行做了一件有点出人意料的事情。原来他在这期间写了一部研究语法的作品《论类比》(共两卷)。可惜的是，这部作品并没有保存下来。

恺撒来到自己部队的冬营之后，确信出征的准备工作，特别是
147 船只的制造和修理工作差不多已经完成了，因此他便下令全部舰队在伊提乌斯港(即布罗尼)①集合起来。不过如果从这次新的出征的纯军事准备的观点来看，则一切都是顺利的，但是政治形势却要复杂得多了。

正如恺撒本人多次向罗马报告的，尽管高卢的战争被认为是结束了，高卢被征服并且好像是被平定了，但实际上恺撒本人比任何其他人都更清楚地知道，事情并不是这样。高卢人——而在当时情况下指的应当是广大居民阶层——无论如何也不甘心自己受罗马的统治。罗马的统治所以能维持下来，主要是因为在高卢的贵族当中存在着许多亲罗马的"党派"、集团。恺撒不得不考虑这一切情况并毫不放松玩弄权术，既收买、拉拢一部分人同时又钳制另一部分人。比如，对于卡尔努提斯人、阿特列巴提斯人和谢诺尼斯人这样一些部族，恺撒是把当地贵族中忠于他的那些人宣布为"国王"；而对于埃布罗尼斯人，恺撒承认他们的头目；至于埃杜伊人、谢夸尼人和苏埃西欧尼斯人，则他坚决反对他们中间的专制统治并支持他们那里的贵族的"元老院"。因此，就统治方式这一意义来说，他也不得不执行相当灵活的政策。此外，恺撒非常赞成在高卢人中间流行的一种习俗，即较小较弱的部族接受那些比它们

① 伊提乌斯港(Itius portus)，也有人认为是今天的维珊特。——译注

强大的、重要的部族的保护。恺撒承认埃杜伊人和列米人就是这种起重要作用的部族。①

但是，尽管玩弄了这种巧妙而复杂的政治手腕，但恺撒却清楚地懂得，高卢有如一堆缓慢燃烧的篝火，它在任何时候都有可能完全出人意料地以新的力量重新燃烧起来。当人们在对不列塔尼亚发动新的征讨之前得知，以头目之一音都提欧玛路斯为首的一个部落特列维里人开始回避同罗马人建立联系，不听从罗马营地发布的命令，并且根据传闻，甚至同莱茵河对岸的日耳曼人发生了某种关系的时候，恺撒就决定进行一次惩罚性的征讨。他于是率领着四个轻武装的军团和八百名骑兵向特列维里人的地区进发。

但事情并没有发展到发生军事冲突的程度。同音都提欧玛路 148
斯分庭抗礼的一个名叫琴格托里克斯的特列维里人的贵族是亲罗马集团的领导者。这个集团比音都提欧玛路斯所领导的一派要强大得多。因此音都提欧玛路斯没有别的办法，只好到恺撒的营地来，请求胜利者对他的宽大。他带来了二百名贵族人质，其中包括自己的儿子。

在这之后，恺撒就到他征募自己的讨伐兵团的地方（即布罗尼②）去，而这时有四千名高卢骑兵也到了那里。领导这些骑兵的是许多高卢公社的头目。但在这里发生了新的冲突。问题在于，恺撒决定把某些他并不怀疑其忠诚的头目留在高卢，却把另一些头目带在身边——好像是作为人质——去出征。同恺撒过去闹过意见的埃杜伊人的贵族杜姆诺里克斯③反对这种做法，并拒绝参

① M. 盖尔策尔：《优利乌斯·恺撒》，第 139—140 页。译者按：埃杜伊人早在公元前 121 年就是罗马人的联盟者。

② 即伊提乌斯港（Itius portus）（参见本书原文第 147 页）。——译注

③ 参见本书原文第 123 页。

加对不列塔尼亚的征讨,而且他还教唆其他高卢贵族和他一道行动。当着在等待了几乎一个月的好天气之后恺撒终于能够下令上船的时候,杜姆诺里克斯和他本部族的一批人却擅自离开了营地。恺撒为此暂不出发,他派出了一个骑兵队伍去追赶杜姆诺里克斯,命令他们在杜姆诺里克斯抵抗时就把他杀死。骑兵们这样做了。杜姆诺里克斯一面高声表示他是"自由国家的自由人"①,一面确实进行了反抗。于是他立刻就地被杀死了。

只有在这之后,讨伐的队伍才拔营向不列塔尼亚海岸进发。第二天大约中午时分罗马人登陆,这次登陆时并没有遇到抵抗。罗马人通过俘虏弄清楚,原来不列塔尼人已经被强大的罗马舰队吓跑了(舰船总数多达八百艘!)。由于这是第二次来不列塔尼亚,恺撒在自己的《高卢战记》里对这一国土和它的居民的习俗作了记述。不过,较之对日耳曼人(更不用说高卢人)的描述来,这还是更为简短的,毫无疑问,也是更为肤浅的一种略述。②

如上所述,如果说罗马人在登陆时没有遇到抵抗的话,那么很
149 快地形势就急转直下了。不列塔尼亚的各公社集合起来组成了一支人数众多、又有统一领导的军队。全体一致同意宣布卡西维劳努斯为最高统帅,此人是一个拥有强大实力的头目和一个富有经验的领导者。他的领地一直延伸到泰晤士河以北。

在罗马人的军队和不列塔尼亚各部族的大军之间发生了一连串大规模的冲突。尽管恺撒千方百计地力图强调,每次战斗的结果都是罗马人取得胜利,然而,首先是胜利之取得并不容易,除此之外,罗马人始终未能取得决定性的巨大胜利。不列塔尼人在自

---

① 恺撒:《高卢战记》,第 5 卷,第 6 章。
② 同上书,第 5 卷,第 12—14 章。

己的能干的头目的领导下，实质上进行的是游击战争，而通过一次总的战斗是不可能在这样的战争中取胜的。

在战争进行期间恺撒曾做到强渡泰晤士河，然后又攻破了卡西维劳努斯的“城市”（可能在离伦敦不远的维茹拉米乌姆）的防御设施，然而起了决定性作用的却是这样一个情况：即起初是特里诺班提斯人（他们是不列塔尼亚的部落中最强大的），后来还有其他一些部族都脱离了卡西维劳努斯，并决定向恺撒投降。不列塔尼人还想再对罗马营地发动一次突然的进攻，但这次进攻失败了之后，卡西维劳努斯没有别的办法，只得同恺撒谈判了。对恺撒来说，这也是使这里的事情了结的最好办法，更何况他很想回到高卢去过冬天，因为他显然有充分的根据担心那里会发生骚乱，甚至起义。①

因此，在从卡西维劳努斯手中接受了人质并且规定了今后每年贡赋的数量之后，恺撒便下令自己的军队和大量的俘虏上船，分两批把他们送回大陆。实质上，对不列塔尼亚的两次征讨，从实际效果的意义来说，根本没有实现原来的期望：征讨没有使罗马人获得新的领土，没有取得大量的虏获物，也就是那无数的财富——有关这些财富的传闻不仅曾鼓舞了恺撒的军队，而且在出征之前人们在罗马也对之加紧传播。

卢卡会晤之后直到高卢全面起义的前夕，在高卢战争的舞台 150
上发生的主要事件就是这些。从这些事件可以看到恺撒这些年中间的活动的特点。卢卡会晤的其他两位参加者的情况又如何呢？为了回答这个问题，我们认为应当试图说明的不仅仅是他们自己的活动，而且还有罗马国家的一般政治情况。

① 恺撒：《高卢战记》，第5卷，第22章。

在卢卡会晤之前不久，西塞罗从亡命中返回了罗马（公元前57年）。当然，当元老院寡头集团的地位没有重新得到巩固，同时克洛狄乌斯的地位和人望没有动摇的时候，他这次返回是没有意义的。而且下述的情况也起了相当的作用，即由于克洛狄乌斯攻击庞培，庞培在西塞罗返回罗马一事上给了决定性的帮助。克洛狄乌斯把自己的被保护人、被释奴隶和奴隶组成了队伍之后，不仅仅在罗马的街道上挑起武装冲突，而且对他的政敌的生命和财产也是一个威胁。针对这一情况，他的对手们很快便找到了对策。当选为公元前57年度保民官的提图斯·安尼乌斯·米洛和普布利乌斯·塞斯提乌斯开始用同样的方法行事，就是说，他们纠集同样一批武装队伍，站在元老院一方面同克洛狄乌斯对抗。米洛活动得特别积极。喧闹的集会、骚乱、武装冲突成了罗马社会生活中每天都有的节目。在所有这一切之外，还要加上物价高涨和粮食不足，这更为加深了居民中间的不安情绪。开始了一个混乱的时期，这种混乱在随后的年代里变得特别严重。这种种情况给予对庞培感恩不尽的西塞罗一个求之不得的借口提出一项建议，即赋予庞培以供应罗马粮食的特殊权力。正如前面已经讲过的[①]，庞培于是被授予了一些十分广泛的特殊权力。

这一切还都发生在卢卡的会晤之前，然而具有决定意义的事情却是在这之后发生的。在克拉苏斯与庞培共同担任执政官时期（公元前55年），看来他们除了执行在卢卡通过的决议之外，并没
151 有任何特别值得记述的事情。指定给执政官的行省是按如下方式分配的：庞培取得了两个西班牙——近西班牙和远西班牙，为期五年；克拉苏斯取得叙利亚，也是五年。如果说庞培根本不想离开罗

① 参见本书原文第138页。

马而只是通过自己的副帅来治理行省的话，那么克拉苏斯却认为去行省担任长官，这正好为他提供一个渴望已久的机会来进行一次辉煌的、胜利的出征，因此他违反了常规，甚至自己的执政官的任期还没有结束，就出发去叙利亚了。

克拉苏斯心目中的出征是打算对罗马东方的一个新的、严重的敌手——帕尔提亚国——展开军事活动。但是他却拟订了一些更加宏伟的计划，而把路库路斯和庞培对东方的征讨称为儿戏。原来他心里想的是巴克特里亚，甚至印度。顺便指出，不是别人而正是恺撒从高卢写来的信激发了这样一次征讨的想法，而如果这次出征取得成功，它的领导者将会取得新的马其顿的亚历山大的桂冠。①

独立的帕尔提亚国是公元前三世纪中叶在塞琉古王国的领土上诞生的。取得政权的阿尔撒奇达伊王朝认为自己是古代波斯国王的继承者。到公元前二世纪末，帕尔提亚国的疆土扩张到了它的最大限度，从印度河一直延伸到幼发拉底河，并且把这样一些地区，如米地亚、巴比伦尼亚、美索不达米亚和它的首都、底格里斯河上的克提西丰都包括到自己的版图里来。

公元前 54 年，克拉苏斯和自己的军队从布伦狄西乌姆②出发，攻入了帕尔提亚在美索不达米亚的领地并且攻占了一些城市。征讨在开头是十分成功的。但是，当他把军队带到叙利亚的冬营去的时候，按照普鲁塔克的意见，他犯了第一个错误；那时他本应

---

① 普鲁塔克：《克拉苏斯传》，第 16 章。

② 布伦狄西乌姆（Brundisium）是意大利东南部的一个港口城市，是阿皮亚大道（Via Appia）的终点（经过倍涅文图姆和塔连图姆）。罗马人渡海去东方大多从这里出发。——译注

继续向前推进，占领对帕尔提亚人抱敌视态度的巴比伦和塞琉奇亚。[①] 尽管如此，克拉苏斯在度过了冬天，并且等候他的儿子普布利乌斯到来之后——普布利乌斯是从高卢的恺撒那里到克拉苏斯这里来的，他曾因勇敢而立下了各种战功，这次他又带来了精锐的骑兵部队一千人——便于公元前53年早春再次渡过幼发拉底河，向帕尔提亚的腹地推进。

这次出征准备得不够仔细。进军的路线是极为困难的：它通
152 过无水的沙漠地区，撤退的帕尔提亚人在路上毁掉了可以毁掉的一切东西，为罗马军队作向导的当地人同帕尔提亚人暗中勾结。克拉苏斯被诱入了内地，这一情况是他的第二个致命的错误。他不得不率领着自己那因出征的劳苦而疲惫不堪的军队被动地展开一场全面的战斗（公元前53年的卡尔莱[②]之战）。罗马人遭到了彻底的失败，银鹰[③]——罗马军团的旗帜——也被敌人夺去了。年轻的小克拉苏斯英勇地战死了，而几天之后，罗马军队在撤退时，老克拉苏斯在谈判期间也被背信弃义地杀死了。他的首级和双手都被割下来给送到这时正在阿尔明尼亚的国王欧若德斯那里去。在一次宫廷宴会上，伴随着朗诵优里皮德斯的《酒神的伴侣》的声音，克拉苏斯的首级被取出来给所有参加宴会的人看，从而引起了在场的人们的狂欢情绪。这次出征就这样地结束了，而在出征开始时由七个军团和四千骑兵组成的一支大军，只有一点可怜

① 普鲁塔克：《克拉苏斯传》，第17章。

② 卡尔莱（Carrhae）是美索不达米亚的一座城市，位于埃德撒（今天的哈兰）东南。——译注

③ 作为军团标帜的鹰，呈张翅状，通常是银制或铜制，可能并不大。人们迄今还没有见过实物。持这种标帜的人叫旗手（signifer），在战斗中失掉鹰标被认为是奇耻大辱。——译注

的残余返回了叙利亚①。多年以来罗马人所进行的战役，没有一次败得如此之惨，败得如此不光彩。

正当在高卢和叙利亚的战争舞台上发生这些事件时，罗马的政治形势变得越来越紧张了。大家知道②，三头的第三个成员庞培还留在罗马，说得更准确些，还在罗马附近，因为作为同执政官的长官，他没有权利越过城界(pomerium)。此外，他继续享有自己在向罗马城供应粮食方面的特殊权力。这种特殊的和非常的地位在当时情况下会使他得到一定的好处。从一方面来说，他好像没有参与这样一场斗争，即公元前 54 年随着在民会期间举行的选举日益迫近而特别加紧进行的那些卑劣的阴谋和贿买活动，另一方面，他又可以在他认为任何适当的时候干预这一斗争。

阴谋和贿买确实达到了如此的规模，以致执政官的选举都不能如期举行了。结果，公元前 53 年开始时并没有高级长官③。所有这一切都使得在庞培周围的人物当中，甚至在某一部分元老中间，开始日益频繁地提出了庞培的名字，把他看成是可能的独裁 153
官，因为现在，在许多人看来，独裁官的权力乃是对付混乱状态的唯一斗争手段。

但是庞培的这种地位，除了拥有无可争辩的特权之外，还包含有一定的危险。比如说，他同恺撒的关系就极度地复杂化了。诚然，这一点暂时还不太明显；恰恰相反，两位联盟者都力图强调自己的团结愿望。他们向西塞罗施加压力，迫使他在普布利乌斯·

① 普鲁塔克：《克拉苏斯传》，第 17—33 章；狄奥·卡西乌斯，第 40 卷，第 17—28 章。

② 参见本书原文第 151 页。

③ 执政官照例在每年元旦就任。——译注

瓦提尼乌斯的案件[①]中，后来又在伽比尼乌斯的案件[②]中担任辩护人。顺便指出，伽比尼乌斯的案件和在埃及的全部冒险活动（即在未经元老院批准的情况下他出征埃及的事件）成为如此的丑闻，以致尽管有三头的支持和最出色的辩护人为之讲话，伽比尼乌斯还是被判罪和流放了。然而看来还有一些更加重要的例子，可以证明三头是团结一致的。比如，当公元前 54 年年底或公元前 53 年年初恺撒从高卢返回，请庞培补充他损失的军队时，庞培就"友好地"把他自己征募的军团派到高卢去。恺撒在自己的《高卢战记》里也强调指出了这一点。[③]

但是潜在于深处，暂时还不能为旁观者所看到的是，过去联盟者之间的关系日益疏远了。这种疏远首先决定于政治斗争的发展。恺撒和庞培之间的角逐，争夺在罗马的优势地位的竞争是政治形势本身的产物。如果说恺撒这时以其固有的毅力和顽强精神力图使自己占据首要地位的话，那么庞培在事实上已经是罗马的头号人物，他是绝不能向下滑动一级并满足于二流角色的地位的，更何况如上所述，一切情况的汇合恰恰又是对他有利的。

公元前 54 年 8 月底或 9 月初——恺撒这时已完成了对不列塔尼亚的第二次出征——恺撒的女儿、庞培的妻子优利娅去世了[④]。她曾赢得父亲和丈夫的衷心热爱。而尽管在论及某些重大

① 普布利乌斯·瓦提尼乌斯（Publius Vatinius）作为公元前 59 年度的保民官，曾通过把山南高卢和伊利里库姆的治权给予恺撒的法律，并为此取得了丰厚的酬报。他还通过了法律，批准庞培在东方的行政措施。公元前 55 年他任行政长官。公元前 54 年他被控受贿，就因西塞罗的辩护而被宣告无罪。——译注

② 他被控在行省犯了勒索罪（repetundae），公元前 58 年他任执政官时因拒绝帮助西塞罗而造成二人之间的不和。——译注

③ 恺撒：《高卢战记》，第 6 卷，第 1 章。

④ 译者按：庞培与优利娅是在公元前 59 年 4 月结婚的。优利娅因产中得病而死，她的婴儿不久也死了。

事件时，历史学家通常对这类原因并不十分重视，然而这却未必是正确的。比如，在当时情况下，在把父亲和丈夫连接起来的锁链 154
中，优利娅肯定是一个重要的中间环节。作为恺撒的女儿，她在罗马一向是很有人望的，她的葬仪就证明了这一点。尽管执政官路奇乌斯·多米提乌斯和几位保民官提出了抗议，人民还是做到在玛尔斯广场上为她举行了隆重的葬礼。当然，这同时也表示了对她不在场的父亲恺撒的爱戴，而恺撒这方面，为了给予报答，在一有机会的时候就以奉祀朱比特神的名义举行大规模的角斗比赛。但对这一切，庞培看了当然不可能是高兴的，因此无论如何也无助于巩固他同恺撒的关系。

公元前 53 年，克拉苏斯去世了。由于他常常同庞培争吵并且恺撒不得不多次给他们调解，所以在“三人联盟”中恺撒可能起一种特殊的缓冲作用。现在克拉苏斯的死亡甚至在形式上把这一联盟变成一种双头(duumviri)了。但是，这个双头并不能使联盟的活着的两个人更加亲近。相反，它反而使他们之间的相互关系更加尖锐化了。甚至在政治斗争里，Tres faciunt collegium[1]，但是当只剩下两个人时，他们却总是相互竞争。

公元前 52 年初，在罗马发生了一个孕育着严重后果的事件。公元前 52 年开始时也是没有高级长官的，这简直已经成为惯例了。总的形势是极为紧张的。克洛狄乌斯和米洛之间的关系变得特别尖锐，因为他们都提出竞选公元前 52 年度的高级长官职位：米洛竞选执政官，克洛狄乌斯竞选行政长官。当他们的队伍之间不断发生冲突的时候，举行选举大会的时间，特别由于到处都是混乱这个原因，一直在推迟。

---

① 三个人团结一致。——译注

公元前52年1月18日，在离罗马不远的阿皮亚大道上，克洛狄乌斯和米洛偶然地碰见了。两个人出行时都有由被保护人和奴隶组成的侍从人员伴随着。按照阿庇安的记述，他们本人路遇时相互间并没有注意就过去了。但米洛的一名奴隶突然间出其不意地冲向克洛狄乌斯，向他的背后戳了一刀。马夫把流
155 血的克洛狄乌斯带到附近的一个客店里去。于是米洛带着自己的人也到了那里，而他们中间的一个人便结果了垂死的克洛狄乌斯的性命。

当克洛狄乌斯的尸体被送到罗马，而他被杀害的消息传遍了全城的时候，激动的人群把他的家包围起来。他的尸体起初被放到广场的讲坛上，后来人们又把它抬到了郝斯提利亚议事堂（Curia Hostilia，就是通常元老院开会的地方）；柴堆是用元老们坐的凳子和圈椅码起来的。结果议事堂本身和与之相邻的一些建筑物也都被烧掉了。①

因克洛狄乌斯的被刺而在罗马引起的骚乱持续了好几天。最后，元老院不得不任命一位摄政②。然而即使这一措施也没有结束混乱状态。因此又产生了任命独裁官的问题，人们再次提到了庞培的名字。用阿庇安的话来说，庞培"手里有足够的军队，看来又爱人民，并且尊重元老院，他生活有节制，通情达理并能够听取人们向他提出的请求"。③

---

① 阿庇安：《内战史》，第2卷，第21章。

② 摄政（interrex）：据传统，王政时期在国王死后，元老院选任摄政一人以主持新国王的选举或宣布。在共和国时期，如当政的执政官死亡或被罢免，也由元老院任命一位摄政来主持执政官的选举。只有贵族出身的元老才能被任命为摄政，每人担任五天。这次摄政时期持续了几个月，因为他们始终无法执行他们的选举任务。——译注

③ 阿庇安：《内战史》，第2卷，第20章。

但庞培既追求独裁的权力又害怕这种权力。他举棋不定。他既同恺撒,又同元老院进行谈判。结果他做到同双方都取得了他所想望的妥协。恺撒向庞培建议缔结新的亲属关系:他把自己的外甥孙女(即未来的皇帝奥古斯都的姊妹)嫁给庞培,而他自己娶庞培的女儿。这是王朝联姻的一个新的典型的例子①!不过庞培拒绝了这个建议,而作为一种补偿,他做到使恺撒取得自己不在罗马时竞选公元前48年度的执政官的权利(也就是在恺撒治理行省的权力期满的时候)。

同元老院的妥协——因为元老们也和庞培本人一样,既想要独裁又害怕它——表现为这样的形式:由于受到加图支持的玛尔库斯·毕布路斯的巧妙的建议,庞培当选为没有同僚的(sine collega)执政官,这几乎等于是独裁官了。庞培的这一几乎实际上是独裁的权力(因为这同比如说苏拉的独裁是有所不同的),无论在任期方面还是在对元老院所负的责任方面仍然还是有限制的。此外,人们打算将来还要选举第二位执政官,而当庞培同克温图斯·梅特路斯·斯奇比奥的女儿结婚时,这一点就实现了。正是梅特路斯在公元前52年8月当选为执政官并成 156
了庞培的同僚。

这一联姻,特别是这一新的亲属关系,无论如何在政治上不能认为是中立的。人们都知道梅特路斯·斯奇比奥是恺撒的公开的对头。此人可以被认为是庞培和元老院寡头集团之间的一个可靠的斡旋者,一个中间的联系环节。也许在那样的条件下,所有这类

① 这里可以看出号称有"淳朴风习"的古马统罗治者在婚姻关系方面极端混乱的例子,做过庞培的岳父的恺撒(庞培比恺撒至少大四岁)现在又要庞培做自己的岳父了!这使我们想起古代罗马当时不少藩属国王娶自己的姊妹的事情,而后来尼禄竟受到自己亲生母亲的勾引!——译注

婚姻上的联系看来比其他什么事物更令人信服和明显地使恺撒了解到，在不久前的盟友中间看到的分歧是何等严重，它孕育着何等深远的后果。

第五章

伟大的高卢起义。鲁比康的前夜

在对不列塔尼亚的第二次,并且不是十分成功的出征之后,恺撒就返回了大陆,他所面临的是在高卢作战的年代中所经历的最严重的一次考验。看来一切都做到了:对个别部族取得的胜利,全面平定高卢以及出色的军事胜利和外交成就——所有这一切突然都仿佛由于一次可怕的地震而发生了动摇,好像将会倾圮并且把他的声誉、他好不容易挣得的地位埋葬在地震造成的碎片之下。公元前54年战役的末期,也就是恺撒来到高卢的第五个年头,爆发了伟大的高卢起义。

事件是这样发生的。在从不列塔尼亚返回后不久,恺撒就得知,去年由于干旱,在高卢发生了歉收。因此他一反把自己的军队率赴冬营的常规,而把他们分散到各个不同高卢公社去。显然,这样的安排可以更易于应付粮食不足的问题。这一次,恺撒本人决定在军团的冬营没有加固以前留在高卢。他临时选定撒玛若布里瓦这座城市(亚眠)①作为他的大本营所在地。但是随后发生的事件表明,这个冬天恺撒根本无法离开高卢了。

① 撒玛若布里瓦(Samarobriva),原意是“撒玛腊河上的桥”,是阿姆比亚尼人的首府(在贝尔吉卡)。——译注

不久前征募的一个军团，说得确切些，一个半军团即十五个步兵中队（军团司令官是克温图斯·提图里乌斯·撒比努斯和路奇
158 乌斯·奥伦库列优斯·科塔）驻防在埃布罗尼斯人的地区（在玛斯河和莱茵河之间）。起义就是在这里第一次爆发的。正如恺撒在自己的《高卢战记》里所肯定的，这次起义的主要发动者之一是特列维里人这个部族的领袖音都提欧玛路斯，而早在恺撒出征不列塔尼亚之前，音都提欧玛路斯和恺撒之间的斗争就已是无法避免的了。受音都提欧玛路斯的鼓动影响的，首先就是埃布罗尼斯人和他们的领袖阿姆比欧里克斯。

在罗马人设营之后正好两周的时候，埃布罗尼斯人突然向他们发动了进攻。但这次进攻被罗马人轻易地击退了。然而，看来事情并非到此为止。阿姆比欧里克斯坚持要谈判。在谈判期间，他向罗马人表示：进攻营地一事根本不是他发动的，而是在埃布罗尼斯人的整个公社的压力下才这样做的。他本人从来也不会反对罗马人，因为，首先，他个人有负于恺撒的地方太多了；第二，他不会愚蠢和自信到认为只以自己的力量便能战胜罗马人的程度。问题在于，整个高卢都决心发动起义，并且选定这一天来同时进攻罗马人所有的冬营，这样就没有一个军团能赶来帮助另一个军团了。此外，日耳曼人的庞大队伍已渡过了莱茵河，而两天后就可以来到这里。因此，他阿姆比欧里克斯要履行高卢爱国者的义务，现在又想履行对罗马人表示感谢的义务，这才劝告自己的老友提图里乌斯拔营，并且同驻扎在附近的随便一个罗马军团结合起来。而他则发誓保证罗马军队能自由地和毫无阻碍地通过属于埃布罗尼斯人的地区。

阿姆比欧里克斯的建议引起了罗马人的严重注意。召开了一次军事会议。奥伦库列优斯·科塔和大部分的军团司令官认为，

不得到恺撒的命令不能拔营他去，而且他们是经受得住任何袭击的。但是在长时期的争论之后，提图里乌斯·撒比努斯的意见占了上风。他认为必须离开冬营，但是确实还得附带声明一下，即他这样做绝不是听从了敌人的意见，而只是从现实的情况出发的。

在第二天拂晓，罗马军队就排成长长的一个纵队，带着大量的 159
辎重出发了。敌人在森林中偏僻的地方设置了双重的伏兵，突然向罗马人发动了进攻。在随之展开的战斗中，一切优势都在埃布罗尼斯人这一方面，罗马军队猝不及防。惊惶失措的提图里乌斯试图同阿姆比欧里克斯进行谈判。阿姆比欧里克斯同意了，他甚至保证提图里乌斯的绝对安全。尽管如此，罗马的将领还是背信地被杀死了。不久之后，路奇乌斯·科塔也战死了。被击溃的军队的很少一点残余退回他们原来抛弃的营地。罗马人一直抵抗到深夜，然而当他们了解到局势已无法挽回时就自杀了。①

恺撒的军队从来还没有遭到过如此规模的失败。阿姆比欧里克斯——应该对他作充分的估计——决定尽量利用这一有利的局势，继续十分坚决果敢地行动。起初，他到自己的邻人阿杜阿图奇人那里去，后来又到涅尔维伊人的地区去；他以他已经摧毁和消灭了很大一部分罗马军队为理由，得以说服他们对军团的冬营发起进攻，这时冬营的营帅就是著名演说家②的兄弟克温图斯·西塞罗。

被围困在营地里的军团虽然是十分困难地，但仍然击退了埃布罗尼斯人、涅尔维伊人和阿杜阿图奇人的第一次的出其不意的进攻。罗马人开始赶快加固营地的工事，现在这项工作在昼夜不

---

① 恺撒：《高卢战记》，第 5 卷，第 26—37 章。

② 即玛尔库斯·图利乌斯·西塞罗（Marcus Tullius Cicero）。——译注

停地进行。敌人始终不断地向营地发动猛攻。克温图斯·西塞罗想向恺撒提出请求,但是他的使节和他的书信都被敌人中途截去了。

但是被包围的军团却英勇地坚持下来了。于是涅尔维伊人决定重复阿姆比欧里克斯使用过的手法。他们中间某些个人认识西塞罗的领袖表示,他们愿意同他进行谈判。在他们得到同意谈判的答复之后,就宣布说,整个高卢都起义了,日耳曼人已经渡过了莱茵河,恺撒和所有他的副帅的冬营都被包围了。西塞罗还得到了提图里乌斯和科塔的军队被击溃和两位统帅阵亡的消息。同时涅尔维伊人的领袖要对方相信,他们无论对西塞罗还是对全体罗马人民都不怀有任何敌意:说他们反对的只是在他们领土上的冬
160 营,并且同意罗马人自由通过,不管他们到什么地方去。然而所有这些通知、劝告和建议在克温图斯·西塞罗那里却引起了完全是另一种反应。他回答说,罗马人民不习惯于从武装的敌人那里接受条件,只有在如果他们放下武器的情况下,他才能以在涅尔维伊人和恺撒之间作一个斡旋者。①

在这之后,军事行动又以加倍的力量恢复了。恺撒特别详细地记述了对营地的猛攻,这次猛攻是在围攻的第七天突然刮起暴风的时候进行的,那时敌人得以把营地中的一些建筑点起了火。对这一猛攻的描述甚至包含一段特别的"插话"——恺撒喜欢用这一手法使他对战役中最重要的也是最富于戏剧性的事件的叙述显得生动有趣。

这次乃是关于两位勇敢的百人团长提图斯·普洛和路奇乌

① 恺撒:《高卢战记》,第5卷,第41章。

斯·瓦列努斯[1]的故事。他们两人相互竞赛，都想取得更高的军衔。正当在工事附近展开激烈的战斗时，普洛对瓦列努斯说："为什么你还耽搁着？你还等什么别的机会来显示你自己的勇敢？今天我们的争论应当见个分晓！"说了这些之后，他便冲到大量的敌人当中去了。瓦列努斯害怕人们瞧不起自己，就也跳下壁垒，跟着他冲出去了。

普洛在接近敌人之后，就用力抛出投枪，用它刺一个高卢人。敌人用盾牌保护自己同伴的身体，却开始用大量的箭射向普洛，不许他回到自己的人们那里去。他的盾牌被打穿了，一支投枪卡在他的佩剑的带子上使他无法把剑拔出来。敌人就利用这一机会，从四面把普洛包围起来。但就在这时，同他竞争的瓦列努斯跑来帮助他了。大量的敌人又奔向瓦列努斯，因为他们以为普洛已经被投枪刺死了。瓦列努斯巧妙地用剑来抵挡，杀死了一个高卢人，并迫使其余的敌人退下去，但是当他一味追击敌人时，突然间却掉进一个坑里。现在他又被敌人包围起来，可是普洛却来帮助他。他们两个人并肩战斗，打败了许多敌人。在这之后，他们才光荣地返回营地，而自己却没有受伤。命运就这样地向两个相互竞争的 161
人开玩笑，使他们相互支持，相互援救，这就使他们无法确定两个人中间到底谁是更勇敢的了。[2]

西塞罗终于还是能把自己的处境通知给恺撒。恺撒照例是迅速而坚决地行动起来，他带领两个军团去援助他。高卢人得知罗马人迫近的消息后，就撤除了对营地的包围，直奔恺撒来了。如果相信《高卢战记》中的记述的话，则这乃是一支大约有六万人的大

① 原书 Борен，据《高卢战记》应是 Varenus。——译注

② 恺撒：《高卢战记》，第 5 卷，第 44 章。

军，而恺撒手下的兵力还不足七千人[①]，这样的力量对比决定了他所采取的战术。他不慌不忙地小心从事，为营地选择了一个最有利的地点。高卢人误以为他没有作战的决心，于是没有作应有的准备就向营地发动了进攻，因此，当罗马人以全部兵力出其不意地出击的时候，高卢人只能在混乱中溃逃，并且遭到严重的损失。西塞罗和他的英勇抗敌的部队得救了。

这时有关恺撒的新的胜利的消息以难以置信的速度传到了拉比耶努斯那里，拉比耶努斯的军团就驻守在列米人的居住区，同特列维里人的居住区相邻接的地方(在色当地区)[②]。他的处境也是十分复杂的，因为同他对峙的就是音都提欧玛路斯本人和他的军队。而且，已经拟定了发动进攻的日子，只有恺撒的胜利才迫使他退到自己公社的领土上去。但是特列维里人的起义却根本没有熄灭，也没有被镇压下去。音都提欧玛路斯只是想赢得时间并且更加认真地为斗争作准备。

恺撒不得不回到撒玛若布里瓦地区去。正是在这个时候，他决定留在高卢过冬，因为这里并不平静。在大本营这里，恺撒一直可以得到有关某些大群的高卢人、有关他们中间的骚动的情报。在这种情况下，他决定召开高卢领袖的代表大会，在会上他不得不按照陈旧不堪的那一套鞭子和蜜点心的政策[③]行事，或者就像恺撒自己所说的，恐吓某个人，同时又讨好和安抚另一个人。[④]

但即使这个政策也不是完全成功的：在强大的高卢部族谢诺

---

① 恺撒：《高卢战记》，第5卷，第49章。

② 特列维里人住区的中心为今日联邦德国之特里尔(其法文名称 Trēves 显然来自特列维里人)，列米人住区的中心为今日之兰斯(Rheims)。——译注

③ 在英语叫“大棒与胡萝卜政策”(stick and carrot policy)，即软硬兼施、恩威并用的政策。——译注

④ 恺撒：《高卢战记》，第5卷，第54章。

尼斯人[①]中间开始了骚动,这次骚动赶跑了并且几乎杀死了自己 162
的、受恺撒保护的国王。总的说来,在这一复杂和紧张的局势中,可能除了埃杜伊人和列米人之外,没有一个高卢部落可以认为是可靠的。对于恺撒本人所作的冷静的和没有成见的估计是应该加以肯定的。他认为这种情况丝毫不足为奇,并认为造成这种情况的原因就是罗马的残暴统治。[②]

那时音都提欧玛路斯正在准备新的战役。他用一切办法想把日耳曼人从莱茵河对岸拉到自己一方面来,但是他未能做到这一点。不过许多高卢部族都乐于响应他的号召。音都提欧玛路斯召集了一个武装大会。按照高卢人的看法,这样的大会就等于开始了战争行动:所有的成年男子都必须全副武装地来参加大会,而且,按照习俗,谁要是最后一个到会,这个人就要当着所有到会者的面被处以痛苦的死刑。在这个大会上,音都提欧玛路斯的女婿琴格托里克斯(他是恺撒的拥护者并且是恺撒的随从人员之一)被宣布为敌人;他的财产被没收了。音都提欧玛路斯通知说,他打算通过列米人的土地去和谢诺尼斯人联合起来,而在路上,他打算进攻并摧毁拉比耶努斯的营地。

拉比耶努斯则静候敌人的到来。他的阵地无论从自然条件来说,还是从经过长时期的修筑这一点来说,都是十分坚固的。此外,拉比耶努斯还能够把一支庞大的骑兵队伍集合在自己的营地之内,这支骑兵是相邻的各部族提供给他的。高卢人在迫近他的营地时就开始向他挑衅,但他们的行动却不够谨慎。音都提欧玛路斯几乎每天都率领着自己的骑兵队伍在营地四周巡行,而他的

① 谢诺尼斯人(Senones)居住在亚得里亚海沿岸鲁比康河与安科那之间的地区,传说公元前390年洗劫罗马的就有这一部族。——译注

② 恺撒:《高卢战记》,第5卷,第54章。

骑兵战士则把投枪投入壁垒之内，向罗马人挑战。拉比耶努斯在好几天里按兵不动，不理会敌人的挑衅，后来才找到这样一个机会：这时在自己的领袖的率领下，高卢部队开始三三两两并且毫无秩序地离开了自己的营地。在拉比耶努斯发出了信号之后，骑兵就从营地的两座门冲了出去，向高卢人展开追击。拉比耶努斯发出了严格的命令：首先要赶上并打击音都提欧玛路斯。拉比耶努斯为他的首级悬赏了巨额的奖金。结果发生了这样的事情：音都提欧玛路斯在企图渡河时被杀死，他的首级被送到营地。骑兵在
163 返回时只要力所能及，就追上并杀死所有的人。高卢人蒙受了巨大的损失。在听到了这次战斗的消息后，埃布罗尼斯人和涅尔维伊人解散了自己的军队，于是在这里的土地上就有了某个时期的安静。

但是恺撒并没有为这种情况所迷惑。因此他决定进行新的征兵，他把这件事情委托给了他的三位副帅去办理。而正是在这个时候，他向庞培提出了请求，而庞培则如上所述①，“为了国家的利益并且也出于友谊”，把他早在公元前55年征募的一个军团给了恺撒。恺撒弥补了由于提图里乌斯的失败而造成的人员方面的损失，代替在这次战斗中被打垮的十五个步兵中队，他取得了三十个新的步兵中队——现在他的军队已经是由十个完整的军团组成的了。恺撒对所有这一切是十分重视的：补充的迅速明显地表现了罗马国家的实力，着重说明了它的无限潜力。

还在冬天过去之前，新的战役，即公元前53年的战役就开始了。实质上，这一战役带有预防行动的性质。首先这是对涅尔维伊人进行的一次惩罚性的征讨。恺撒率领着四个军团突然攻入了

① 参阅本书原文第153页；再参阅恺撒：《高卢战记》，第6卷，第1章。

他们的国土。这一次涅尔维伊人并不能进行什么严重的抵抗了,恺撒的军队取得了既包括俘虏又包括牲畜的大量战利品。不幸的涅尔维伊人不得不重新屈服于罗马人并交出人质。恺撒在迅速地完成这一行动之后,就率领自己的军队到冬营去了。

春天开始时,恺撒按一般惯例召开了一次全高卢的大会。除了谢诺尼斯人、卡尔努提斯人①和特列维里人之外,所有的高卢人全都来了。恺撒把他们的缺席看做是叛离和暴动的信号,同时他还想指出,对此他不能容忍,然后他就把自己的大本营和继续开会的地点从撒玛若布里瓦迁至卢特提亚(巴黎)。这里是巴里西伊人这一部族的城市。这个高卢部族是谢诺尼斯人的邻人,但是没有参加反罗马人的起义。

恺撒在大会上宣布了自己对暴动者的态度之后,当天就向谢诺尼斯人发动了进攻。运动的领袖和发动者阿科试图组织抵抗,他下令乡村居民都躲到各城市里去。但是,在这一命令能以执行 164
之前,人们就发现罗马人已经逼近了。于是谢诺尼斯人不得已而放弃先前的意图,并且把一个使团派到恺撒那里去请求宽恕。为他们进行斡旋的是埃杜伊人,原来谢诺尼斯人就是在埃杜伊人的保护之下的。受列米人保护的卡尔努提斯人也向恺撒这里派出了自己的使节。恺撒考虑到自己还要进行比较重大的军事行动,也就乐于会见使节和为他们讲情的人。他照例要求交出大量的人员,却把侦察暴动的原因和惩办它的组织者等事推到较后的时候去了。

恺撒用这种办法平定高卢的这一地区(即东北地区)之后,就

① 卡尔努提斯人(Carnutes)居住在利格尔河(今罗亚尔河)与塞夸那河(今塞纳河)之间。——译注

把自己的全部注意力集中于主要的任务——对特列维里人和阿姆比欧里克斯作战。同阿姆比欧里克斯作战对他来说具有特殊的，甚至是个人的意义。在这一件事上他是发誓作了保证的。原来当他得知十五个步兵中队的失败，以及提图里乌斯和科塔阵亡的消息时，他便有意地不再剪头发，并开始让胡须一直长到向敌人进行了报复的时候。① 但由于埃布罗尼斯人②的邻人和联盟者是美那皮伊人③，而顺便指出，美那皮伊人从来没有向恺撒这里派出过请求和平的使节，于是他决定，首先攻入他们的地区。他分成三个纵队向敌人进攻，蹂躏了这里的国土，焚烧了村庄并夺取了许多俘虏和大量牲畜。美那皮伊人表示服从并交出了人质。恺撒警告他们不得为阿姆比欧里克斯提供庇护所并不得接待他的使节，然后就进攻特列维里人去了。但是拉比耶努斯比他更早地来到了这里。

特列维里人在死去的音都提欧玛路斯的亲属们的鼓动的影响下，决定重新向拉比耶努斯发动进攻，并且纠合了相当大的一支力量。特列维里人已经迫近了他的营地，但这时他们突然得知拉比耶努斯从恺撒那里得到了支援（两个军团）。特列维里人知道这个消息后就停下来设营，也开始等待增援部队。应当是日耳曼人的辅助部队到他们这里来。

于是拉比耶努斯自己决定先发制人。他率领着二十五个步兵
165 中队和一支庞大的骑兵队伍去迎击敌人，并在离他所驻地大约一哩、沿河的一处高而陡的地方扎了营，并设了防。由于在几天之内，双方都没有渡河的意思，所以拉比耶努斯决定使用诡计。

---

① 苏埃托尼乌斯：《圣优利乌斯传》，第67章。

② 埃布罗尼斯人（Eburones）在贝尔吉卡（Belgica），他们的主要城市是阿杜阿图卡（Aduatuca）。——译注

③ 美那皮伊人（Menapii），住在今天的玛斯河与设尔得河之间。——译注

在军事会议上，他公开宣布了他打算拔营的意图，因为等待日耳曼人的到来对他毫无意义。正如拉比耶努斯所预料的，这个消息通过他的部队里的一个高卢骑兵在当天就传到敌人那里去了。他下令军团司令官和主力百人团长在夜间拔营并且造成尽可能大的喧闹声，以便给敌人造成罗马惊恐不安，甚至几乎想跑掉的印象。他只对少数几位将领透露自己真正的计划和意图。

罗马的后卫部队刚刚离开营地，高卢人就断定这乃是一个轻易地取得战利品的绝好机会，放过这个机会将是不可饶恕的错误。于是他们便渡河并跟踪在罗马人的后面。拉比耶努斯的撤退持续了一段时间，以便把特列维里人的全部军队都引到河这一边来。突然间他下令停住并转身向着敌人的方向。他对士兵们作了简短的讲话之后，就使他们排成战斗的队列，由骑兵在两翼掩护，随即发出了进攻的信号。

特列维里人没想到事情会发生这样的变化，他们抵挡不住罗马人发动的这第一次进攻，就在混乱中败退下来了。拉比耶努斯率领着自己的骑兵部队追击，杀死了并俘获了许多人，几天之后，他再次征服了他们全部地区。增援到特列维里人这里来的日耳曼人的队伍，在他们得知战斗的结果之后，就返回本土去了。音都提欧玛路斯的亲属也逃到那里去，因为他们懂得，遇到罗马人时他们不会有什么好下场的。特列维里人的最高统治权被交给了琴格托里克斯，因为此人在发生所有这些事件时“从始至终”一直忠于罗马人。①

从美那皮伊人和特列维里人的地区前来的恺撒决定重新渡过莱茵河。他进行这次出征是出于两个原因：第一，派到特列维里人

---

① 恺撒：《高卢战记》，第 6 卷，第 8 章。

那里去的辅助部队正是从这里出发的;第二,恺撒不希望阿姆比欧里克斯躲在这里的什么地方。一旦作出了这样的决定,他就下令
166 立刻搭桥。由于在这件事上已经有了一定的经验,再加上士兵的巨大努力,所以在几天之内桥便造起来了。

恺撒在特列维里人的地区内留下了很大一支部队保卫这座桥,同时防止新的骚乱,然后就率领着其余的军队渡到莱茵河的对岸。日耳曼人的部族乌比伊人早就宣布了对罗马人的服从,并且向恺撒交出了人质,他们强调自己的无辜而请求宽恕。恺撒在了解了情况之后,确信他们的话是对的,帮助特列维里人的不是他们而是另一个部族苏埃维人。至于这些苏埃维人,人们后来弄清楚,当他们得到有关罗马军队的消息之后,就和所有自己的联盟者一道退到高卢最边远的地区,即没有道路的森林地区去了。

深入莱茵河对岸的陌生地区会是一种太大的、也是不必要的冒险行为。恺撒为了使日耳曼人对他之返回莱茵河对岸有所畏惧,并且使他们不再能向高卢人派遣辅助队伍,于是下令从乌比伊人这一面把桥部分拆掉(约二百呎),而在桥的其余部分上面修建一座四层的塔楼,此外还修造了一座坚固的桥头堡,留下十二个步兵中队驻在这里守护和保卫它。

现在剩下的就是要解决当前这一战役的最后的和主要的任务了,这就是向阿姆比欧里克斯和埃布罗尼斯人进行报复。恺撒亲自领导这次出征,他是穿过阿尔度安那森林[①]向埃布罗尼斯人的地区推进的。阿尔度安那森林从莱茵河河岸和特列维里人居住区的边界直到涅尔维伊人地区,延伸五百余哩。走在前面的是由路奇乌斯·米努奇乌斯·巴西路斯率领的全部骑兵部队。交给这支

① 即今天的阿登山脉(Ardennes)。——译注

部队的任务是：以迅速和隐蔽的行动活捉阿姆比欧里克斯本人。恺撒甚至禁止他在中途停驻时点起篝火。

尽管进行长时期的坚持不懈的追击，但无论巴西路斯还是恺撒都未能得到成功。好几次几乎被捉住的阿姆比欧里克斯仍然能够溜掉了。诚然，他变成了一个可怜的亡命者，只有四个忠于他的骑兵保卫他的生命。然而恺撒却全部实现了向埃布罗尼斯人的整个部族进行报复的计划。恺撒留下一个军团保卫集中在阿杜阿图 167
卡——过去提图里乌斯和科塔就驻守在这里——的辎重，而他自己则率领着九个军团的兵力，分三路纵队攻入了埃布罗尼斯人的地区。这地方遭到了无情的蹂躏；对所有同埃布罗尼斯人相邻的高卢公社，都建议他们前来参加对这里居民的掠夺。正如恺撒所说①，高卢人很高兴响应这个号召。而且，莱茵河对岸的日耳曼人当中不知是谁听到了这个发财的好机会，于是在一天里就有日耳曼人的部族苏伽姆布里人的两千名骑兵渡过莱茵河到埃布罗尼斯人的土地上来打劫。他们如此醉心于轻易到手的掠夺物，以致他们竟然冒险进攻起罗马在阿杜阿图卡的营地来。罗马人好不容易才打退了这一出其不意的进攻。

到战役结束时，恺撒和罗马军队可以认为自己的仇已经报了。那里的土地被蹂躏到如此程度，居民也被屠杀到如此程度，以致从那时起，埃布罗尼斯人这个名称本身就永远从历史上消失了。秋天，恺撒召开了例行的大会，这次大会是在列米人的土地上的杜洛科尔托路姆②（兰斯）召开的。经过对谢诺尼斯人和卡尔努提斯人的起义原因的侦察，在这里残酷地处死了骚动的主要发动者之一

① 恺撒：《高卢战记》，第 6 卷，第 34 章。

② 原文 Дукортор，按恺撒原著应是 Durocortorum。——译注

阿科。阿科的一些同伙得以逃掉了；他们被判处终身的流放。谢诺尼斯人接受了六个军团在冬天驻防，其余的军队则布置在不远的地方。在为全军准备好了粮食之后，恺撒终于可以按照自己的习惯到上意大利(山南高卢)去了。

他在这里知道了罗马发生的事件：克洛狄乌斯被刺身亡，城内一片混乱以及元老院的决定。根据这一决定，当选为没有同僚的执政官并被赋予非常权力的庞培要在整个意大利征募有服军役的义务的人。于是恺撒也宣布在普洛文奇亚征兵。所有这些被加上许多不可相信的细节的新闻、传闻很快就传到山北高卢的人们那里去。人们竞相传说这样的消息，说什么罗马发生了起义、政变，还说什么恺撒不能到自己的军队那里去。高卢人晓得恺撒统率军
168 队的期限总之很快就要期满，并且认为他的地位已经动摇，因此他们不愿意放过现在对他们十分有利的形势。所有这些事件、传闻、期望——结果是引起了整个高卢起义的新高涨。

因此，毫无疑问，应当认为公元前 52 年的战役是最困难、复杂，同时又是具有决定性作用的一次战役。普鲁塔克甚至提出了这样的看法，即如果整个高卢的起义发生得稍晚一些，也就是在恺撒已经被卷入内战的时候，那么整个意大利所面临的危险就不会比金布里人进攻时为小了。① 这次起义的信号是卡尔努提斯人的发动；他们在一个特定的日子里杀死了凯那布姆城(奥尔良)的全部罗马公民并且掠夺了他们的财产。在这之后，起义便开始以难以置信的速度，蔓延开来了。

阿尔维尔尼人参加了起义者的队伍这件事在整个高卢引起了巨大的反响。这个公社被认成是南部高卢最富有也是最强大的公

---

① 普鲁塔克：《恺撒传》，第 26 章。

社；而直到这时为止，它一直保持着对罗马的牢不可破的忠诚。但现在，它不仅参加了反罗马的起义，而且还成了起义的核心，其他高卢部族都是以它为中心团结在一起的。难怪蒙森早就说过，就好像过去同波斯人进行斗争的希腊人那样，山北高卢人在同罗马的斗争中看来第一次意识到了他们自己的“民族”统一的威力。①

阿尔维尔尼人的这种特殊作用还由于在他们中间出现了这样一位领袖，他已提高到可以担起全高卢规模的任务的水平。这是一位贵族出身的年轻人，名字叫维尔琴格托里克斯。他所依靠的基本上是农村居民，这些农村居民无论对本国的贵族还是对罗马人都抱有敌视的态度。很快地维尔琴格托里克斯便被拥戴为国王了。他特别卖力地进行活动，结果他竟得以把相邻的二十多个公社都团结在自己的身边。在这一联盟当中，人们一致通过决定，任命他担任最高统帅。于是他就及时地把自己的一部分军队派赴南方，到旧的罗马的普洛文奇亚的边界地方去，而统率这一支军队的则是果敢的路克提里乌斯。他自己则带领另一部分军队到还没有 169
归附起义的比图里吉斯人②（这些人处于埃杜伊人的保护之下）的地区。

但是，到2月底，恺撒突然出现在山北高卢，这是敌人和自己的军队双方都没有料到的。他的行动仍然是那样迅速和坚决。由于路克提里乌斯对纳尔波造成了直接的威胁，所以恺撒首先赶到那里去。结果他竟能在最短的时间内建立起了一道可靠的防线，在所有受到威胁的地点都安置了卫戍部队。通过这些措施，路克提里乌斯就被挡住并被迫撤退了。

---

① 蒙森，前引书，第3卷，第230页以次；再参阅M.盖尔策尔：《优利乌斯·恺撒》，第164页。

② 比图里吉斯人（Bituriges）是住在阿克维塔尼亚的凯尔特人。——译注

然后恺撒就率领着一支大部队(顺便指出,这支部队在很大程度上是在高卢本地征募的)越过由于积雪而被认为无法通过的凯本纳山而出现在阿尔维尔尼人的领地。正如他所预料的,他用这种办法迫使维尔琴格托里克斯离开比图里吉斯人的地区并返回自己的地区。但是恺撒并不打算在这里长期停留:这样做会太冒险了。因此,他把自己的军队留在这里几天之后,就去维也纳,然后从那里又带着骑兵队伍穿过埃杜伊人的地区去南方,到驻防在那里的军团去。在不长的时间内,他就做到把自己的全部主力集中到一个地方。这是一个巨大的成功。

维尔琴格托里克斯得知恺撒的活动之后就采取了相应的措施。他向着高尔高比那城的方向行进并且把它包围了。这座城市是波伊人这个部族的中心。恺撒过去把这个部族移居到这里,并且把他们交给埃杜伊人加以保护。阿尔维尔尼人如果攻克这座城市,整个高卢便会清楚地看到恺撒这时已软弱到甚至连友人都不能给予帮助。显而易见,维尔琴格托里克斯的意图正是在这里。因此恺撒不得不在比他预计和希望的时期早得多的时候出征。他把两个军团和军队的全部辎重都留在了阿格金库姆。[①]

已经开始的征讨追求两个目的:同维尔琴格托里克斯本人进行斗争,但是,在遇到他之前则是向参加起义的城市和公社进行报
170 复。因此,在经过谢诺尼斯人的地区时,恺撒通过两天的围攻而攻占了维劳诺都努姆城[②],然后又向卡尔努提斯人的首都凯那布姆行进。卡尔努提斯人以为维劳诺都努姆会受到长时间的包围,所

① 恺撒:《高卢战记》,第 7 卷,第 9—10 章。译者按:阿格金库姆(Agedincum)是谢诺尼斯人的首府,位于今天巴黎东南,相当于今天的桑(Sens)。

② 原书作 Велланодув,今据恺撒原书 Vellaunodunum。此地为今天法国的朗东堡(Château-Landon)。——译注

以还没有来得及进行防御的准备工作。因此，当罗马人包围了他们的城市时，他们就试图在夜间经过河（罗亚尔河）上的桥从城中逃走。但是罗马人察觉了这一企图，于是就攻进了城内，结果这里绝大多数的居民成了罗马人的俘虏。就在几周之前，这座城市曾是起义的发源地，因此这时它遭到了严厉的惩罚。恺撒下令把凯那布姆城烧掉，并且任凭士兵来劫掠它。

在这之后，恺撒便渡过罗亚尔河，向着比图里吉斯人的地区进发。维尔琴格托里克斯知道了这个消息之后，就撤去了对高尔高比那城的包围，前来迎击恺撒。罗马人及时地包围了比图里吉斯人的城市诺维欧都努姆[1]。城市当局宣布投降，恺撒则按惯例要他们交出武器、马匹，送来人质。但是在履行这些要求时发生了一件有意思的插曲。居民突然看到有骑兵的队伍开向城市：原来那是维尔琴格托里克斯的军队的先头部队。

被包围城市的居民因援军不久即可到来而感到鼓舞，于是拿起武器，试图组织反抗。但那时恺撒派出了自己的骑兵队伍去迎击前来的敌军骑兵。展开了一场骑兵的战斗。敌人迫使罗马人退却了，但就在这决定关头，恺撒派来了增援的兵力——这就是他手下的四百名日耳曼人的精锐骑兵队伍。高卢人抵挡不住这样的进攻，于是就逃跑了。在这之后，被包围的人们也投降了，而恺撒就到比图里吉斯人的首府阿瓦里库姆[2]去。他认为攻占这座城市可以解决把整个地区收归他的统治之下的问题。

这样，在一个短时期中间，维劳诺都努姆、凯那布姆、诺维欧都努姆都被攻克了。阿瓦里库姆有受到攻击的危险。起义者遭到了

---

① 古时有这个名字的城市有好几个，这里的一座应为今天的努昂（Nouan）。——译注

② 阿瓦里库姆（Avaricum）即今天的布尔日（Bourges）。——译注

一连串明显的失败。所有这一切都使维尔琴格托里克斯不能不认真考虑当时已经形成的局势并且从战役的进程中吸取一定的教训。高卢人很快地就能确信,这一任务是他完全有力量承担的,并且他是一位能够对抗罗马人的合适的领导者。

171 维尔琴格托里克斯拟订了一个完全是新的作战计划。这个计划的主要之点有如下述:高卢人应当放弃用正面的大规模战斗来决定战斗结果的想法。在这样的战斗中,优势总是在罗马人的一面,因为他们的军团是无法击溃的。然而高卢人在骑兵方面却占着绝对的优势。应当利用骑兵来骚扰罗马人粮秣的采办和运输。罗马人为了弄到粮秣,他们必然要分散成个别的、照例又是人数不多的队伍,而对这些队伍就应当追击并加以歼灭。此外,还应当理解并使自己习惯于为了大家的幸福而牺牲局部的利益,因此,如果自己的村庄和甚至城市防守得不够巩固的话,那就不惜加以摧毁。

在恺撒的著作里,高卢人的新的计划的主要原则就是如此①。实质上这就是游击战争的计划。不列塔尼亚的凯尔特人就曾经成功地用这种办法对付过罗马人。但是后来的事件表明,维尔琴格托里克斯还从自己的敌人那里学到一些东西,比如说,他也利用过设防的营地。

新的计划得到高卢首领们的一致赞同。根据维尔琴格托里克斯的命令,他们在一天里烧掉了比图里吉斯人的二十多个乡村和城市。在相邻各公社也发生了同样的事情。到处大火把天空照得通红。在全体大会上还讨论了阿瓦里库姆(布尔日)的命运的问题:是烧掉这座几乎可以说是全高卢最漂亮的城市,还是保卫它。比图里吉斯人跪在地上恳求维尔琴格托里克斯和所有其余参加会

① 恺撒:《高卢战记》,第7卷,第14章。

议的人放过他们的这座城市,理由是它占据有利的位置。维尔琴格托里克斯举棋不定,但最后还是被迫同意了他们的请求。

对罗马人来说,围攻阿瓦里库姆可不是一件轻而易举的事情。恺撒把营地设在该城唯一没有被河流与沼泽地所围绕的部分,而且那里有通向城墙的、唯一的一条极为狭窄的道路。紧跟在恺撒后面的维尔琴格托里克斯则驻守在最难以受到攻击的一个地方, 172
用一切办法给罗马人造成损害,向因征发粮秣而分散开来的罗马队伍发动进攻。攻城的准备工作对罗马人来说是如此困难,食品,特别是粮食供应的中断又是如此严重,以致恺撒认为必须求教于军团,征求他们的意见:是继续围攻下去,还是放弃围攻?但士兵们无论是在向他们个人征求意见时,还是通过他们的将领征求意见时,他们都认为放弃这没有完成的围攻是不光彩的事情,因而,“只要能为自己的同胞,为因高卢人的背信弃义而在凯那布姆丧生的罗马公民报仇”①,他们是甘愿忍受任何困苦的。

虽然如此,在围攻阿瓦里库姆时,恺撒还是极其小心谨慎地行事的。比如,当恺撒得知维尔琴格托里克斯和他的骑兵队伍与轻武装步兵队伍离开营地以便对罗马人进行伏击的时候,他起初照例是决定利用有利的时机并且在夜里逼近敌人的驻地。但当他确信对敌人无法进行奇袭——因为敌人占据高地上极为有利的阵地——时,尽管他愿意叫士兵发起攻击,却又能够克制自己不受这种情绪的影响,他说胜利要付出过多的牺牲,于是就把军队带回了自己的营地。

这期间攻城的准备工作继续进行,攻城的塔楼、土堤和隐蔽的坑道都已接近城墙。但是有一个夜晚,敌人曾试图把所有这些攻

① 恺撒:《高卢战记》,第7卷,第17章。

城的设施烧掉，同时进行殊死的出击。当人们了解到出击并未成功——虽然战争持续了整整一夜——时，被包围者便只剩下了唯一的出路：尽可能偷偷地溜出城市。但这种做法也毫无结果。被包围者的处境日益无望了。

于是恺撒终于作出了猛攻的决定。城市被攻克了，因攻城的劳苦而变得凶狠起来的罗马人，想为他们在凯那布姆遭受的屠杀而进行彻底的清算，竟连老人妇孺也一概不加怜惜。在总数多达
173 四万的居民当中，保全性命的一共只有五百人左右[1]。城市攻下来了，但恺撒的主要的打算却没有实现，起义的力量根本没有削弱。军事上的局部胜利并没有使罗马人在政治上也取得成功，却只是证实了维尔琴格托里克斯先前的看法，即不应当保卫阿瓦里库姆。[2] 而且，阿瓦里库姆的丢失，不管说起来多么奇怪，却毋宁说提高了维尔琴格托里克斯的威信。这一点甚至恺撒本人也不得不承认。[3]

最令人不快的是这样一个情况，即罗马人的老同盟者——埃杜伊人——变得越来越不可靠了。在阿瓦里库姆被攻克后不久，他们就派使节到恺撒这里来通知说，他们国家的内战有一触即发之势。这种局势的形成是因为有两个人都想夺取公社的最高权力，两个人都说自己是被合法地选到最高职位上的，并且两个人都有大量的被保护人、亲属和单单是拥护者作为靠山。

形势确实是相当严重的。恺撒懂得，如果事情发展到火并的程度，则较弱的一方必然会到维尔琴格托里克斯那里去寻求支持和帮助。因此，他甚至把进行得很顺利的军事行动停下来，到埃杜

---

① 恺撒：《高卢战记》，第 7 卷，第 28 章。

② M. 盖尔策尔：《优利乌斯·恺撒》，第 166 页。

③ 恺撒：《高卢战记》，第 7 卷，第 30 章。

伊人那里去。在戴凯提亚①,他召来了"元老院"和公社的领袖;争论的双方也都被请了来。恺撒了解了情况之后,对争端作了有利于康维克托利塔维斯的裁决,他是按照古老的习俗,在司祭(德鲁伊德)的指导下选出的。当然,那时他并不能指望康维克托利塔维斯能够很快地以十分特殊的方式为对他的这种保护表示感谢。

为了继续作战,恺撒决心分开自己的兵力。他把拉比耶努斯统率下的四个军团派赴谢诺尼斯人和巴里西伊人那里去,以便彻底镇压这些部族的抵抗,他自己则率领着六个军团去阿尔维尔尼人地区的盖尔哥维亚要塞。恺撒是沿着埃拉维尔河②向前推进的,而维尔琴格托里克斯则已下令把所有的桥摧毁,并在河的对岸跟随着——他的行进是在恺撒的视界之内的。他的任务就在于阻止罗马人渡河。但是恺撒却得以瞒过了他,偷偷地把自己的全部兵力过渡到了对岸。在这之后,罗马人便毫无阻碍地来到了盖尔 174
哥维亚。

恺撒在了解了这座城市的地势之后,立刻就放弃了猛攻的想法,因为这座城位于一座高山之上,所有通到那里去的道路都是极为陡峭难行的。应当作长期围攻的准备,更何况在城下设营的维尔琴格托里克斯还要个别公社的部队守住了这座山的一切路口和山坡。

恺撒长时期陈兵盖尔哥维亚城下,这肯定对整个起义的进程是有影响的。首先是结束了埃杜伊人的犹豫不决的态度。他们公开地背叛了自己的联盟者和保护者罗马人并转到起义者的一边去。而且这一决定的倡议者和鼓舞者就是那个康维克托利塔维

① 戴凯提亚(Decetia)是埃杜伊人的城市,濒临利格尔河(今天的德西兹河)。——译注

② 埃拉维尔河(Elaver)即今天法国的阿利埃河(Allier)。——译注

斯——就在不久之前，恺撒还曾决定把埃杜伊人的最高权力交给此人。有人甚至怀疑他受到了阿尔维尔尼人的收买。①

但是，没有十分重大的原因而要想把埃杜伊人的整个公社拖上起义的道路，那却不是一件轻而易举的事情。因此，起义是这样地准备起来的。在恺撒的军队中早已有了他过去调来的一支埃杜伊人的骑兵队伍。现在，根据当时的约定，还要把一支一万人的步兵队伍派到那里去。康维克托利塔维斯任命埃杜伊人中一个名叫利塔维库斯的年轻贵族统率这支军队，而他同利塔维库斯则缔结了一项秘密协定。

接过了统帅权之后，利塔维库斯就出发了；而当他来到离盖尔哥维亚和恺撒的驻地大约有三十哩的地方时，他突然要军队停下来。他召集士兵和军官，向他们发表讲话。在他事先准备好的这个讲话里，他告诉大家说，好像恺撒的军队里埃杜伊人的全部骑兵队伍都被罗马人杀死了，而骑兵部队的军官们——利塔维库斯的兄弟和亲属——也不经任何审判就被恺撒处死了。所以受到如此残酷的镇压，是因为他们被指控同阿维尔维尔尼人有勾结。但如果事情是如此的话，那么真的投到阿尔维尔尼人的那一边，同他们一道向这些罗马人、这些残酷不仁的压迫者和杀人凶手进行报复
175 岂不更好吗！利塔维库斯就用这样的话在自己的军队中煽起了对罗马人的仇恨，同时又派人到埃杜伊人的整个公社去散布同样虚构的消息。

恺撒得知利塔维库斯的行动之后，尽管要冒很大的危险，他仍不惜从自己的营地中抽出四个军团和全部的骑兵部队。他迅速地赶上埃杜伊人的纵队后，就要自己的骑兵部队向他们攻去，同时命

---

① 恺撒：《高卢战记》，第7卷，第37章。

令他的军队中由埃杜伊人贵族担任的骑兵军官们（利塔维库斯说他们都被杀死了）同其余的骑兵对话，以便要他们同部族的人看到，他甚至要他们向对方发出呼吁。这样一来，埃杜伊人立刻确信自己受了骗，于是抛掉武器请求宽恕了。恺撒决定表示宽大，而这在当时的情况下当然是最恰当的做法了。利塔维库斯和自己的被保护人于是逃到盖尔哥维亚去了。

但是想把埃杜伊人的处于萌芽状态的运动镇压下去的试图却未能成功。当恺撒和自己的军团一道返回营地时，他首先得知，敌人在他离开时进行了一次极为危险的进攻。后来埃杜伊人把使节派到他这里来进行解释和辩解。恺撒虽然对过去的同盟者已绝对不再信任了，但他仍然按照这样的精神来回答对方：由于“贱民们”的糊涂和轻率，他根本不准备使整个公社失去他个人通常对他们抱有的好感。

恺撒所以采取这种态度，是由于他力图避免主要的危险——埃杜伊人的全面的起义。如果发生了这样的事情，恺撒就会同拉比耶努斯完全隔断，而且这时拉比耶努斯的战绩也不是怎么出色的。所有这些情况加到一起，正如《高卢战记》的作者所说的，好像那时就已迫使恺撒不得不考虑从盖尔哥维亚城下撤离和必须把全部兵力集中于某个地方的问题。但这次撤离无论如何不应当给人以逃跑的印象①。恐吓的话还在讲着，但只此一点便证明，从战争开始以来，罗马军队从来没有像现在这样处于受威胁的地位。

但是在离开之前，又试行了一次猛攻。尽管对于这次猛攻的记述在许多细节方面看来是有意讲得含混，或者，如果可以这样说 176
的话，是“经过伪装的”记述，但有一个情况是毫无疑问的：这次猛

① 恺撒：《高卢战记》，第7卷，第43章。

攻准备和进行得都不成功。如果按照哪怕是《高卢战记》中的记述,说结果一切顺利,甚至是辉煌的,但这时在前头一味猛攻的各军团,却没有和队伍脱离到听不见喇叭声——退却信号——的程度。然而不十分清楚为什么后来发出这样的信号,以及为什么恺撒不用自己心爱的第十军团支持这次进攻,尽管同他所说的相反,这次进攻没有取得任何重大的结果。① 很可能恺撒根本没有料到在城下会遇到如此英勇顽强的抵抗。

实质上,这是一次彻底的挫折,甚至失败。罗马人在战斗中损失了大约七百名士兵、四十六名百人团长。第二天,恺撒召开了全军的会议。他的演说照例是做得很巧妙的。开头他谴责了士兵的过分急躁和任性,不过对他的勇敢也作了应有的肯定。然后在演说的结尾处,他用地点不好来解释这次战斗中的一切挫折,以此来"激励士兵"。在紧接这之后的几天里,恺撒两次示威性地把自己的军队引出军营,不过这也并未能把维尔琴格托里克斯引诱到平原上来。但是,考虑到他所采取的一切措施完全不足以"压下高卢人的气焰和提高自己士兵的勇气",于是他就解除了对盖尔哥维亚城的包围,率领着自己的全部兵力到埃杜伊人的地区去了。②

然而,在盖尔哥维亚城下遭受的挫折当然也不是没有任何后果的。首先,对之作出反应的正是埃杜伊人。现在他们公开依附于起义者了。在恺撒用来安置人质、粮秣、全军的金库、行李以及他购买的马匹的诺维欧都努姆城(在罗亚尔河上),埃杜伊人杀死了卫戍部队和城里的罗马商人,然后把掠夺来的战利品在他们中间分配了。粮食储备是如此之多,以致它们的一部分竟不得不投

① 恺撒:《高卢战记》,第7卷,第47章。
② 恺撒:《高卢战记》,第7卷,第51,52—53章。

到河里去。起义者看来并不想长期占有这个城市，他们放火把它烧掉了。

形势变得危急了，因为现在甚至他们的最受过考验的联盟者， 177
比如阿特列巴提斯人[①]的国王康米乌斯都起来反对罗马人了。而且，贝洛瓦奇人[②]也动了起来，这样提比耶努斯的阵地的背后就有可能受到攻击。而他的处境和先前一样并不是十分理想的。想占领卢特提亚[③]的企图并未得手，敌人宁愿把城市烧掉，毁掉桥梁，并且因此而在战术方面占据了如此有利的地位，致使拉比耶努斯无法渡河（塞纳河），同时又使他无法强迫敌人进行战斗。

在恺撒召开的军事会议上，几乎大多数的人都同意越过凯本纳山，退到普洛文奇亚去，这样就可以使至少这些古老的罗马领土不致受起义的影响。但是恺撒否定了这一计划，他认为这是一个胆怯的和不光彩的计划，此外，拉比耶努斯的命运使他深感不安。因此，他作出了和他会师的决定，并且在渡过罗亚尔河之后，从埃杜伊人的地区那里去谢诺尼斯人的地区。拉比耶努斯则按照他的命令把自己的军队带到阿格金库姆去。恺撒本人现在也赶向阿格金库姆。

不过拉比耶努斯并不是简单地退到阿格金库姆去。他到底还是钻了敌人的空子，渡河到了塞纳河的左岸。在这里发生了一场大战，罗马人取得了胜利，而只有在这之后，拉比耶努斯才到阿格金库姆去见恺撒。几天之后，他们会见了。这样，在当时条件下，

---

① 阿特列巴提斯人（Atrebates）是贝尔吉卡的高卢部族，他们的首府是涅美塔库姆（Nemetacum）（今天法国的阿拉斯），后来他们有一部分移居不列颠。——译注

② 贝洛瓦奇人（Bellovaci）是贝尔吉卡的高卢部族，住在今天的索姆河、塞纳河与瓦扎河之间，首府是勃拉图斯潘提乌姆（Bratuspantium）（在布勒特依附近，今已不存）。——译注

③ 今天的巴黎。——译注

恺撒的大胆的，然而是唯一正确的计划就实现了！实现了他的两部分军队的会师，会师进行得十分顺利并且看来没有遭受损失。

但是，这一成就还完全不意味着在战争行动的进程中发生了有利于罗马人的总的转折。相反，一切优势——军事性质的和政治性质的——到目前为止都在起义者方面。在毕布拉克提[①]（埃杜伊人最大的城市之一）召开了全高卢的大会——这表现了从未有过的反罗马的一致。没有出席大会的只有列米人、林戈尼斯人和特列维里人。而且就在这些人中间，如果说列米人和林戈尼斯人还保持对罗马的忠诚的话，那么特列维里人之所以缺席，是因为他们当时正在同日耳曼人发生冲突。

178 这次大会对维尔琴格托里克斯的最高统帅权重新作了肯定，并且通过了他所拟订的今后斗争的计划。维尔琴格托里克斯和先前一样，认为必须回避总体的战斗，但是可以利用骑兵在数量上的优势，千方百计地不许罗马人取得粮秣。为此，他们自己应当毁弃田地、烧掉庄园。现在他们打算以曼都比伊人[②]这个部族的城市阿列西亚作为根据地，因为这里有一座设防的营地，又运来了大量的粮食。

维尔琴格托里克斯再次把自己的使节派到各高卢公社去。他特别想把阿洛布洛吉斯人吸引过来参加自己的行动。阿洛布洛吉斯人就在不久之前还同罗马人为敌并且受到十分残酷的镇压。但是恺撒在这里，在当地的贵族中间，却有不小的势力，因此阿洛布洛吉斯人不仅保持了对罗马的忠诚，而且沿着罗纳河构筑了防线。

虽然如此，局势是严重的。个别的起义部队越过了凯本纳山。

---

① 即今天法国的奥顿(Autun)。——译注

② 曼都比伊人(Mandubii)住在埃杜伊人和林戈尼斯人之间，阿列西亚是他们的首府。——译注

这样，连普洛文奇亚也受到了威胁。现在，当全部罗马军队集合到一起时，恺撒就可以使自己采取先前被他否决的一项决定——前去帮助普洛文奇亚了。但由于他知道敌人在骑兵方面的优势，并且，由于现在他没有什么地方的援军可以等待，所以他就把自己的代表派到莱茵河对岸去，即前些年被征服的那些日耳曼部族那里去，要求派遣骑兵和甚至轻武装步兵到他这里来。

恺撒在得到——可能甚至出乎自己的意料——他所要求的支援力量之后，就率领着全部兵力穿过谢夸尼人的地区向普洛文奇亚进发了。于是维尔琴格托里克斯决定用骑兵进攻在行进中拉长为纵队的罗马军队：罗马人退出高卢时，可以说是跑到普洛文奇亚去的，并且为了使他们不敢再回来，现在要在他们没有作好战斗准备的时候使他们遭到决定性的失败。高卢骑兵就在这种希望的鼓舞下，全都宣了誓：如果有谁不是两次骑马穿过敌人的纵队，就不 179
许他回家，不许他回到他的双亲和妻子儿女那里去。[①]

高卢的骑兵是分作三队的，这样他们可以从两翼和正面进攻行进的罗马队伍。但是恺撒也把自己的骑兵部队分成三个部分，使之迎战敌人。在所有的地点同时展开了战斗。步兵留在原地未动，但恺撒只要看到哪里敌人的压力特别大，他立刻把几个步兵中队派到那里去。重新集合起来的日耳曼骑兵决定了战争的结果——右翼的日耳曼人占领了高地的脊部，从那里进攻敌人，把他们打退，继而又使他们溃逃了。其余的高卢骑兵因为害怕被包围，便也开始逃命了。他们一直逃到河边，就是维尔琴格托里克斯和他的步兵所在的地方。罗马人光辉地取得了骑兵战斗的胜利。

这之后便开始了公元前 52 年战役的最后一幕。维尔琴格托

---

① 恺撒：《高卢战记》，第 7 卷，第 66 章。

里克斯把自己的军队带到阿列西亚去，想把他们安置在那里，因为那地方有要塞城墙的保护，外面还有设防的营地，就和阿瓦里库姆和盖尔哥维亚的情况那样。就在第二天，恺撒来到这里，他了解了当地的情况之后，便断然改变自己先前的计划，立刻开始了攻城的准备工作，决定把城市和敌人的军队都包围起来。顺便指出，阿列西亚的地势是这样的：山高，还有围绕城市的河流，因此只有有计划地组织的围攻才能在这里取得成功。

罗马人开始围绕着城修筑了一道十七公里长的工事。维尔琴格托里克斯想用自己的骑兵阻挠这一工作。展开了新的骑兵的战斗。恺撒本人也证明，战斗进行得十分激烈。这次又是日耳曼的骑兵决定了战斗的命运。① 于是维尔琴格托里克斯决定把自己的骑兵送出去，以便使它的个别队伍各自返回自己的公社，把所有能拿武器作战的人都征集来。他力图要他们知道，形势发生了激变，起义的事业极为危险，而且，从现有的粮食储备来看，他和他的八万名军队只能经得住大约一个月的围攻。他把带有这一任务的骑
180 兵送走之后，就把所有自己的军队带回城内。

当然，恺撒从开小差的士兵和俘虏那里也知道了维尔琴格托里克斯的这些意图，并且得知在高卢例行的大会上作出决定，要把一支大军派到阿列西亚来。而且要求每一个高卢公社都要提供一定数量的战士。用这样的办法一共征募了好像多到一共二十五万步兵和大约八千名骑兵。

现在除了围城修筑的一道防线之外，还必须补充一道新的、同样坚固的对外防线，以应付会从外面攻来的高卢大军。修筑的工作日以继夜地进行。恺撒亲自监督工作的进行。外面的这一道防

① 恺撒：《高卢战记》，第 7 卷，第 71 章。

线到工程结束时几乎有二十公里长。此外，根据恺撒的命令，在所有这些防线内部，集中储备了大约足够三十天的粮秣。

围攻确实拖了一个多月。人们预计高卢大军会到来的那一天也过去了。在被围攻的城市里开始发生了饥馑。在这种惊惶不安的气氛中召开了负责守卫的领导人的一次会议。人们发表了各种各样的意见。有人甚至建议投降。阿尔维尔尼人的贵族克里托格那图斯的发言给人的印象最深，他不仅愤怒地驳斥了向胜利者投降的建议，而且反驳了那些想过早地进行出击的意图。他认为必须等待大军的到来，要表现出刚毅不屈的精神，甚至不惜用那些论年龄还不适于作战的人来维持城市保卫者的生命。①

但是最后作出的却是一项妥协的决定。决定把已经不适于保卫城市的一切人都遣散出去，这样就减少了吃饭的人数。这样一来，城市的原来的居民曼都比伊人，也就是过去曾把自己的城市交给军队的人们，现在他们自己却要离开这座城市了。他们带着妻子儿女来到罗马工事的地方，含着眼泪请求罗马人把他们收下做奴隶，只要给他们一口饭就行。但是恺撒断然拒绝哨兵把从城中 181
逃出来的人放过防线。

期待已久的高卢大军终于来到了。统率这支军队的有四名将领，其中有阿特列巴提斯人康米乌斯和维尔琴格托里克斯的从兄弟维尔卡西维劳努斯。被围攻的人们士气大振，他们的全部兵力再次开到城外面来。在随后的几天之内，罗马的防线受到两次攻击：一次是维尔琴格托里克斯的军队，一次是前来增援他们的大军。但罗马人两次都坚守下来，打退了敌人的猛攻。

第三次战斗是决定性的。战斗进行得极为激烈，因为“对高卢

① 恺撒：《高卢战记》，第7卷，第77章。

人来说——正如恺撒所说——如果他们不突破防线，他们就失去了一切得救的希望。而罗马人呢，只要他们坚持住，那他们的一切劳苦也就有希望结束了”。[①] 在不包括在防线之内的一座小山上，是战斗进行得特别激烈的地段。当敌人开始在这一地段对罗马人施加压力的时候，恺撒就派拉比耶努斯带着六个步兵中队到那里去。但这样做还不够。于是恺撒又亲自率领更多地预备队伍前去支援。他带去四个步兵中队和骑兵队伍。他把骑兵分成两个部分：一半由他率领，另一半则绕过防线以便从背后进攻敌人。

人们从衣着，从统帅穿的紫色外袍可以认出恺撒来。战斗重新变得激烈起来，最后发展到白刃战的程度。这时在敌人背后突然出现了罗马的骑兵。罗马人的新的步兵中队也来支援了。敌人被打垮了，他们开始全线败退下去。骑兵照例进行追击并杀死逃者，只有很少数人逃回自己的营地而未受伤害。从城里出来猛攻罗马防线的军队又匆忙地退回到城里去了。

罗马人取得了全面的胜利。人们给恺撒带来了七十四面旗帜。高卢军队的许多将领或是死在这一战斗里或是被俘。然而胜利的最主要的成果应当认为是：正是在同一天里，“从高卢的营地”
182 也开始了“全面的溃逃”，这就是说，全军实际上崩溃了。恺撒在自己的《高卢战记》中甚至要人们相信，如果他的士兵不是因折磨人的战斗而疲惫不堪的话，“敌人的大军是能够完全被消灭的”。[②] 事情是否如此，这并不十分重要；远为重要的是另一种情况：整个起义的命运就在阿列西亚城下决定了。

维尔琴格托里克斯在第二天就投降了。恺撒要求把他本人交

① 恺撒：《高卢战记》，第 7 卷，第 85 章。

② 恺撒：《高卢战记》，第 7 卷，第 88 章。

出来。喜欢描述动人的细节的普鲁塔克对交出维尔琴格托里克斯时的场景的描绘比对恺撒本人的记述要热闹得多。他说，高卢的统帅自己穿上最好的衣服，乘骑也装饰得富丽堂皇，他环绕着恺撒座位所在的高地绕行一圈之后，便脱下全部甲胄，然后一语不发地坐在恺撒的脚下。[①] 他被看管起来，然后送往罗马，关进监狱。他要在狱里等候六年，只是为了恺撒在举行凯旋式时能够作为活的战利品把他带在行列里，然后才送去处死。这是罗马的习惯做法，自古以来拟订的凯旋式的程序就是这样。

公元前 52 年的战役因对维尔琴格托里克斯的决定性胜利而完成了。罗马方面又宣布了为期二十天的庆祝活动。[②] 但这绝不是意味着整个战争都结束了。高卢的军事行动在公元前 51 年，甚至在公元前 50 年还在继续着。诚然，它们的性质已稍稍有些不同了。问题在于，这不过是肃清起义的那些最后的分散的据点罢了。

早在公元前 52 年年底，埃杜伊人就被彻底平定了，接着阿尔维尔尼人也表示顺从。而且，有两万名俘虏放回给他们。至于埃杜伊人，他们甚至保留了同盟者的身份——除了他们之外，有这种身份的只有忠于罗马的列米人和林戈尼斯人。阿尔维尔尼人尽管必须交出大量的人质，但也取得了完全可以忍受的和平条件。根据这些条件，他们获准可以独立解决自己的内部问题。现在，当高卢团结一致的危险好像已被排除的时候，对恺撒来说，重要的就是至少在这两个最大的公社当中找到支持的力量。

但有没有根据认为，高卢团结起来的危险就完全不存在了呢？183
在公元前 51 年到前 50 年的战役中，恺撒的行动的目的首先和主

---

① 普鲁塔克：《恺撒传》，第 27 章。

② 恺撒：《高卢战记》，第 7 卷，第 90 章。

要的就是，把这样的意图在其一开始出现时就镇压下去。就像在类似的情况下他一向的做法那样，这时他也是果敢和神速地行动的。公元前52年到前51年的冬天，他突然率领两个军团进入比图里吉斯人的富有的地区，并迅速地使他们服从了。随后就轮到了卡尔努提斯人。但是卡尔努提斯人一听到罗马人到来的消息，就逃离了自己的城市和村庄，躲到森林甚至相邻的公社去。由于冬天是十分严酷的，所以恺撒把冬营设在卡尔努提斯人的城市凯那布姆。这个城市已不是第一次看到罗马人了。但是冬天还没有过去，恺撒就不得不从这里进行新的征讨，去对付贝洛瓦奇人。

贝洛瓦奇人以一个好战的部族而知名。当人们按照维尔琴格托里克斯的要求组成了全高卢的大军并且每个公社都提供一定数量的战士的时候，贝洛瓦奇人却拒绝服从。他们说，他们不愿服从于任何政权，但是他们却将要独立地同罗马人作战。确实，在还没有直接参加起义的所有高卢公社当中，贝洛瓦奇人是最危险的敌人了。

除去贝洛瓦奇人本身外，参加反对罗马人的斗争的还有比尔吉人的其他部族。领导这支军队的是有经验的军事领导者、贝洛瓦奇人科尔列乌斯和现在成了罗马人的死敌的阿特列巴提斯人康米乌斯。康米乌斯甚至能够把日耳曼人的骑兵拉到自己方面来。至于科尔列乌斯，则他十分善于指挥军事行动，他使用的在很大程度上就是维尔琴格托里克斯的战术。

恺撒手里开头有四个军团，后来他却不得不再召来两个军团。尽管如此，他长时期不能取得决定性的胜利，相反，他却遭到一连串严重的挫折，而且有关这些挫折的消息甚至传到了罗马。最后他才在亲自参加的一次战斗里，使贝洛瓦奇人遭到了决定性的失败，而科尔列乌斯也被杀死了。这之后，敌人在营地里召开了一次会议，并作出了向罗马人派出使节并交出人质的决定。来到恺撒这里的使节请求他的宽大并强调指出这样一个情况：即战争的罪 184
魁祸首和鼓动者科尔列乌斯已经死了。正如《高卢战记》第 8 卷的作者奥路斯·希尔提乌斯所说的，恺撒的回答是，他知道得很清楚，把罪过一股脑儿推到死者身上是多么方便的事情，但他仍然愿意满足于贝洛瓦奇人自愿承担的那些惩罚。[①]

比尔吉人这一部族的平定是具有决定性意义的事件。全高卢起义这场大火被彻底扑灭了，只有一些余烬分散在各处。恺撒亲自去埃布罗尼斯人的地区，而不幸的亡命者阿姆比欧里克斯的国土于是被焚掠一空。其余的地方则委托给了他的几位副帅：拉比耶努斯、卡尼尼乌斯、法比乌斯，他们是在罗亚尔河一带，也在布列塔尼和诺曼底活动的。拉比耶努斯征服了特列维里人，而卡尼尼乌斯则在皮克托尼斯人[②]的地区进行有成效的活动；在这里，保存下来的起义者队伍曾围攻过列摩努姆城（波瓦提耶）。

最后一次的人规模的战斗是环绕着乌克塞洛都努姆[③]这座要塞城市展开的斗争。维尔琴格托里克斯的战友路克提里乌斯和一个名叫德拉佩斯的人攻占了这座城市。这个德拉佩斯好像早在起义开始时就把所有公社的亡命者吸引到自己方面来，他甚至收留“强盗”并且号召奴隶起来争取自由。可惜，除了希尔提乌斯的这种片段的并且未必客观的描述之外[④]，关于德拉佩斯，我们就不知

---

① 恺撒：《高卢战记》，第 8 卷，第 22 章。

② 皮克托尼斯人（Pictones）居住在利格河下游以南地区，即今天的普瓦图（Poitou）地区。——译注

③ 乌克塞洛都努姆（Uxellodunum）是卡杜尔奇人的设防城市，今天的卡普德那（Capdenac）。——译注

④ 恺撒：《高卢战记》，第 8 卷，第 30 章。

道更多的东西了。

对自然形势十分险要的乌克塞洛都努姆的围攻持续了很长的时期。尽管恺撒的副帅卡尼尼乌斯作战顺利，并且在一次战斗中当德拉佩斯率领部分军队出城时把他打垮，但是卡尼尼乌斯并没有足够的兵力把这座城拿下来。于是这时正在巡视高卢各公社，主持审判并力图恢复平静的恺撒突然出现在乌克塞洛都努姆城下。他认为有必要把围攻坚持下去，但是居民进行殊死的抵抗，而只有当地下的坑道把城内最后的水源切断时，城市才投降。希尔提乌斯解释说，既然恺撒认为他的宽厚是众所周知的，因此现在他就没有理由担心他所施行的某一严厉措施会被认成是他生性残酷
185 的表现了，因此他下令把城中只要拿过武器的居民的手都砍掉，但是保留他们的性命，以便使人们更清楚地看到他们的罪行所受到的惩罚。①

在这一骇人听闻的事例之后，随之而来却又是一连串爱好和平的行动了。恺撒亲自访问了阿克维塔尼亚（这个地方他过去没有来过），并使这里完全平静下来。然后他又去纳尔波高卢，而委托自己的副帅们把军队带到冬营去，并把他们作了这样的分配，其意图在于使高卢每一部分都有罗马的部队据守着。他本人在普洛文奇亚待了几天，慷慨地赏赐了在他经受严酷考验的年代为他作过某些服务的所有的人，然而他并没有越过阿尔卑斯山，而是回到贝尔吉乌姆②他自己的军团那里去，并选择阿特列巴提斯人的城市涅美托肯那（阿尔拉斯）为自己的大本营所在地。

按照希尔提乌斯的看法，到公元前 50 年，高卢已经没有任何

① 恺撒：《高卢战记》，第 8 卷，第 44 章。

② 在贝尔吉卡。——译注

特别重要的事件了，不管怎样，应该用专书来记述的事件是没有了。① 恺撒在高卢度过冬天之后，便主要忙于维持和加强同各公社的友好关系了。为此，他"向各公社讲奉承话，大量赏赐它们的领袖，不给他们摊派沉重的赋役，并且一般力图使经过如此多次惨败而筋疲力尽的高卢能够在比较缓和的条件下服从罗马的统治。"②冬天快过去时，恺撒巡视了近高卢的一切地区，然后返回到驻守在涅美托肯那的自己的军队那里去，把军团从冬营带到特列维里人地区的边界，并在那里对全军进行了盛大的检阅。这好像是终了的表示了。从这时起，高卢的战争就被认为是结束了。

就在公元前 50 年这同一个冬天，恺撒奠定了山北高卢新组织的基础并且调整了它和罗马的相互关系。这种关系绝不都是一个样式和没有个性的。三个最有威信的高卢公社——埃杜伊人、列米人和林戈尼斯人，如上所述，处于特权的地位，其余的公社则要支付固定数目的税金(tributa)。大家知道，整个山北高卢每年交纳四千万谢斯特尔提乌斯(相当一千万狄那里乌斯)的税金。人们 186
不应因其总数较小而感到吃惊：在破坏性的战争期间，这个地方受到了惨重的破坏和劫掠。当然，落到罗马人手中的极其多种多样的战利品比起这个地方担负的为数不多和力所能及的税收数目来，要超过几十倍，如果不是几百倍的话。③

在纯行政管理方面，被恺撒征服的大片领土最初很可能被认为是并入了纳尔波高卢的。以前个别公社的行政制度(即地方的"国王"或贵族的"元老院")则保存下来，而且在征服之后，被保护关系以及一个公社依附于另一个公社的制度也保存下来了。恺撒

① 恺撒：《高卢战记》，第 8 卷，第 48—49 章。
② 恺撒：《高卢战记》，第 8 卷，第 48—49 章。
③ M. 盖尔策尔：《优利乌斯·恺撒》，第 177 页。

并不急于改变这制度本身,即政治制度和行政管理制度,他关心的只是要使现在领导公社的人要有明确的政治方向——拥护罗马和他本人。在这方面,他并不吝惜,他把金钱、没收的采地、领导职位慷慨地赏赐给他们。恺撒对地方的宗教和它的司祭(即德鲁伊德),也是采取容忍的,甚至是尊重的态度。

尽管恺撒在高卢没有建立,或说得更确切些,没有来得及建立一套十分完整的和有条理的政治行政制度,但他实施的办法仍然是极为平稳和十分现实的。这一点至少可以因下面一个值得注意的事实而得到证实,即当罗马爆发了内战时,高卢几乎没有罗马军队,但这个重新被征服的国土比起某些看来早就习惯于罗马的统治的行省来,却是更加忠于罗马。

对征服高卢一事应当做怎样的一般估计呢?这是一个具有巨大历史规模和意义的事件。如果相信普鲁塔克的话,那么恺撒在高卢作战的十年中间,通过猛攻的办法占领了八百多座城市,征服了三百多个部族,同三百万人作战,并消灭了其中的一百万人,俘虏了同样数量的人。① 他攻占和并入罗马领土的土地,其面积有
187 五十万平方公里。战利品——俘虏、牲畜、贵重物品、黄金——真是无法统计。大家知道,在罗马,黄金多到按磅出售,而且它的价格比银子还低四分之一。最高统帅本人也发了大财;他不仅完全恢复了,而且大大扩大了他并非第一次荡尽的产业;他的军官(例如拉比耶努斯等人),甚至士兵也都发了财。苏埃托尼乌斯指责恺撒的贪得无厌。他直言不讳地说,“他破坏了装满献纳品的庙宇和神殿,蹂躏城市更多是为了战利品,而不是为了惩罚。”②

---

① 普鲁塔克:《恺撒传》,第 15 章。

② 苏埃托尼乌斯:《恺撒传》,第 54 章。

然而，看来主要的成果并不在这里。高卢的征服为罗马的商业金融资本——投机商、商人、高利贷者——之进入这一地区开辟了极为广阔的前景，使得五十年代无论在这一新的行省还是在罗马本城都出现了活跃的商业活动。难怪某些学者顺着蒙森的意见[①]而认为，高卢的合并对地中海世界——mutatis mutandis[②]——的影响，可以同美洲的发现对中世纪欧洲的影响相比。此外，无可争辩的是：后来集中进行的高卢罗马化的过程，一个在社会经济、政治和文化方面都在进行的多方面的过程，也是在恺撒的高卢战争期间开始的。

最后，战争的总结对恺撒本人也是适用的。毫无疑问，他在罗马的声望这时已达到了最高限度。且不说恺撒的蛊惑宣传——为了进行这种宣传，恺撒再次能够用他惯有的慷慨作风花费巨额的金钱；也不说他在最广大的罗马居民阶层中享有的声望，应当承认，在高卢取得的军事的和外交的胜利的光彩，看来甚至对那些无论如何也不能被怀疑对恺撒过分同情的人，也造成了不可磨灭的印象。当然，这并不是说，恺撒在政治上的那些死对头都同他和解了，但这样一些人，例如西塞罗，尽管他也认为恺撒几乎可以说是他遭到放逐的主要责任者，但是早在公元前 56 年他的一次演说 188
中，仍然满怀激情地叫道："我能够是这样一个人的敌人吗？要知道，这个人的书信，他的传言，他的使节，每天都用迄今根本无人知道的部族、氏族、地方的名字使我听了吃惊。请相信我，各位元老们，我满怀着对祖国的热爱，而这种极为古老的、永恒的爱使我再次同恺撒走在一起，使我同他和解并且使我们不能不恢复过去的

① 蒙森，前引书，第 3 卷，第 243—244 页。

② 拉丁语：按具体情况加上必要的改变。——译注

友好关系。”[1]或者再看一下瓦列里乌斯·卡图路斯的例子。据恺撒本人的意见，此人一直在自己的诗歌里指责恺撒，称他为坏蛋，称他为卑鄙无耻的家伙，但是当此人谈到在高卢取得的胜利时，仍然不能不在恺撒的名字上加上完全是另外的头衔，比如说，“杰出的”、“光荣的”[2]。

当然，在高卢作战的九年使恺撒取得了巨大的经验。他牢牢地取得了杰出统帅的声誉。作为一位统帅，他至少有两个值得重视的特点：行动迅速和灵活多变，而且这两个特点又如此突出，以致古代的历史学家都认为在他之前的任何人都不能同他比肩。高卢战争的几乎全部战术（当然还有许多战略上的考虑）都是建立在这两个原则之上的，而在高卢的那种力量对比的情况下，特别在伟大高卢起义时期，这不仅是正确的，而且是唯一可行的行动计划。如果恺撒这时手里有十个军团，也就是说：在最好的情况下也只有六万人的话，那么起义者的总兵力则多达二十五万到三十万人。因此一切都有赖于行动的迅速和机动灵活，归根到底，也就是有赖于善于分散敌人的力量。

苏埃托尼乌斯特别指出，恺撒能以惊人的速度作行程极为漫长的行军——他的军队轻装，利用租来的车子，每天可以走一百哩。他的忍耐力是令人难以相信的：在行军中，他总是走在军队的前面，通常是步行，有时也骑马；无论在炎热的天气中还是在雨中，他头上从不戴任何东西。小心谨慎和胆大无畏在他身上结合起来。比如，他从来不率领军队通过易于受到伏击的道路，而且每次
189 行军事先都要把道路调查清楚。另一方面，他自己又能换上高卢

① 西塞罗：《论执政官级长官的行省》，第22—23章。
② 卡图路斯，第29、57章，比较第11章。

人的服装穿过敌人的岗哨，冒着随时会送命的危险到自己的被包围的部队那里去。①

作为一位统帅，恺撒还在下述一个方面超过所有在他之前的人们——他善于同士兵相处，同他们有共同的语言。前面曾多次提到，他如何能够用写得成功而又发表得及时的演说鼓舞军队，或者使军队的情绪发生有利的转折。他个人认识并记得许多百人团长，还有许多服役多年的老兵，在战斗的决定关头，他叫得出他们的名字。他能正规地参加日以继夜的繁重的攻城劳作，而当他看到士兵们如何拼命劳作而又如何疲惫不堪时，他又能建议他们自愿地撤除包围，比如他在阿瓦里库姆城下就是这样做的。

为恺撒作传记的作家们都着重指出，恺撒在自己战士们身上重视的不是性格、不是出身、不是财富，而只是勇气。他既严格而又宽厚。他要求绝对的服从，他使所有的人处于紧张和准备战斗的状态，他喜欢发布假的警报，特别是在天气恶劣和在节日的时候。同时他又往往不去计较士兵们在休息时或者在胜利的战斗后犯下的过失。在召开会议并且对士兵讲话时，他不仅称他们为“战士”，而且亲切地称他们为“战友”。对于立了战功的人，他把装饰着金银的贵重武器给他们。他就通过这一切赢得了士兵们对他的极大爱戴。士兵同自己的领袖的这种关系特别鲜明地表现在内战时期，不过在这之前，在出征高卢的年代里，人们已经感到了这一点。古代的历史学家不无惊讶地指出，在高卢战争的九年中间，尽管遭到一切艰难、困苦、有时是挫折，在恺撒的军队里从来没有发生过任何骚乱。②

① 苏埃托尼乌斯：《恺撒传》，第57—58章。

② 苏埃托尼乌斯：《圣优利乌斯传》，第65—69章。

“恺撒与士兵”的问题,或者说得更确切些,“恺撒和他的军队的个人关系的问题、对人的领导的问题”①,就是在近代史学中,也引起了人们一定的兴趣。人们注意到了统帅和他的下属之间“精神上的接触”,注意到他善于特别看到并指出最勇敢的人、士兵本
190 身的忠诚和首倡精神以及在他们身上开始出现的这样一些概念和标准,诸如军人的荣誉、“罗马人民的伟大和他们自己的光荣历史”或者“国家与统帅”②。在我们看来,在这种情况下,恺撒和士兵之间的相互关系显然是被理想化了。

在高卢战争的进程中,作为外交家和政治家的恺撒经常要对作为统帅的恺撒加以补充③。更多是外交行动,而不是纯军事行动,以其出色的并且是适时发表的演说对士兵的情绪发生影响。争取分散敌人的兵力——这是一项军事的,同样又是政治的任务。军事行动或者成功地实行鞭子和蜜点心的政策,这两者哪一种需要更大的灵活行事的本领,这个问题完全是可以争论的。

但是在恺撒所使用的丰富而又多种多样的政治(和外交)手法当中,一个他特别用力促成的口号逐步地占据了特殊的地位。这就是对敌人,特别是对被战败者的温和的和公正的态度,这就是仁慈(clementia)的口号。诚然,这个口号只是在内战时期才获得了决定性的意义,但它毫无疑问产生得较早,早在恺撒在高卢的时候就产生了。如果仔细读一下《高卢战记》,就不难看到,每年都比前一年更加频繁、更加坚持地提到恺撒的仁慈。他的这一特点被宣

① J.伏格特(J. Vogt):《恺撒和他的士兵》(*Caesar und seine Soldaten*),载《古典与德意志文化新年鉴》(*Neue Jahrbücher für Antike und deutsche Bildung*),1940年,第4分册,第121页。

② J.伏格特,前引书,第130—131页。

③ 参见本书原文第147页。

布为无可争论的、自明的、早就是尽人皆知的，而奥路斯·希尔提乌斯竟然认为，甚至恺撒对乌克塞洛都努姆的保卫者的野蛮、残暴的行为也不足以动摇好像是普遍存在的一种意见，即恺撒的天性是宽厚和公正的①。这样看来，仁慈的口号就成了恺撒的外交与政治的一项自觉贯彻的原则。而这个口号在恺撒后来全部活动和生活的历史上还要起它的特殊的、独一无二的、同时又是宿命的作用。

* * *

庞培所以当选为公元前52年度的没有同僚的执政官，正如普鲁塔克所说，是因为“许多人”已经敢于公开宣称，“非独裁国家不 191
能得救，应当从最温和的医生手中把这剂药接过来，而这位医生，指的正是庞培”。② 这已是庞培的第三任执政官了，而且他对行省（西班牙）的统治也违反惯例地延长了，而为了维持军队，他每年从国库支取一千塔兰特。

在就职之后只有几天，庞培就提出，然后又做到通过两项法律：关于行贿（de ambitu）和关于暴行（de vi）的法律。有关这些罪行的案件的审理期限大大缩短了，而惩罚大大加重了。审理案件时为了保障安全、秩序与平静，法庭在开庭审理案件时要有武装保卫。为此庞培把军队开到城里来。他力图用这样的手段制止混乱，用还是那个普鲁塔克的话来说，制止“罗马公民生活中的堕落，因为这种堕落会使得追求官职的人们坐在广场上，跟前的小桌子上面放着钱，用它无耻地收买民众”，而那些民众随后在人民大会上不是通过自己投的票，而是用“弓、投石器和刀剑”来强使决定获

---

① 参见本书原文第184—185页。

② 普鲁塔克：《恺撒传》，第28章。

得通过。[1]

接着就是一连串的诉讼事件。开头它们进行得很有气势，甚至好像是公正的。例如，对米洛就进行了审讯，尽管最出色的辩护士和演说家西塞罗亲自替他辩护，结果在五十一票里仍然还有三十八票反对他。诚然，西塞罗被好像变成了一座军营的广场的那种情景吓住了，而使他更加害怕的是他出场时克洛狄乌斯派的愤怒喊叫声，因此他的发言软弱无力，是不成功的，但不见得正是这一情况在米洛的定罪中起了决定作用。

在随后的案件中被判罪的是竞选公元前53年和前52年度执政官的人，他们犯了行贿罪，因而被判了罪。在克洛狄乌斯的葬仪那天参加烧掉元老院会堂的几个克洛狄乌斯分子也被判了罪。当事情没有涉及庞培本人对其命运不能不感到关切的人物时，所有这些案件都进行得比较顺利。但庞培却表现得极为反复无常和没有原则。当着上述的一个案件牵涉到他的岳父克温图斯·梅特路
192 斯·斯奇比奥（当然，是当选为执政官之前的斯奇比奥）的时候，庞培就把参加审判的全部成员共三百六十人找了去，请他们为斯奇比奥开脱罪责。当然，这类行动败坏了庞培的名声，特别是他曾发表过颂扬前保民官穆那提乌斯·普兰库斯的演说——普兰库斯却是按照庞培本人提出的法律而受到起诉的，所以这种颂扬演说是绝对不能发表的。但有时他的行动又完全不同。大家知道，有一个过去竞选过执政官的名叫叙普赛乌斯的人也被指控有行贿的行为，此人等庞培回家吃饭的时候，就乘机跑到庞培跟前跪下恳求帮助。但是庞培蔑视地说，当然，叙普赛乌斯可以干扰他吃饭，但仍

① 普鲁塔克：《恺撒传》，第28章。

然得不到别的任何东西。[①]

至于恺撒，那么在当前情况下，庞培对他看来完全是诚心诚意的。前面已经提到，恺撒在过去请他派来军队时，他是照办的[②]。后来，当发生了这样的问题，即当恺撒获准在统帅权尚未期满（也就是说，在恺撒本人不在罗马的情况下）便可提出竞选执政官（公元前48年度）的时候，庞培便通过西塞罗向一位保民官打招呼，请他不要对这个建议提出异议，这样它就好像是十位保民官一致提出通过的了。在某个时期，两位政治家很可能都认为有必要在表面上维持友好的关系和先前的一致，因此恺撒在提到庞培时使用极为赞许的口气，而当有人告诉他对方有敌视他的意图时，他竟说服这些人改变自己的看法。[③]

但是在担任执政官期间，庞培又通过了两项法律：一项是关于行省的，一项是关于高级官吏的。根据第一项法律，由执政官和行政长官担任的行省长官的职务从这时起，不再是像迄今一贯的做法那样在他们任职当年期满之后立即任命，而是要经过五年才任命。根据第二项法律即有关高级官吏的法律（我们不知道它的全文），则批准了一项古老的规则，即断然不允许本人不在罗马时竞选执政官。由于这两项法律，特别是第二项，十分明显是针对着恺 193
撒的，并且是违反先前作出的决定的，所以庞培仍不得不对有关高级官吏的法律——诚然，在这项法律通过之后——特别加上一个附带条件。这个附带条件声明，人民亲自授权可以在本人不在罗马的情况下仍能竞选的人，不受这一法律的限制。这一附带条件总算证明，庞培还不想把事情做绝，并且害怕同恺撒发生决定性

---

① 普鲁塔克：《庞培传》，第55章；阿庇安：《内战史》，第2卷，第14章。

② 参见本书原文第153、163页。

③ 阿庇安：《内战史》，第2卷，第25章。

的、无可挽回的决裂。

加图也参加了公元前51年度的执政官选举。但是他享有的那种严厉、不可收买、有原则性的声誉(这种声誉过去曾帮了他的著名的曾祖父[①]的忙),现在,对于新时代的罗马人来说,对于西塞罗所说的"罗慕路斯的败类"[②]来说,显然具有截然相反的意义:加图失败了。当选为执政官的是苏尔皮奇乌斯·茹福斯和玛尔库斯·克劳狄乌斯·玛尔凯路斯。玛尔凯路斯在罗马以一位能干的演说家和恺撒的死敌而知名。

但是新当选的执政官们看来并没有大的影响。庞培实际上依然保有头等重要的地位。尽管他有一次在谈到自己时说(如果相信普鲁塔克的记述的话),所有荣誉的职务都是在他期待之前就得到了,而且在其他人期待这些职务之前,他已放弃它们[③],但是这次庞培完全不打算按这种办法行事。他并没有像过去那样解散他征募的军队,并且他继续以同执政官的权力通过自己的副帅治理西班牙,而他自己则像先前一样地留在罗马。

从这时起,就开始了恺撒同元老院的长期斗争。这一斗争开始于公元前51年,一直延续在整个公元前50年。当然,如果像蒙森的时期以来人们多次做的那样,把这一斗争描述成"人民"党和"贵族"党之间斗争的新的和特殊的尖锐化,那会是极为动人的。但是对事件和力量对比所作的没有成见的分析,并不提供作出这类结论的任何依据。政治力量的分配情况是这样

① 即玛尔库斯·波尔奇乌斯·加图(Marcus Porcius Cato,公元前234—前149),曾参加第二次布匿战争,公元前195年任执政官,以维护古老的罗马传统而反对希腊的影响而知名。他的作品只有片段保存下来。——译注

② 西塞罗:《致阿提库斯书》,第2卷,第1章,第8节。译者按:罗慕路斯系传说中罗马人的始祖,故所谓罗慕路斯的败类,也就是他的不肖子孙之意。

③ 普鲁塔克:《恺撒传》,第54章。

的:站在恺撒一边的是广大的、毫无疑问是同情他,但是没有组织起来的罗马城市居民群众;他的人数众多的,但是看来组织得不大好,成分也不纯的被保护人(主要是山南高卢各公社);最后,还有罗马个别比较有影响的政治活动家,其中也有元老院集团里的政治活动家,他们由于某种原因而成为恺撒派(最常见的情况干脆就是因为恺撒收买了他们)。同他对立的一边——最活跃的加图一派,然后是元老院的"泥潭",后来还有庞培和他的被保护人、"友人"和亲属。加图一派是典型的元老院寡头集团,这一集团是建立在"必然的"和政治的联系之上的;元老院的"泥潭"则无论何时何地都是由那些不可救药的颟顸先生所组成,这些人只有在公开的和相当坚决的压力之下才有可能明确地表明自己的立场。 194

斗争是围绕着一个问题展开的,这个问题就是恺撒的权力问题。从本质上来说,事情涉及的甚至不是一个,而是两个问题:他的同执政官身份的期限问题和他是否有可能在他不在罗马时提出重新竞选执政官的问题。三头在卢卡会见时恺撒曾得到保证解决这两个问题。在当时,要想解决这个问题看来是毫无问题的、轻而易举的。但现在,在新的情况下,这个问题却极端地复杂化了。第一,权力期限问题,恺撒的同执政官的权力到前 49 年 3 月 1 日期满。甚至如果按照在卢卡达成的协议使他当选为执政官,他仍然只有从公元前 48 年元旦起才能就职。这样一来,在公元前 49 年的十个月中间,他就是一个平民的身份,在受到指控时也得走上法庭。而人们却不能怀疑这样的可能性;比如,加图就不止一次地公开表示自己想控告恺撒,而且在罗马甚至有人谈论说,只要恺撒以私人的身份返回罗马,他就也只能像米洛那样,要在武装保卫的法

庭上为自己辩护①(大家知道,这也没有帮了米洛的忙!)。形势所以复杂化,还由于这样一个情况,即按照庞培的法律以前的旧的规
195 定,只有在公元前 49 年度的官吏中才有谁可以被任命为恺撒的继任者,因而也只有在公元前 48 年元旦以后才可以取代他。这就使得恺撒有权利在事实上保持官吏的身份,执行自己的同执政官的任务,而主要的,是可以不把军队统帅权交出来。但要实现这一切,只有在不把庞培的新法律应用到他身上的情况下才行,因为按照新的法律,继任者应当是离职已经五年的人。当然,要找这样一个候补者并不特别困难,这就是说,在当恺撒权力期满时(即从公元前 49 年 3 月 1 日起)相应地想立刻把他召回的情况下,要找到这样一个人,并不是困难的事情。

第二,问题是同样复杂和“难办”的,即是否能够在本人不在罗马的情况下竞选前 49 年度执政官的问题,而所谓不在罗马,这又指的是不解散军队,不交出统帅权。庞培的有关高级官吏的法律排除了这种可能性,而庞培加到法律本文之中的那个特殊的附带条件,在法律被批准之后并没有足够的法律效力,而且恺撒的敌人反正对这一点总是可以提出异议的。

因此同元老院寡头集团的斗争就是环绕着这两个问题展开的。这两个问题对恺撒具有头等的,甚至生死攸关的重要意义。事实上,现在问题涉及的并不是出于虚荣心的要求,说得更准确些,不仅是这种要求,而是个人安全的考虑。难怪恺撒在估计整个局势时指出,当一个人在实际上成了国家的第一把手的时候,他无论如何不能、也不应当满足于第二把手的地位,因为把一个人从第一把交椅推到第二把交椅的地位,并不像后来把他从第二把交椅

① 苏埃托尼乌斯:《圣优利乌斯传》,第 30 章。

推到最后一把交椅那样容易。①

因此恺撒还没有完全结束自己在高卢的军事行动，就为了加强自己在罗马本城的地位而积极活动起来。他比迄今为止更加广泛地借钱给元老，而且不仅是元老，他还为他们还债，送他们大量的礼物。他甚至没有忘记奴隶和被释奴隶，只要他们受到自己主人的宠信。对于那些胡乱花钱而陷于特别困难处境的年轻人，他好像是直言不讳地说，只有内战才能对他们有所帮助。通过豪华 196
的建筑物、通过组织比赛和饮宴（例如，以纪念自己的女儿为名），他不断向全体罗马居民提醒自己的存在。

恺撒不仅力图在罗马本城加强自己的地位，例如，他把军团士兵的饷银增加了一倍，并且以保护人的身份同某些还独立的统治者、同行省的城市和自治市拉关系。在结束军事行动之后，他巡视山南高卢的移民地和自治市以及他在这些地方受到的热情接待，用希尔提乌斯的话来说②，这一切都证明他的所有这些做法都是成功的。

毫无疑问，恺撒特别关心的是要同山南高卢的居民保持密切的联系，并得到他们的支持。因此他把罗马公民权给予新科穆姆的居民。甚至还有消息说，他打算把公民权给予帕都斯河以北地区的全部居民。但这种事情并不是这样容易实现的。

正是这个问题，即好像是非法地把罗马公民权给予新科穆姆的移民者的问题，被执政官玛尔库斯·克劳狄乌斯·玛尔凯路斯选中来对恺撒施加第一个打击。完全可能，玛尔凯路斯的这一行动同时好像间接地回答了恺撒之提醒元老院注意十位保民官所作

① 苏埃托尼乌斯：《圣优利乌斯传》，第29章。

② 恺撒：《高卢战记》，第8卷，第50—51章。

的决定：把他的权力保留到公元前48年元旦。无论如何，玛尔凯路斯在就任执政官后不久，就宣布召开元老院的会议以便商讨十分重要的国家大事。在这次会议上，他建议剥夺新科穆姆的居民的公民权，还建议提前为恺撒任命一位继任者，并且无论如何不同意他在本人不在罗马的情况下提出竞选。不过，甚至玛尔凯路斯的同僚、第二位执政官苏尔皮奇乌斯·茹福斯也反对这样的决定，他认为这个决定只会引起内战的爆发。虽然如此，决定还是通过了，不过它并没有约束力，因为保民官对之提出了异议。

当然，在这之后，玛尔凯路斯也不愿就此善罢甘休。当新科穆
197 姆议会的一位成员到罗马来的时候，他就示威性地下令用树枝抽打这个人，同时讲了这样的话："这样做是为了表示你不是罗马公民。现在回家去，把自己的伤痕给恺撒看吧。"[①]除此之外，玛尔凯路斯再次并多次试图通过有关提前召回恺撒的决定。在这件事上，加图积极地给他以支持（这是一个 factio[②]！），但苏尔皮奇乌斯仍和先前一样地反对。而最主要的是：庞培这时仍然采取模棱两可的和不明确的态度，最后，他宣布说，在3月1日之前，他由于不能做违心的事情，所以他不能就恺撒的权力问题发表意见（基于在他第二任执政官期间所通过的相应决定），但在这之后，他就不犹豫不决了。当人们指出，在这样的情况下，保民官可以提出异议的时候，庞培回答说，这等于恺撒本人拒绝服从元老院的决定。但当人们又指出："如果恺撒既想作执政官，又不愿解散军队呢？"——庞培一点也不因为自己就在不久之前也处于同样的地位而感到手足无措。他的回答是："而如果我的儿子突然想用棍子打我呢？"[③]

① 普鲁塔克：《恺撒传》，第29章；参阅阿庇安：《内战史》，第2卷，第26章。
② 拉丁语：帮派。——译注
③ 西塞罗：《致友人书》，第8卷，第8章，第9节。

在这样的声明之后，一切都说得清清楚楚了，而局势不仅对直接参加谈话的那些人，而且很可能对谈话涉及的人，都完全明朗化了。因此，难怪普鲁塔克和阿庇安都为我们保留了这样一个故事。据普鲁塔克的说法是恺撒的一位将领（据阿庇安说甚至是恺撒本人），当他得知元老院拒绝延长恺撒的权力期限时，就拍了一下剑柄，说："这家伙是能延长期限的！"①

公元前 50 年度官吏的选举结果初初一看对恺撒是不利的。而尽管最危险的和不共戴天的敌人加图拒绝提出竞选②，但新当选的两位执政官路奇乌斯·埃米利乌斯·帕乌路斯和盖乌斯·克劳狄乌斯·玛尔凯路斯（公元前 51 年度执政官的堂兄弟）都是恺撒的对头。在当选的高级营造官里也有恺撒的敌人。而在保民官当中则有盖乌斯·斯克里波尼乌斯·库里欧，此人早从担任执政官（公元前 59 年）时起即以攻击恺撒而知名。这个库里欧向来是 198
一个与众不同的人物，他在罗马可说是声名狼藉。一位历史家是这样描写他的："精力极为充沛和极为狂热的内战煽动者……是保民官盖乌斯·库里欧——他是个受过教育、胆子大、荡尽了自己和别人财产的贵族，是个不务正业的天才，有把共和国搞垮的语言天赋，无论用任何办法、任何努力，他也无法满足自己的贪欲、愿望和奇想。"③

当然，对这样的人，恺撒是不会不注意到的。应当收买这个人——要知道，这个人可能比加图更加危险。尽管库里欧所负的债务已经达到真正的天文数字（大约二百五十万狄那里乌斯），恺

① 普鲁塔克：《庞培传》，第 58 章；《恺撒传》，第 29 章；阿庇安：《内战史》，第 2 卷，第 25 章。

② 狄奥·卡西乌斯，第 40 卷，第 58 章；普鲁塔克：《小加图传》，第 50 章。

③ 维列优斯·帕特尔库路斯，第 2 卷，第 48 章。

撒仍然不惜超额地为他偿还了这笔债务。就和在这种情况下一贯的做法那样,恺撒不惜任何开支。例如,甚至不是为了取得执政官埃米利乌斯·帕乌路斯的协助,而只是为了使他保持沉默,他就支付了更大的一笔巨款,但对于第二位执政官——盖乌斯·克劳狄乌斯·玛尔凯路斯,尽管他娶了恺撒的外甥孙女屋大维娅,恺撒却未能加以收买。

斗争的新阶段开始了。库里欧相当机灵,他几乎刚一就职,就公开投向恺撒一边去了。他巧妙地变来变去,利用这一方面或那一方面的矛盾以及失策,这样他很快就取得了一位独立的政治活动家的地位;他维护的并不是庞培的或恺撒的利益,而是罗马人民、整个国家的利益。他在此后也继续这样做,对竞争的双方几乎都是以一个不可收买的仲裁者的姿态出现,这样在斗争的最重大关头,就能够为恺撒作了真正是无可估价的服务。

有关恺撒的权力的问题,也就是有关行省的问题,继续是斗争的中心。无论怎样,西塞罗的一位通信对象和过去的学生玛尔库斯·凯利乌斯·茹福斯在写给这时在奇利奇亚任长官的西塞罗的信中就是这样说的。他还报告说,庞培在元老院的同意之下正在
199 尽全力使恺撒在11月中旬离开他的行省。库里欧对此表示反对,而元老院的“泥潭”则照例不明确发表意见。庞培指责库里欧为争端的教唆者,库里欧则在人民大会上对庞培加以猛烈的抨击。他证明说,在庞培的第二任执政官时期通过的决定所造成的局势,正好是庞培今天试图反对的局势。[①] 在这一舌战之中,庞培遭到了明显的失败,为此他甚至去接受辩论术的专门训练[②]。但是,不久

① 西塞罗:《致友人书》,第8卷,第11章,第3节。

② 苏埃托尼乌斯:《论修辞学家》,第1章。

之后就到了暂时和缓的时期——春天，庞培去涅阿波利斯[①]，在那里他突然得了一场相当重的病。

这场病具有同样意想不到的，甚至致命的后果，而且，这后果绝不是肉体方面的，而更多是道德方面的。原来当庞培康复的时候，涅阿波利斯的居民为了这一事件组织了一次感恩庆祝。开头是相邻的城市和公社学他们的样子，后来庆祝传到整个意大利去。不仅乡村而且道路也都挤满了参加饮宴和祭献的人们，庞培在返回罗马时受到许多人的迎接，他们头戴花环，手中拿着燃烧着的火把，而在陪送他时把花撒在他的身上。所有这些庆祝和忠诚表示，其致命意义就在于，它们冲昏了庞培的头脑，或者，像普鲁塔克所写的，"骄傲和狂喜支配了庞培，使他的头脑无法对事情的真实情况作任何理智的考虑。"[②]

在不长的时间内，由于西塞罗相当坚持地向元老院提出请求，元老院被引离了对于"庞培—恺撒"这样一个迫切问题的讨论。原来在自己的奇利奇亚行省的西塞罗，使人们普遍感到惊异的是，他竟表现了一位统帅的才能。在伊苏斯地区（这会使人联想到马其顿的亚历山大）[③]，他对阿玛努斯山[④]山区各部族取得了巨大的胜利。由于这次胜利，士兵们竟然宣布他为统帅。在两个月的围攻后不久，坚强的要塞品戴尼苏斯[⑤]向他投降了。

由于西塞罗的前任在治理行省方面过去由于类似的活动而从

---

① 涅阿波利斯(Neapolis)，希腊语"新城"之意。康帕尼亚的港口城市，在维苏威山西麓，临塞贝托斯河。——译注

② 普鲁塔克：《庞培传》，第 57 章。

③ 伊苏斯(Issus)是奇利奇亚的一座沿海城市，靠近叙利亚边界。公元前 333 年，亚历山大在这里打败大流士三世麾下的波斯军队。——译注

④ 阿玛努斯(Amanus)是叙利亚与奇利奇亚之间的山脉。——译注

⑤ 奇利奇亚的位于阿玛努斯山区的城市。——译注

元老院得到了有关举行感恩祈祷(supplicatio)的决定和举行凯旋
200 式的权利,所以西塞罗也向元老院中最有影响的元老——加图、阿皮乌斯·克劳狄乌斯——以及向两位执政官提出了相应的请求。有关举行感恩祈祷的决定通过了,但它的通过不是顺利的,而且只是在执政官宣称祈祷不能在当年举行之后才通过。顺便指出,凯利乌斯·茹福斯写给西塞罗的信,向他描述了元老院讨论这个问题的情况。这封信向我们十分有特色地、生动而又扼要地描述了当时流行的风俗习惯。虽说加图是"怀着敬意"谈到西塞罗的,但他自己仍没有投票赞成祈祷,而执政官玛尔凯路斯则根本就相当蔑视通过的决定。看来,最有趣的却是这样的细节:某些元老在投票赞成这一有积极意义的决议,同时又希望人们不执行这一决议,希望有人提出异议。正如茹福斯所说,这使库里欧有根据提出"微妙的"看法,他说,既然他看到,某些投了赞成票的人,实际上希望的正是相反的东西,因此作为保民官,他也就更乐于不加以反对了。①

公元前50年4月,新执政官盖乌斯·玛尔凯路斯在元老院重新提出讨论恺撒的权力问题。他也坚持应提前召回恺撒。埃米利乌斯·帕乌路斯不讲话,而库里欧好像附和玛尔凯路斯的意见,但他建议在这种情况下,庞培也要放弃去行省担任长官和军队的统帅权。他说,只有用这种办法,才能使国家达到一种比较巩固和安全的局面。当人们指出,庞培的权力期限还未期满时,库里欧为了把自己的立场说得更明确些,他要人们了解,他只是争取使对手处于权利对等的地位。如果派人去接替恺撒,那么对庞培也应当是同样的办法。他们两个人互不信任,而当他们两人还没有成为普

① 西塞罗:《致友人书》,第8卷,第11章,第2节。

通公民时，国家是不会平静的。这种看法在罗马人民的心目中使库里欧日益变成一个捍卫国家的利益的公正无私的斗士，而且他不害怕招致这个世界的有势力的人对他的愤怒。难怪这些日子里，在罗马街上伴随库里欧的人群把鲜花撒到他的身上。①

庞培从涅阿波利斯写给元老院的一封信，重新推动元老院讨 201
论所有这些问题。在这封写得相当巧妙的信里，庞培宣布说，他准备放弃自己的行省和自己的军队统帅权（诚然，他并没有指出明确的期限）。特别是他强调指出，也和对去行省担任长官和军事统帅权的态度一样，他从来也不想再担任第三次的执政官。他认为在危急关头负起拯救国家的使命，这是自己的义务和最大的荣誉。然而既然他是不得已而执行最困难的任务的，所以他现在就准备，而不等到规定的期限满期，把权利移交给任何公民。这样一来，他的立场，他对元老院的忠诚看来就是无可指责的了。他说，他愿意提前交卸自己的权力，而恺撒甚至在法定的期限期满时也不愿意这样做。②

庞培在6月初返回罗马之后，在元老们面前继续以同样的精神讲话，用以证实自己放弃权力的决心。然而许多人，首先是库里欧清楚，这只是一种外交手法，目的在于使元老院立刻派人去替换恺撒，而庞培本人则只限于作出一些含混的保证。因此库里欧宣称，单是一些保证是不够的，他坚持二者必选其一：或者庞培和恺撒立刻和同时解散自己的军队以便使国家生活得到安宁，或者他们两人都保留自己的军队，这样国家就可以用其中一人的兵力保卫自己以反对另一个人的篡权的暴力行动。此外，库里欧还力图

① 阿庇安：《内战史》，第2卷，第27章；参阅狄奥·卡西乌斯，第40卷，第62章；普鲁塔克：《庞培传》，第58章；《恺撒传》，第30章。

② 阿庇安：《内战史》，第2卷，第28章。

保持对自己有利的公正仲裁人的地位，因此他要求元老院在恺撒和庞培不愿服从它的决定时，就把他们宣布为国家的敌人。①

但元老院仍然无论如何也不能通过强制性的决议(也就是保民官不能对之提出异议的决议)。6月，执政官盖乌斯·玛尔凯路斯把两个提议提交元老院表决：一个是关于派人接替恺撒一事的，另一个是关于庞培的行省和统帅权的。玛尔凯路斯完全有意识地
202 不把这两个建议合为一个建议，而表决也是分别进行的。结果，对第一个建议，除了公开的恺撒派之外，绝大多数元老都投票赞成。反对剥夺庞培的权力的元老也是大多数。玛尔凯路斯似乎可以庆祝胜利了。

但在这个时候库里欧发言了，他要求问题以如下的方式提交表决：两个人即庞培和恺撒应不应当同时交卸权力？看来玛尔凯路斯由于前两次表决而确信元老院的大多数具有在他看来是有利的情绪，因而才允许进行这次表决，但这次表决的结果却是完全没有料到的：元老们以337票对22票的多数支持库里欧的建议。

这是庞培派的丑闻和明显的失败，也是加图派的失败。看来起决定作用的是元老院的"泥潭"，他们既不拥护也不相信"任何一方"。再也没有通过什么决定：库里欧对前两次表决的结果提出异议，而庞培派的走卒保民官盖乌斯·福尔尼乌斯则否决了后一个决定。尽管如此，气愤的执政官玛尔凯路斯中止了元老院的会议。他宣布说："你们胜利就是为了要恺撒这个暴君啊！"②

大概就在这同时，罗马又听到了有同帕尔提亚人发生新战争危险的消息。这些消息主要来自玛尔库斯·毕布路斯。此人是恺

① 阿庇安：《内战史》，第2卷，第28章。
② 阿庇安：《内战史》，第2卷，第30章；参阅恺撒：《高卢战记》，第8卷，第52章；普鲁塔克：《庞培传》，第58章；《恺撒传》，第30章。

撒担任执政官时的一位运气不好的同僚。现在则是叙利亚的长官。他在这里没有任何突出的治绩。但元老院却仍然明令为他举行 supplicatio[①],而加图甚至主张这次庆祝也要和为恺撒举行的那次一样,要为期二十天。现在毕布路斯向元老院请求派出援军了,因为他担心帕尔提亚人在即将到来的夏天会入侵。元老院决定把两个军团派往叙利亚,并且向恺撒和庞培建议也分出兵力来派去。

正如恺撒本人公正地指出的,元老院的这一决定实际上就是
剥夺了他一个人的两个军团,因为庞培个人所提供的仿佛就是过 203
去他让给恺撒的那个军团。恺撒清楚地懂得此举的意义何在,但他仍然把不折不扣的两个军团派到意大利来,并且对每个战士都给予慷慨的赏赐。不久他便得知,这两个军团根本没有派到叙利亚去,而是按照执政官盖乌斯·玛尔凯路斯的意旨和命令留在意大利了。[②]

从恺撒那里把军队带来的将领们讨好庞培,他们要庞培相信,他甚至无法想象自己有多大的威力和荣誉,因为他可以借助于恺撒自己的军队来打败恺撒——在这支军队里,人们都十分憎恨恺撒,却爱戴和崇拜庞培。这些话很快就传开了,而庞培日益相信自己是绝对地强大,却瞧不起害怕战争的人。当人们问他,如果恺撒向罗马进攻,他向那里去弄到军队同恺撒作战时,庞培轻松地笑了一笑,回答说:“无论在意大利什么地方,只要我一跺脚,立刻从地里会出现步兵和骑兵。”[③]

---

① 拉丁语:感恩祈祷。参见本书原文第 199 页。——译注

② 恺撒:《高卢战记》,第 8 卷,第 54—55 章。

③ 普鲁塔克:《庞培传》,第 57 章;参阅普鲁塔克:《恺撒传》,第 29 章;阿庇安:《内战史》,第 2 卷,第 30 章。

公元前49年的执政官选举是在7月举行的。选举的结果仍然对恺撒不利。恺撒提出的候选人苏尔皮奇乌斯·伽尔巴未能当选,当选的又是同他作对的人——盖乌斯·克劳狄乌斯·玛尔凯路斯(公元前51年度执政官的亲兄弟)和科尔涅利乌斯·连图路斯·克鲁斯。诚然,克鲁斯陷到债务之中如此之深,甚至传说他已被恺撒所收买。但后来的事件表明这些传说完全不可信。

形势依旧是极为紧张的。内战的威胁实际上变得越来越严重了。加图一派相当卖力地煽动惊恐情绪,不断散布新的传闻,促使局势白热化。比如说,有一天罗马便因一个可怕的消息而震动了:恺撒已经率军越过阿尔卑斯山向罗马挺进,战争已经爆发了。于是执政官玛尔凯路斯立刻召集元老院的会议,要求宣布恺撒为国家的敌人,而过去恺撒从高卢派来,并在卡普阿待命随时准备作战的那两个军团,现在则要在庞培的率领下向恺撒本人发动进攻了。①

204 当库里欧反对执政官的这一建议,指出这一建议是以不实的传闻为依据并表示他要提出异议的时候,玛尔凯路斯宣称,如果有人阻碍我为国家的利益而执行全面的决定,我将作为执政官以自己的名义来执行它。在这之后,他就偕同自己的同僚,甚至在新选出的执政官(即当选为公元前49年度的执政官)的参加下到城界外的庞培那里去。在这里,他郑重地把剑交给庞培,命令他出来保卫祖国。他把对于已经征募的军团的统帅权交给了庞培,并且宣称还要继续征兵。②

库里欧在人民大会上尖锐地谴责了执政官的违法行动,但同

---

① 阿庇安:《内战史》,第2卷,第29、31章;狄奥·卡西乌斯,第40卷,第66章;参阅西塞罗:《致阿提库斯书》,第6卷,第9章,第5节;第7卷,第1章,第1节。

② 阿庇安:《内战史》,第2卷,第31章;普鲁塔克:《庞培传》,第59章。

时他却没有力量采取什么对抗措施。他的保民官的权力不能越出城界。此外，他的权力很快就期满了，因此他认为最好的办法是离开罗马到恺撒那里去，因为恺撒这时已经在离开意大利边界最近的拉温那——拉温那是他治下的行省的一个城市。

库里欧来到拉温那后就劝恺撒不要放过有利的时机（因为这时在意大利，征兵工作实际上还没有展开），首先开始军事行动。但是恺撒还拿不定主意，他还不敢把挑起内战的全部重责担起来，或者，正如奥路斯·希尔提乌斯所说，"只要还有哪怕一线希望，他就决定忍受一切，在法律的基础上而不是通过战争来解决争端。"①

显而易见，恺撒这时虽然认为战争是非常可能发生的，但他仍然不排除协商的可能性。无论如何，他是准备作出重大让步的：宣布同意到公元前 49 年 3 月 1 日交出八个军团的统帅权和对山南高卢的统治权，而在选举之前，自己只保留山南高卢（包括伊利里库姆）和一共只有两个军团。顺便指出，在谈判的这一阶段，从自己的行省返回的西塞罗也想参加进来。他指望举行凯旋式，因此是满怀着欢快情绪返回的。公元前 50 年 11 月底，他在布伦狄西乌姆登陆。

恺撒完全不反对把西塞罗拉到自己方面来，他写信给西塞罗 205
并且试图通过同西塞罗有交情的人来影响西塞罗。然而，从西塞罗和他的友人的通信不难看出，他显然是倾向于庞培一边的，尽管看来他也认为，还是双方讲和最为上策。

当西塞罗从布伦狄西乌姆去罗马这段时间中间，他两次同庞培会见和晤谈。在进行这些会见时，西塞罗千方百计地想使自己

---

① 恺撒：《高卢战记》，第 8 卷，第 55 章。

谈话的对手接受恺撒的条件。庞培尽管不相信恺撒爱好和平，认为在他的新的执政官的任上会出现最坏的情况并且战争是不可避免的，但他仍然没有完全摆脱犹豫观望的状态。可能他希望恺撒的建议被拒绝，但不是由他，而是由元老院来拒绝。老实说，事实也正是这样。加图、玛尔凯路斯、连图路斯——元老院的实际的领袖——现在甚至不愿意听到谈判的事情，恺撒的建议因而也就不予答复了。

而且，当保民官玛尔库斯·安托尼乌斯在会上发言并宣读了恺撒的信（恺撒在信中建议竞争的双方都放弃自己的行省，放弃军队的统帅权，然后向人民报告自己的活动）时，恺撒的这一做法当然得不到元老院的同情，而加图则直截了当地宣称，如果庞培同意恺撒的某一和平建议，那他就犯了错误，他只会使自己受到已经不是第一次的欺骗。①

事件的发展不可避免地、无可挽回地导致内战。显然易见，西塞罗是正确的，因为他认为自己的和平解决争端的方案所以失败，是由于双方都有许多有影响的人物明显地拥护战争②。但恺撒为了和解仍然作了最后的一次努力。

公元前 49 年元旦，就是在新当选的执政官首次就任并主持元老院的会议的那一天，又宣读了恺撒的新的一封信。这封信是库里欧送来的，他从拉温那到罗马一共走了三天。这在当时是难以相信的速度。然而单是把信送到元老院还不够，还要做到使这封
206 信能够在元老院宣读。但这却根本不是如此简单的事情，因为执

① 西塞罗：《致阿提库斯书》，第 7 卷，第 8 章，第 5 节；普鲁塔克：《庞培传》，第 59 章；《恺撒传》，第 30 章；《安托尼乌斯传》，第 5 章。

② 西塞罗：《致友人书》，第 16 卷，第 11 章，第 2 节。

政官们都反对宣读这封信，而只是由于“保民官们拼命坚持”①，这封信才终于在元老院宣读了。

恺撒在信中首先郑重地列举了自己为国家所做的事情和所立的功勋，然后又说元老院不应当在他交出行省和军队的统帅权之前，就剥夺了人民给予他的参加选举的权利。恺撒在信里再度明确表示了他愿意同庞培同时交卸一切权力的决心。但在这封信里，看来出现了一种新的调子——恺撒宣称，如果庞培保留自己的权力的话，那么他也就不放弃权力，甚至还会利用它。显而易见，正是这一因素使得西塞罗把恺撒这封信说成是“不客气的和充满威胁的”②。

恺撒本人在他的《内战记》里相当详细地记述了元老院对这封信的反应。尽管保民官不顾执政官的反对，做到使这封信能够在元老院宣读，但是他们却仍然未能做到根据这封信向元老院作报告，从而使元老院讨论对此信所作的正式答复。执政官就国家的形势作了一个全面的报告。但实际上这只是一个程序上的手法，然而对全面的报告的讨论仍然无论如何也不能绕过在恺撒的信里所提出的那些问题。

执政官连图路斯宣布说，只要是元老们表现出应有的坚定性，并且不是像过去多次看到的那样，在恺撒面前卑躬屈膝，那么他是准备坚定地、毫不动摇地行事的。庞培的岳父斯奇比奥讲话的精神也和连图路斯一样，他还指出，庞培也不会拒绝对元老院给予帮助，但行动应当果断，否则就晚了。他还建议作出决议，迫使恺撒

① 恺撒：《内战记》，第1卷，第1章。

② 阿庇安：《内战史》，第2卷，第32章；狄奥·卡西乌斯，第41卷，第1章；苏埃托尼乌斯：《圣优利乌斯传》，第29章；参阅西塞罗：《致友人书》，第16卷，第11章，第2节。

在规定的期限(看来是到 7 月 1 日)交卸权力,否则他将被宣布为图谋发动政变的祖国的敌人。

甚至恺撒的某些公开的敌人也反对采取如此匆忙的和极端的决定。例如,前执政官玛尔库斯·玛尔凯路斯就表示,只有在元老
207 院宣称征兵已告结束之后才应当采取这样的行动。受到凯利乌斯·茹福斯(同西塞罗通信的人)支持的恺撒派玛尔库斯·卡利狄乌斯则建议庞培到西班牙去,他认为如果两个竞争的对手都不在罗马,这就会使大局平静下来。但是执政官连图路斯对所有发言的人进行攻击。他宣布说,卡利狄乌斯的建议同讨论的报告根本没有关系,因此他甚至不打算把这个建议付诸表决。玛尔库斯·玛尔凯路斯本人则放弃了自己的建议。这样一来,在执政官的压力之下,元老院就以多数票通过了斯奇比奥草拟的决定。不言而喻,保民官玛尔库斯·安托尼乌斯和卡西乌斯·隆吉努斯是否决了这一决定的。

既然庞培手中有同执政官的权力,因此他不能在罗马本城,故而,很自然的,他不能参加元老院的会议。但由于他是在离城不远的某个地方,所以就在那同一天晚上,他就把所有的元老都招到自己这里来,并且在谈话中,他称赞了那些主张坚决行动的人,谴责同时又激励了那些动摇观望的人。城市开始到处都是士兵。庞培召来了自己的老兵,答应给他们赏赐并提升他们,他还召来了恺撒派来的两个军团中的许多人。在这种紧张的气氛当中,监察官和恺撒的岳父卡尔普尔尼乌斯·皮索偕同自己过去的副帅、现任的行政长官路奇乌斯·罗斯奇乌斯请求给他们六天的期限试图作最后的调解。

但加图的factio[①]，也就是加图本人、斯奇比奥和执政官连图路斯（在他们后面的毫无疑问是庞培）已经越过了把他们还同战争隔开的界限。1月7日，在元老院的会议上宣布了非常状态（senatus consultum ultimum）。执政官、行政长官、保民官和在城市附近的具有同执政官权力的人们都取得了无限的权力——他们可以使用这一权力以便"使国家不遭受任何损失"。这特别可以使人们能够利用这样的权力对付不听话的保民官。于是玛尔库斯·安托尼乌斯就诅咒说，那些敢于作出这种决定从而侵犯了保民官的神 208
圣不可侵犯的权力的人们应当受到一切惩罚和灾难，然后就离开了元老院的会场。卡西乌斯和库里欧也和他一道离开了会场，特别是庞培的一支队伍好像已经包围了元老院的会场。就在那天夜里，他们三个人就装扮成奴隶的样子，雇了一辆车偷偷地跑到恺撒那里去，因为他们担心自己的安全，甚至认为自己有被杀害的危险。[②]

元老院于1月8日和9日在城外举行了会议，以便使庞培也可以参加。斯奇比奥草拟的建议被批准为元老院的正式决议——这个决议不能在公元前49年元旦的会议上作出来，因为当时它被保民官否决了。重新批准了有关在全意大利征兵的决议，庞培则被授以从国库和各自治市提取款项的权利。对行省也作了分配：斯奇比奥取得了叙利亚，恺撒的行省则交给了多米提乌斯·阿埃诺巴尔布斯和孔西狄乌斯·诺尼亚努斯；阿埃诺巴尔布斯取得山南高卢，诺尼亚努斯取得山北高卢。正如恺撒指出的，这些决定是

① 加图的一派。——译注

② 恺撒：《内战记》，第1卷，第1—5章；阿庇安：《内战史》，第2卷，第32—33章；普鲁塔克：《恺撒传》，第30—31章；苏埃托尼乌斯：《圣优利乌斯传》，第30章；狄奥·卡西乌斯，第41卷，第2—3章。

在极为匆忙、极为混乱的情况下作出来的，而且是践踏神的和人的一切权利的。①

顺便指出，在这样的一次会议上，庞培也发了言。他再次对元老们的坚定与勇敢表示赞许，并且告诉他们，他手里有九个军团，它们在任何时候都能动起来。至于恺撒，他说，人们都清楚地知道他自己的士兵同他的关系：他们不仅不同情他，不仅不准备保卫他，甚至不跟着他走。②

由于所有这些会议、决定和发言，情况变得极为明朗了，至少对恺撒来说是如此。1 月 12 日（或 13 日）他召开了第十三军团士兵的会议，这是他的军团中在阿尔卑斯山的这一面同他在一起的唯一的军团。在他的照例是写得十分巧妙的演说中，恺撒首先抱怨他的敌人引诱庞培，而对于庞培，他始终是友好的，他曾用一切办法帮助庞培取得荣誉和国家的高级职位。但看来更加使人感到遗憾的是这样的事实，即保民官提出异议的权利受到了暴力的践
209 踏，而这权利甚至苏拉都不曾触动过。宣布了非常状态，这就是说，罗马人被号召拿起武器来。因此，他请求战士们保卫统帅的令名和荣誉不受敌人的侵犯。要知道，在这位统帅的领导下，他们在十年间为了祖国的荣誉取得了如此多次辉煌的胜利。演说取得了应有的效果：士兵们以一致的高声呼叫表示决心保卫自己的统帅和保民官使他们不受加给他们的侮辱。③

我们早就指出，恺撒把这篇演说和发表这篇演说时士兵的集会归到渡过鲁比康河之前的事件里去，而稍后的文献却照例把它归之于这样一个时候，这时恺撒已经在阿里米努姆会见逃到他那

---

① 恺撒：《内战记》，第 1 卷，第 5—6 章。

② 同上。

③ 同上书，第 7 章。

里去的保民官了。[1] 人们提出了这样看法，即在这种情况下，恺撒完全是有意识地改变了事件的时间，以便给人造成这样一种印象：他是在他的士兵的完全同意之下才渡过了鲁比康河的[2]。

情况也许是这样，也许不是这样，但无可争辩的却是：恺撒在自己的《内战记》里相当详细地记述了自己的演说，记述了最后的具有决定意义的日子里的一切事件，却一个字也没有提到渡过鲁比康河的著名事件。可是所有后来的历史学家和传记作家却又都详细地记述了这一事件，绘声绘色地介绍了有关的各种细节。比如，大家知道，恺撒在发言时手中有如下的兵力：步兵五千人（即前面提到的十三军团）和骑兵三百人。但是，他照例更多是依靠行动的突然性和士兵们的勇敢，而不是依靠他们的数量。他虽然也去调遣自己在阿尔卑斯山那一面的军队，但他并不指望他们的到来。

他把由最勇敢的士兵和百人团长组成的、只有刀剑作武器的一支不大的队伍秘密地派到阿里米努姆去，这是意大利的第一个大城市，位于自高卢来的道路上。他这样做是为了悄悄地和不流血地通过突然的进攻把它占领。恺撒本人则是在众目睽睽之下度过了白天，他甚至出席观看角斗士的表演。到傍晚，他洗过澡之后就和客人们一道吃晚饭。当天色黑了下来的时候，也许是以身体不适为借口，也许只是要客人等一等，于是就离开了住地和客人。210
他带着少数最亲密朋友，乘上雇来的车去阿里米努姆，而且从一开头就有意识地（根据另一个说法是迷了路）不走那条大路，因而直

① 参阅，比如说，苏埃托尼乌斯：《圣优利乌斯传》，第 33 章；狄奥·卡西乌斯，第 41 卷，第 4 章。

② L. 腊狄察（L. Raditsa）：《优利乌斯·恺撒和他的著作》（*Julius Caesar and his Writings*），载《罗马世界的兴衰》（*Aufstieg und Niedergang der römischen Welt*），第 3 卷，柏林—纽约，1973 年，第 441 页。

到第二天拂晓才在鲁比康河赶上先是被他派出去的那些步兵中队。

但是,这条到当时为止没有任何特殊之处的小河却被认成是山南高卢和意大利本土之间的界河。率领军队渡过这条界河实际上就等于挑起了内战。因此,所有的历史学家一致指出了恺撒的犹豫不决的态度。比如,普鲁塔克就说,恺撒懂得渡河将会引起怎样的灾难以及后人将会对这一步作出怎样的估价。苏埃托尼乌斯则要人们相信,恺撒曾对和他同行的人们说:“要回去还不晚,不过一旦渡过这座小桥,一切就将要用武力解决了!”最后,阿庇安笔下的恺撒则讲了这样的话:“我的朋友们,如果我不渡河的话,这对我将是灾难的开始,如果我渡河的话,那对所有的人将是灾难的开始。”①

虽然如此,恺撒在讲了好像是那句历史性的“骰子投下了”的话之后,仍然和自己的幕僚一道渡过了鲁比康河。普鲁塔克甚至报道了这样的细节:这句著名的话是用希腊语讲出来的。② 顺便指出,如果恺撒真的讲了这样的话,那么这是完全可能的,因为这句话正是从恺撒读过,甚至喜爱的梅南德罗斯③的作品中引用来的。此外,普鲁塔克和苏埃托尼乌斯都提到了渡河当时发生并且为这宿命的一个步骤辩解的所有各种奇妙的预兆。④

这样,内战就爆发了。但是,是谁挑起了内战,谁是它的发动

---

① 普鲁塔克:《恺撒传》,第 32 章;苏埃托尼乌斯:《圣优利乌斯传》,第 31 章;阿庇安:《内战史》,第 2 卷,第 34 章。

② 普鲁塔克:《庞培传》,第 60 章。

③ 梅南德罗斯(公元前 342—前 292),希腊喜剧作家,是所谓新喜剧的主要代表人物,罗马剧作家普劳图斯和特伦提乌斯利用他许多作品,用拉丁语改写为罗马的戏剧。——译注

④ 苏埃托尼乌斯:《圣优利乌斯传》,第 32 章;普鲁塔克:《恺撒传》,第 32 章。

者呢？是庞培与元老院，还是恺撒？对这个问题给以明确的回答，不是形式上的而是本质的回答，这绝不是一件简单的事情。看来，需要重提一下上面引用的西塞罗的话，即双方都想发动这样一场战争[1]，而对于这句公道话还应当给以如下的补充：双方不仅愿意，而且发动了战争，就像常有的情形那样。而尽管到现在为止，问题涉及的时而是庞培，时而是恺撒，时而又是加图，但实际上，已经完全不是人控制事件，相反地，却是迅猛发展的事件控制和指挥 211
人了。

虽然如此，看来却还是有根据指出，在内战前夕庞培的立场和恺撒的立场之间的某种区别。通常人们认为，而且从前面所说的一切也应当是：庞培从公元前 52 年，即从他第三次担任执政官的时候起，在同恺撒的关系上已经有意识地想保持一定程度的疏远，可能甚至想同他决裂。在他担任执政官时期通过的法律就证明了这一点，尽管法律所作的附带说明好像排除了直接和公开对抗的意图。确实，在这斗争的开始阶段，用普鲁塔克的话来说，还没有越过“演说和法案”[2]的界限，也就是一般政治斗争的界限。这时庞培宁愿采取迂回的办法和进行幕后的活动，他常常用元老院的威信为自己打掩护。但他的全部行动带有不是十分彻底的性质，同时也不是十分坚决的。

看来，只有当庞培恢复健康之后，几乎全意大利都向他表示爱戴和忠诚的时候，当从高卢的恺撒那里把军团带来的军官们向他谎报恺撒和士兵之间的相互关系的时候，当他确信，只要他一“跺脚”，就可以得到完全作好战斗准备并有胜利把握的一支军队的时

① 参见本书原文第 205 页。

② 普鲁塔克：《恺撒传》，第 29 章。

候，他才第一次在他面前清晰地描绘出一副武装斗争的现实前景。还是那个普鲁塔克认为，所有这些情况冲昏了庞培的头脑，结果他丢掉了平时的小心谨慎的态度，鲁莽、轻率并且过分自信地干起来了。①

普鲁塔克的说法很可能是正确的。但只是在一定的程度上是正确的。仅仅用“胜利冲昏头脑”这一个原因，未必能说明庞培的立场。在这样的解释中我们可以看到一个不成文的规则：大家知道，如果不是对胜利者进行判断，那么对战败者，人们的判断却永远并且大部分是不公正的②。人们不可避免地会用对于庞培的最后失败的回溯性的意见来看待他的全部行为和行动。

212 无可争辩的只是：从产生内战的实际威胁那时起，庞培的行动就开始一反常态了——他行动得远比先前坚决和公开。他不是求助于元老院的威信，而是自己对元老院施加压力了：他同恺撒的不共戴天的敌人结合起来，在谈判中寸步不让，最后，他还相当公开地谈论战争不可避免的问题。于是就给人以这样的印象：在这一冲突的最后阶段，他甚至更愿意对恺撒采取军事行动，而不是政治斗争了。

完全可能这不仅仅是印象。除去“冲昏头脑”和自信之外，毫无疑问，还应当考虑到推动庞培作战的、更加深刻的内部原因。问题在于，在某一确定时刻，庞培看来十分清楚和肯定地懂得，在正在和将要用政治手段进行的斗争里，他的失败是不可避免的，并且他从来也没有打败过自己的对手，但如果产生武装斗争的问题的话，那么这却可以从根本上改变形势，这里是他的拿手好戏，因而

---

① 普鲁塔克：《庞培传》，第57章。

② 我国的“不以成败论英雄”就是针对这种偏见讲的。——译注

这种较量的结果可能完全不同。这样一来，对庞培来说，取得胜利，取得成功的机会正是同战争联系在一起的，并且看来也只是同战争联系在一起的，更何况在这方面，他实际上是有点过高地估计了自己的力量和能力。

但庞培的整个看法看来并不像普鲁塔克所描述的那样糊涂。相反，在某些作家的作品中，我们看到某些有意思的暗示，使我们能够得出对事件进程的另一种印象。例如，阿庇安就记述说，庞培根本不是被从恺撒那里率军前来的那些军官所欺骗，而是他本人收买了这些军官，叫他们通过自己的发言对广大的舆论发生一定的影响。[1] 顺便指出，我们知道在战争爆发前不久元老院召开的一次会议上，庞培在发言中利用的正是这一手法。

至于恺撒，那么他的情况就是另一回事了。根据全部情况来判断，他不仅不害怕风云变幻的政治斗争，而且，相反地，他还力图进行这种斗争，因为他确信，在这个舞台上他总是能对元老院寡头集团和庞培本人取得胜利的。因此，他就想利用一切机会以求和 213
平解决争端。[2] 当然，这并不是说什么他生来爱好和平，也不是他完全排除了战争的可能性或者他过于害怕战争，而干脆是这种情况：在当时的情况下，恺撒很想使用一个和平的办法，即当他不在罗马时取得执政官的地位，然后返回罗马，甚至在放弃统帅权和解散军团的条件下也在所不惜。顺便指出，还有一个绝非不重要的考虑：以公开挑起战争的人物的身份出现，这对恺撒来说，事情就要复杂得多。元老院和执政官，也就是国家的代表，把剑交给了庞培，恺撒无论怎么说也是同"合法的当局"对抗。

---

① 阿庇安：《内战史》，第 2 卷，第 30 章。

② M. 盖尔策尔：《优利乌斯·恺撒》，第 194—196 页。

这些考虑也就决定了他的立场:不急于发动战争而是准备谈判(甚至在他渡过鲁比康河之后!)[①];愿意作相当大的让步,不是被逼到最后关头绝不轻举妄动。只有当他对元老院的一切请求都被驳回或不予理会的时候,当元老院宣布非常状态,并且开始在全意大利征兵的时候,最后,当保民官不得不逃出罗马的时候——只有到那个时候,确信用这类行动已"无法打动"自己的敌人的恺撒,才转而采用另一种办法——率军进攻罗马。

因此,两种不同的立场就有两种行动方针。这是十分自然的事情;令人觉得奇怪的只是:在纠纷的最后阶段,竞争双方的每一方的行动都绝不是超出,而毋宁说甚至违反了他们持有的立场。比如说,恺撒尽管他并不追求战争,但他刚刚停止犹豫,就像他一向的作风那样,开始坚决而迅速地行动起来。反之,庞培希望战争,想依靠战争,但这次却一反常态,他手足无措、行动无力、没有信心,甚至好像不认真对待当前的事态。所有古代的作家完全一致地证实了这一点。

① 恺撒:《内战记》,第1卷,第8—10章。

第六章 214

内　　战

史料中对内战、内战的过程和它的主要阶段的叙述，较之对高卢的军事行动的叙述，要充分和全面得多。当然，这里指的照例是时期较后的作家和证据；和事件同时的只是恺撒本人的《内战记》以及西塞罗的通信。但是从西塞罗的通信中，我们当然无法指望取得有关事件的系统的或者哪怕是前后一致的叙述；至于《内战记》，它虽然对战争的头两年里的军事行动的过程作了详细的记述，但对形势的估计却极为主观。恺撒这时较之在出征高卢时期远为需要使自己的同胞相信，使自己的同时代人相信，发动内战的并不是他，战争是强加到他头上的；他始终准备谈判、作出让步，并且甚至在军事行动实际上已经开始以后，他仍然不放弃争取和平的机会。这种给自己恢复名誉的倾向在此书的头几章里表现得特别明显，正如我们能够断言的①，这种倾向使得书中出现个别（说得轻一些）不准确的地方。

在渡过鲁比康河之后的战争早期阶段，事件的发展情况如何呢？阿里米努姆在当夜破晓的时候就被攻占了。恺撒在这里没有遇到任何抵抗。投奔到他这里来的保民官们已经在阿里米努姆等

---

① 参见本书原文第 209 页。

候他。可能在他们的参加之下,他召开了一次军事会议。但同样可能的是,已经没有举行这种会议的需要了。

215 攻占阿里米努姆的消息于 1 月 16 日传到了罗马。就在第二天,又传出了恺撒的军队攻占皮扫路姆[1]、安昆[2]、阿尔列提乌姆[3]的消息。城中开始发生了惊恐。元老院召开了紧急会议,人们要求庞培拿出对策。他的军队在哪里?一位元老指责他欺骗,还有一位元老幸灾乐祸地劝他"跺脚"。人们已经清楚,这时庞培并没有足够的兵力。甚至有人建议派使节到恺撒那里去。顺便指出,西塞罗是支持这个建议的。但是这个建议并未获通过,而在根据加图的建议而展开的激烈辩论之后,通过了把最高统帅权委托给庞培的决议,理由是"谁惹起了这些大祸,谁就应当自己出来了结此事"。[4]

对于这个决定,庞培的反应有点奇怪。出乎所有人的意料,他竟然宣布说,他得出了必须离开罗马的结论,因此他号召高级官吏和元老们都学他的榜样,而且他还说,他认为凡是不响应他的号召的人,都是祖国的敌人和恺撒派。顺便指出,这一拙劣的政治行动使得恺撒有可能立刻宣布,凡是不按照庞培所说的做,并且不依附于什么人的人,相反地,他都认成是自己的朋友[5]。

---

① 皮扫路姆(Pisaurum)是翁布里亚的沿海城市,在皮扫路斯河河口处,今天的佩扎罗(Pesaro)。——译注

② 安昆(Ancon)是皮凯努姆北部的城市,也叫安科那(Ancona),这个地方今天仍叫安科那。——译注

③ 阿尔列提乌姆(Arretium)是埃特路里亚东部的城市,今天的阿列佐(Arezzo)。——译注

④ 普鲁塔克:《庞培传》,第 60—61 章;参见《恺撒传》,第 33 章;阿庇安:《内战史》,第 1 卷,第 36—37 章;狄奥·卡西乌斯,第 41 卷,第 4 章;西塞罗:《致阿提库斯书》,第 7 卷,第 11 章,第 1 节;《致友人书》,第 16 卷,第 11 章,第 2 节;第 16 卷,第 12 章,第 2 节。

⑤ 苏埃托尼乌斯:《圣优利乌斯传》,第 75 章。

庞培在1月17日离开了罗马，执政官和很大一部分元老在第二天也离开了。离去，说得更准确些，逃跑是如此匆忙，以致没有来得及举行在战争时期应当举行的牺牲奉献式，没有来得及把国库也带走。甚至在个人的财产中，人们也只能带上随手能带的那些东西。人们是怀着惊惶失措的情绪，在一片混乱中逃跑的，其中包括没有任何可以害怕的理由并且一向支持恺撒的那些人。用普鲁塔克的话来说，城市"好像是由绝望的人来掌舵的一艘船，它任凭风浪的摆布，并且已成为盲目的机会手中任意摆弄的玩物了。"①

恺撒那时还留在阿里米努姆。行政长官罗斯奇乌斯和路奇乌斯·优利乌斯·小恺撒——庞培派——来到他这里。他们传达了庞培的一些要求。诚然，这些要求是表述得相当含混的。恺撒认 216
为自己有义务给予回答，在答复中，他再次强调他完全愿意同庞培同时解散军队②，这之后再参加选举，从而不破坏一向规定的程序。他还提出了个人会见的建议，认为这种会见具有决定性的意义。

调停者于1月23日返回，向庞培和执政官们复命，他们是在卡普阿（一说提亚努姆）③见到庞培等人的。但就是这一次，恺撒的建议仍未得到有利的反应：在他们讨论了这些建议之后，就提出了明明知道对方不会接受的条件。显而易见，是这样一个情况起了重大的作用：在调停者来到卡普阿的前一天，拉比耶

---

① 普鲁塔克：《恺撒传》，第34章；参见《庞培传》，第61章；狄奥·卡西乌斯，第41卷，第6章。

② 译者按：前面说："庞培的军队在哪里？"这里恺撒指名要庞培解散军队，当不是无的放矢。庞培在军事上还是有实力的。他离开罗马有策略上的考虑。

③ 卡普阿是康帕尼亚的首府，在罗马东南；提亚努姆在康帕尼亚北部（Teanum Sidicinum），在阿普利亚北部有一同名城市（Teanum Apulum）。——译注

努斯[1]到了那里。拉比耶努斯权威性地谈到了恺撒军队的弱点和不可靠,这一情况鼓舞了庞培。

高卢战争的英雄提图斯·阿提乌斯·拉比耶努斯是恺撒最著名的副帅之一。据我们所知,他是背叛了自己最高统帅的唯一著名的军官。这一背叛的原因并不十分清楚。恺撒对拉比耶努斯十分信任,战争结束时,他把拉比耶努斯留在近高卢担任长官,并且长时期不去注意外面的这样一个传说,好像拉比耶努斯同敌人的阵营有联系。有人认为,好像拉比耶努斯的虚荣心受到了伤害,但是,看来更加可信的看法却是:拉比耶努斯很久以来就是庞培的拥护者。要知道,他们两人是皮凯努姆的同乡,而庞培在那里一直是有很大影响的。[2]

然而恺撒并没有耽搁时间。庞培和执政官们提出的条件仍然归结为要恺撒在庞培做同样的事情之前必须先返回高卢,并解散自己的军队。由于这些条件是恺撒绝对不能接受的,所以他就命令库里欧率领着第十三军团的三个步兵中队向伊古维乌姆[3]推进,而他本人则带着十三军团其余的步兵中队向奥克西莫姆[4]推进。恺撒的军队在这两个城市里都没有遇到抵抗,指挥伊古维乌姆的卫戍部队的行政长官特尔姆斯和用三个步兵中队据守奥克西莫姆的阿提乌斯·瓦路斯只好逃跑。瓦路斯试图把部分的卫戍部队带领出城,但是遇上了恺撒的部队。不过事情并没有发展到重

---

① 提图斯·拉比耶努斯(Titus Labienus)大约与恺撒同岁,是皮凯努姆的琴古鲁姆地方人,他最初从政可能受过庞培的提携。公元前63年他作为保民官曾帮助恺撒当选为最高司祭(Pontifex Maximus)。但在内战中,正如本书后面指出的,他转到庞培方面,最后在孟达一役(公元前45年)中战死。——译注

② 《罗马研究杂志》(*Journal Roman Studies*),第28期,第113—125页。

③ 伊古维乌姆(lguvium),翁布里亚西部的城市,今天的古比欧(Gubbio)。——译注

④ 奥克西莫姆(Auximum),皮凯努姆北部的城市,今天的奥吉莫(Osimo)。——译注

大战斗的程度：瓦路斯的士兵逃散了，他们抛掉自己的指挥官任凭命运的摆布了。[①]

恺撒从奥克西莫姆出发，迅速地穿过了整个皮凯努姆地区。217 在这里他也几乎没有遇到抵抗，尽管在当地贵族中间庞培派是不少的。甚至从由拉比耶努斯奠立并且由他自己出资建成的琴古鲁姆城也有使团派到恺撒这里来，他们表示愿意执行恺撒要求他们所做的一切。那时第十二军团也奉召从山北高卢赶来；恺撒现在手里有了两个军团，于是很容易地占领了皮凯努姆的阿斯库鲁姆[②]——这一地区的主要城市。

对庞培和他的拥护者来说，看来已经到来了这样一个决定性的时刻——如果能正确利用这一时刻，那就可能再作一次完全不是没有希望的、捍卫意大利的试图。问题在于，庞培派的兵力这时集中在南部的两个地方，就是说，在康帕尼亚和阿普利亚。[③] 它们是在庞培本人的统率之下的。而在中部意大利的科尔菲尼乌姆[④]，则有恺撒的宿敌多米提乌斯·阿埃诺巴尔布斯征募军队；此人刚刚被任命为恺撒在高卢的继任者。现在一切都取决于这些兵

① 恺撒：《内战记》，第1卷，第12—13章。译者按：瓦路斯后来渡海逃到阿非利加去，在那里继续站在庞培派一边作战，并曾打败过库里欧。帕尔撒路斯一战（公元前48年8月）之后，斯奇比奥接替了他的领导权。瓦路斯最后也死在孟达一战（公元前45年）里。

② 意大利有两个阿斯库鲁姆（Asculum），皮凯努姆的阿斯库鲁姆是今天的阿斯科利（Ascoli），位于阿普利亚西北部的阿斯库鲁姆今天叫阿斯科利·狄·撒特里亚诺（Ascoli di Satriano）。——译注

③ 译者按：庞培的军队在南方，这和他着眼于海外东方的联系有关，东方虽大有可为，但在共和末期重心东移则为时过早，所以说放弃罗马，无论从战略上说还是从心理上说都不是上策。

④ 科尔菲尼乌姆（Corfinium）在撒姆尼乌姆，是佩利格尼人（Paeligni）的主要城市。——译注

力的联合。庞培清楚地认识到这一点，因而他坚决地主张这样做。①

但这种联合并没有实现，而造成这一致命的失策的原因并不十分清楚。多米提乌斯·阿埃诺巴尔布斯确实打算同庞培联合起来，但后来不知为什么再经考虑，却留在了科尔菲尼乌姆。他着手准备保卫这个地方，甚至向庞培要求帮助和增援的兵力。可能恺撒和他的军队出现得远比他的敌人所期待的要快，因此多米提乌斯的想开展积极活动的意图立刻就陷于瘫痪了。无论怎样，恺撒在科尔菲尼乌姆城下毫无阻碍地设了营，对这个城开始了正规的围攻。

看来围攻有拖下去的危险。但是一件没有料到同时又十分有特色的事情帮了忙。恺撒得到消息说，离科尔菲尼乌姆七哩的一个城市——苏尔摩——的居民同情他。于是他派玛尔库斯·安托尼乌斯率领着五个步兵中队到苏尔摩去，城里的居民打开了城门
218 欢迎恺撒的军队。在这之后不久(约当 2 月 19 日)，科尔菲尼乌姆也陷落了。那里有多米提乌斯统率下的三十个步兵中队，但士兵和城市居民却亲自把企图逃跑的多米提乌斯捉了起来交给恺撒。这样一来，围攻科尔菲尼乌姆一共只用了七天。②

重要的是指出如下一点，即看来在科尔菲尼乌姆陷落以后，恺撒在内战的进程中首先极为明显地、有意给别人看地并且在相当广泛的规模上实现了他的“仁慈政策”，即他的 clementia 的口号。他下令把城市的全部上层人物——元老、骑士、军团司令官——总共五十人(其中包括多米提乌斯·阿埃诺巴尔布斯、执政官连图路

① 西塞罗:《致阿提库斯书》，第 8 卷，第 12 章 B;参见第 8 卷，第 11 章 A。
② 恺撒:《内战记》，第 1 卷，第 16—23 章;阿庇安:《内战史》，第 2 卷，第 38 章。

斯·斯品特尔、监察官克温提利乌斯·瓦路斯和其他人等)召到自己这里来,责备他们的忘恩负义的表现,然后就丝毫不加伤害地把他们全部释放了。尽管几乎所有被宽大释放的人后来又回到庞培的阵营去继续同恺撒斗争,但是有关恺撒这种做法的消息却传遍了整个意大利。

庞培得知科尔菲尼乌姆陷落的消息之后,就到卡努西乌姆①去,从那里又去布伦狄西乌姆——原定新征募的军队要在这里集合。显而易见,他已决心渡海去巴尔干半岛,并且赶忙进行必要的准备。无论怎样,当恺撒于2月21日从科尔菲尼乌姆出发,试图同执政官连图路斯建立联系并且把他从庞培那里吸引过来的时候,才知道两位执政官和一部分军队已经被庞培运送到对面海岸上的杜尔拉奇乌姆②去了。我们应当公正地指出,恺撒确实又作了两次尝试,想亲自同庞培见面并会谈,但庞培开头没有作任何回答,而在恺撒作了第二次的表示之后才宣称,由于执政官不在,所以没有可能举行谈判。

恺撒率领着自己的军队于3月9日来到布伦狄西乌姆。这时他手下的兵力已经增加到六个军团。他开始了攻城的准备工作,此外,他还想阻碍庞培利用港湾,但是这一点他并未能做到——庞培偕同余下的部分军队于3月17日登上了从杜尔拉奇乌姆返回的舰船也渡海到巴尔干半岛去了。几乎全部现有的舰队都在庞培的控制之下③。既然由于这一原因而恺撒未能立即去追击自己的

① 卡努西乌姆(Canusium)是阿普利亚的城市,位于奥菲都斯河(Aufidus)右岸,今天的卡诺撒·狄·普利亚(Canosa di Puglia)。——译注

② 杜尔拉奇乌姆(Dyrrhachium)是伊利里亚的濒临亚得里亚海的城市,先前叫埃皮达姆诺斯(Epidamnos),原来是科林斯和科尔启拉在公元前625年建立的希腊城市,公元前三世纪初期才改了这个名称,此地今天叫杜拉佐(Durazzo)。——译注

③ 庞培在海上的优势也使得他把重点放在意大利南方和东方的海外。——译注

219 敌人，因此他只限于加强沿海各城市的保卫工作。他把新的卫戍部队派驻到那些地方去。

这样，恺撒在六十天中间就成了整个意大利的主人，而且，正如普鲁塔克满意地指出的，“没有流一滴血”①就成了意大利的主人。反之，庞培的行动却引起了当时人们极大的不满。尽管还是那个普鲁塔克指出，某些人认为庞培的渡海而去是一次进行得十分成功的军事计谋，但同时他又强调指出，恺撒本人也感到奇怪，庞培拥有设防巩固的城市，可以等待从西班牙开来的军队，而最后，他还统治着海洋，却竟然离开了意大利。②

庞培的拥护者感到了特别痛苦的失望。西塞罗的通信清楚地表达了这种感情和情绪。西塞罗是在公元前 49 年 1 月 4 日从自己的行省回来的，这时正是恺撒渡过鲁比康河的前夕，而从内战爆发的头几天开始，庞培的行动就使西塞罗感到不安和困惑。开头西塞罗还相当小心地谈论什么庞培“为时过晚地开始害怕恺撒”，后来他就以公然不赞许的心情和甚至嘲笑的态度把庞培比作塞米斯托克列斯③，而到 1 月底，他已直截了当地说什么庞培没有担任军事统帅的能力了。④

西塞罗越往后，他的批评意见也就越尖锐、越坚决，他的绝望情绪越来越严重了。他在 2 月的下半月写道：“我们的庞培没有任何理智的行动，没有任何勇敢的行动，而最后，他没有一件事情不

① 普鲁塔克：《恺撒传》，第 35 章；《庞培传》，第 63 章。

② 普鲁塔克：《恺撒传》，第 63 章。

③ 塞米斯托克列斯（Themistocles，约公元前 525—约前 461）是古代雅典政治家，曾在公元前 480 年的撒拉米斯一战中战胜波斯人，此处大概系指他在波斯人的进攻面前撤出雅典一事。——译注

④ 西塞罗：《致友人书》，第 16 卷，第 11 章，第 3 节；《致阿提库斯书》，第 7 卷，第 11 章，第 3 节；第 7 卷，第 13 章，第 1 节；参见《庞培传》，第 63 章。

违反我的忠告和我的有充分根据的意见。”几天之后，他又写道：“我可以从谁那里跑开，但是我却没有可以追随的什么人”，而且，就在这同一封信里，西塞罗指出，庞培放弃意大利就是背叛了“我们的事业”。①

而最后，在2月24日给阿提库斯的一封信里，西塞罗对庞培的全部行动作了总结性的评价：“他把恺撒培养起来，突然又开始怕他，他不同意和约的任何一项条款，却又对战争不作任何准备。他离开了罗马，又由于本身的过错而失去了皮凯努姆地区，躲进了阿普利亚，最后又开始作去希腊的打算，但是他不来找我们，不许我们参与如此重要和如此不寻常的决定。”②

同时西塞罗直到最后仍然指望敌对的双方能够有某种机会进 220
行谈判，甚至取得和解。而只有当庞培彻底出卖了“我们的事业”并且到杜尔拉奇乌姆去的时候，他才懂得自己的斡旋是完全没有希望了。现在他得解决自己的问题，自己立场的问题，自己应当依附于哪一方面的问题，更何况这时恺撒认为，事先取得西塞罗的协助，那完全不是多余的。

在布伦狄西乌姆的事情告一段落之后，恺撒就到罗马去了。在这里，人们怀着战慄的心情等候着他。首先是元老院，说得准确些，元老院的“泥潭”的代表人物，就是这种心情。这些人既不愿离开，又害怕留下。在去罗马的途中，恺撒先是通过书信，后来又亲自会见西塞罗，劝他回罗马参加预定在4月1日召开的元老院会议。西塞罗拒绝了这一建议，这一行动当然引起了他的实力强大

---

① 西塞罗：《致阿提库斯书》，第8卷，第3章，第3节；第8卷，第7章，第2节。译者按：庞培离开罗马，有一点像是中国皇帝放弃北方到南方去，而在南方即使一时站定了脚跟，那也终归是偏安之局。

② 西塞罗：《致阿提库斯书》，第8卷，第8章，第1节。

的会谈对手的不满。①

预定的会议还是召开了，恺撒在这次会议上发了言。他在发言中试图向元老院证明，他的一切行动都是因他的敌人方面的不公正的和侮辱人格的做法所引起的。他建议元老院同他合作治理国家，但是又要他们了解到，如果他们拒绝或不愿意的话，即使没有他们的合作，他照旧可以应付得过去。在信尾处恺撒再次谈到，应当把使团派到庞培那里去，并同他举行谈判。

派遣使团的建议通过了，但是没有执行。没有人愿意以使节的身份到庞培那里去，因为元老们记起了庞培对那些没有离开罗马的人们所作的威胁性声明。此外，元老们也不相信恺撒的意图是真心实意的②。就在这时，发生了著名的国库事件。原来恺撒需要钱把战争继续下去，因此他自然决定不拒绝敌人自己如此突然地交给他处理的东西。但是这时他遇到了保民官凯奇利乌斯·梅特路斯的反抗。尽管如此，恺撒还是下令打开国库的大门，梅特
221 路斯则以死相威胁，并且说，他说出这话比干出这事来要困难得多。③

但这正是恺撒使用暴力的唯一的一个机会。不过他仍然坚持自己的仁慈政策，因此他也就坚定地不离开他选择的道路。他不仅一个字也没有提到用剥夺令(proscriptio)威胁对方的话，恰恰相反，在这期间(或者在恺撒离开之后不久)，玛尔库斯·安托尼乌斯竟然经由民会④通过了一项法律，恢复了在苏拉时期被列入剥夺公民权名单的人们的子女的权利。至于广义的罗马居民，看来

---

① 西塞罗:《致阿提库斯书》，第9卷，第18章，第1—4节。
② 恺撒:《内战记》，第1卷，第32—33章；普鲁塔克:《恺撒传》，第35章。
③ 意谓说了就肯定干得出，是一种威胁的口吻。——译注
④ 指通常在罗马广场上召开的特里布斯民会，这是罗马的立法机构。——译注

在恺撒到来之后，向他们发放了粮食，每一个城市居民都得了现金的赠赐（或者至少在这方面得到了坚定的保证）。[①]

恺撒这次在罗马一共只停留了六七天，但他本人并没有实行任何立法措施，特别他这时是同执政官的身份，甚至并未掌握这方面的权力。他这时做的多半是根本不容拖延的事情，这就是巩固自己的后方。他把自己的全权代表派赴最重要的，也是最接近意大利的行省——西西里、撒地尼亚、高卢，这些代表当然会把元老院派到那里去的长官——例如，西西里的加图或者高卢的多米提乌斯——替换下来。由于恺撒打算离开罗马，所以他就把罗马城的事务的领导权委托给了行政长官玛尔库斯·埃米利乌斯·列皮都斯[②]，而把治理意大利和统率留在这里的军队的权力委托给了在这里的保民官玛尔库斯·安托尼乌斯，因为安托尼乌斯是他的副帅。所有这一切只是为保证后方的决定性的一步——出征庞培本人的行省即西班牙——所作的准备工作。

恺撒是在 4 月初离开罗马的，但是还在路上他就得知，那曾在科尔菲尼乌姆被他俘获、后来又被他宽大释放的多米提乌斯·阿埃诺巴尔布斯，被庞培派出去保卫玛西利亚这座城市。恺撒率领着自己的军队和多米提乌斯确实几乎是同时到达玛西利亚的，而多米提乌斯则是在由大量被保护人和奴隶组成的侍从人员的陪伴下前来的。开头，当地的元老院即所谓十五人团的成员向恺撒表示他们打算保持中立，但随后人们很快就弄清楚，他们不仅十分乐于接纳多米提乌斯，而且任命他为该城的卫戍司令官。恺撒对这

---

① 狄奥·卡西乌斯，第 41 卷，第 16 章；第 43 卷，第 21 章；参见苏埃托尼乌斯：《圣优利乌斯传》，第 38 章。

② 即后三头之一的列皮都斯，公元前 49 年他是市长官（praetor urbanus），第二年去近西班牙任长官，公元前 46 年任执政官。——译注

222 种背叛行为感到气愤，因此决定从海陆两方面把该城包围起来，为此他甚至专门修造了一支舰队。他本人则继续向前赶路，而把围攻该城的军事指挥权交给了戴奇姆斯·优尼乌斯·布路图斯①和盖乌斯·特列波尼乌斯②。

在《内战记》一书中，恺撒详细地叙述了西班牙战役的进程。不过他的记述显然重视事情的纯军事方面，他不仅记述了个别的战斗，甚至记述了那些无关大局的小冲突。但鉴于西班牙战役，如果从整个内战的观点来看，绝非具有头等重要的意义，所以过于详细地谈论它就未必有什么意义了。

恺撒不得不主要是同庞培的两位副帅——路奇乌斯·阿弗拉尼乌斯③和玛尔库斯·佩特列优斯④——进行斗争。军事行动集中在伊列尔达城⑤地区进行。在起初，恺撒的军事行动并不十分顺利。甚至有过这样的时刻：当西科里斯河汹涌的水流把河上的那些桥冲垮和冲走的时候，恺撒和他的大部队就被切断了粮食的供应和援军的进路而几乎处于被包围的状态。

阿弗拉尼乌斯和佩特列优斯已经把胜利的作战报告送到罗马去了。正如恺撒本人就这件事所写的，罗马方面许多人竟认为战

---

① 布路图斯是恺撒在高卢作战时的青年将领，以对味内提人取得的海上胜利（公元前56年）而知名。——译注

② 特列波尼乌斯从公元前55年起一直是恺撒的副帅。此人后来参加了对恺撒的谋杀。——译注

③ 阿弗拉尼乌斯（Afranius）一直是庞培的追随者，为此而“当选”为公元前60年度的执政官。后来他似乎是在高卢任长官，而从大约公元前53年起以庞培副帅的身份任近西班牙长官。——译注

④ 佩特列优斯（Petreius）曾在意大利北部打败过卡提利那；从公元前55年起以庞培的副帅的身份任远西班牙长官。——译注

⑤ 伊列尔达（Ilerda）是塔尔拉科西班牙（Hispania Tarraconensis）即西班牙东北部的城市，临西科里斯河（Sicoris）河，今天叫列里达（Lerida）。——译注

争几乎已经结束了，因此赶忙跑到阿弗拉尼乌斯家里去祝贺①。这时还留在罗马的元老中，有一位不知怎么竟认定这是最后作出决定和投到庞培那一面去的时刻。在这样的人们当中就有西塞罗。尽管凯利乌斯·茹福斯极力请求，又有恺撒本人的书信，最后，更不顾玛尔库斯·安托尼乌斯的明确禁止，西塞罗在6月7日还是渡海到希腊去了。②

在这期间，恺撒的处境变得好些了。他做到背着敌人，在离开自己的营地大约三十公里地方的河上造了一座桥，这样他就保证了对军队的粮食供应。这时从玛西利亚附近有消息说，戴奇姆斯·布路图斯的舰队使试图突破封锁的玛西利亚人的小舰队吃了一个大败仗。但具有决定意义的却是这样一个事实，即开头是伊贝路斯河(今天的埃布罗河)以北的五个大的西班牙公社投到了恺撒的一边，后来又有更远的几个公社也和他们采取了同样的行动。可能促使他们作出了这样的决定的不仅是当前的事件，而且还有 223
恺撒早年当他在西班牙担任行政长官衔长官时享有的令名，因为他曾使那里的居民摆脱了过去梅特路斯·皮乌斯加到他们身上的捐税。③

不管怎样，形势发生了如此大的变化，以致阿弗拉尼乌斯和佩特列优斯决定退到凯尔提贝里人④的地区去，因为在这一地区(顺便指出)庞培派的力量要强大得多。但是动作巧妙灵活的恺撒却

---

① 恺撒:《内战记》，第1卷，第53章；参见阿庇安:《内战史》，第2卷，第42章。

② 西塞罗:《致友人书》，第8卷，第16章(《致阿提库斯书》，第10卷，第9章A)；《致阿提库斯书》，第10卷，第8章B；第10卷，第10章，第2节；第10卷，第12章，第1节；第13卷，第2章。

③ M.盖尔策尔:《优利乌斯·恺撒》，第222页。

④ 居住在西班牙中部和北部地区的部族，可能是伊伯里亚的土著和外来的凯尔特人混合而成，到公元前72年才为罗马所征服。——译注

能够切断敌人通向伊贝路斯河的道路，并终于迫使敌军退回伊列尔达地区。在这里，恺撒得以把敌人包围在一个无水的地区，因此他没有打一次大仗，没有流很多血，就迫使阿弗拉尼乌斯和佩特列优斯投降了。

老实说，投降的问题在很大程度上是由士兵本身决定的。还在庞培派的军队陷入绝望的处境之前，就多次发生过双方军队表示友好的事件。而且，到恺撒的营地里来的不仅有士兵，而且有军官，甚至还有阿弗拉尼乌斯留在军队里当做人质的、某些西班牙公社的头目。佩特列优斯试图以最坚决的手段和郑重恢复军人宣誓的办法重整纪律，但他只能在极短的时间里做到这一点。8月2日，他们同恺撒进行谈判，被包围的军队不得不同意他提出的一切条件。

这些条件看来是完全可以接受的，特别对士兵是如此。恺撒要求的只是解散军队和离开行省。双方约定，居住在西班牙本土的士兵立刻解散，其余的士兵则去瓦路斯河一带，这是一条沿西班牙与高卢之间边界而流的河①。但是为了把西班牙的战争进行到底，还应当解决有关远西班牙的问题。这时治理远西班牙行省的是著名的百科全书式的学者玛尔库斯·特伦提乌斯·瓦罗②。此

① 译者按：瓦路斯河（Varus），即今天的瓦尔河，在山北与山南高卢之间，后来它长期是法国与意大利边境间的河流。

② 瓦罗（Varro，公元前116—前27），政治家和学者，政治上是个庞培派，西班牙战败后为恺撒所赦免。后来恺撒想要他主持第一个国家图书馆。后三头时期他受到剥夺令的制裁，但最后放弃从政而埋头著述。据说到七十八岁时，他已写了四百九十卷书，其中我们知道书名的就有五十多种，但较完整地保存下来的只有《论农业》一种（共三卷，有中译本，商务印书馆版，王家绶译），《论拉丁语》则只保存了第5—10卷，其他作品只保留下了一些片段。——译注

人的立场从一开始就不十分明确[①]，或者，像恺撒挖苦地指出的，他“随着运气的波动而摇摆”[②]，而当形势变得好像对恺撒不利的时候，他甚至准备对恺撒进行斗争。

然而当这种准备工作正在进行的时候，大家知道，形势又发生 224
了变化。瓦罗本来准备率领着两个军团去加地斯[③]，想把军队、船只都集中在那里。但是在他到达那里以前，整个行省、所有的公社和城市，其中包括加地斯，都转到恺撒的一边去了。他的一个军团开了小差。瓦罗没有别的办法，只好把剩下的一个军团交给恺撒指定的军官，而自己则表示服从到科尔杜巴[④]去，因为恺撒曾发布专门的命令要各地方当局的全体代表都到那里去。

在科尔杜巴的人民大会上，恺撒在隆重的气氛中发表了演说，感谢所有那些同他协力和帮助他的人。他以国家或他个人的名义对一些公社给予奖赏。他从科尔杜巴去加地斯，又从加地斯去塔尔拉科[⑤]，而从近西班牙来的使团已在这里等候他。在这里他又举行了同样的一次隆重的集会，再次对一些公社和城市颁布了赏赐。但如果认为战役已经完全结束却是为时过早——除去西班牙

---

① 译者按：作者这话讲得不够准确，且不说他和庞培在军中共事多年，从思想上说，他可以说是个顽固的共和派。

② 恺撒：《内战记》，第 2 卷，第 17 章。

③ 加地斯(Gades)，由来自推罗的腓尼基人在西班牙南岸建立的港口城市(公元前八世纪)。第一次布匿战争后，迦太基将领哈米尔卡曾把这里当做征服西班牙南部的根据地。迦太基人战败后，加地斯才同罗马建立关系。恺撒后来给了它自治市(municipium)的地位。这个城市曾因海上贸易和渔业而发展成一个富庶的城市，但到罗马帝国时期，却衰落下去了。今天这地方叫加地兹(Gadiz)。——译注

④ 科尔杜巴(Corduba)是远西班牙的重要城市，今天的科尔多瓦(Cordova)。盛产金、铜、羊毛。——译注

⑤ 塔尔拉科(Tarraco)是西班牙东北部的重要沿海城市，位于比利牛斯山和伊贝路斯河之间。今天叫塔尔拉戈那(Tarragona)。——译注

的事情之外，还有玛西利亚①。

设防坚固的城市在半年中间进行了顽强的抵抗。而尽管玛西利亚人在一次海战中已经吃了败仗，并且在多次出击时遭到重大的损失，但他们只有在一点希望也没有的时候才投降。多米提乌斯·阿埃诺巴尔布斯这次又得以逃命了：他是乘坐快艇逃走的。恺撒接受了玛西利亚的投降。不能认为他提出的条件是过于严厉的：玛西利亚应当交出自己的全部武器、船只、城市的金库，接受罗马军团作为该城的卫戍部队。不过他们却保全了自己的城市和自己的独立的（尽管是在形式上）地位。恺撒这样做是“考虑到该城光荣的名字和古老的起源”②。

还在玛西利亚城下，恺撒就得知埃米利乌斯·列皮都斯因人民大会的授权而宣布他为独裁官了。这是一个十分重要的消息，
225 因为独裁官除了其他一切权力之外，还有权召开民会以进行执政官的选举，这乃是当时恺撒特别关心的事情。当然，只是由市长官（praetor urbanus）来任命独裁官，不能认为这是一个完全常见的现象，但无论如何，这样的前例还是有的。③

在这些日子里，恺撒得到的消息并不都是同样令人高兴的。例如，人们得知，在加图离开西西里而库里欧率领着四个军团一帆风顺地在该岛登陆之后，由于他看来是陶醉于轻易取得的胜利并且对敌人的力量估计不足，因而他只带着两个军团和五百名骑兵去阿非利加。但是在这里，他却不得不同普布利乌斯·阿提乌

---

① 恺撒：《内战记》，第 2 卷，第 21 章。

② 同上书，第 22 章。译者按：玛西利亚即今之马赛，是来自希腊的波奇司人建立的（约公元前 600 年）。它很早便同罗马建立了友好的联系，它的水手积极地参加了第二次布匿战争。

③ M. 盖尔策尔：《优利乌斯·恺撒》，第 225 页。译者按：独裁官通常是因元老院的建议而由执政官来任命，并不是选举产生的。

斯·瓦路斯相对抗——瓦路斯是在放弃了奥克西莫姆之后逃到阿非利加的，在这里他受庞培的委托准备进行反对恺撒的军事行动。开头库里欧的活动是进行得十分顺利的，他打败了瓦路斯的军队，甚至被宣布为统帅，但后来在巴格拉达河[①]河畔同赶来帮助瓦路斯的努米地亚国王优巴[②]作战时却遭到了决定性的失败，他自己也战死了。

此外，在伊利里亚沿岸一带的海战中，多拉贝拉失掉了自己的全部舰船（总计四十艘），而赶来帮助他的盖乌斯·安托尼乌斯（那位保民官的兄弟）则被庞培派的领袖屋大维和斯克里波尼乌斯封锁和包围在伊利里亚沿海的库尔里克泰岛上，结果他和他的全部军队（十五个步兵中队）不得不向胜利者投降。在阿非利加以及在伊利里亚的这些失败使形势复杂化了，甚至使西班牙战役的成功也成了问题，因为现在人们不能认为，西班牙能可靠地在可能来自阿非利加的入侵面前保卫自己，正有如山南高卢不能在来自马其顿的入侵面前保卫自己那样。

而最后，在恺撒的军队返回意大利时，发生了迄今从未发生过的一个事件——第九军团在普拉肯提亚[③]发生了哗变。士兵们要求答应给他们的奖赏，他们认为有意拖延出征就是为了不想把钱付给他们。恺撒赶忙从玛西利亚来到普拉肯提亚。他弄清了情况

---

① 巴格拉达河（Bagrada）是罗马阿非利加行省乌提卡和迦太基之间的河流，相当今天的麦吉尔达河（Medjerda）。——译注

② 优巴这里当指优巴一世（Juba I）。他是希延普撒尔二世的儿子。在内战中他是站在庞培的一边反对恺撒的。他对恺撒和库里欧的敌视态度与其说是由于政治上的选择，毋宁说是出于个人的恩怨（参见恺撒：《内战记》，第2卷，第25章）。——译注

③ 普拉肯提亚（Placentia）是山南高卢的一个城市，位于帕都斯河（今天的波河）右岸。今天叫皮亚岑札（Piacenza）。——译注

之后就对哗变的士兵们说，他要根据古老的“父祖相传的法律”对军团进行处死其中十分之一的惩罚①。

226 这一措施引起了如此的震动，以致用阿庇安的话来说，“整个军团和它的军官都哭了起来，他们匍匐在地上，请求恺撒的宽恕”。恺撒长时间不同意取消自己的决定，最后他才下令只用这种办法处理一百二十人，也就是他认为是罪魁祸首的那些人。这样，应当处死的就是十二个人了。但是后来他发现，其中有一个人是被自己的百人团长诬陷了的。于是恺撒便下令把这个诬陷好人的百人团长和其余的人一道处死，而被诬陷的士兵却得救了。②

所有这些事件迫使恺撒赶往意大利，迅速实行一系列军事的和政治的措施以便加强自己的地位并为最后的搏斗进行准备。

公元前 49 年 11 月底恺撒到达罗马后，就担负起了独裁官的职务。在当时的情况下，他并不力图保留这一非常的职务，他感兴趣的只是独裁官所拥有的、能够使他准备和进行执政官选举的各种权限。在许多罗马人的心目中他还是一个叛国的、同执政官的长官，故而他必须摆脱这样的身份而成为一位依法选出的高级官吏。因此恺撒只把独裁官的权力利用了一个短时间，总计只是他留在罗马的十一天。

但是这十一天并不是白白度过的。在举行的民会上，恺撒本人和普布利乌斯·谢尔维利乌斯·伊扫里库斯③当选为执政官。后者的父亲谢尔维利乌斯在恺撒年轻时曾是他的上司。还选出

---

① 这种叫做 decimatio 的惩罚指全军犯罪时，用抽签办法处死其中的十分之一，这种处罚办法多行之于内战时期与帝国时期。——译注

② 阿庇安：《内战史》，第 2 卷，第 47 章；参见狄奥·卡西乌斯，第 41 卷，第 26—35 章；苏埃托尼乌斯：《圣优利乌斯传》，第 69 章。

③ 老谢尔维利乌斯是接近西塞罗、反对克洛狄乌斯的，所以他的儿子过去是和加图站在一起的，后来又成了恺撒派。——译注

了其他的官吏（基本上是拥护恺撒的人！[①]），补充了各司祭团在近一个时期形成的空缺。恺撒也没有忘记为朱比特·拉提亚里斯[②]举行传统的节日，这一节日于当年年初因执政官逃走而未能举行。

同样是在这十一天里，还实行了一系列的立法措施。人民大会通过了把公民权给予帕都斯以北的居民的决定，这实际上是把 227
罗马公民权（第一次！）给予整个行省（更何况山南高卢这时还处于行省的地位）。加地斯的居民也取得了公民权，这件事也可以被认成是把自治市的权利给予行省城市的第一个例子。此外，恺撒又通过行政长官和保民官向人民大会提出相应建议，使得在庞培担任执政官时期被判罪的人从流放中返回罗马。

看来具有最重要意义的是这样一个法律，法律的目的在于恢复内战头几个月当中被破坏的信贷关系和经济活动。正如恺撒自己指出的，"在整个意大利，信贷衰落了，债务也停止了支付。"[③]债权人怀着恐惧的心情而债务人则怀着期待的心情望着恺撒，指望他也如同过去的卡提利那一样，宣布取消债务（著名的口号 tabulae novae[④]）。但是恺撒这次却辜负了双方的期待。他选择了一条实质上是明显妥协的道路。按照他实施的法律，任命了仲裁法官（arbitrores），由他们根据战前时期的价格对地产和动产进行估价并且按这种估定的价格来满足债权人。此外，为了活跃货币流通，恢复了禁止任何人持有一万五千狄那里乌斯（六万谢斯特尔提

---

① 译者按：这惊叹号打得奇怪，在恺撒的主持下难道要选出庞培派的人吗？

② 朱比特·拉提亚里斯（Juppiter Latiaris），意思特指拉提乌姆的保护者朱比特，是罗马主神众多的老衔之一。——译注

③ 恺撒：《内战记》，第 3 卷，第 1 章。

④ tabulae novae 在拉丁语是"新账簿"的意思，指债务取消后的新账簿。——译注

乌斯)以上的现金的一项古老的法律①。

恺撒在离开罗马之前,照例又发放了粮食。顺便指出,为了说明普遍存在于城市上层以及更加广大的居民阶层中间的情绪,看来可以提一下某些事实:恺撒的岳父路奇乌斯·卡尔普尔尼乌斯·皮索在元老院建议恢复同庞培的谈判,但这却遭到执政官谢尔维利乌斯的反对。然而,如果恢复谈判的话,看来就是恺撒也宁愿只以个人的身份而绝不是以元老院的名义去谈判。尽管如此,在他外出时,集合的大群民众相当坚决地提出了有关结束对庞培的战争并同他讲和的要求。

228 在巴尔干战役之前,双方之间的力量对比是这样的。庞培有几乎一整年的时间用来进行准备,他得以利用这段时间集合了一支大军。在希腊的西部海岸集中一支庞大的舰队:五百只战船和大量轻型的警备船。舰队的最高统帅是玛尔库斯·卡尔普尔尼乌斯·毕布路斯,此人是恺撒的不共戴天的敌人,过去是同他竞选过营造官和执政官的。在马其顿有步兵九个军团。东方的联盟国家和城市也派来了许多辅助部队。克温图斯·梅特路斯·斯奇比奥带领两个军团从叙利亚行省赶来帮忙。庞培的骑兵有七千人,而且,用普鲁塔克的话来说,这乃是罗马和意大利青年的全部精华所在。庞培亲自领导自己军队的军事训练工作——正如同一位普鲁塔克肯定地指出的,五十八岁的统帅的能力和灵巧引起了人们普遍的赞叹②。庞培虽然拥有如此庞大的兵力,但他和他的军队却还是打算在伊利里亚的沿岸地带过冬,因为在这里,在舰队的保护下他感到安宁,并且在公元前48年早春,他可以从这里容易地攻

① 恺撒:《内战记》,第3卷,第1章;苏埃托尼乌斯:《圣优利乌斯传》,第42章;阿庇安:《内战史》,第2卷,第48章;狄奥·卡西乌斯,第41卷,第37—38章。

② 普鲁塔克:《庞培传》,第64章。

进意大利的领土。

至于恺撒，则他的力量看来远非如此雄厚。他手里大约有十二个军团，不过它们的战斗力却远不是一样的。许多参加过出征高卢的人们等待着久已盼望的退役，就是从西班牙开过来的这一漫长行程也把士兵搞得疲惫不堪。而且，在阿普利亚和布伦狄西乌姆的近郊，今年是又潮湿又寒冷的天气。但是，最使人感到不快的却在于：当恺撒来到布伦狄西乌姆时，他确信无法把自己现有的全部兵力运送到隔海的巴尔干半岛上去。他没有足够的船只来完成这一任务。但是对于已经决定做的事情，他没有拖延的习惯：这次他也是宁可采取出其不意的行动，也不愿作长期的然而是徒劳的准备工作。他把大约两万人安排在他现有的舰船上之后，便避开敌人的舰队，于公元前 48 年 1 月 5 日顺利地渡海到达了埃皮鲁斯①的沿岸。

恺撒想充分地利用他之迅速地和突然地出现于巴尔干半岛这 229
件事所产生的一切有利因素，因此他决定再试图提出一次，但现在已是最后的一次和谈建议。他发现这时最合适，而总的情况也最为有利。此外，他仍然记起罗马群众的临别赠言，而表现出要求和平的意图，这只能对他有利。

找到了一个合适的人来执行这一需要慎重对待的委托。恺撒选中了路奇乌斯·毕布路斯·茹福斯作为使节把他的建议通知给庞培。茹福斯曾两次成为他手中的俘虏：一次是在科尔菲尼乌姆城下，后来是在西班牙。建议的实质归结如下：两位统帅最后都应当放下武器并且不去试探不测的命运。他们两人都蒙受了重大的

① 埃皮鲁斯(Epirus)为希腊西北部多山的地区，北至阿克罗凯劳尼乌姆角，南至阿姆布拉奇亚湾，东以品度斯山与帖撒利亚为界。——译注

损失。先说庞培吧，他失去了意大利、西西里、撒地尼亚、两个西班牙和十三个步兵中队。恺撒则失去了库里欧的阿非利加的军队和安托尼乌斯的在库尔里克泰附近投降的军队。这样看来，他们的地位、他们的兵力这时大致相等，这种种情况使得谈判变得完全可能，甚至是人们所期望的，因为命运使之在今后会占优势的那个人当然是不愿意甚至听到和平的。因此两位统帅应当在军事会议上宣誓在三天的限期之内解散自己的军队，把拟订和约条款本身的事情交给元老院和人民。①

毕布利乌斯·茹福斯赶到那里去，这与其说是为了尽力执行这一难办的任务，毋宁说是为了尽快地把恺撒率军到来这个事实本身通知给庞培。庞培正在从马其顿来阿波罗尼亚和杜尔拉奇乌姆的途中。他得知恺撒到来之后，便加紧率军前进，以便使恺撒不能占领希腊西部海岸的城市。不过恺撒这一方当然也没有让时间白白过去。他要士兵登陆之后，当夜就叫舰船返回布伦狄西乌姆，以便把其余的军团和骑兵运送过来。但这次航程是不幸的。玛尔库斯·毕布路斯就抱怨说他已经把恺撒放跑了一次，因此他便伺
230 伏着回航的舰队，把这部分舰队歼灭，并且对全部沿岸地带实行了最严格的警戒与监视。

尽管如此，恺撒和他的一部分军队仍然来到了巴尔干半岛的领土之上。恺撒首先力图攻占沿海的城市，而这一点正是庞培所担心的。恺撒在登陆的当天就向欧里库姆城推进。由庞培任命的该城卫戍司令官试图组织抵抗，但卫戍部队和居民断然不同意这样做，于是城市就投降了，并得到了赦免。对于阿波罗尼亚②和后

---

① 恺撒:《内战记》，第 3 卷，第 10 章。

② 阿波罗尼亚(Apollonia)，在古代以阿波罗尼亚为名的城有好几座，在西西里、马其顿、克里特等地都有，这里指的是伊利里库姆的沿海城市。——译注

来埃皮鲁斯的其他沿海城市，情况也完全一样。

庞培得知这些事件之后，就开始为杜尔拉奇乌姆的命运担心，因此，为了比恺撒更早地到达那里，他便日夜兼程地推进，这种做法甚至激起了他的士兵的不满。但是他还是能够走在恺撒的前面，而在他渡过了阿普苏斯河①之后，就在杜尔拉奇乌姆附近扎下了营。当恺撒来到这里时，他除了在河对岸扎营之外已经没有别的办法了。敌人在那里作长期打算，有过冬的意思。这种做法在当时的情况下是恺撒最高兴的事情，因为他总得等待从意大利来的军团。

不过就这一意义来说，前景一时还是不妙的。有一次恺撒竟不得不发布紧急命令在载着军队的舰船离开布伦狄西乌姆的港湾之后取消渡海的做法。这不仅使舰船，而且使军队免遭必然覆灭的命运。毕布路斯的舰队在海上居于全面统治的地位，不过恺撒这方面却也能切断他同陆地、同最近的供应基地的联系。但无论如何，在舰队的总司令官玛尔库斯·毕布路斯生病和死亡之前，海上的封锁是一点也不曾削弱的。

那时庞培对恺撒的和平建议已经作了答复。他当然对此持否定态度，因为对方再次想把这一对抗引到政治斗争的轨道上去。如果这种斗争有什么好处的话，那也只能对竞争者中间的一方来说是如此。因此庞培宣称，对他来说，好像只是由于恺撒的恩惠他才得以保全性命和权利，他甚至想到这一点本身也是不能容忍的。231
但是恺撒，用他自己的话来说，不愿意放弃和平的希望，故而决定使用另一种方法，或者，说得更确切些，就是“西班牙的办法”。问

① 阿普苏斯河(Apsus)是伊利里库姆南部的河流，今天叫塞美尼河(Semenl)。——译注

题在于，由于两个阵营之间的长期对抗，士兵之间不可避免地会开始发生某些联系。恺撒考虑到了这一情况，就委托自己的一位副帅把和平的建议向敌人的军队直接提了出来。甚至规定了会谈的日子，双方都有许多人聚拢来，但这一和平行动却因下面的一件事而遭到破坏，即拉比耶努斯以庞培派的名义发言，他表现得既横傲又粗暴，而在结尾处竟然直截了当地宣称，如果不交出恺撒的头颅，就谈不上什么和平。①

形势复杂化了。冬天快过去了，运送军团的舰船还没有从布伦狄西乌姆到来。恺撒看来认为局势极端危险，所以就冒险采取了极为大胆的一个行动。他决定亲自去布伦狄西乌姆，以便亲自率军前来。他打扮成一个奴隶模样，在深夜里偷偷地乘一艘小船从河道入海。然而发生了一场强烈的暴风，特别在河口地方，因为在那里河水又遇到了海水的涨潮。舵手看到自己无法应付恶劣的气候，就下令水手返航。这时恺撒认定，这是他出面的时候了，于是他就走了出来针对当时情况向舵手讲了一句历史性的名言："要大胆些，你是载着恺撒和他的命运啊！"然而，尽管如此，船还是不得不返回了。②

这件事可信到什么程度，这当然是难以判断的。但如果大胆的企图结果也失败了的话，那么他做到的却是远为重要的事情：玛尔库斯·安托尼乌斯和富里乌斯·卡列努斯按照恺撒的一再要求，终于得以使载着军队的舰船驶离了布伦狄西乌姆，而在4月10日，在恺撒和庞培都亲眼看到的情况下，运送士兵的船队已经沿着伊利里亚(即伊利里库姆)的海岸行进了。这批军队是在离利

① 恺撒：《内战记》，第3卷，第18—19章。

② 普鲁塔克：《恺撒传》，第38章；阿庇安：《内战史》，第2卷，第57章；苏埃托尼乌斯：《圣优利乌斯传》，第58章。

苏斯[1]不远的地方登陆的。这个城市过去由于得到过恺撒的许多好处，因此他们乐于接纳安托尼乌斯，甚至把一切必需用品供应给他。恺撒和庞培都立刻把军队引出了自己的固定的营地；恺撒想尽可能迅速地同安托尼乌斯会师，庞培则是力图阻止他们的这一 232
会师。由于安托尼乌斯的巧妙调度，会师的行动还是进行得相当顺利的；现在恺撒手下可以有大约步兵三万四千人和骑兵一千四百人了。

但是，要在只是某一个地方——例如，对付庞培本人——使用所有这些兵力是不可能的。还要考虑巩固后方和准备粮食的问题。因此恺撒不得不把在自己的副帅统率下的部分军队派往马其顿、帖撒利亚和埃托利亚，更何况从这些地区都有使节到他这里来请求派遣卫戍部队。恺撒同某些公社早就在联系，这可以回溯到他积极地参加反苏拉的诉讼的时候。此外，被派往马其顿的队伍还有一项任务：阻止由克温图斯·梅特路斯·斯奇比奥率领的那些军团从叙利亚方面开过来同庞培会师。

这样，现在，在布伦狄西乌姆方面的军队到来之后，庞培手中的军队还超过恺撒现有兵力几乎一倍。尽管如此，恺撒却准备进行决战，他甚至激使庞培同他展开决战。但是庞培显然认为时间对他这一方面有利，因此他就坚持防御的战术。于是恺撒在进行了一次成功的，然而绝非轻而易举的迂回之后，把庞培同杜尔拉奇乌姆的联系切断了。庞培没有别的办法，只好把自己的营地转移到一个新的、比较合适的地点。而他实际上也正是这样做了。

这时庞培是把营地设立在离海岸不远的一片岩石嶙峋的高地

---

[1] 利苏斯（Lisus）是达尔玛提亚南部的城市。——译注

上。由于军事行动显然是拖下来了，有了阵地战的性质，所以恺撒决定作出大胆的和非同寻常的一着。他想用原野上的工事把庞培的营地全部包围起来。计划的大胆和非同寻常之处就在于：人数处于劣势的军队竟试图围攻人数要多得多的军队。由于士兵们进行了紧张的和献身的劳作，恺撒一般地能够实现这一任务。

阵地战从4月底一直持续到7月。在庞培的营地这一方面，
233 一种不耐烦的情绪在同他接近的人们中间增长起来了。在恺撒的营地这一方面，则和先前一样，仍旧存在着供应上的困难。士兵们不得不用他们剁成细末的某些根类植物和上奶类用来烤制面包。有时他们把这种所谓面包投到庞培的营地里去，叫喊着说，只要大地还生长这种根类植物，他们就不会撤去包围的兵力。据说庞培尝了一尝这种所谓面包之后极为害怕，他认为能够吃下这类食品的人们乃是野兽。

双方之间的小冲突在7月里增多了。还在月初的时候，恺撒就试图攻占杜尔拉奇乌姆。这一试图并未成功，但与此同时，庞培派可能利用恺撒在一个短时期里不在营地的机会，进攻了几处碉堡，力图突破包围。由于进行了十分顽强的斗争，所有的进攻都被打退了，敌人遭到了巨大的损失。一座碉堡上中了大约有三万支箭，而在百人团长斯凯乌斯专门给恺撒送来的盾牌上竟被打穿了一百二十个孔。恺撒慷慨地赏赐并且提升了这位百人团长；此外英勇地保卫了这座碉堡的整个步兵中队也受到了奖励。①

但是到7月中旬，庞培终于能够在离开主要营地最远的一个地点突破了恺撒的防线，因为在那里，这条防线已经逼近海边了。恺撒认为包围圈被突破的地方是两个叛徒指给敌人的。他们是投

---

① 恺撒：《内战记》，第3卷，第51—53章。

到庞培那一边去的两兄弟，是属于阿洛布罗吉斯人的部落的。但是无论怎样，现在是非得放弃包围的计划不可了。恺撒力图不管用什么办法报复他所遭到的失败，因此他决定进攻庞培的一个孤立的军团，因为根据间谍的报告，这个军团是集中在辅助营地里。他带领了三十三个步兵中队去进攻这个军团。展开了激烈的战斗。但庞培却能够及时地把骑兵投进去，后来又投进了五个步兵的军团。这在战斗的进程中造成了转折，恺撒的军队动摇了，跟着就爆发了惊恐的情绪。

《内战记》对这场战斗虽然记述得相当详细，但是并不十分清
楚。不利的转折所以发生是由于命运的干预，命运“常常由于最微 234
不足道的偶然事件而产生巨大的变化”。诚然，应当公正地指出，恺撒此时仍然承认自己的失败，承认又只是纯粹偶然的事件挽救了他的军队，使之免遭全面覆灭的命运。①

看来普鲁塔克和阿庇安对这一战斗都描写得比较戏剧化。普鲁塔克写道：“壕沟都被尸体填平，恺撒的士兵都倒在自己的壁垒和栅栏附近，他们是在仓促逃跑时被敌人刺中的。”阿庇安配合着他写道：“每个人都拼命地逃到不管什么地方去，他们不听从任何命令，丧失了羞耻心和理智。”恺撒试图阻止住逃跑的士兵，他想去把旗帜接过来，但是旗手在惊慌中把旗帜抛掉了，以致敌人在这一天里竟然夺取到三十二个旗帜。当恺撒徒劳地想阻止逃兵时，他自己也差一点被杀死——一个士兵挥动刀剑（普鲁塔克的说法）或是拿着旗杆的尖头（阿庇安的说法）向他冲去，但幸运的是，这时一个侍从赶来帮助了他。但是庞培并没有充分利用自己的胜利，也没有攻进恺撒的营地。这就使得恺撒的军队免遭彻底覆灭的命

① 恺撒：《内战记》，第3卷，第68—70章。

运。然而损失却是惨重的:步兵和骑兵损失一千多人,还不说这次失败在士气方面造成的后果。恺撒本人清楚地理解所发生的事件的全部意义。难怪就在当天的晚上,恺撒对自己的朋友们说:“如果敌人当中有一个领导者懂得怎样取胜的话,战争今天就可能以彻底的胜利而结束了!”①

这一严重的挫折向恺撒提出了一个必须改变战役的全部计划的问题。既然海上的优势明显地是在敌人的方面,那么留在海边的营地里,忍受供应方面的困难并且实际上处于被包围而不是自己包围敌人的地位,那又有什么意义呢?为什么不去寻求一个对自己更合适、更有利的战场呢?于是恺撒决定转向帖撒利亚、马其顿去进攻斯奇比奥,他这样做的目的,正如庞培所说,或者是为了把庞培引到那边去——这样庞培就不得不在和他相同的条件下对
235 他作战而得不到海上的支持,或者是想把孤立无援的斯奇比奥打垮。②

一旦作出了决定,照例就立刻有行动跟上去③。就在战败后的第一夜,恺撒就拔了营,不过在这之前,他召开了一次军事会议并且向士兵发表了一篇十分出色的演说。它在如下的意义上是值得重视的,即它首先和最能够表现出恺撒本人的特点。和古典史学的一般做法不同,这篇演说不是由另外某一位作家把它放到演说家的口中,而是由恺撒本人在《内战记》中重述出来的。如果说,这篇演说甚至不是逐字逐句地传达了恺撒所讲的话,但毫无疑问,它仍然能反映他对事件的反应和态度。

---

① 普鲁塔克:《恺撒传》,第 39 章;参见《庞培传》,第 65 章;阿庇安:《内战记》,第 2 卷,第 62 章。

② 普鲁塔克:《恺撒传》,第 39 章。

③ 译者按:兵贵神速,恺撒颇得力于这一点。古今名将都有这个特色。

恺撒力图主要是先给士兵们鼓劲，他要他们懂得，不应当由于一次战败就惊惶失措，相反地，应当感谢命运，因为命运使他们在几乎不蒙受任何损失的情况下占领了意大利，征服了两个西班牙，并且，最后，还幸运地和顺利地渡海来到了巴尔干半岛。“如果说不是在任何时候和所有事情上都获得成功的话，那么帮助命运的，应当说是我们自己的努力。”对于遭到的失败，他，也就是他们的统帅并没有过错，看来应当做的一切他事先都想到了，不过失败有时也有它的好处，比如，在盖尔哥维亚城下的那次就是一个例子。[1]

在讲了这些话并且免去了某些旗手的光荣职务之后，恺撒就下令出发，尽管许多士兵和军官都认为必须在原来的阵地上再较量一番。在阿波罗尼亚作了短时期的停留之后，恺撒就穿过埃皮鲁斯继续前进。在帖撒利亚的第一座城市埃吉尼乌姆[2]附近，多米提乌斯·卡尔维努斯率领自己的军队前来同他会师，他在途中得以躲过庞培和斯奇比奥的注意，并逃脱了被包围的威胁。然而当恺撒来到帖撒利亚的哥姆菲城[3]时——这座城在当时不久之前曾主动派遣使节到恺撒这里来请求派遣卫戍部队，他却发现城门紧闭着。原来这里已经及时地得到了恺撒在杜尔拉奇乌姆附近战败的消息，于是帖撒利亚城市同盟的军事长官(strategus)安德罗斯塞尼斯的立场就来了一个急转，他“更愿意分享庞培的胜利而不 236
肯作恺撒的难友了”[4]。

---

① 恺撒:《内战记》，第 3 卷，第 73 章。译者按:盖尔哥维亚是高卢的部落阿尔维尔尼人的城市。

② 埃吉尼乌姆(Aeginium)是帖撒利亚西北部的城市。——译注

③ 哥姆菲(Gomphi)是帖撒利亚靠近埃皮鲁斯边界的城市。——译注

④ 恺撒:《内战记》，第 3 卷，第 80 章。

恺撒用闪电般速度的猛攻占领了哥姆菲城，而为了惩罚他们的背叛，他任凭士兵涌入城市大肆劫掠。在这之后，恺撒立刻又转向美特洛波利斯①——这里的居民已经知道了哥姆菲的命运，因而没有进行任何抵抗，为此恺撒也就把它完整地保留下来，没有给予任何伤害。正如人们所预料的，美特洛波利斯和哥姆菲不同命运的比较，使得帖撒利亚所有其余城市（除了有斯奇比奥重兵防守的拉里撒②）都宁愿向恺撒表示顺从。这样，在他解决了军队的供应问题并且在帕尔撒路斯这座城市③的西北找到了有利的阵地之后，就在这里设营等候庞培。

跟踪在恺撒后面并且在海拉克列乌姆④和斯奇比奥会师的庞培几天之后就出现在帖撒利亚了。他选择的阵地是在恺撒的阵地的西面，在近郊的山丘地带。在同他最接近的人们中间普遍怀有一种完全特殊的情绪。在杜尔拉奇乌姆一战之后，所有的人对胜利都如此深信不疑，以致他们考虑的与其说是用什么办法夺取这一胜利，不如说是他们应当从这一胜利中取得怎样的好处。只要一返回罗马，他们就要公开瓜分胜利者应当取得的荣誉职位。许多人要求取得恺撒派的房屋和财产。在一次军事会议上，在路奇利乌斯・希尔鲁斯和庞培对他所作的保证的问题上发生了争论。问题在于，庞培在派希尔鲁斯作为使节到帕尔提亚国王那里去时，曾答应他在本人不在场的情况下在即将举行的选举中当选为行政

---

① 美特洛波利斯（Metropolis）也是帖撒利亚靠近埃皮鲁斯边界的城市，在哥姆菲东南。——译注

② 拉里撒（Larissa）在帖撒利亚中部，位于佩涅乌斯河（Peneus）南岸。按这里南方有一同名城市，但不是这里所指的一座。——译注

③ M. 盖尔策尔：《优利乌斯・恺撒》，第 244 页。译者按：帕尔撒路斯（Pharsalus）是帖撒利亚南部的城市。

④ 海拉克列乌姆（Heracleum）是马其顿东南端沿海的城市。——译注

长官。这事引起了营地中的人们的抗议,他们认为一切财富和特权应当只在肩负起战争的主要重担的人们中间分配。

路奇乌斯·多米提乌斯、梅特路斯·斯奇比奥和连图路斯·斯品特尔三人之间争吵得特别激烈。他们无论如何也无法分配大家知道是由恺撒担任的最高司祭(pontifex maximus)这个职位。一个名叫阿库提乌斯·茹福斯的人公开指责阿弗拉尼乌斯,说他的叛变行为应对西班牙战役的失败负责。还是那个路奇乌斯·多米提乌斯建议在战争结束后,对留在罗马或根本不想依附庞培的 237
人加以审判。为此每一位参加战争行动的元老就会面临三种选择:一种意味着被宣告无罪;另一种意味着处以死刑;还有一种意味着处以罚款。所有的人或者忙于分配荣誉和奖赏,或者研究如何追究敌人,往往还可以听到有关剥夺公民权(proscriptio)的议论。

在这种情况下以及在这样的情绪中,发生如下的情况就不足为怪了:所有的人只考虑返回意大利的事情,因而庞培在巴尔干战役初期较明显地表现出来的、行动方面的小心谨慎甚至某种迟缓,这时就引起了人们的极端不满。人们在谈到庞培时都说他有意拖延战争,以便享受把过去的执政官和行政长官、联盟的统治者和王公都收归自己的统治之下的最高权力,或者意在嘲笑或出于嫉妒而称他为阿加门农[①]和众王之王。无论怎样,庞培不断地受到压力,甚至被指控有背叛行为和被恺撒收买的阿弗拉尼乌斯也挖苦地表示奇怪,为什么指控他的那些人到现在还不向把行省都收买了的那个人开战。庞培终于不得不让步,于是"他无论对他本人以

① 阿加门农(Agamemnon)是希腊神话传说中迈锡尼的国王,出征特洛伊的全部希腊军队的统帅。——译注

及对促使他如此做的人都很不幸地同意了展开战斗”①。

庞培的军队在同斯奇比奥的军队会师之后，有五万人之多，超过了恺撒的兵力一倍半。他在骑兵方面的优势特别明显：恺撒方面骑兵有一千人，而庞培这方面的骑兵竟有七千人。庞培在战斗前夕的军事会议上的发言中首先指出的正是这一优势并且他对骑兵寄以重大的期望。庞培的乐观的计划和预测受到拉比耶努斯的热情支持；拉比耶努斯非常瞧不起恺撒的军队的战斗素质，好像在恺撒的军队里，出征高卢时期经受过锻炼的和有经验的士兵几乎所余无几了。拉比耶努斯在结束自己的发言时发誓表示只能作为胜利者返回营地，其他将领也学了他的样子。

238 恺撒是乐于进行决战的。他在自己的《内战记》里对著名的帕尔撒路斯之战（公元前 48 年 8 月 9 日）作了绘声绘色的记述。庞培的军队是这样列阵的。在左翼是两个军团，就是过去恺撒根据元老院的决定拨给庞培的那两个军团②。庞培本人就在这一翼。在战阵的中心部分配置的是梅特路斯·斯奇比奥和他手下的几个叙利亚军团。在右翼的则是一个军团和西班牙的步兵中队，这些中队是阿弗拉尼乌斯带过来的。这些军队在庞培心目中是最可靠的。其余的部分，其中包括志愿参战的老兵，则被他分配到整个战线里去。有七个步兵中队被留下来保卫营地。由于战阵的右翼靠着陡峭的河岸，所以全部骑兵、全部弓手和弩手都集中在左翼。

恺撒把第十军团配置在右翼，而把第八和第九军团配置在左翼，因为第九军团在杜尔拉奇乌姆一役之后大大地减员了。他委托玛尔库斯·安托尼乌斯指挥左翼，普布利乌斯·苏拉指挥右翼，

---

① 阿庇安：《内战史》，第 2 卷，第 67 章；参见恺撒：《内战记》，第 3 卷，第 82—83 章；普鲁塔克：《庞培传》，第 66—67 章；《恺撒传》，第 41 章。

② 参见本书原文第 202—203 页。

中间则是多米提乌斯·卡尔维努斯。他本人则同庞培相对峙。恺撒担心自己的右翼会被敌军的优势骑兵所包抄，于是他就从第三线的每个军团中选出一个步兵中队来组成了第四线。他并且预先告诉这里的战士们：战斗的结果极可能正是由他们来决定的。同时他规定，不得到他的信号第三线不得出击。

由于庞培下令军队不要动而是列队等待敌人方面的进攻，好使进攻一方的战线拉开来，于是首先出击的就应当是恺撒的步兵了。事情就是这样地发生了。与发出进攻信号的同时，恺撒向着自己的一位有经验的、同自己相识的百人团长说：“盖乌斯·克拉斯提尼乌斯，我们取得胜利的希望怎么样？情绪怎么样？”对方高声回答说：“恺撒，我们会获全胜的！今天我无论死活，你都会赞扬我的！”讲了这番话之后，他就第一个攻向敌人，整个小队也随他一起攻上去了。

正当中间的步兵展开激烈战斗的时候，正像人们所期待的那 239
样，庞培的骑兵在把敌人实力较弱的骑兵队伍压下去之后，就开始迂回到恺撒的没有得到掩护的右翼。恺撒看到这一情况之后，立刻发出信号给他专门组织起来的第四线各步兵中队。这些中队于是便如此猛烈地冲向骑兵，拼命刺他们的眼睛和面部，使得对方无法抵挡而逃掉了。得不到掩护的弓手和弩手几乎全部被消灭了。

老实说，由于这一成功的进攻，战斗的进程发生了决定性的转折。为了给它以支援，恺撒又投入了第三线的生力军。庞培派的军队已经顶不住这一强大的压力，跟着就发生了全面的溃逃。但是恺撒和自己的敌人不同，他并不满足于这种不彻底的胜利。他能够做到使自己那些为战斗和酷热搞得疲惫不堪的士兵（战斗持续到中午）仍继续进攻敌人的营地并且冲了进去。

庞培看到自己的骑兵被打散了，自己最信赖的部队也溃逃了，便沮丧到如此程度，以致“成了一个被神剥夺了理智的人”。他返回帐篷，任凭战斗自己发展下去，直到恺撒的士兵已经冲入营地的时候，他才清醒过来。于是他便脱掉身上的甲胄，和几位朋友从营地的后门向着拉里撒的方向逃去[①]。在庞培的营地里，胜利者吃惊地发现有漂亮的凉亭、陈放着银制器皿的桌子、帐篷的地面铺着新鲜的草皮，而且某些人（例如连图路斯和其他指挥官）的帐篷是有常春藤缠绕着的。这一切都十分确切地表明，在战斗的前夜，庞培周边的人物甚至一点也不怀疑他们会取得胜利。

由于被击溃的军队的个别队伍开头试图躲到近郊的山地那边去，然后再去拉里撒，于是恺撒开始对他们进行追击。在帕尔撒路斯之战的第二天，他们就投降了。即使是这一次，胜利者对被打败的一方也还是十分宽大的：所有的人都得到了赦免。此外，恺撒还
240 下令把在营地里缴获的庞培的信件烧掉，这样就使他的对手的那些直到这时为止没有揭发出来的联系（以及拥护者）在今后不致再受到追究[②]。

就在同一天，恺撒率领着几个军团来到拉里撒。但是庞培已经不在这里：他和一些同行者昼夜兼程地穿过天培河的河谷直奔海岸。他设法找到一艘商船，船主同意他和几位同行者上船。

巴尔干战役和它的大轴戏——帕尔撒路斯之战的结果就是如此。根据恺撒本人的计算，在这次战斗中双方的损失如下：庞培方面战死的一万五千人左右，被俘的两万四千多人，而在从营地中逃跑时，恺撒的不共戴天的宿敌路奇乌斯·多米提乌斯·阿埃诺巴

---

① 看来庞培的营地是坐北朝南的，所以他从后门逃出后就可以一直向着正北的方向逃往拉里撒。——译注

② 这当然也算是恺撒的仁慈政策的一个表现，这种不使敌方人人自危的做法是十分高明的，在历史上有成大业的胸怀的人大多是这样做的。——译注

尔布斯[1]死在附近的小山上。俘获了一百八十面战旗和九个军团的鹰标。至于恺撒方面的损失，他的阵亡的士兵好像还不到二百人，然而这却是一个惨重的损失！因为其中有三十位立过战功的百人团长。当然，所有这些数字我们不应当毫无保留地加以接受；阿庇安早就提出过各种不同的估计。而且，一般说来，帕尔撒路斯之战也如同给人以深刻印象的任何著名事件一样，早在古代就已有各种传说附会上去了。阿庇安和普鲁塔克在谈到这次战斗时，就完全按照古代史学的传统提到了许多奇异的现象和前兆。它们既出现在战斗之前，当然也就预先注定了恺撒的胜利。[2]

这样，帕尔撒路斯之战便结束了巴尔干战役。到这时为止，作为内战的战场的开头是亚平宁半岛，随后是巴尔干半岛。但人们不禁会提出这样一个问题：在这一地区上的许多城市、自治市、移民地难道只是军事行动的据点，而它们本身就不积极地参加这一斗争吗？换句话说，就是在所谓罗马的总的政局当中，意大利本土和行省的公社起了怎样的作用？

它们参加了这场斗争，这是没有问题的。当然，史料的一般情况使得我们无法为个别城市（公社）的政治生活和内部斗争描绘出一幅清楚的图画。对于个别政治集团也难以作出判断。能够比较有把握地肯定的只是：罗马人传统上支持上层的、特权的居民阶 241
层，而对各种各样的“民主体制”则持否定态度[3]。不过，这个一般

① 多米提乌斯自恃系出名门，又少年得志（他在苏拉时期就发了横财），这是他敢于同三头对抗的资本。公元前 55 年竞选执政官失败，以及在科尔菲尼乌姆被俘本来应使他清醒一些，但贪得无厌终于使他落得这样的下场。——译注

② 恺撒：《内战记》，第 3 卷，第 88—89 章；普鲁塔克：《庞培传》，第 68—72 章；《恺撒传》，第 42—45 章；阿庇安：《内战史》，第 2 卷，第 72—82 章。

③ F. 维亭霍夫（F. Vittinghoff）：《恺撒和奥古斯都统治时期罗马的移民和公民权政策》（Römische Kolonisation und Bürgerrechtpolitik unter Caesar und Augustus），科学与文学院，精神科学与社会科学部论文集（Abhandlungen der Geistes-und Sozialwissenschaftlichen Klasse），美因茨-威斯巴登，1951，第 14 期，第 11 页。

的看法当然使我们还不能确定，在被战争波及的城市和村社当中，人们对庞培或对恺撒的态度如何。

尽管如此，我们却有一些资料可以证明，敌对双方的领袖都清楚地理解首先是自治市和移民地、还有行省诸城市所给予的政治上的和军事上的支持的意义。比如，还在内战前夕，大家知道，恺撒就力图加强自己同山南高卢诸公社之间的关系，而鉴于执政官的选举即将举行，所以他专门到意大利的一些自治市和移民地去转了一圈[①]。尽管如此，“必然的联系”、被保护人的关系仍然起有决定性的作用。

在恺撒渡过鲁比康河之后以及在他率军向罗马推进期间，自治市对正在发展着的事件的态度具有十分重大的意义。前面已经说过，行政长官特尔姆斯所以不能保卫伊古维乌姆城来同恺撒的军队对抗，就因为伊古维乌姆人站在恺撒的一边，因此库里欧能毫不费力地占领这座城市。奥古西莫姆城也是同样轻易地并以同样的方式被攻克的[②]。在攻占了奥克西莫姆之后，恺撒迅速地穿过了整个皮凯努姆，而且，用他自己的话来说，这一地区的所有政区都对他表示十分欢迎，并且把一切必需的物品供应给他的军队。[③]不过这事所以令人觉得十分奇怪，是因为庞培本人就是皮凯努姆人，而且，他同他的被保护人的关系在这里是既广泛又巩固的。

上面还提到了有关对科尔菲尼乌姆的包围和苏尔摩这个城市自愿投降的事情[④]。还可以提一下布伦狄西乌姆人的立场，他们

① 参见本书原文第185、196页。
② 参见本书原文第216页。
③ 恺撒:《内战记》，第1卷，第15章。
④ 参见本书原文第217—218页。

也是同情恺撒并且帮助他的士兵来对抗庞培的军队的。[①] 无论怎样，恺撒在记述意大利本土的战役的过程时，是把事情描写成这样，好像所有的或者几乎所有的自治市和公社都是站在他的一边的。即使如果这不是十分客观的记述，不过他向罗马推进的速度的确不同寻常，这一点说明他并未遇到严重的抵抗，还说明比如处 242
于恺撒的军队的活动地区的那些城市中某些居民集团的友好态度。可能在拟定进军路线本身时就考虑到了这一情况。此外，看来庞培派还在准备战争时期就曾因为过分苛刻的租税而激使一些自治市起来反对自己。[②]

至于军事行动和首先是西班牙战役后来的进程，则恺撒之放弃立刻追击庞培而去西班牙这一决定本身，就证明恺撒是多么重视行省，以及在他心目中，庞培同西班牙的联系对于全部事业的顺利结束是一个何等危险的威胁。而且，在准备对西班牙的出征时，恺撒认为必须也加强自己在离罗马最近的那些行省里的阵地。在撒地尼亚，他毫无困难地做到了这一点。这一行省的长官玛尔库斯·科塔不得不跑掉，因为他相信行省的居民都是同情恺撒的。西西里各城市和公社的态度不大清楚，恺撒没有提到这一点，他只是引证说，加图曾抱怨庞培方面不给他支持而离开了该行省。而最后，在阿非利加，恺撒的兵力却遇到了坚决的抵抗。[③]

前面已经谈到的有关玛西利亚的事件是特别有代表性的[④]。在一定的时刻之前，争取这一城市的斗争是用纯政治手段进行的。当玛西利亚人为了准备保卫自己而在恺撒面前闭上城门

① 恺撒：《内战记》，第 1 卷，第 28 章。

② 同上书，第 1 卷，第 6 章；西塞罗：《致阿提库斯书》，第 9 卷，第 13 章，第 4 节。

③ 同上书，第 1 卷，第 30—31 章；参见同书，第 2 卷，第 23 章以次。

④ 参见本书原文第 221—222 页。

时，恺撒就同当地政权的代表者举行谈判并且力图叫他们认识到，玛西利亚应当追随意大利各城市的榜样。从玛西利亚元老院交给恺撒的复信，人们可以清楚地看到，玛西利亚统治集团认真地研究了他们被卷入的斗争的政治性质。他们试图用政治上的考虑来论证自己所以保持中立的理由。大家知道，这种中立是假的，玛西利亚是站在庞培一面的，这座城市长时期都是庞培派的重要据点。

在西班牙战役后来的进程中，地方公社的支持依然具有重要
243 的意义。且不说无论庞培派还是恺撒都要从行省征募辅助部队，地方统治集团在政治上给予支持的问题具有巨大的甚至决定性的作用。难怪恺撒的副帅法比乌斯在战役一开始的时候，就极力想试探他们的情绪。而当着在出征开头的一些次失败之后终于发生了向着好的方向的明显转折时，恺撒列举了使局势发生变化的一些原因，而他认为其中的一个主要原因就是西班牙的五个大的公社转到他的这一边来。①

总的来说，恺撒对于西班牙军事行动进程的全部叙述，其中有许多地方公社和城市积极参加的具体例子。比如说，甚至战场的选择也要看公社对交战双方的态度。在反对佩特列优斯和阿弗拉尼乌斯的战事行动结束之后，当军事行动的重心转到远西班牙去的时候，那么，即使在这里，最后的胜利直到玛尔库斯·瓦罗的投降，也是决定于一些城市的态度。这一点特别鲜明地表现在科尔杜巴、卡尔蒙那和加地斯等地当局的行动上。②

在巴尔干战役的进程中，恺撒在他登陆埃皮鲁斯之后取得的

---

① 参见本书原文第222页。

② 恺撒：《内战记》，第2卷，第17—20章。

最初的胜利，是同当地城市对他的友好态度有关系的。欧里库姆所以未经战斗而被攻克，是因为这里的卫戍部队和居民，如上所述，不愿意拿起武器反对恺撒。在阿波罗尼亚也重复着同样的事件。这里的居民宣布说，他们并不打算反对“整个意大利”的看法。埃皮鲁斯的其他城市也学了他们的样子。①

恺撒在同安托尼乌斯会合之后，就力图把这里内地的城市和公社吸引到自己一方面来。他同帖撒利亚、埃托利亚和后来的马其顿的代表举行了谈判。被他派到埃托利亚去的卡尔维西乌斯·撒比努斯带着五个步兵中队和一小支骑兵队伍，在当地居民的支持下不费什么特别的气力就占领了全部地区。帖撒利亚的情况就复杂一些了。带着新征募的军团被派到这里来的卡西乌斯·隆吉努斯发现各城市的态度各有不同：有一些站在恺撒的方面，但另一些则站在庞培的方面。“一些”和“另一些”城市在社会—政治方面 244
的情况如何，我们未必能说得比较详细，但是很可能在两种情况下，问题都在于居民中的特权阶层。比如说，甚至恺撒“党”的一个头目就被确认为“上层贵族出身的年轻人”，而且，看来他是拥有不少财富的。②

在占领了埃托利亚③、阿卡尔那尼亚④和阿姆菲洛奇亚⑤之后，恺撒对阿凯亚⑥想采用同样的办法。克温图斯·富里乌斯·卡列努斯和他的军队被派到那里去。在“居民的同意下”，他占领

① 参见本书原文第230页。
② 恺撒：《内战记》，第3卷，第35章。
③ 埃托利亚(Aetolia)在希腊中部。——译注
④ 阿卡尔那尼亚(Acarnania)在埃托利亚以西。——译注
⑤ 阿姆菲洛奇亚(Amphilochia)在阿卡尔那尼亚东北。——译注
⑥ 阿凯亚(Achaia)在伯罗奔尼撒北部，通常它是希腊的代词。——译注

了戴尔波伊[①]、底比斯和欧尔科美努姆，但有些城市是通过战斗攻克的。卡列努斯把使团派到其余的公社去，想用纯外交的方法把他们拉到恺撒的一方面来[②]。

杜尔拉奇乌姆城下的失败当然不仅对军事形势，而且对政治形势也发生了影响。恺撒不得不专门去“激励”自己的同盟者，但是有几个公社因为受到恺撒全军覆没的消息的影响，仍然背叛了他。[③] 前面我们已经说过，恺撒如何用猛攻的办法占领了哥姆菲，这个城市如何因为背信而受到惩罚以及这一事例又如何对帖撒利亚的其余城市发生了影响[④]。从另一方面来说，当帕尔撒路斯之战以后，庞培和他的随从人员处于狼狈逃窜的处境的时候，他们首先对之求助的塞浦路斯和罗得斯诸城市都断然拒绝接纳他们。[⑤] 顺便指出，阿庇安在谈到帕尔撒路斯城下交战双方的军队的成分时特别着重指出，在庞培的一方面，东方各民族（他们是由地方的王公带来的）和各岛的居民（塞浦路斯人、罗得斯人、克里特人）都有“大量的”代表者。[⑥] 至于阿非利加的战役——后面还要谈到它——那么，在这里，个别城市和公社对交战双方的态度仍然对军事行动的全部进程起有不小的影响。

在对上述的例子进行总结时不能不得出如下的结论，即意大利本土和各行省不仅是战争的舞台，而且相当积极地参加了军事和政治斗争，他们时而支持战斗的一方，时而又支持另一方。就这

① 戴尔波伊（Delphi）在希腊中部的波奇司，是著名的阿波罗神神托所的所在地。——译注

② 恺撒：《内战记》，第 3 卷，第 35 章。

③ 同上书，第 3 卷，第 78—79 章。

④ 参见本书原文第 236 页。

⑤ 恺撒：《内战记》，第 3 卷，第 102 章。

⑥ 阿庇安：《内战史》，第 2 卷，第 70—71 章。

一意义而论，我们未必有可能弄清楚到底是哪一方占有优势，更何 245
况个别公社的立场往往又是随着交战的统帅们的战功或失败而改变的。对于最积极地参加斗争的那些居民阶层从社会的观点加以评述的问题也不是那么容易解决的。但如果说，正如我们有机会加以确认的，支持“恺撒的事业”的是“上层显贵”出身的人们[1]，那么就难以，甚至不可能假定，宣布自己的口号为恢复在元老院治理下的共和国的庞培及其拥护者的这方面，会有“民主的”居民阶层。显而易见，应当考虑的却是不同贵族集团之间的内部斗争。

当然，这并不是说，更加广大的集团对于正在展开的事件完全采取袖手旁观的态度。被保护人、显要人物和军事领袖的侍从、仆从、奴隶也参加了斗争。比如说，当军事行动在某一城市的城下或者在它的领土上展开的时候，单是这一事实本身就能促使居民在某种程度上活跃起来。当然，人们未必能够假定，自治市，特别是行省各公社的大量居民能够深刻理解提出不同口号并代表不同利益的争权者之间的斗争到底是什么性质，但尽管如此，他们仍然会因事件的全部进程——总的政治形势和军事上的必要性——而被卷入这一斗争，这个大范围的罗马政治中去！

*　　*　　*

正当在巴尔干半岛上展开军事行动的时候——显然还在杜尔拉奇乌姆之战以前——在罗马发生了如下的事件。行政长官玛尔库斯·凯利乌斯·茹福斯——开头他以拥护庞培，后来又以拥护恺撒而知名——现在实际上又以庞培派的身份出现了，因为他试图取消恺撒近一个时期颁布的命令和法律。古代作家——往往不是像现时人们习惯认为的那样天真地——喜欢用个人的动机来解

---

[1] 参见本书原文第 244 页。

释甚至是纯政治性的行动,他们认为造成恺撒和茹福斯之间的决裂的原因乃是凯利乌斯·茹福斯对恺撒心怀不满,因为恺撒没有
246 把市长官这一荣誉职位给他,而是给了特列波尼乌斯。[①]

因此凯利乌斯·茹福斯就把自己审判时用的座椅[②]和特列波尼乌斯的座椅并排放到一起,并宣布说,他准备接受所有对仲裁法庭按照最近恺撒发布的命令的精神就财产的估价和债务的支付所作的判决表示不满的人所提出的申诉[③]。但是这一行动并未取得成功,也没有任何人向凯利乌斯·茹福斯上诉。于是他提出了一个有关在六年中间支付债务的法案,并且在这几年中间不许计算利息。当执政官谢尔维利乌斯和其他高级官吏反对这一法案时,茹福斯便把它撤回了,但是"为了激起热情",他又提出了两项新的法案:其中的一项规定在整整一年中间取消房租,这一法案看来是为了广大居民阶层的利益而提出的;另一项法案几乎等于宣布完全取消债务——这主要是为了罗马贵族中间的债务人:因此茹福斯就得以把拥护他的一帮人组织起来,并且借着这些人的帮助,在一场流血的格斗之后把特列波尼乌斯赶出了法庭。[④]

可能茹福斯的拥护者的人数并不是像恺撒试图暗示给自己的读者那样地微不足道,而运动的规模相当大,乃至在意大利的南部也引起了一定的反响。而且就是在罗马本城,执政官谢尔维利乌斯的行动也证明,局势被认为是十分危险的。元老院的会议是在离罗马不远的地方并且在忠于恺撒的军队的保护下召开的。人们建议凯利乌斯撤回他的法案。但是当凯利乌斯拒绝执行的时候,

---

① 狄奥·卡西乌斯,第42卷,第22章。

② 座椅或圈椅(curulis sella)是罗马高级官吏的标志之一。——译注

③ 参见本书原文第227页。

④ 恺撒:《内战记》,第3卷,第21章;狄奥·卡西乌斯,第42卷,第22章。

元老院便通过了一项决议，根据这一决议，谢尔维利乌斯免去了凯利乌斯·茹福斯的职务，禁止他出席元老院的会议，还禁止他召集人民的集会，甚至还下令砸碎他审判时用的座椅。

于是凯利乌斯就离开了罗马，到意大利南方去。他把亡命中的米洛也召到那里去；他早在庞培第三次担任执政时[1]便同米洛有了联系。米洛从自己过去的角斗士和逃亡的牧人当中集合了一支队伍，宣称他是以庞培的名义并且按照庞培的委托而行动的。247
他包围了图里伊地区的要塞科撒。但是这次围攻使他落得一个悲惨的结局。他被从城上射下来的石头砸死了。凯利乌斯开头想在卡普阿扭转局势，但是他未能做到这一点。于是他就到图里伊去了。在图里伊，他想煽动城里的居民闹事，并且想收买这里的、恺撒的骑兵卫戍部队。但这些打算也是毫无结果——骑兵把他杀掉了。凯利乌斯·茹福斯的活动的结局就是如此，但这一运动依然引起了“意大利境内不小的动荡”，这一点就是恺撒本人也不能不承认的。[2]

那时巴尔干半岛上的军事行动还在继续着。玛尔库斯·安托尼乌斯率领着增援的部队来了，但恺撒在杜尔拉奇乌姆城下却吃了败仗，最后则是著名的帕尔撒路斯之战决定了战役的结果。我们知道，当恺撒的士兵冲进营地的时候，庞培跑掉了[3]。他后来的命运是悲惨的。

庞培先是来到了列斯波斯岛上的米提列涅，他的妻子科尔涅

---

① 译者按：庞培第三次担任执政官是在公元前 52 年，他的同僚是克温图斯·凯奇利乌斯·梅特路斯·皮乌斯·斯奇比奥。庞培前两次担任执政官的年代分别是公元前 70 年和公元前 55 年。

② 恺撒：《内战记》，第 3 卷，第 22 章；狄奥·卡西乌斯，第 42 卷，第 24 章以次；李维：《罗马史》（提要），第 111 卷。

③ 参见本书原文第 239 页。

利娅和他的一个儿子也都在这里。在这之后他又漂流了一个时期。他甚至想到了一个异想天开的计划,那就是到帕尔提亚去寻求庇护,因为他认为他可以在那里成为一支大军的统帅。但是当他同最亲密的友人谈这个问题时,这个计划被断然地否决了。去埃及的建议占了上风——那是一个比较近的富裕的国家,它的年幼的统治者托勒密①是国王托勒密·奥列特斯的儿子,而托勒密·奥列特斯之所以取得王位,在很大程度上正是由于庞培的支持②。

庞培的船和他的随从人员的几只船——这期间他身边的随从人员增加了,在这些人中间又有了军事将领和元老——总算平安地渡过了海。当庞培得知托勒密和他的军队正在佩路吉乌姆城下③的时候(当时托勒密正在同他的姊妹克列欧帕特拉作战),他先派出使者去打招呼,然后直奔那里去。

使节们带来的消息与其说使年幼的国王,毋宁说使他的三位顾问——宦官波提努斯、国王的教师提奥多托斯和军事统帅阿奇
248 拉斯——陷入十分复杂和为难的处境。在这三位有影响的人物(埃及的政府实际上是他们三个人组成的)的会议上,提出了各种不同的看法。最后通过的则是提奥多托斯的建议,即先把庞培请

① 当指国王托勒密十三世,他大概生于公元前63年,所以这时还是个小孩子。公元前51年他和他的姐姐克列欧帕特拉结婚并成为共治者,但很快就把她赶下王位。后来恺撒又把克列欧帕特拉重新扶植起来。托勒密随后公开反对恺撒,战败后溺水而死(约公元前47年)。——译注

② 译者按:此处当指托勒密十三世的父亲托勒密十二世因亚历山大人于公元前58年起义而逃往罗马,后来(公元前55年)又被庞培的副帅伽比尼乌斯送回埃及复位一事。

③ 佩路吉乌姆(Pelusium)是位于下埃及的一个设防城市,在尼罗河最东部的支流的河口附近,即三角洲的东北角上。今天的提涅(Tineh)。公元前525年,波斯国王冈比西斯曾战败埃及国王普撒美提科斯于此。——译注

来，然后再把他杀掉。

执行这一阴险狡猾计划的任务就交给了阿奇拉斯。阿奇拉斯带着一个过去在庞培手下担任过军团司令官的、名叫谢普提米乌斯的人，还有一个名叫撒尔维乌斯的百人团长和几名仆从，乘着渔船从港口出发到罗马人的船那里去。当庞培从自己的船登上这艘渔船的时候，他突然转过身来，向妻子和儿子引了索波克列斯的两句诗，诗句的大意是，自由人一旦进入暴君之家，他立刻就变成了奴隶①。

当时埃及的一支大军在岸上列队，为首的就是穿着紫色外衣的国王。科尔涅利娅和庞培的最显要的侍从们从船舷上望着这艘船怎样向岸边靠拢。而就在双方在场的人们众目睽睽之下，谢普提米乌斯向庞培的背后刺了背信弃义的第一剑，跟着阿奇拉斯和撒尔维乌斯也都拔出了剑。罗马人看到所有这一切之后，就赶忙起锚，驶向大海去了。②

庞培是在帕尔撒路斯之战以后大约两个月丧命的。恺撒则是在这场战斗之后的正好第三天才开始追踪他的。开始他想在阿姆菲波利斯③捉住庞培，但是当他得知庞培不在该地时，就开始准备渡过海列斯彭图斯④。但由于没有大的战船，就只好用轻型的小船，甚至用舢板船把军队(两个军团!)渡过去。而就在渡海期间，恺撒的轻便船只突然遇上了由卡西乌斯率领的、庞培派的一支舰

---

① 据阿庇安《内战史》的英译者霍雷斯·怀特(Horace White)为该书第2卷第85章有关诗句所作的注释。参见瑙克(Nauck):《希腊悲剧片段》，第316页，注789。——译注

② 据阿庇安:《内战史》(第2卷，第85章)，其余的人也当场刺了下去，从远处望见这情景的科尔涅利娅和庞培的友人们举手向天，放声大哭。——译注

③ 阿姆菲波利斯(Amphipolis)是马其顿东部的城市。——译注

④ 海列斯彭图斯(Hellespontus)即今天的达达尼尔海峡。——译注

队。看来恺撒的处境是毫无希望了，但卡西乌斯却甚至不想挑起战斗，相反地，他却请求恺撒的宽恕，并且亲自把自己的全部舰队交给了恺撒。帕尔撒路斯一战的辉煌胜利竟有如此大的余威。

但恺撒到了小亚细亚之后，仍然无法确切地知道他过去的对手逃到什么地方去了，于是恺撒便着手处理一些刻不容缓的事务。首先，他任命了亚细亚行省（比提尼亚①、帕弗拉哥尼亚②、奇利奇
249 亚③和本都④）的长官，他为此而选中了刚刚在帕尔撒路斯的战斗中立了战功的多米提乌斯·卡尔维努斯。看来也正是在这个时候——很可能是在渡过海列斯彭图斯之前——恺撒的另一位副帅富里乌斯·卡列努斯被任命为阿凯亚（实际上就是希腊！）的统治者。恺撒本人则首先去伊利昂（特洛伊）⑤，这是他的传说中的祖先埃涅阿斯（阿芙洛狄塔，也就是维娜丝的儿子）的城市。为了纪念这次访问，他也和过去马其顿的亚历山大一样，把大量的恩宠和特权给了这座城市：他把自治权给了这里的居民，免了他们的租

① 比提尼亚（Bithynia）在今小亚细亚半岛西北部，临黑海，土地肥沃，牧场良好，森林茂密。这里在历史上曾受希腊文化的影响。公元前 75 年去世的国王尼科美德斯四世把这个地方遗赠给罗马，但直到庞培打败米特里达特斯六世·优帕托尔之后，这里（和本都）才组织为行省（公元前 64 年）。——译注

② 帕弗拉哥尼亚（Paphlogonia）在今小亚细亚半岛北部中央（包括内陆），临黑海，东为本都、西为比提尼亚。它被组成罗马行省是庞培在公元前 63－前 62 年间完成的。——译注

③ 奇利奇亚（Cilicia）在小亚细亚半岛东南部，公元前二世纪这里的港湾是海盗出入的场所。罗马人从公元前 102 年起便开始对他们进行清剿，而直到公元前 67 年庞培才彻底平定此地。公元前 51－前 50 年，西塞罗曾任这里的长官。——译注

④ 本都（Pontus）在小亚细亚半岛东部，地区多山，但河谷肥沃。它过去属波斯帝国；从大约公元前 300 年起，米特里达特斯一世在这里建立王国，直到米特里达特斯六世被打败之后，庞培把它和比提尼亚组织成行省（公元前 64 年）。——译注

⑤ 特洛伊（Troy）在小亚细亚半岛西北部，为荷马史诗《伊利亚特》背景所在地。商人兼考古学家施利曼自 1870 年以来在此地的发掘证实了它的存在。希腊人又称它为伊里昂（Ilion，Ilium）。——译注

税。对于他的友人学者提奥彭普斯的故乡克尼多斯①,他也是这样的做法。至于小亚细亚的其他城市和公社,则所有居民的租税都减免三分之一。

很可能恺撒在希腊化的东方的时候,便已出现了对他加以神化的最初的证据、最早的迹象。人们开始在各个城市为他建立带有铭文的雕像,铭文特别强调他的神圣出身,即他是阿列斯和阿芙洛狄塔(即玛尔斯和维娜丝)的后人。② 毫无疑问,恺撒本人也助长了这种按"希腊化的方式"向他表忠心的做法,因为这时他也有意识地做这样一些引人瞩目的事情,诸如对伊利昂的访问。因此下列的做法便也不是偶然的了:他在《内战记》里专门和详细地记述了亚细亚许多城市和公社好像就在那同一天里出现的、宣告他在帕尔撒路斯一战中取得的胜利的异兆。③

顺便指出,恺撒宁愿把这一胜利以某种方式通知给所有的人,却不是罗马人自己。要知道,这乃是内战中的胜利,是对自己的同胞和本国公民取得的胜利。因此恺撒甚至不向罗马发送正式的报告。④ 尽管如此,当有关帕尔撒路斯之战的消息传到罗马时,罗马人民就把讲坛⑤上苏拉和庞培的像砸碎了。比较谨慎的元老院则等待有关庞培死亡的消息,而只有在这之后,元老院才下令把各种荣誉和权力授予恺撒。恺撒被授权能够对庞培派采取任何措施。

① 克尼多斯(Cnidos)在小亚细亚西南沿海。——译注

② M·盖尔策尔:《优利乌斯·恺撒》,第 251—252 页。

③ 恺撒:《内战记》,第 3 卷,第 105 章。

④ 西塞罗:《抨击演说》,第 14 卷,第 23 章。

⑤ 罗马广场上的讲坛(Rostra,Rostrum 之复数),所以叫 Rostra(船头),是因为公元前 338 年平民出身的执政官盖乌斯·迈尼乌斯(C. Macnius)在拉丁战争胜利结束后曾用在安提乌姆得到的战利品——船头——来装点讲坛。苏拉后来可能重修过这一讲坛。——译注

恺撒还被授予如下的权利：他可以不经元老院和人民的批准而宣战和缔结和约；在最近五年中间每年提出竞选执政官；在举行选举
250 的民会上向人民推荐自己的候选人（保民官除外）；不用抽签的办法而是通过个人的裁夺来分配行政长官的行省。元老院甚至下令授予他在反对努米地亚的国王优巴的未来的（！）战争中举行未来的（！）凯旋式的权利。

除了所有其他一切之外，恺撒还取得了终身的坐保民官专用凳的权利，这就是说，他在所有方面都受到和保民官一样的尊敬。不过，这不仅仅是一种敬意的表示，而且是一种实际的权利，即保民官的这样一种权力（tribunicia potestas）[①]，这种权力后来就成了罗马皇帝的权力的一个不可分离的和最重要的组成部分[②]。而最后，恺撒再次被宣布为独裁官，而且独裁官掌握大权的期限看来这次甚至没有作出规定。

恺撒处理完亚细亚最迫切的事务并且得知庞培去了埃及之后，就乘船去罗得斯了。他并没有在这里耽搁下来，并且由于他调的军队部分已经到来，于是他把现有的兵力集合起来，就乘上了从卡西乌斯手中取得的（部分取自罗得斯人）那些三层桡船。公元前48年10月一开始，恺撒的三十五艘舰船就载着三千二百名军团士兵和八百名骑兵出现在亚历山大港。

恺撒在这里知道了庞培的死讯。人们献殷勤地把庞培的首级和指环送到恺撒这里来。但是他并没有接受这一可怕的礼物。他转过脸去，用手拿起了好像只是上面带印章的指环并落了泪。恺撒赦免了在埃及的、所有庞培身边的人，他甚至力图使这些人归附

① 狄奥·卡西乌斯，第42卷，第20章；参见同书，第44卷，第4章。
② 译者按：在帝国时期，这一权力的授予实际上意味着选定了继承人。

自己。在这方面，他是始终如一的，仁慈的口号成了他对待政敌的做法的日益坚定不移的基础。

恺撒率领着一小支兵力在埃及的出现，这实质上从一开始便受到了极为不友好的对待①，以致他竟不得不赶忙从亚细亚再召来两个军团。可能最初恺撒并不打算长期留在埃及——在他的《内战记》里就谈到，不利的风向使他在那时无法乘船离开亚历山大②。但是他却极想取得金钱，因为要维持军队他是不能没有金 251
钱的。问题在于，托勒密·奥列特斯，也就是现在的埃及国王的父亲，他负的巨额债务多达一千七百万狄那里乌斯。这笔巨款是过去他在罗马时在腊比里乌斯·波司图木斯的帮助下，后来又在恺撒本人的帮助下借到的。恺撒现在对国王的孩子们免除了部分债务，但是要求归还一千万狄那里乌斯。波提努斯——此人实际上是埃及政府的首脑而且兼任财务大臣——对此百般进行阻挠并且采取了挑衅的行动：他下令把又干又硬的面包拿给恺撒的士兵们吃，并且表示他们对此应感到满足，因为他们是吃别人的东西，而对于恺撒本人和他的亲信，波提努斯只给他们的饭桌安排陶制或木制的器皿，并且要他们相信，好像金银器皿都用来还了债。

所有这一切加到一起就成了恺撒积极地干预埃及国家的内部事务的原因，或者说，一个求之不得的借口。根据托勒密·奥列特斯的遗嘱，埃及的王位应当由托勒密·狄奥尼索斯和他的姐姐兼妻子克列欧帕特拉来继承。但是弟弟和姐姐之间相互反目，而在波提努斯的直接参加下，克列欧帕特拉被逐出了亚历山大。现在为了同波提努斯作对，恺撒暗中把克列欧帕特拉召到自己身边来。

① 恺撒：《内战记》，第 3 卷，第 106 章以次；阿庇安：《内战史》，第 2 卷，第 89 章。

② 恺撒：《内战记》，第 3 卷，第 107 章。

恺撒一见到她，就倾倒于她的智慧、美貌和胆识，于是他便以弟弟和姐姐之间调解人的身份使他们二人重归于好。波提努斯为了对付这一做法，把驻在佩路吉乌姆附近的军队召到亚历山大来；指挥这支军队的是拥护他的阿奇拉斯。

在亚历山大出现了一支有两万人的军队，先前被派出去支持庞培的五十艘舰船返回了港湾——所有这一切对兵力显然不足的恺撒造成了极端危险的，甚至是危急的局势。不久之后，罗马人在城中王宫所在的那一地区实际上已处于被包围的地位。形势紧张到不得不进行巷战的程度；此外，恺撒手里有一位年轻的埃及国王作为他的半俘虏或者人质。

阿奇拉斯用自己的军队占领了城市的几乎全部领地，并且试图切断恺撒和大海之间的联系。在街道上和港湾地区都发生了战
252 斗。恺撒不得不烧掉舰船，其中包括船坞中的那些舰船。从这里延烧开去的大火波及著名的亚历山大图书馆。在这之后，为了保持同大海的可靠的联系，他赶忙把自己的士兵运送到法罗斯岛上去，并且占领了这个用大堤和亚历山大联在一起的岛，然后就在这里设防固守。

战斗双方互有胜负地继续下去。全部反恺撒势力的主要发起者和实际领导人波提努斯被捉住并被处死了。但这并不曾改变总的形势和力量对比。国王的小女儿阿尔西诺耶逃到阿奇拉斯那里去，并且同他一道开始十分卖力地领导作战行动。但是不久他们之间的关系就恶化起来，发生了摩擦，而阿奇拉斯便按照她的命令被杀死了。阿尔西诺耶于是把军队的领导权交给了自己的教师、宦官加尼美德斯。

军事行动拖了下来。现在已经清楚，没有来自外部的切实的援助是应付不过去的。于是恺撒把自己的最亲信的人物之一佩尔

加门的米特里达特斯派赴叙利亚和奇利奇亚以便及时组织援军。米特里达特斯在他本国是上层贵族，因其勇敢和精通战术而知名，据说他还是著名的本都的米特里达特斯的私生子。他在亚细亚各城市和公社都很有声望，因此，对执行所委托的任务，此人是再合适不过了。顺便提一下，米特里达特斯之被选中和交给他的任务的性质，再一次证明地方公社在内战的进程中所起的重要的同时又是积极的作用。

但是，利用援军的问题对恺撒来说这时还是属于未来的问题。现在应当指望的只是现有的力量。尽管如此，当着由多米提乌斯·卡尔维努斯派到恺撒这里来的、载运着粮食、武器（直到投射器械）、人员（由庞培过去的士兵组成的第三十七军团）的船舶停靠在阿非利加海岸时，他终于能够把运来的这一切接受下来并加以利用，不使它遭到敌人的袭击。还在恺撒统率之下的舰队，它的活动也是同样有成效的，特别是罗得斯的舰船，统率这支舰队的是在 253
海事方面有经验的希腊人优弗拉诺尔。但此外，恺撒在试图攻占离通向法罗斯的大堤不远的一座桥时却遭到了很大的失败。在这一战斗中，他失去了四百名军团士兵和大约同样数量的水手和桡手。他本人不得不泅水逃命，而古代的作家在记述这一事件时附会上了有趣的细节。恺撒在泅水时是用手举着自己的笔记册的，而根据另一个说法，他用牙齿咬住了自己的统帅用的紫色外袍，为了不使敌人取得这样的战利品。根据另一个说法，外袍还是到了亚历山大人的手里。①

在这些事件之后不久，亚历山大方面就有使节到恺撒这里来，

① 苏埃托尼乌斯：《圣优利乌斯传》，第 64 章，普鲁塔克：《恺撒传》，第 49 章；比较狄奥·卡西乌斯，第 42 卷，第 46 章；阿庇安：《内战史》，第 2 卷，第 90 章。

要求解除对国王的监护并把国王送还给他们。他们说，他们已经不能再容忍那个卑劣的女孩子的专横统治和加尼美德斯的残酷暴政，并且他们愿意绝对服从国王，因而也就是绝对服从恺撒。虽然恺撒怀疑这些保证是否是真心实意的，怀疑年轻的国王对罗马人的友好立场——尽管国王一再含着眼泪发誓保证，恺撒出于某些原因，还是同意了他们的请求。不过恺撒的怀疑仍然不是多余的。国王"正好像从笼子里给放到斗兽场的野兽那样，立刻就如此卖劲地向恺撒发动了战争，因此，看来，在分手时国王的眼泪毋宁说是欢喜的眼泪了。"①

局势再次急剧地恶化了。要进行正规的战争，要在城外进行大规模的野战，而恺撒的兵力和先前一样，依然是不足的，但是，看来只有这样的战斗才彻底解决问题。当然，在拥有几乎五十万人的城市里进行巷战和经受围攻只能进行一个比较短的时期。而且，所有可以考虑的限期都快要到了。就在这危急的关头，终于出现了转折。

转折之所以出现是因为佩尔加门的米特里达特斯出色地完成了自己的任务。而且，他不仅组织了大批的兵力并把它们带领到
254 佩路吉乌姆城下，他还能够通过出其不意的和强大有力的猛攻占领了这座设防坚固的城市。他把卫戍部队留在了佩路吉乌姆之后，就赶到亚历山大去同恺撒会师，一路上很容易地把各个公社平定了。

决战是在尼罗河的三角洲进行的。埃及人把大批兵力调来对付米特里达特斯，很快地国王本人也来到了这里。恺撒虽然选择了迂回的海路，但是他仍然能够同米特里达特斯会师，而这时双方

① 恺撒：《亚历山大战记》，第24章。

的力量对比变得比较说得过去了。在两天的战斗当中,埃及的军队不仅遭到失败,而且连营地也在第二天因受到猛攻而陷落了。国王不得不逃到船上去。很快地他就和船一道沉没了。战斗是在公元前 47 年 3 月 27 日结束的。就在当天晚上,恺撒率领着自己的骑兵队伍来到了亚历山大,接受居民的投降。

正如《亚历山大战记》的那位不知名的作者所写的,恺撒用这样的办法占领了这座城市和埃及之后,就把托勒密·奥列特斯在自己的遗嘱中提到的人安置在王位之上,因为奥列特斯曾恳请罗马人民务必不要违背他的意愿。然而有一件事却不可能照办了:由于他的长子死了,王位只好传给了克列欧帕特拉和另一个小儿子[1]。虽然这个问题得到了处理,军事行动也结束了,但恺撒在埃及又耽搁了两个多月;在这期间,他和克列欧帕特拉一道沿尼罗河旅行直到埃及的南部疆界,同时,正如阿庇安所写,他还沉湎于“其他的享乐”[2]。

恺撒在埃及一共度过了九个月。早在古代,对埃及的这次出征,说得更准确些,在埃及的这次冒险行动,就引起了极为多种多样的估价和看法。看来普鲁塔克在他当时对各种不同的说法已经能作出某种总结了。他写道:“一些作家认为战争并不是非进行不可的,他们指出,恺撒的这一冒险的并且是不光荣的出征,其唯一的原因就是他对克列欧帕特拉的爱情;另一些人则认为战争的罪魁祸首是国王的亲信,特别是权力极大的宦官波提努斯,因为此人就在当时不久之前杀死了庞培,赶跑了克列欧帕特拉而现在又想对恺撒下毒手。”[3]应当指出,在近代史学中,恺撒在埃及的冒险行 255

① 恺撒:《亚历山大战记》,第 33 章。

② 阿庇安:《内战史》,第 2 卷,第 90 章。

③ 普鲁塔克:《恺撒传》,第 48 章。

动不仅引起了不同的意见，而且有人公开对之表示怀疑。比如，像M.盖尔策尔这样一位严肃认真的研究者就直截了当地指出："对于探讨恺撒一生经历的任何人来说，在埃及的九个月的插曲都是完全不可理解的。"①此外，他还对如下的情况表示极大的惊异，即恺撒竟然如此不顾一切地和轻率地把伟大的帕尔撒路斯之战的胜利给予他的一切用来在亚历山大孤注一掷；而且，使作者感到痛心的还有：恺撒——罗马人民的独裁官！——的得救，竟要依赖于米特里达特斯征募来的蛮族军队。作者称克列欧帕特拉是"魔鬼一样的女人"，这个女人正是用这类的特点迷住了恺撒，而不仅因为她出身于最后的统帅(diadochos)的王朝。②

当然，我们在今天已难于判断普鲁塔克在提到对亚历山大战争的原因提出自己看法的那些作家时具体指的都是什么人了。非常可能，他指的是那些没有保存下来的意见。至于保存下来的那部作品《亚历山大战记》的我们不知其名的作者，则他实质上回避了这个问题。恺撒本人在他的论述内战的著作的结尾处说，自己之所以去埃及，是为了追踪庞培的缘故，并且立刻就遇到了亚历山大的居民的极不友好的对待，而后来又遇到波提努斯的公开敌视的行动。他本人好像是一位诚心诚意的友人和调解人，他只是想调解托勒密的继承人之间的纠纷，从而保证实现他的遗嘱罢了。③

当然，所有这一切加起来都不能对一系列的问题给以任何令人信服的回答。为什么手里只有这样一点点兵力的恺撒，竟敢于冒风险卷入这样一场危险又而旷日持久的战争？冒这样大的危

---

① M.盖尔策尔：《优利乌斯·恺撒》，第262页。

② 同上。译者按：这里所谓统帅，特指马其顿的亚历山大手下的统帅，亚历山大死后，他们就分别在各地自立为王。

③ 恺撒：《内战记》，第3卷，第106—109章。

险，特别是从一开始他看来就不想把埃及变成罗马的一个新的行省，那么他追求的目的又是什么？在埃及，他是否不仅有追求的目的，而且有某种明确的行动计划，换句话说，就是他出征埃及一事在内战的总的计划、总的进程中占有怎样的地位？最后，又如何解释像他这样一个无论什么事，特别在涉及消灭敌人的问题上，总是 256
一旦开始便要干到底的人物，这次为什么竟然有意识地让他的没有被彻底打垮的敌人有机会得到恢复并重新纠集力量，而且甚至当着把他束缚在埃及的军事行动即将结束的时候，即使在那时，他仍根本不赶忙返回罗马以便实现——说得更准确些是完成！——自己的主要任务？

如果对这些问题能给以回答的话，那很可能是因为他有从我们通常有关恺撒的观点来看是消极的，说得更准确些，也就是不利的某种性格。而且，即使在亚历山大战争中，恺撒冒的也是没有什么依据的危险，他行动轻率，甚至远非总是理智的。为什么？这一点我们就不清楚了，而且这未必是能加以解释的。在这一战争中，他的目的是什么以及他到底是否有什么远景目标并且非得通过军事行动来实现这种目标不可？很可能他并没有这样的目标（如果不提当时的完全是另外的一项任务：摆脱极端困难的处境）。恺撒有没有明确的、事先拟订的行动计划？他肯定没有这样的行动计划，因此埃及的出征看来就好像是一个偶然的事件，一次冒险行动，而且在内战的总的过程中乃是一个出人意料的和不合规律的插曲。最后，为什么他放弃了他通常使用的行动迅速和突然的战术，并且在几乎一年当中好像完全忘记了执行自己的基本任务——更何况他当然十分清楚这个基本任务并没有完成？如果不把这一切归之于克列欧帕特拉的魔鬼般的魅力，那么对这个问题也是得不出令人满意的答案的。

这种消极的结论初初一看是难以令人信服的，矛盾的并且无论如何也是令人失望的。然而如果能不受第一次印象的影响的话，那么，看来应当承认，这些结论与其说同事实有矛盾，毋宁说同有关恺撒本人的已经确定的、成型的，并且肯定是先入为主的概念有矛盾。根据这一概念，则恺撒根本不可能没有目的和没有计划地行动，不可能作出未经深思熟虑的或者不理智的行动，不可能去进行没有根据的冒险，并且永远是——顺便指出，正如上面所
257 说！——迅速而又坚决地行动，把已经开始的斗争进行到最后胜利。

但实际是否如此呢？是不是对恺撒其人的这种估价又犯了明显目的论的错误？如果我们试图用高度的理性主义、"计划性"、目的性去论证他所有的行动，我们岂不就和下述的这样一些研究者差不多了吗：比如说，这样的研究者就坚持认为恺撒不会同所谓维提乌斯事件有牵连，而其理由只是整个维提乌斯事件看起来太冒险，搞得也太不像样子①。这可算是解救性地应用 argumentum ad hominem② 的一个真正典型的例子！

不，恺撒并不是一架能够无可挑剔地和无误地运行的机器，他的行动也不是在任何地方都有明确的打算，也不是只追求几乎是全球规模的、有远见的远景目的。事实乃是，他是一个活生生的人，人的一切特点同他都是息息相关的，而如果想把他当做一个人来看的话，那么这个人物的一切特点和甚至魅力恰恰在于，尽管他具有所有其他特点，他能够冒险，但也会失算、犯错误，有时还会干出极为愚蠢的行动。因此也不一定非得要克列

① 参见本书原文第 104 页。

② 拉丁语：对人的论证。——译注

欧帕特拉有什么魔鬼般的魅力，才能诱使恺撒同她一道做沿尼罗河的旅行。要知道，这件事较之整个埃及的出征更不需要任何合理的辩解。

当恺撒还在埃及的时候，从内战的其他战场开始有各种消息传到他那里去。这照例都是令人感到不快的消息。例如，小亚细亚的形势就极为复杂和危险。国王戴欧塔茹斯——他过去拥护庞培，而在帕尔撒路斯一战之后又转到恺撒的一边来——向亚细亚的长官多米提乌斯·卡尔维努斯提出请求，要卡尔维努斯保护他的小阿尔明尼亚王国，还有保护卡帕多奇亚[①]（这是恺撒的另一个同盟者阿里欧巴尔扎尼斯的王国）使之不受有"伟大者"称号的米特里达特斯[②]的儿子法尔纳凯斯的侵犯。问题在于，法尔纳凯斯决定试图利用罗马内讧的机会来恢复他父亲的过去的强大国家。因此他的目标除了卡帕多奇亚和小阿尔明尼亚之外，还有比提尼 258
亚和本都。这一切已经直接地触犯了罗马在东方的利益。

为了回答戴欧塔茹斯的请求，多米提乌斯·卡尔维努斯立刻把特使派到法尔纳凯斯那里去，要求对方撤出阿尔明尼亚和卡帕多奇亚。同时他认为这并不妨碍他用比较明显地表现出来的罗马的强大威力来为这一要求做后盾，于是他就率领着他手中现有的一个罗马军团、戴欧塔茹斯提供的两个加拉提亚军团，另外还有在本都仓促征募的一个军团到小阿尔明尼亚去。决定性的战斗是在尼科波利斯附近进行的，这是过去庞培为了纪念对米特里达特斯

① 卡帕多奇亚（Cappadocia）在小亚细亚半岛东部。——译注

② 即米特里达特斯六世（约公元前132—前63），罗马在东方最严重的敌人，曾发动过三次所谓米特里达特斯战争（公元前88年至公元前84年、公元前83年至公元前81年，公元前74年至公元前64年），公元前66年被庞培战败后终于一蹶不振，于公元前63年自杀。——译注

的胜利而建立的城市[①]。法尔纳凯斯终于进行了报复：多米提乌斯吃了一个大败仗。他不得不带领着被击溃的军队的残余返回亚细亚，而法尔纳凯斯在这之后就占领了本都并进军比提尼亚。

从伊利里库姆行省也传来了相当不妙的消息。恺撒认为这个行省所处的地位（濒临亚得里亚海）在战略上是重要的，因而把保卫此地的任务委托给一位财务官（拥有行政长官权力的）名叫克温图斯·科尔尼菲奇乌斯的人。但由于有庞培派屋大维乌斯的一支庞大的舰队在这一地区活动，此外，在伊利里库姆地区还有在帕尔撒路斯之战以后保全下来的某些敌军的队伍，所以恺撒下令把在著名的和富有经验的统帅奥路斯·伽比尼乌斯（公元前57年是叙利亚的执政官级的长官）率领下的几个军团派到这里来协助科尔尼菲奇乌斯作战。

但是伽比尼乌斯在伊利里库姆战斗得十分不顺利。最后他还是在当地部族手中吃了很大的败仗，不久之后就在沿岸的城市撒罗那[②]死去了。他的失败和后来他的死亡使得屋大维乌斯的舰队积极活动起来——屋大维乌斯得以获得当地居民的同情甚至支持。布伦狄西乌姆的卫戍司令官普布利乌斯·瓦提尼乌斯挽救了局势。他赶忙主要用轻型桡船组成了一支实力比屋大维乌斯的舰队要小得无法比拟的舰队，就率领着它冒险进行并非势均力敌的战斗，并取得了辉煌的胜利。由于这一胜利，亚得里亚海海上敌人的舰队就全部被肃清了。

259 当时西班牙的情况也并不十分有利。曾经在这里担任过庞培的财务官，而现在又被恺撒任命为远西班牙行省长官的克温图

① 尼科波利斯（Nicopolis），希腊语意为“胜利城”，是小阿尔明尼亚的城市。——译注

② 撒罗那（Salona）又叫撒罗奈（Salonae），是达尔玛提亚的主要城市，位于它的西海岸中部。——译注

斯·卡西乌斯·隆吉努斯因为自己的行为不端而在这里引起了普遍的愤慨。他贪得无厌,滥征无法忍受的租税,这样便使当地居民对他感到深恶痛绝;他在自己周边的人们中间也不受尊敬和欢迎。他甚至遭到过暗算,只是暗杀者并未得手而已。卡西乌斯残酷镇压了阴谋的参加者,幸免的只有能够出钱赎买了自己的那些人。①

在卡西乌斯从被刺负伤中得以痊愈并恢复了苛捐杂税的政策之后不久,在西班牙就爆发了起义。所谓土著军团发动了起义,其他军团随后也都参加进来。运动从一开始便带有反恺撒的性质,士兵们甚至在盾牌上写上了庞培的名字,但后来当玛尔库斯·玛尔凯路斯领导了起义者并且当起义者确信"完全没有必要以纪念庞培的名义去追究卡西乌斯"②的时候,事情就归结为玛尔凯路斯和卡西乌斯之间的斗争了。事实上在西班牙已经开始了一场新的内战。内战的后果对恺撒的事业可能是十分危险的,然而由于有近西班牙的执政官级的长官玛尔库斯·埃米利乌斯·列皮都斯的干预和调解,事情没有发展到大规模战斗的地步。而当新的执政官级的长官盖乌斯·特列波尼乌斯来到远西班牙时,卡西乌斯便把他统率的军团和骑兵部队分散到各个冬营,而他自己则去玛拉卡③,并且在细心收拾了自己的全部财物之后,就把它们装载上船,准备返回意大利。然而航程是不幸的,他的船在一次暴风雨中沉没,卡西乌斯也就随之丧命,但他在远西班牙行省的短期统治仍然给恺撒的事业带来很大损害;这一统治加强了倾向于庞培派的居民阶层的力量。

---

① 恺撒:《亚历山大战记》,第 55 章。

② 同上书,第 59 章。

③ 玛拉卡(Malaca)最初是腓尼基人在西班牙南岸建立的城市,为一繁盛的商业中心。今天叫玛拉加(Malaga)。——译注

大概就在这同时,公元前47年春天,另一个战场即北阿非利
260 加的战场又活跃起来了。一支反恺撒的巨大兵力在这里逐步集中起来。在帕尔撒路斯之战以后,许多接近庞培的重要活动家起初是去巴尔干半岛的南部。但他们确信在最近期间他们不可能拥有能够同富里乌斯·卡列努斯(阿凯亚行省的长官)相抗衡的力量,于是加图和这样一些著名的将领,诸如拉比耶努斯、阿弗拉尼乌斯和佩特列优斯便率领着还在他们手中的一小批军队渡海去库列纳伊卡①,在这里他们才从庞培的儿子赛克斯图斯②口中得知庞培已经死了。

现在加图就成了反恺撒运动政治上和思想上的领袖。全部武装力量的最高统帅权交给了梅特路斯·斯奇比奥,他甚至比加图和其他著名的庞培派更早地来到了阿非利加。到那时为止实际上是阿非利加长官的阿提乌斯·瓦路斯和努米地亚的国王优巴——过去此人一直是站在庞培一边的——承认斯奇比奥的最高领导,并且把自己的兵力同斯奇比奥的兵力联合在一起。这样,在斯奇比奥的统率下,就有了一支大军:十个罗马军团,优巴的四个军团,一支庞大的骑兵队伍,此外甚至还有大象一百二十头。庞培派还有一支相当强大的舰队,它时时向西西里和撒地尼亚的沿岸地带发动袭击,他们同西班牙本派的人们也建立了联系,而根据某些资料,他们甚至准备攻入意大利。总的说来,这乃是一个非常现实的危险。

从罗马本城也终于开始有令人不安的消息传到恺撒这里来

① 库列纳伊尔(Cyrenaica)是阿非利加北部库列涅(Cyrene)所在的地区,最初是希腊的多里斯人建立的。公元前74年这一地区建为罗马的行省。——译注

② 赛克斯图斯(Sextus)是庞培的幼子,是庞培和他的第一个妻子穆奇娅所生(约公元前66年)。他是在亲眼看到父亲被刺杀之后,逃到这里来的。——译注

了。当他在埃及得知自己再次被宣布为独裁官的时候，他便任命玛尔库斯·安托尼乌斯为骑兵长官(magister equitum)，也就是自己的助手①。安托尼乌斯在帕尔撒路斯一战之后就受恺撒的派遣带领一部分军队前往意大利。此外，恺撒利用独裁官的权力，把罗马高级官吏的选举(即未来的公元前 47 年度的)一直推迟到他返回罗马的时候。结果，玛尔库斯·安托尼乌斯就好像成了罗马的独裁统治者。从公元前 47 年初开始，没有一位高级长官同他处于并列的地位(保民官除外)。

但如果说，在近年来，他在士兵们中间表现为一位活跃的、有 261
经验的和受人欢迎的军事统帅的话，那么，作为政治领导者，他却不能使自己保持在应有的水平之上。由于饮宴作乐、酗酒以及同不正经的女人们鬼混的丑闻，他并未保持应有的威信。正如普鲁塔克所写的，"跟在安托尼乌斯身后的犹如节日游行队伍中的人们神气活现地捧着的金杯，在他们走过的路上搭起的帐篷，河边或森林边上举行的豪奢的饮宴，驾着车子的狮子，还有那允许下流女人和女竖琴手住进的正经人家——这一切都使得罗马人侧目而视"。②

但是很快地玛尔库斯·安托尼乌斯就不得不停止了这种无忧无虑的闲散日子。一位保民官决定重新进行鼓动以便提出一年前凯利乌斯·茹福斯提出过的那些建议。此人名叫普布利乌斯·科尔涅利乌斯·多拉贝拉。他是西塞罗的女婿，开头拥护庞培，后来又转到恺撒的一方面。公元前 49 年，他在亚得里亚海上统率一支

---

① 译者按：按照惯例，独裁官一经被任命，他应立刻为自己任命一位骑兵长官，作为自己的助手(二人都不是选出的)，以便处理一切事务(当然也领导骑兵)。骑兵长官在独裁官交卸权力时，他的权力也即告终止。

② 普鲁塔克：《安托尼乌斯传》，第 9 章。

舰队，不过战绩很差；公元前48年，他陪同恺撒去希腊。为了取得担任保民官的权利，他也和过去克洛狄乌斯一样，从贵族转为平民①。

多拉贝拉在当选为保民官之后，就重新提出了过去凯利乌斯·茹福斯过去提出过的两个法案②。他任保民官时的同僚路奇乌斯·特列贝利乌斯使用了异议权（intercessio）。元老院在恺撒返回罗马之前，反对提出任何法案和新的措施。但由于城市已经开始发生骚动，所以元老院批准安托尼乌斯把军队带进来并委托他和八位保民官（多拉贝拉和特列贝利乌斯除外）负责维持秩序③。但这时安托尼乌斯却不得不离开罗马到康帕尼亚去——那里是老兵的军团的驻地，并且由于恺撒本人不在也出现了骚动。安托尼乌斯把担任过执政官的路奇乌斯·恺撒（此人是恺撒在高卢时的副帅）留在罗马代替自己任市长官。

当安托尼乌斯不在罗马时，多拉贝拉和特列贝利乌斯之间的斗争激烈起来了。事情发展到武装冲突的地步。当安托尼乌斯返回罗马时，开头几天他的立场是不明确的。起初他甚至好像倾向于多拉贝拉一方面，因为多拉贝拉是他的老朋友，但是后来他来了一个大转弯。普鲁塔克断言，所以发生这样的转变，是因为安托尼
262 乌斯怀疑自己的妻子正是同这个多拉贝拉有见不得人的行为。④

当广场被多拉贝拉一派的人所占领，而这位敢于反抗的保民

---

① 译者按：保民官是在平民的特里布斯大会（concilia plebis tributa）上选出的，并且只有平民才能够担任，因此要竞选保民官，非平民出身的人要在平民的特里布斯登记为平民（由监察官负责）。

② 参见本书原文第245—247页。

③ 每年选举的保民官是十个人，所以在多拉贝拉和特列贝利乌斯之外还有八个人。——译注

④ 普鲁塔克：《安托尼乌斯传》，第9章。

官又试图用武力通过他提出的法案时，安托尼乌斯就展开了不折不扣的战斗，下令自己的士兵冲散了人民的集会，为此造成了不少的伤亡。尽管这一次安托尼乌斯完全是按照元老院的决定行事的，但是这既没有提高他在元老们当中的声望，(尤其!)在人民中间，他也并未因此而更受欢迎，甚至没有平息这次冲突本身：骚动一直持续到恺撒返回罗马的时候。

但不管所有这一切情况如何需要恺撒尽快地返回罗马，恺撒却宁愿先来彻底解决东方的那些更为不宜拖延的紧要事务。在这些刻不容缓的事务当中，首先就是来自法尔纳凯斯的威胁，这一威胁必须及时加以消除。因此恺撒就穿过叙利亚和奇利奇亚直赴本都。他尽力想顺路处理这些行省的事务，巩固罗马在这些行省的统治和影响。从《亚历山大战记》我们可以看到，他到了叙利亚的所有著名的城市，把奖赏和特权赠给所有那些帮助过他的人并且经过侦查之后，对先前当地的诉讼作出了判决。对于“赶到恺撒这里来的”相邻地区的国王和统治者，“他保证给予庇护并且把保卫行省的任务委托给他们”。①

恺撒由海路到达奇利奇亚之后，就在那里最大也是最有名的城市塔尔索斯②召开了该行省所有公社的头目和代表的一次会议。除了处理当地的问题之外，他在这里还同著名的庞培派举行了几次会见，他们决定求助于恺撒的现在已属尽人皆知的仁慈政策。因此，难怪在帕尔撒路斯之战之后不久，恺撒就亲自写信告诉罗马的朋友们说，对他来说，没有也不可能有比赦免本国的公民能

① 恺撒：《亚历山大战记》，第65章。

② 塔尔索斯(Tarsos)过去是奇利奇亚王国的首府，在奇利奇亚南部离海岸不远的地方，临库德努斯河(Cydnus)。有一所哲学学校在这里。后来这里又是传说中使徒保罗的故乡。——译注

给予他更大的胜利的喜悦了。

在向他请求宽恕的著名的庞培派当中，盖乌斯·卡西乌斯不
263 仅得到恺撒的赦免，而且被他引为自己的亲信。这件事是使恺撒特别高兴的。促成这件事的是另一个庞培派，他是恺撒过去热恋过的谢尔维利娅的儿子，他在帕尔撒路斯之战之后立刻就投到恺撒这一边来了。而根据某些，但是不大可信的说法，他——玛尔库斯·优尼乌斯·布路图斯——甚至是恺撒的私生子。布路图斯和卡西乌斯，这两个人后来正是刺死恺撒的凶手。

当恺撒来到加拉提亚的边界的时候，加拉提亚的长官和小阿尔明尼亚的国王戴欧塔茹斯在这里迎接了他。戴欧塔茹斯也想寻求他的宽恕。他来同恺撒会见时不仅没有任何代表国王身份的标识，而且穿上了被告的衣服，因为他长时期是站在庞培一边的。恺撒听取了他为自己所作的辩护，由于国王年事已高，再加上他的朋友(其中又有布路图斯)多次为他斡旋，所以恺撒就赦免了他。但是恺撒要求把戴欧塔茹斯带来的、按罗马的方式加以武装和训练的军团以及全部骑兵交他调遣，以便对法尔纳凯斯进行战争。

恺撒来到了本都，就把自己的全部兵力集中起来。他手中总计有四个军团；其中只有他由亚历山大带来的、由老兵组成的第六军团最有经验，战斗力也最强，不过这一军团由于征途的困难而大大地减员了。法尔纳凯斯则尽力回避进行决战，他把使团和礼物送到恺撒那里去，并且不吝惜作出各种各样的保证。法尔纳凯斯知道罗马的情况和那里发生的骚乱，还知道恺撒要急于赶回那里去，因此照他的估计，恺撒可能只是限于进行谈判，而恺撒如果相信他的保证，是会离开亚细亚的。当然，这是没有根据的希望：他对恺撒是很不了解的。

法尔纳凯斯的营地就设立在离本都的城市杰拉不远的地方，

也正是在这同一个地方，他的父亲过去曾经对罗马的一位统帅取得过一次重大的胜利[①]。恺撒最初把营地设在离法尔纳凯斯的营地大约七公里的地方，而后来看到了有利的地势，便向前又推进了一大段。战斗是在公元前47年8月2日发生的，而且首先动手的是法尔纳凯斯，因为不久前他对罗马人取得的胜利使他过于自信了。但是这次战斗进行得全然不同了。在激烈的白刃战中，第六 264
军团立下了战功，是他们的行动决定了战斗的结果。法尔纳凯斯的军队被击溃了，设防的营地被猛烈的进攻攻克了，法尔纳凯斯本人几乎送掉性命，但还是跑掉了。

恺撒在给自己的友人玛提乌斯的信里，用后来成为名句的三个简短的词报告了这个胜利。这三个词就是 Veni，vidi，vici，意思是"（我）来了，看了，胜了"。此外，后来他又多次挖苦地指出，庞培获得伟大统帅的声誉真是幸运，要知道，他所战胜的竟然是实际上不会作战的这样一些对手。[②]

就在战斗后的次日，恺撒就把两个军团留在本都，把戴欧塔茹斯的军队交还给本人，并且把第六军团派赴意大利去接受奖赏和勋记，而自己则率领着轻骑兵的队伍返回了亚细亚行省。在途中，他再次审理了一些有争议的案件，确定了国王、长官、城市的权利。佩尔加门的米特里达特斯则因为立了功而被宣布为国王，并且取得了加拉提亚的一个公国作为自己的领地，还有到这时为止一直属于法尔纳凯斯的博斯波路斯。小阿尔明尼亚给了阿里欧巴尔扎

① 杰拉（Zela）是本都西部的一个设防据点，公元前67年米特里达特斯在这里对特里亚里乌斯取得过一次胜利。——译注

② 恺撒：《亚历山大战记》，第69—76章；狄奥·卡西乌斯，第42卷，第47章以次；阿庇安：《内战史》，第2卷，第91章；《米特里达特斯战史》，第120章；普鲁塔克：《恺撒传》，第50章；苏埃托尼乌斯：《圣优利乌斯传》，第35章；李维：《罗马史》（提要），第113卷。

尼斯①，而戴欧塔茹斯则保有对大部分加拉提亚的统治。

在这之后恺撒便到罗马去了。他选择了通过雅典的道路，甚至访问了科林斯的遗址。9 月 26 日他在塔连图姆登陆。在从塔连图姆去布伦狄西乌姆的路上，西塞罗前来见了恺撒。西塞罗在帕尔撒路斯的惨败之后虽然也从庞培那里返回了意大利，但是在恺撒返回之前，他不敢在罗马露面。西塞罗很想去看恺撒，却又害怕这次会见，但是恺撒的态度十分亲切，对他表示了很大的关注，结果西塞罗这次见到了恺撒之后，就完全放心地去罗马了。

城里的总的形势就好像变魔术似地改变了。恺撒只消一经在罗马出现，一切混乱以及在多拉贝拉、特列贝利乌斯和安托尼乌斯之间的一切武装冲突都停止了，但是恺撒显然由于考虑了局势并且比安托尼乌斯更好地研究了这一局势，所以他绝不支持安托尼乌斯的行动。而且他实际上免去了安托尼乌斯执行的任务，并且
265 他本人很快地也便交卸了独裁官的权力。这一点从下述情况可以看出，即他在公元前 47 年的最后三个月间进行了全部高级官吏的选举。

恺撒就用这样的办法表彰了为自己的事业立了功的那些人。普布利乌斯·瓦提尼乌斯和富里乌斯·卡列努斯当选为执政官。普布利乌斯·瓦提尼乌斯是他早在高卢时期的副帅，并且在内战的进程中，特别是在巴尔干战役期间，他曾给予恺撒十分切实的帮助。富里乌斯·卡列努斯也是恺撒在高卢时的副帅，而在帕尔撒路斯一战之后，曾被任命为阿凯亚行省的长官②。恺撒又利用给

---

① 译者按：这里所指当是阿里欧巴尔扎尼斯三世，他是在公元前 52 年继阿里欧巴尔扎尼斯二世为国王的。他原先支持庞培，后来得到恺撒的赦免。他后来是被盖乌斯·隆吉努斯·卡西乌斯杀死的（公元前 42 年）。

② 参见本书原文第 249 页。

予他的权力，从自己的拥护者当中推荐了担任行政长官、高级营造官和财务官的人。例如，当选为行政长官的是盖乌斯·撒路斯提乌斯·克里斯普斯。尽人皆知他是一个恺撒派，而且不久前是曾因品行不端而被开除出元老院的。

至于多拉贝拉的运动，则恺撒部分地实现了他的纲领。通过了一项特别的法律；根据这一法律，降低了一年间房租负债的数额，但对于住在罗马本城的居民来说，降到两千谢斯特尔提乌斯，而对意大利其他城市来说，则降到五百谢斯特尔提乌斯。恺撒这次仍然没有完全取消债务，但是先前他施行的有关信贷关系的法律①现在却有了新的解释：债务人用来清偿债务的、经过公证人估价的财产，为了债务人的利益（也就是说算在清偿债务的项下），要把已经支付的利息算到里面去。此外，还规定拥有大量资财的人即债权人要把这些钱的一部分用到地产上去。

除了这些财政—经济性质的措施之外，还实施了有关纯行政问题的一系列法律，其中的一项规定增加行政长官的人数（从八人到十人），另一项则规定增加营造官、财务官和甚至占卜师、司祭和十五人团②（从十五人到十六人）的名额。这样形成的空缺主要由恺撒所信任的人来补充，更不用说这时他对元老院成员的补充了。③

如果说，单是恺撒在罗马的出现就中止了罗马公民中间的骚动的话，那么由于老兵的叛乱情绪而造成的局势便复杂得多了。

---

① 参见本书原文第227页。

② 十五人团（Quindecemviri sacris faciundis）是罗马四大司祭团之一，最初只有两个人，到公元前一世纪才增加到十五人。它负责监督外来的祭仪和保管西比拉书（他们在发生灾祸时负责查阅此书，以请示神意）。——译注

③ 狄奥·卡西乌斯，第41卷，第38章；第42卷，第51章；苏埃托尼乌斯：《圣优利乌斯传》，第41—42章；盖利乌斯：《阿提卡之夜》，第15卷，第4章，第3节。

266 他们感到愤慨的是，他们还没有得到在帕尔撒路斯之战以前便已答应给他们的赏赐，他们没有分到土地，并且直到这时，他们也没有得到合法的退役。安托尼乌斯虽然到他们那里去做工作，但是这也只能带来暂时的宁静。

这时还在亚细亚的恺撒下令把军队从康帕尼亚调往西西里，但是这一命令并没有执行，而把命令传达给军队的普布利乌斯·科尔涅利乌斯·苏拉却受到了百般的侮辱和威胁。继苏拉之后被恺撒派去的行政长官撒路斯提乌斯只因为逃得快才免遭毒手，而被派去的另两位元老则被杀死了。士兵们进军罗马并在玛尔斯广场上集合了。

阿庇安记述了恺撒对士兵的讲话——但对于这记述，我们不清楚它真实和准确到什么程度，不过却极为详细。按照阿庇安的说法，恺撒不顾为他的生命安全担心的朋友的劝告，大胆地到叛乱的士兵们那里去，并且他是突然地出现在他们中间的。士兵们喧呼着奔向恺撒登上的讲坛，但是手中并没拿武器。他们看到自己的统帅，就向他欢呼。

于是恺撒就问他们，他们希望得到的是什么。士兵们在恺撒面前不敢提报酬问题，而且他们还知道，恺撒是多么需要钱来应付即将到来的阿非利加战役，因此他们只要求退役。但是，使他们吃惊的是，恺撒毫不犹豫地回答说："我让你们退役！"这之后，在随之而来的死一样的一片沉寂当中，他又说："当我将要和其他军队一道举行凯旋的时候，我是会把过去答应的一切给你们的。"此外，他从这时起，就向着老兵，开始称他们为"公民"，而不像通常那样，称他们为"士兵"了。苏埃托尼乌斯断言，恺撒单是用这一个词就彻底扭转了士兵们的情绪：他们开始恳求他的宽恕，表示甘愿接受任何惩罚，只要他能同意把他们带到阿非利加去。

根据一个说法，恺撒在相当长时期的犹豫之后，首先是赦免了自己喜爱的第十军团的所有的人，然后立刻把他们调到阿非利加去。而根据另一个说法，他还是惩办了带头闹事的人并把答应给 267
他们的赏赐减少了三分之一。① 但无论如何，孕育着不小危险的冲突，就这样迅速、彻底和不怎么困难地解决了。

在出发去阿非利加作战之前，恺撒进行了公元前 46 年度高级官吏的选举。这次他利用给予他的特权提出在最近五年当中都参加竞选②。这样，当选为公元前 46 年度执政官的就是恺撒本人和玛尔库斯·埃米利乌斯·列皮都斯③。列皮都斯由于在西班牙对付卡西乌斯发动的骚乱时立了功从而取得了恺撒的信任。还选举了其他高级官吏。奥路斯·希尔提乌斯之当选为行政长官之一使我们不能不假定，在当时情况下，在当选的人们中间有相当数量的拥护恺撒的人。此外，在恺撒的直接领导和监督下，对所有的行省都任命了新的长官。

公元前 47 年 12 月，恺撒动身去阿非利加。这样，他在罗马只待了三个月。他先是来到西西里的利律拜乌姆④，打算从这里渡海去阿非利加的沿海地带。但是由于气候不好，出发的日期拖下来了。为了强调自己想尽快开始阿非利加战役的愿望和决心，恺

---

① 狄奥·卡西乌斯，第 42 卷，第 52—55 章；阿庇安：《内战史》，第 2 卷，第 92 章以次；普鲁塔克：《恺撒传》，第 51 章；苏埃托尼乌斯：《圣优利乌斯》，第 70 章；李维：《罗马史》（提要），第 113 卷。

② 参见本书原文第 249 页。

③ 列皮都斯的同名的父亲（公元前 78 年度执政官）是在苏拉的剥夺令中发了大财的人。但列皮都斯本人在内战中是站在恺撒一边的，公元前 48—前 47 年他是近西班牙长官并取得一次凯旋的荣誉。——译注

④ 利律拜乌姆（Lilybaeum）是公元前四世纪迦太基人在西西里西部建立的城市，今天叫玛尔撒拉（Marsasla）。——译注

撒把自己的营帐就设在海边，以致浪头几乎可以打到它上面。①

他终于使自己的舰队在12月25日出了海。在他的舰船和运输船上共有六个步兵的军团——其中五个军团是新征募的——和两千名骑兵。在阿非利加海岸的登陆地点事先没有规定，也不可能规定，因为没有一个港湾是安全的，因此就只好碰运气了。但是这样的机会还是被他们碰上了，于是恺撒就率领着自己的一部分军队在哈德路美图姆地区②登陆了。不过恺撒的兵力并不多：他身边只有三千步兵和一百五十名骑兵，其余的舰船散了开来，它们被冲到北方去了。

苏埃托尼乌斯记述说："恺撒从船上登陆之后就一跤跌到了地上，而这在罗马人看来，乃是一个不祥的兆头。但是他却利用这样
268 一件偶然的小事做了对自己有利的事情。恺撒用双臂拥抱着他跌倒在那里的土地叫道：'你已经在我的怀抱里，阿非利加！'"苏埃托尼乌斯讲述这个故事是想来证明，恺撒并不是迷信的。他还记述说，有些预言认为所有那些名叫斯奇比奥的人在阿非利加的土地上都会成功并且是不可战胜的，而恺撒为了取笑这些预言，就在营地里自己身边安置了这一显赫氏族的一个代表人物斯奇比奥·撒路斯提亚努斯，而此人实际上是一个谁也瞧不起的、微不足道的人物。③ 但是，看来所有这些例子毋宁是证明，如果说，恺撒不十分重视兆头、朕兆和预言的话，但是他却完全要考虑到这些东西对他周边的人、首先是他的士兵会产生怎样的影响。

---

① 恺撒：《阿非利加战记》，第1章。

② 哈德路美图姆（Hadrumetum）是腓尼基人在公元前七世纪在北非沿岸建立的城市，在迦太基南约一百公里。在第三次布匿战争中，它是站在罗马人一边的，因此在公元前146年成了一个免税的自由市（civitas libera et immunis）。——译注

③ 苏埃托尼乌斯：《圣优利乌斯传》，第59章；普鲁塔克：《恺撒传》，第52章。

由于哈德路美图姆是一个设防巩固的城市，所以用这样一点点兵力来开始围攻它是没有意义的。恺撒的一位副帅试图同统率哈德路美图姆的卫戍部队的盖乌斯·孔西狄乌斯进行谈判，但这一企图并无结果。于是恺撒决定拔营。但是他刚刚出发，努米地亚的国王优巴的骑兵队伍就完全出其不意地进攻恺撒的后卫队伍。《阿非利加战记》的我们不知其名的那位作者写道："在这里发生了难以置信的事情。不到二百人的高卢骑兵竟然击溃了两千名毛列塔尼亚的骑兵并把他们赶回城里去。"①

恺撒向南行进时，在列普提斯城②遇到了一个特别的使团，使团向他保证，城中居民表示完全服从并且准备执行他所希望的一切。因此他就没有占领列普提斯，相反，却在这里的城门设立岗哨，这样士兵就不会擅自闯入城内，侵害居民了。而他自己却把营地设置在离城不远的地方。

恺撒在这里留驻了一些时候之后，又折向北，向着茹斯皮那③的方向推进并且在沿岸地带选择了一块适当的地方设营。他无论怎样也不想离开大海，因为他在期待着自己的其余部队的到来。根据某些史料，他曾率领着一小支队伍亲自乘船出海，以便去迎接 269
迷了路的运输船。这事有了结果，盼望已久的援军终于到来了。

公元前 46 年 1 月 4 日，就在运输船到来的那天，突然同敌人发生了冲突，冲突的结果对恺撒可能是悲惨的。他带着三十个步兵中队、四百名骑兵和一百五十名弓手去为军队搬运粮食。当他

---

① 恺撒：《阿非利加战记》，第 6 章。

② 译者按，这里当指在哈德路美图姆东南的小列普提斯（Leptis minor），此外在小列普提斯东南沿海尚有大列普提斯（Leptis maior）（位于大小叙尔提斯之间）。二者都是腓尼基人建立的城市。

③ 茹斯皮那（Ruspina）是位于哈德路美图斯和小列普提斯之间的城市。

和这支相当薄弱的兵力离开营地已经很远的时候，侦察的骑兵突然向他报告了敌人已经迫近的消息。这是由拉比耶努斯统率的一支由骑兵和轻武装步兵组成的强有力的队伍。双方展开了顽强的战斗。在战斗的某一个时候，拉比耶努斯的骑兵利用自己在数量上的优势竟得以把恺撒的士兵包围起来，因而士兵们就不得不收缩成一个密集的方阵。

恺撒由于调度得法，所以能够通过两翼突破了包围圈，而这样在把敌人的一部分兵力同另一部分兵力割裂之后，就把他们打跑了。不过他因担心受到伏击而不敢穷追，于是决定退回自己的营地。但这时由玛尔库斯·佩特列优斯率领的一支新的努米地亚精锐骑兵和步兵大部队突然出现了。战斗再次白热化并且看来是极为激烈地一直持续到日落时分。只有在夜幕的掩护下，恺撒的士兵才得以撤回自己的营地。

《阿非利加战记》的作者在感情上是倾向于恺撒的，人们认为他可能是恺撒麾下的一名参谋。作者把这次战斗说成是不大重要的冲突。此外，他一个字也没有提到在恺撒的新兵中间发生的惊恐情绪，特别在佩特列优斯和他的军队出现以后。关于这一点，阿庇安的记述则要明确得多，他认为拉比耶努斯和佩特列优斯对恺撒取得了完全的胜利，打跑了恺撒的士兵。但是在追击恺撒的队伍时，受了伤的马把拉比耶努斯摔倒在地上，于是佩特列优斯亲自发出了停止追击的信号，他说："我们不要从我们的统帅斯奇比奥手中夺取胜利。"阿庇安还说，在士兵们惊惶失措的时候，恺撒亲自想制止逃跑的人们，他抓住一个旗手的肩头，使他转过身来，并且对他说："敌人在那边！"①

① 阿庇安：《内战史》，第2卷，第95章；比较普鲁塔克：《恺撒传》，第52章。

不管怎样，在同敌人发生的这一冲突中，再次出现了在杜尔 270
拉奇乌姆城下开头时发生的那种形势，不过规模小一些而已。正有如当时庞培自行中止了战斗而不求取得彻底的胜利，现在庞培派的佩特列优斯也是这么做的。恺撒的敌人有两次在原则上有可能当恺撒在新的战场上没有充分站稳脚跟并且显然处于不利地位时，把他完全摧毁和消灭，但是两次这样的机会都被放过去了。

到来的援军人数不多，战斗失利，最后是阿非利加的总的局势——所有这一切都证明恺撒的力量同他要解决的任务的规模相比，其不相称是使人深感不安的。但这时他的敌人也还未能联合起来。的确，把一支人数众多的卫戍部队留在乌提卡①，然后率领着八个军团和三千名骑兵出击的斯奇比奥已经来到了拉比耶努斯和佩特列优斯这里。他们的共同的营地设在离恺撒的营地大约三哩的地方。国王优巴的大队骑兵和步兵也要开到这里来。

如果事情是这样的话，那么恺撒的处境可就十分危险了。但是当优巴来到指定的会晤地点时，他才得知玛乌列塔尼亚的国王波库斯同手里有一支人数众多的志愿部队的普布利乌斯·西提乌斯——过去的卡提利那派——结成联盟攻入他的国境，占领了几座城市，其中包括努米地亚的首府——奇尔塔②。优巴认为与其为了想帮助别人而冒被赶出自己国家的危险，看来还是先顾及自己和自己的王国为好，于是他便转回去，甚至很快就召回了先前被

① 乌提卡（Utica）据传统说法是北非最古老的腓尼基城市。它位于迦太基西北，濒临地中海。公元前204年，斯奇比奥想攻占这个城市而未成。在第三次布匿战争期间，它同罗马合作，因而取得了迦太基的部分领土。——译注

② 奇尔塔（Cirta）位于努米地亚西北部，接近玛乌列塔尼亚的边界。公元前112年曾有不少意大利的商人在那里被优古儿塔杀死。——译注

他派到斯奇比奥那里去的辅助部队。这样一来,敌人的兵力一时就未能会师。

恺撒除了加紧催促派来更多的援军之外,没有别的办法;他发出了严厉的命令和指示,要罗马从西西里方面尽快把援军送过来,并且警告说,即使是冬天或气候恶劣,命令也必须绝对不折不扣地执行。他告诉罗马,阿非利加行省要垮掉了,敌人正在彻底蹂躏这
271 个地方;如果不立刻派来援军,那么这里除去光秃秃的土地之外就什么也不剩了,这里将没有一处可供栖息的完整的房屋了。①

尽管如此,军事行动还是沉寂了一个时期。敌对的双方只限于进行佯攻和小的冲突。大概在1月中旬,第二批援军到来了:恺撒得到的补充是两个军团的老兵(第十三和十四军团)、八百名骑兵和一千名弓手和弩手。几乎与此同时,行政长官撒路斯提乌斯在凯尔奇那岛(在海上与小叙尔提斯相对)上夺获了大批粮食,然后用运输船把粮食送到茹斯皮那附近恺撒的营地。

恺撒得到了援军和某段时期中间粮食的保证之后,却使敌人大感意外地拔了营,向茹斯皮那以南的城市乌吉塔进发。在进军途中发生了规模相当大的一场骑兵战斗。在这场战斗中,由拉比耶努斯率领的敌军骑兵被击败而溃逃。恺撒想在乌吉塔地区同斯奇比奥进行决战,但是未能实现。不过这时斯奇比奥却宁愿采取防守的策略并且表现得极为小心谨慎。

斯奇比奥多次向优巴请求援助。优巴把自己王国的事务稍加处理之后,最后还是响应召唤而来到斯奇比奥的营地之前,这次他带来了三个步兵军团、三十头象还有大量的骑兵与轻武装兵。又发生了几次大规模的骑兵战斗,而照例又是恺撒的骑兵占了上风,

① 恺撒:《阿非利加战记》,第25—26章。

不过敌人还是和先前一样回避决战。①

那时又有两个老兵的军团——第九和第十兵团——从西西里来到恺撒这里。有好几次发生这样的情况:敌对双方都把军队开出营地,面对面地排好战斗的队列,这样坚持几个小时之后却又各自散去。恺撒现在认为自己已经有了足够的力量,而把军事行动拖下去显然对自己不利;因此他决定在军事行动的战术计划方面作一次相当彻底的改变。

恺撒从现在起不再把军团长时期固定在同一个地方,而是以 272
取得食品为借口把他们从一个地方调往另一个地方。最后他发现了他寻找的东西,并且在沿岸的城市塔普苏斯②附近设了营。就在同一天,他开始用攻城的工事把城包围起来。这样一种明显的示威行动和极力想攻占这一重要的和设防坚固的城市的意图——顺便指出,这座城市已被恺撒的舰队从海上加以封锁——其意义首先就在于这是对敌人的一次果敢大胆的挑战,对于这种挑战,敌人已经不可能不作出反应了。

公元前46年4月6日在塔普苏斯发生了一场著名的战斗。尽管这场战斗确实是著名的,并且就其对于内战的总的进程的意义而论并不亚于帕尔撒路斯之战,但它的情况在许多方面始终是不清楚的。当然,应当以《阿非利加战记》的作者对这一战斗所作的描述为依据,因为他不仅是战斗同时代人,而且很可能亲眼看到并参加了这一战斗。不过,尽管如此,他的记述引起了人们的某种怀疑:他的记述过于简单,根本没有指出战斗本身的意义,并且把很多注意力放到偶然的事件上。

① 恺撒:《阿非利加战记》,第50—52章。

② 塔普苏斯(Thapsus)是在小列普提斯东南的沿海城市。——译注

斯奇比奥还没有来得及完全巩固自己的新营地，战斗突然间就开始了。恺撒的士兵们注意到了敌人在看来是未曾料到的情况面前惊惶失措和恐惧的样子，便开始请求自己的统帅立刻发出战斗的信号。恺撒并不同意，他甚至要他们相信他并不愿意作战，但就在这时，没有他的任何命令，在军队的右翼里却响起了战斗的信号。由于这一信号，步兵中队就打着旗子向前冲去；百人团长们试图阻止军团士兵擅自发动的进攻，但是没有成功，于是恺撒在传出“幸福”的口令之后也就向敌人冲去了。

据上述资料，战斗很快就结束了，而胜利却是全面的。当被打垮的军队的残余试图逃回自己的营地时，他们发现两处比较远的营地——阿弗拉尼乌斯的和优巴的——都已被恺撒的士兵攻占了。凶狠起来的老兵们对任何人都不宽恕；敌人的损失仅阵亡的就多达一万人，而恺撒方面的损失却微乎其微。

273 《阿非利加战记》的作者的记述就是这样。后来的作家对这一战斗的记述就更简单了，可能只有狄奥·卡西乌斯是例外。不过他们的记述有不少“异文”，这就使我们不能不作出这样的假设，即他们利用了几种显然没有保存下来的史料。比如，阿庇安就和上面的说法不同，他说战斗拖了很久（直到晚上很晚的时候），又说胜利是好不容易才取得的。普鲁塔克则干干脆脆指出存在着各种不同的说法。根据一种说法，恺撒根本没有参加这次战斗，因为就在战斗开始之前他的癫痫发作了。还是那个普鲁塔克采用了毫无疑问是夸大了的损失数字，他说庞培派阵亡的有五万人。①

---

① 恺撒：《阿非利加战记》，第79—86章；阿庇安：《内战史》，第2卷，第96—97章，狄奥·卡西乌斯，第43卷，第7章以次；苏埃托尼乌斯：《圣优利乌斯传》，第35章；普鲁塔克：《恺撒传》，第53章；《小加图传》，第58章；李维：《罗马史》（提要），第114卷。

恺撒在战斗之后把三个军团留在塔普苏斯以便继续围攻该城(还有两个军团留在提兹德拉城),自己带着其余的军队赶忙向乌提卡方面推进。这是庞培派的最后一个据点了。乌提卡的卫戍司令官加图做到把这座城市变成了一个可靠的要塞,并显然是想对恺撒进行顽强的抵抗。但是乌提卡的居民并不同情他,因此所有公开支持庞培派的人们就感到十分惊恐,并且考虑逃跑的问题了。

加图对总的形势作了估计之后,知道再抵抗下去也是没有前途,没有希望了。从这时起,他就不再试图说服或者挽留任何人,相反地,对于所有想逃掉的人他都给以协助,给他们调拨船只,还供应他们路上的食物。当庞培派玛尔库斯·屋大维乌斯率领着保全下来的两个军团来到乌提卡并且派遣自己的人到加图那里去,建议平分权力和统帅权的时候,加图只是对朋友们说:“如果甚至走到深渊边缘的时候,我们还是这样地贪权,那我们的事业垮台,还有什么可以奇怪的呢!”①

这位为了维护元老院统治下的共和国而始终坚强不屈地奋斗的战士、恺撒的这位不共戴天的敌人,这位笃信斯多噶派学说的人物加图,他的悲惨的然而是光荣的死亡给他的同时代人——而且
还有离他最近的后人!——留下了不可磨灭的印象。史料对加图 274
一生中最后几个小时的描述较之对塔普苏斯一战的描述要详尽和生动得多。

加图和平时一样,一点也没有改变自己的习惯,他照例在同友人们吃过晚饭之后就去睡觉。他拥抱了自己的儿子并且同在场的人们深情地告别。在走进寝室之后,他发现一直挂在他的床头的剑不知哪里去了。于是他要求把剑还给他,并且愤怒地喊叫说,他

---

① 普鲁塔克:《小加图传》,第65章。

家里的人们要把他出卖给敌人，因为，如果敌人突然在夜里闯进来，他用什么来自卫呢。在他说服人们把剑（一说是匕首）还给了他之后，他便静静地躺下并且在睡前决定重读一遍柏拉图关于灵魂不朽的对话（即《斐东篇》）。在这之后，他就熟睡了：甚至在寝室门外都可以听到他的鼾声，而到早上睡醒之后，他便用剑刺进胸口下面的腹部自戕了。

但是他并未能立刻杀死自己。在死前的痛苦挣扎之中，他从床上摔了下来，撞倒了床边的小桌子。在门口值班的奴隶听到声音后就叫了起来，于是加图的儿子和友人们都冲进了寝室。加图倒卧在地上的血泊里，内脏都流了出来。然而他还活着，医生想挽救他。他被人们抬到了床上，他的内脏被放了回去，甚至缝合了伤口。但是在他恢复知觉之后，却能以利用这个时机，挣断了缝线，撕裂了伤口，并且"像野兽一样地"把内脏抖散出来，他就这样地在可怕的痛苦中咽了气。①

加图用这种办法自杀之后，毫无疑问，这就使得恺撒不能由于饶他一命而享受到巨大的道德上的愉快。他已经预见到恺撒可能对他表示宽大，因而在早些时候，他就表示，他并不想对暴君表示感谢，更何况暴君的任何行为都不能认为是合法的、正当的。②

至于其余的著名的庞培派，那他们的命运就各不相同了。他们中间的许多人根本不想仿效加图的榜样，而还是决定求助于恺撒那说了算数的仁慈并取得了宽恕，但是那些最不愿妥协的人们

① 普鲁塔克：《小加图传》，第 66—70 章；阿庇安：《内战史》，第 2 卷，第 98—99 章；比较恺撒：《阿非利加战记》，第 88 章；狄奥·卡西乌斯，第 43 卷，第 10 章；李维：《罗马史》（提要），第 114 卷。

② 普鲁塔克：《小加图传》，第 66 章。

却逃跑了，他们打算把斗争继续下去。然而并不是所有的人都能做到这一点。想穿过玛乌利塔尼亚逃到西班牙去的法乌斯图斯·苏拉和路奇乌斯、阿弗拉尼乌斯就落到了普布利乌斯·西提乌斯手里。原来，西提乌斯在打败了优巴的一位统帅之后，便向着乌提 275
卡方面推进。按照恺撒的命令，这两个人都被处死了。由于一次海上的战斗，庞培派全部兵力的总司令梅特路斯·斯奇比奥也落到同一个西提乌斯手里。他试图经海路去西班牙，但现在既然被俘，于是就自杀了。至于国王优巴，那么他是和佩特列优斯一道逃到扎玛城①他的一座行宫去（他的妻子和孩子都在那里），他的全部财产也都被带到那里去。但是扎玛的居民拒绝把国王和他的同行者放进城内，他们甚至要求恺撒给予援助。没有一个城市，没有一个公社接受逃亡的人，于是他们两人决定用决斗的办法相互把对方杀死。只有拉比耶努斯、阿提乌斯·瓦路斯和庞培的两个儿子格涅乌斯和塞克斯图斯能够顺利地到达西班牙。

阿非利加战役结束了。某些事情和关系需要加以处理，而恺撒就以他所特有的迅速和明确的作风完成了这项任务。努米地亚王国即过去优巴的领地被变成了"新阿非利加行省"，而撒路斯提乌斯就被任命为这一行省的执政官级的长官。努米地亚的某些地区交给西提乌斯来治理，作为他协助恺撒顺利地对优巴进行斗争的奖赏。给阿非利加的一些城市和公社规定了相当重的赔偿：乌拉卡的居民——基本上是维持庞培派的军队的富有的公民——在三年中间要支付两亿谢斯特尔提乌斯；塔普苏斯的居民也要支付两亿谢尔特尔提乌斯的赔偿金，而例如列普提斯的居民则每年要

① 扎玛（Zama）是努米地亚的一个设防城市，位于迦太基西南。公元前 202 年，斯奇比奥曾击败汉尼拔于此，即著名的扎玛之战。——译注

提供三百万斤(相当一百万公升)的橄榄油。

无论在内战开始时还是现在,在阿非利加战役的进程中,个别公社和城市的态度继续对战役本身的过程产生重大的影响。比如,哈德路美图姆的城市当局和居民就明显地支持庞培派[1]。但是当恺撒的军队从哈德路美图姆向茹斯皮那推进时,许多城市和设防据点都开始派遣使节到他这里来,保证执行恺撒提出的一切要求并且提供粮食方面的帮助。在列普提斯城下则重复了同样的事情。[2]

276 当恺撒专门给行省各城市写信,证实他本人就在阿非利加的时候,各地的"显要人物"就纷纷开始赶到他那里去,就仿佛恺撒的敌人曾十分残酷地对待过他们似的。[3] 有关过去在马利乌斯保护下的努米地亚人和盖图利人[4]逃到恺撒一方面来的报道也时常可以听到。[5] 在这样的情况下,恺撒依靠的就是那些最显要的和"有教养的"人们,他要这些人带着信回到本国人那里去,而这种做法终于使得盖图利人也起来反对优巴了。在国王的骑兵部队中服役的显要的盖图利人带着自己的仆从和马匹投到恺撒这方面来,这已经是事件的尾声了。[6]

还在塔普苏斯一战之前,瓦加[7]的居民就到恺撒这里来,保证给予协助并要求派遣卫戍部队。居住在优巴王国最边远的沿海地

① 恺撒:《阿非利加战记》,第 3—6 章。
② 同上书,第 7 章。
③ 同上书,第 26 章。
④ 盖图利人(Gaetuli)是阿非利加西北部的一个游牧民族。——译注
⑤ 恺撒:《阿非利加战记》,第 32,35 章。
⑥ 同上书,第 55—56 章。
⑦ 瓦加(Vaga)是努米地亚的城市,位于乌提卡西南,今天叫贝吉亚(Begia)。——译注

区的塔本奇人突然发动叛乱，杀死了国王的卫戍部队并且派遣使节到恺撒这里来请求支持。[①] 在塔普苏斯一战之后，投向恺撒方面以及遣使请求援助等等情况大量出现。扎玛的居民不让自己的国王优巴进城，却赶忙派使节到恺撒这里来，要求解救他们免遭国王的军队对城市的围攻。恺撒响应这一请求，就率领着骑兵部队去扎玛。一路上又有"许多头目和国王的军队"归附他，而当他到达扎玛时，"几乎所有国王的骑兵"都投到他这里来。优巴的死亡把这些问题彻底解决了。[②]

这样，战争看来是结束了。还在返回家园之前，恺撒在阿非利加当地就进行了部分的复员。很可能，他使军队中他认为最不稳定的那些人复员了，并且把他们作为罗马的移民安置在沿海的两个城市里。这之后，他于 6 月 13 日乘船离开了乌提卡，在撒地尼亚度过了大约两个星期，然后从那里回意大利本土。但由于天气不好和暴风雨，他不得不长时间滞留在港内不能出发，直到相当晚的时候——公元前 46 年 7 月 25 日——他才到达罗马。[③]

---

① 恺撒：《阿非利加战记》，第 74，77 章。

② 同上书，第 92，94 章。

③ 同上书，第 98 章；西塞罗：《致友人书》，第 9 卷，第 6 章，第 1 节；第 9 卷，第 7 章，第 2 节。

277 # 第七章

恺撒的独裁

恺撒在他经常住在罗马的年代中以他所固有的毅力、智慧以及不择手段的作风所争得的东西(权力和左右大局的地位)和尽管他经过一切努力而当时仍未能得到的东西,后来,当他不在罗马时,却比较容易地并且没有经过什么挫折或失败就得到了。不管听起来多么荒谬,恺撒是只有在离开了罗马之后才掌握了罗马的。

的确,自从恺撒于公元前 58 年 3 月离开罗马去普洛文奇亚以来,他有整整九个年头没有在罗马出现——直到庞培从布伦狄西乌姆逃走之后,恺撒实际上以全意大利的主人的身份进入罗马的时候。而且,如上所述,这次他在罗马总共只待了几天①。这之后,在内战进行期间,他又来罗马几次,但每次时间都不长。比如说,在战争期间,他是在公元前 49 年年底第二次来到罗马的,这时西班牙战役已经结束了。在这里,他取得了独裁官的权力,但是他只担任了十一天的独裁官,就去布伦狄西乌姆,而于公元前 48 年 1 月 4 日又从那里渡海去巴尔干半岛(埃皮鲁斯)。

在战胜法尔纳凯斯之后,恺撒留在罗马的时间就长得多了,这次是从公元前 47 年 9 月到 12 月。最后,也就是现在,公元前 46

---

① 参见本书原文第 221 页。

年 7 月 25 日，他在阿非利加一役中取得了决定性的胜利之后再次返回了罗马。最后的这次巨大胜利意味着内战进程中的一次彻底 278
的转折；尽管现在，庞培派也还没有完全被打垮、被消灭，但斗争已转入了完成的阶段。现在我们就来比较详细地谈一谈这一新时期的情况。

恺撒从塔普苏斯和乌提卡返回罗马之后，首先注意的是要给人们一个良好的印象，并且以特定的方式来左右舆论。他对人民以及在元老院都发表讲话，强调指出他没有任何想成为暴君的意图，他关心的只是利用被征服的领土来增进人民的福利。

公元前 46 年 8 月，恺撒举行了他的盛大的四重的凯旋式：对高卢、埃及和本都，以及对阿非利加[①]。庆祝进行了四天（还有一天用来休息）。著名的俘虏都被放到凯旋的行列里：维尔琴格托里克斯、阿尔西诺耶、克列欧帕特拉的姊妹、国王优巴的四岁的儿子。在这些日子里展示出来的财宝，总值达六万五千塔兰特，其中有金冠两千八百二十二顶（总重量两万零四百十四磅！），这些都是各个统治者和城市送到恺撒这里来的。

在凯旋式之后，恺撒就用这些财富慷慨地偿付了答应给军队的赏赐。每一名普通战士得到五千阿提卡的德拉克玛，每一名百人团长加倍，军团司令官和骑兵长官再加倍。这之后，罗马居民每人得到四百谢斯特尔提乌斯[②]，而除了按一般规定发放的口粮之

① 普鲁塔克：《恺撒传》，第 55 章；阿庇安：《内战史》，第 2 卷，第 101—102 章；苏埃托尼乌斯：《圣优利乌斯传》，第 37—38 章；狄奥·卡西乌斯，第 42 卷，第 49 章；第 43 卷，第 19 章；李维：《罗马史》（提要），第 115 卷。

② 谢斯特尔提乌斯（sestertius）是罗马人计算金额的基本单位，在共和晚期它是一种青铜的货币，但在先前它是银币。——译注

外，每人又发给十摩狄乌斯①的谷物和十磅橄榄油。为人民举行了有两万二千桌的盛大宴会，还有步兵、骑兵甚至战象参加的各种表演和比赛。根据在帕尔撒路斯一战之前许下的愿，恺撒为维纳斯女神(Venus Genetrix)②修建了一座神殿，并在神殿四周划出了一块圣地(forum Iulium)。节日之后不久又举行了人口调查，结果发现人口减少了一半还多，因此，无论阿庇安还是普鲁塔克在郑重地描述了凯旋式、比赛和表演之后，都不得不为了内战给人民造成的灾难而发出伤心的悲叹。

279 尽管恺撒的成就是了不起的，他的地位是无可怀疑的，而凯旋式又是辉煌的，但古典史学仍然为我们保存了这些庆祝时期表现出来的不满情绪以及受到伤害的人民自豪感的最初迹象，因为大家都清楚，第四次的凯旋——与其说是对阿非利加和优巴的胜利，毋宁说是对被战败的本国公民的胜利，特别是对加图和梅特路斯·斯奇比奥的胜利。③

但恺撒暂时还未能对这些个别的不满表现和凯旋期间士兵们唱的讽刺他的那些诗歌给以严重的注意。同目前他享有的巨大荣誉和他手中掌握的实际权力相比，这一切都是微不足道的事情。在塔普苏斯一战之后，元老院作出了下面一些决定：举行感恩祈祷四十日；恺撒有权在两位执政官中间坐高级长官用的座椅；卡皮托利乌姆山上朱比特神殿的奉献铭文上卡图路斯的名字改为恺撒的

① 摩狄乌斯(modiùs)等于 8.754 公升。我国以“日进斗金”表示富有，罗马人则说用摩狄乌斯计算金钱(modio nummos metiri)。——译注

② 维纳斯女神和朱比特一样，也是在不同场合有不同称号(如佛教中观世音菩萨在不同场合下有各种化身)，这里特别强调维纳斯作为始祖的身份。——译注

③ 阿庇安：《内战史》，第 2 卷，第 101 章；狄奥·卡西乌斯，第 43 卷，第 19 章。

名字①；把荣誉的神像车（tensa）②赠给恺撒；为恺撒立像，雕像脚旁有一球体，上镌铭文："献给半神。"③

更加重要的是：恺撒被宣布为任期十年的独裁官，并有权拥有侍从七十二人（前两次任独裁官时各二十四人，加上这次担任独裁官时的二十四人！）④，此外元老院还要他担任任期比以前长一倍因而就是三年的风俗长官之职（praefectura morum），这实质上就是拥有监察官的监督公民私人生活的无限权力。

不应忘记，恺撒还（从公元前 48 年！）拥有保民官的权力（tribunicia potestas），并曾一再当选为执政官。而如果再向后推一些，考虑到在孟达之战以后元老院给予他的荣誉——为期十年的执政官职务（顺便指出，对此他坚决拒绝接受）以及统帅（imperator 作为第一个名字即 praenomen）、祖国之父（parens patriae）、解放者（liberator）等头衔，那我们就可以清楚地看到他的权力的十分广泛同时又并非寻常的性质了。

有关恺撒的权力的性质，特别是有关他的某些个别权力或荣誉头衔的意义的问题，在学术界曾经展开过讨论。看来最引人瞩 280
目的，是如何解释和估价 imperator 这一头衔的特殊意义。

蒙森过去曾十分明确地肯定，如果说作为国家首脑的恺撒的地位在形式上首先被确定为独裁官的权力（dictator perpetuus）⑤

① 译者按：朱比特神殿于公元前 83 年被焚毁之后，到公元前 69 年由路塔提乌斯·卡图路斯重建。

② 在圆形剧场举行比赛（Iudi Circenses）时，把神像从神殿送往赛场时用的车。——译注

③ 这里强调恺撒所属的优利乌斯家族是神的后裔。——译注

④ 按规定执政官有侍从十二人，独裁官加倍，侍从都持棍束，但独裁官的侍从的棍束中间插斧头，而执政官的侍从的棍束，只有在城界外作为军事统帅时才插斧头。——译注

⑤ 蒙森：《罗马史》，俄译本，第 3 卷，第 394—395 页。

的话，那么要表示他的权力的专制本质，“统帅”(imperator)这个头衔就要“合适”得多了，因为在恺撒身上，这个头衔首次有了固定的第一个名字(praenomen)[①]的意义，而且对于这个头衔，还预先说明可以传给后人。后来蒙森的意见表示得更加肯定了。他认为，统帅的新的权力恰恰就是被恢复起来的最古老的国王的权力，恺撒决心取得的也正是这种国王的权力，不过他回避了“国王”(rex)这个词[②]，而使用统帅的头衔而已[③]。

现在，对于蒙森有关 imperator 这一头衔的意义的“极端的”观点，同意的人已经不多了。看来，同他的观点最接近的是格兰特的看法。格兰特认为，这个头衔在恺撒身上变成了确定权限范围的一个词。在他看来，恺撒的权力本身的依据是 imperium maius，这好像是这时起主导作用的一种新型的统治大权[④]。

另一些研究者或是发现：即使在恺撒身上，统帅这个头衔仍然保有从斯奇比奥·阿非利卡努斯[⑤]时期以来、它先前的(共和的！)意义(例如埃德考克)[⑥]；或是不特别重视这一头衔和与之有关的、形式上的、法律方面的分析(迈耶尔[⑦])；最后，也有的研究者根本

① 译者按：罗马人的名字通常分三部分，第一个名字是个人的名字(praenomen)，第二个名字是氏族(gens)的名字(nomen)，第三个名字是家族(familia)的名字(cognomen)，大体相当于我们的姓。

② 译者按：rex 一词来自 rego(治理、管理)，最初只有管事人、管理者的意义，后来才扩大而有“头目”、“领袖”、“国王”、“君主”的意义。

③ 蒙森：《罗马史》，俄译本，第 3 卷，第 400—401 页。

④ M. 格兰特(M. Grant)：《从 imperium 到 Auctoritas》(*From imperium to Auctoritas*)，剑桥，1946，第 409 页以次。

⑤ 即在第二次布匿战争中立下赫赫战功的罗马名将。——译注

⑥ 《剑桥古代史》(CAH)，第 9 卷，1932，第 728 页。

⑦ 迈耶尔，前引书，第 465—472 页。

否认恺撒有王政的意图(赛姆①)。H.A.玛什金十分重视恺撒的权力性质问题,他综述了现存的各种观点,然而他自己仍然没有得出明确的结论。他认为,“同先前相比,恺撒是在另一种意义上接受统帅的称号的”,但同时他又写道:“在我们看来,没有根据认为这一‘名号’指的就是最高权力,认为恺撒是 imperium maius(最高统治大权——译注)的保有者,认为‘imperator’这一荣誉头衔变成了一个说明权限范围的名词。”②同时玛什金又着重指出,恺撒 281
公然追求国王的权力,力图使人们把他宣布为国王。

从我们的观点来看,同 imperator 这个词先前的,也就是“共和的”意义相比,并不需要,也没有必要把一个什么新的、特殊的和显然是王政的意义加到这个词上面去。无论如何,不应当把这种意义用于恺撒的时代。在现代史学中,是以什么为依据而有了关于恺撒的这一荣誉称号的特殊的,而且是王政的性质的说法呢?看来,这种说法是以两种史料的记述为依据的。一种是苏埃托尼乌斯提供的证据,即 imperator 这个头衔变成了恺撒的全名的第一部分。③ 另一种是狄奥·卡西乌斯提供的证据。他在这之外还着重指出了这一头衔的可以传给后人的性质。④

但是,如果说这两个证据都比较准确地肯定了这样一个事实,即现在,从恺撒的时期起,统帅的头衔开始以特殊的方式,同当时以前稍有不同地被使用的话,那么,它们却完全不证明这一概念的内容有什么原则性的改变(向着“王政的方向”!)。我们的史料和

① 赛姆,前引书,第 52 页;比较赛姆:《统帅恺撒名号之研究》(*Imperator Caesar. A Study in Nomenclature*),载《历史》(*Historia*),第 7 卷,第 2 分册,1958,第 178—179 页。

② 玛什金:《奥古斯都的元首制》,第 64—66 页。

③ 苏埃托尼乌斯:《圣优利乌斯传》,第 76 章。

④ 狄奥·卡西乌斯,第 43 卷,第 44 章。

主要是狄奥·卡西乌斯的陈述充其量也只是证明，在晚得多的时候，希望继承这个头衔的奥古斯都，可以把“扩大的”各种要求纳入自己的意图以及自己对这一头衔的看法之中，而这些要求当然同恺撒当时的形势和情况完全不相干的。

当 imperator 这个词从古老共和的、众人皆知的并且实质上是临时的头衔还是变成了 praenomen imperatoris[1] 的时候，那么我们应当如何理解（统帅）（imperator）这个词的意义呢？我们认为，这个词的内容原则上并没有改变。统帅（imperator）这个词和先前一样地意味领导着自己属下的最高军事首领。但是，由于这一头衔成了经常性的，所以这一头衔的保有者现在不仅在战时，而且在和平时期，仍然保有“统帅”这一荣誉称号。

在肯定上述观点这一意义上来说，起有决定性作用的乃是这
282 样一个事实：恺撒拥有独裁官的权力，而这种权力，大家知道，奥古斯都是没有的，因此，在恺撒身上，统帅的头衔完全不应当具有这一头衔后来在元首们（从同是那个奥古斯都开始）身上所取得的那种广泛的、几乎是无所不包的意义。我们联系着恺撒和他的时代对 imperator 这一头衔所作的理解并不以——无论如何也在相当自觉的和强调的形式上——恺撒本人力图取得国王的权力这一设想为前提。对于有关恺撒的同王冠有关的主观意图的问题，我们想稍后再作回答，如果，一般地说，可以做到这一点的话。

现在我们就进而综述一下恺撒在塔普苏斯之战以后的内政的和改革的活动。首先，使我们感到惊讶的，是这一活动的激烈程度和规模。在随着凯旋而举行了盛大的庆祝活动并给予了赏赐和款待之后，恺撒便着手实现他的最重要的任务之一，那就是把土地分

---

① 统帅的第一个名字，参见本书原文第 280 页有关注释。——译注

给老兵；而当土地不能转让的问题出现时，看来，恺撒便援用了他自己在公元前59年通过的土地法[1]。土地的分配是根据恺撒本人还在前一年向闹事的士兵宣布的纲领，逐步地并且是小心翼翼地进行的。阿庇安说恺撒对士兵作了如下的许诺："我把土地给你们所有的人，但不是像苏拉那样，从私人地主手里夺取土地，并且使被夺取者和夺取者混住在一起，从而使他们始终处于相互敌视的状态。我分给你们的是公有的和我自己的土地，而如果需要的话，我还将购买土地分给你们。"[2]恺撒派出专门的代表到意大利的各个地区去，但毫无疑问，分配土地这样一项极为复杂的工作是不可能在公元前46年当年完成的。在个别情况下，我们知道一些安置恺撒的老兵的地点。比如，第七和第八军团的士兵就安置在康帕尼亚，说得更准确些，是安置在卡吉利努姆和卡拉提亚两个城市。[3]

然后恺撒又组织人们进行全面的人口普查。但是这一措施看来也没有完成。通过自治市法很可能就是人口调查的准备工作之一。在有关公布这一法律的日期的问题上，是存在着各种不同说 283
法的。比如，蒙森就认为是公元前45年公布的；迈耶尔也同意这一看法[4]。但是也有些人持另一些"极端的"看法；比如，人们时而认为Iex Julia municipalis[5]是直到恺撒死后才由安托尼乌斯公布的，或者，相反地，又有人把法律的通过日期向前推，认为这是公元前54年，也就是路奇乌斯·优利乌斯·恺撒担任执政官那

① 参见本书原文第96—99页。
② 阿庇安：《内战史》，第2卷，第94章；苏埃托尼乌斯：《圣优利乌斯传》，第38章。
③ 阿庇安：《内战史》，第3卷，第40章；尼科拉乌斯·达玛斯凯努斯：《恺撒传》，第31章。
④ 蒙森，前引书，第3卷，第448页；爱·迈耶尔，前引书，第426—427页。
⑤ 优利乌斯自治市法。

一年的事情。我们虽然不指望能彻底解决这一实际上远非清楚的问题，但我们仍能极为自然地定在公元前 46 年或公元前 45 年。而且我们更倾向于定在公元前 46 年，因为西塞罗在他的一封信（公元前 45 年 1 月）里谈到的已经是法律（lex）而不是法案（rogatio）了[1]。

自治市法的内容涉及的基本上是城市管理和体制的问题。法律规定：自治市议员（decurio）的职务是终身的；对竞选这些职位的人们定出了必要的要求。此外，法律还就罗马本城的城市福利设施作了规定，结果，"帝国的首都"即使在这一意义上也下降到了和自治市相同的水平。

但是这时使恺撒感到不安的，如果注意到罗马的话，则远非仅仅是有关罗马本城经济的问题。他采取非常有力的措施限制领取口粮的人们的数目，把他们从三十二万人降到十五万人。市长官每年都必须用抽签的办法来补充由于死亡而形成的空额，然而要严格地限定在那十五万人的范围以内。某些古代作家认为所以能把无偿领取面包的人们的数目降下来，是同凯旋和庆祝之后进行的人口普查有直接关系。[2] 另一些古代作家提到，为了补充减少的居民人数，发布了一项命令，禁止年纪在二十以上四十以下的公民，在不服军役的情况下，在意大利境外居住三年以上，还剥夺了元老的孩子们出境的权利，只有任高级长官的侍从人员的是例外。此外，当时所有居住在罗马的医生和各种学艺的教师
284 （liberalium artium doctores）[3]都取得了罗马公民权，这样做的目

---

① 西塞罗：《致友人书》，第 6 卷，第 18 章，第 1 节。

② 阿庇安：《内战史》，第 2 卷，第 102 章；普鲁塔克：《恺撒传》，第 55 章。

③ 拉丁语的 artes liberales，即英语中的 liberal arts，在古罗马指自由的罗马公民能学的各种科目，诸如，修辞学、文法、音乐、逻辑学等等。——译注

的在于不仅使这些人自己更愿意留在罗马，而且可以吸引其他人前来。①

恺撒还以最高司祭的身份公布命令，解散被克洛狄乌斯恢复起来的司祭团（除去那些最古老的）。这一措施不仅具有宗教意义，而且具有很大的政治意义，因为这些司祭团自古以来就是平民集中的地方，又是民主鼓动的发源地，换句话说，也就是一些特殊形式的政治俱乐部。此外，恺撒还进行了著名的历法改革。采用了有三百六十五天的太阳年；取消了附加的一个月，只是每四年增加一天。

恺撒试图调整和加速诉讼程序，还想在安排高级官吏时遵守期限这一意义上恢复固定的秩序②。在内战的年代里，国家法制生活的这两个方面明显地陷入了混乱。实施了一项特别的法律，根据这一法律，出纳官团被取消了③，这样，法庭就仍然只应由元老和骑士组成了。至于调整安排高级长官的期限的问题，则恺撒有关行省的法律把执政官治理行省的期限限定为两年，而行政长官治理行省的期限限定为一年。

还应当提一下恺撒的有关反对奢侈风习的法律。这些法律禁止使用人力的抬床，禁止穿紫色的衣服，禁止使用珍珠。甚至对市场上出售美味食品一事也作了规定。另一方面，不允许把墓地营造得过分豪奢。柱子过多也要处以罚款。

作为监察官的权力的保有者（praefectus morum），如上所述，

---

① 苏埃托尼乌斯：《圣优利乌斯传》，第 42 章。

② 前面多次提到在年初没有执政官的情况，这就给国事的处理造成了困难。——译注

③ 出纳官（tribuni aerarii）原来是某些特里布斯负责征收军税和支付军饷的官吏。在恺撒时期，他们形成了略低于骑士的一个等级。公元前 70 年，由他们组成审判人员中的第三个集团。——译注

恺撒又补充了元老院的名额。这时参加元老院的不仅有苏拉时期被宣布不受法律保护的人，而且有被监察官取消了元老称号或者过去曾因被指控受贿而判了罪的人。[1] 对民会也作了调整，恺撒的办法（也有如前面指出过的）是这样：除了竞选执政官的人以外，竞
285 选其余职位的人半数要由人民选出，另一半则要由恺撒本人指定，因为他把推荐书分送给各特里布斯，这样也就是送去了自己的人。[2]

最后再就恺撒的没有完成的计划和方案谈几句。他打算修建一座宏伟的玛尔斯神殿并为此填平了一个湖，而在塔尔佩亚岩[3]附近，他打算修建一座巨大的剧场。他计划公布一部法典，设立希腊的和罗马的图书馆，并把这件事委托给了玛尔库斯·瓦罗。他想把彭普提努斯沼泽[4]疏干，想把富奇努斯湖的湖水放走，想整修从亚得里亚海穿过亚平宁山通向梯伯河的道路，还想挖通伊斯特穆斯地峡[5]。至于军事措施，他打算平定攻入本都和色雷斯的达奇人，[6]然后通过小阿尔明尼亚去进攻帕尔提亚人。[7]

恺撒在内政方面的改革活动大体上就是这样了。对于这一活动（包括早在塔普苏斯之战以前进行的较早时期的改革）所作的一般结论和评价大体上应当是这个样子。不应当受到目的论的引诱

---

① 参见本书原文第 265 页。

② 参见本书原文第 250 页。

③ 塔尔佩亚岩（Tarpeius mons）一般认为指卡皮托利乌姆山的西南悬崖部分（有异说），传说塔尔佩亚是罗马守卫卡皮托利乌姆山（古罗马人相信这座山是属于撒图尔努斯神的）上要塞司令官的女儿，她因受贿卖国而被处死，并被从这个悬崖抛下去。后来罗马犯叛国罪的人大都从此处被抛下去处死。——译注

④ 彭普提努斯沼泽（peludes Pomptinae）位于拉提乌姆沿岸地带，在奇尔凯伊和塔尔拉奇那之间，阿玛塞努斯河、阿斯图腊河与乌芬斯河三条河的河水汇流此处。——译注

⑤ 伊斯特穆斯地峡在希腊伯罗奔尼撒西北部的科林斯。——译注

⑥ 起源于色雷斯而居住在达奇亚的部族。——译注

⑦ 苏埃托尼乌斯：《圣优利乌斯传》，第 44 章。

和回溯性的“预见”的影响，而把恺撒的活动看成是（顺便指出，现代史学常常犯这种错误）满怀组织强大的和中央集权的帝国的思想（而且是在它那事实上很久以后，几乎到塔西佗的时代才形成的那种形式下的帝国）的活动。为了避免这类的历史偏差，应当比较明确地弄清楚恺撒的改革活动的主观的和客观的方面。

如果我们不存偏见地来看问题的话，那么上面列举的、恺撒的一切改革和法律，在我们看来，主观上都是为了应付“当前的事件”与形势的需要而施行的。且不说土地的分配或者这样一些措施，比如压缩领取无偿口粮的人们的数目，解散克洛狄乌斯建立的司祭团，反对奢侈风习的法律等等，就是在某种程度上提出了较为长期的目标的自治市法，历法改革，审判法和有关行省的法律，首先也是由于治理方面当前刻不容缓的需要才提出来的。

但这是不是意味着，恺撒的全部改革和法律在相当大的程度 286
上只具有暂时的、应付当前的意义，因而不是具有真正国家重要性和规模的措施呢？当然，事情并不是这样！这样就出现了改革的活动的客观的，但照例又是不依赖于主观意图的一个方面。顺便指出，某些改革、法律、国家法令等等具有客观意义的方面，并不能用一道不能突破的墙壁同它们的“当前性”、“迫切性”分隔开来，而是建立在这样一些因素上——如果没有这些因素，所有这些措施也就根本未必能够产生了。正如通常往往发生的情况那样，时间和进一步发展的客观条件，从“应当时形势”而产生的法律、改革当中，只把那些最适合于这种“进一步的发展”，并且只有用这样的办法（在十年中间！）才获得了客观价值，因而也就是相当“大规模的”国家意义的东西筛选和保留下来。

对于社会发展的某些方面的这种理解，使得人们对个别国务活动家，特别是恺撒的对内政策和改革，作出了初初一看是带有相当虚无主义气味的评价。那么,除了应急的和当前的问题之外,他实际上就没有任何总的任务,绝对没有任何总的目标了吗?

当然,这样的一个总的目标是有的,而且它不仅仅出现在恺撒内心的思想里。所有关心罗马国家的形势和命运的人们都知道这个总的目标。特别撒路斯提乌斯和西塞罗都谈到过这个总的目标。然而,这不是一个虚构的、在事后回顾时加上去的"帝国"思想(按照今天的帝国一词的意义!),而是一个十分具体的——"当前的"和原则上的,应急的和"长期的"——任务,这就是在内战造成的那些震动和破坏之后恢复、重建国家体制的任务。

不同的社会活动家对这一现实任务有各种不同的理解。撒路
287 斯提乌斯、西塞罗,最后还有恺撒的观点当然并不一致。为了保持正确的看法,不应当把西塞罗和撒路斯提乌斯所代表的"城邦思想"同"帝国"思想加以对比,像现代某些研究者所做的那样,而这样做实际上是绝对没有根据的。如果西塞罗和撒路斯提乌斯在某种程度上,并且在有一系列保留的情况下,被称为城邦思想的代表者,那么,承认这样一个事实,即在这一概念的通常是较晚的意义上,已经有了某些(或者某一个!)帝国思想家,这就等于公然转到目的论,甚至现代主义的立场上去了。因此,为了正确地和历史上客观地估价恺撒的内政活动,不应当拿城邦的理想(即西塞罗、撒路斯提乌斯)同 imperium Romanum① 的理想比较和对比,而是要拿撒路斯提乌斯和西塞罗的具体建议(和方案)同恺撒本人的具体的和实际的行动比较和对比。

我们手里有当时极为有趣的文献,这就是撒路斯提乌斯写给恺撒的两封信。在前面我们已经相当详细地谈到了这两封信:确

① 拉丁语:罗马的统治大权。——译注

定它们的门类，讨论了有关它们的真伪的问题。① 但那时我们注意的是撒路斯提乌斯对恺撒的态度，对恺撒的描述，而完全不是在《书信》中陈述的那一积极的改革纲领（但《书信》在很大程度上正是为了陈述这一纲领才写的）。

在较早的那封《书信》（如上所述，此信写于内战开始之前，即公元前 50 年）里，包括有作为撒路斯提乌斯的很大特色的历史插话，描述了罗马社会的衰微和腐化，最后，还叙述了一个积极的纲领，即列举了为了国家的复兴而必须实施的那些改革的方案。

从撒路斯提乌斯的观点来看，导致罗马国家衰落的原因是什么呢？这首先就是人民逐步丧失了自己的土地、无所作为和贫困，而这最后又导致人民的腐化堕落，使得他们不能参加对国家的管理。② 但这只是事情的一方面。社会的衰落还决定于下述情况，即由于忘记了国家的需要和利益，由于腐化堕落和喜欢玩弄阴谋诡计，人们看到元老院本身也令人痛心地削弱了③。这样看来，撒 288
路斯提乌斯所理解的罗马社会陷于瓦解的画图，也就是人民腐化堕落和元老院软弱无力的一幅画图。

撒路斯提乌斯完全按照这一看法，阐述了自己的积极的纲领。他本人好像把改革的方案归结为两大主要门类：为了人民的复兴而必需进行的改革和为了元老院的复兴而必需进行的改革："现在，既然我已阐述了自己关于平民的复兴和改进的观点，我再向你谈谈元老院方面应当采取的措施。"④

撒路斯提乌斯有关扩大公民权和开辟"混合"移民地的建议，

---

① 参见本书原文第 14—15 页。

② 撒路斯提乌斯：《书信》，第 2 卷，第 5 章。

③ 同上书，第 2 卷，第 10—11 章。

④ 同上书，第 10 章。

应当认为是第一部分的主要改革。而所谓“混合”移民地，就是旧的公民和刚刚取得公民权的新公民在这种移民地里结合、“混合”到一起。在提出开辟移民地，因而也就是把土地分配给移民者的问题时，撒路斯提乌斯按照自己对衰落的原因的分析，实质上提出了一种土地改革方案。除了这一基本建议之外，属于这一部分的改革方案的，还应当举出作者有关根绝（或至少减少）贪财现象以及有关按照品德而不是按照财富选举高级官吏的想法。①

在转向改革的另一“部分”时，撒路斯提乌斯先就如下的一个论题先提出了自己的看法，即个别的王国、社会、民族，只要它们坚持真理与善良的原则，就能保住自己的政权，但当它们由于贪图享乐、由于感到恐惧而开始背叛这些原则的时候，它们就会丧失自己的全部政权和力量，随后甚至处于被奴役的地位。祖国的利益对居于国家高位的人们来说，应当是加倍地珍贵。因此，必须实行——在这里，撒路斯提乌斯再度按照他自己对衰落的原因的看法发表意见——这样一些措施，这些措施要有助于提高元老的自尊心，要能号召他们为国家的利益服务。为了使元老院和它的道
289 德上的威望得到复兴，撒路斯提乌斯建议实施两项改革：增加元老的人数和实行秘密投票制。②

在撒路斯提乌斯的较早的那封书信里向恺撒提出的建议就是这样。但人们不由得会提出这样的问题：这些改革方案在多大的程度上是现实可行的？看来，对这样的问题应当给以否定的回答，而这种看法同这样一些研究者的意见是一致的——他们认为这些方案都是以苏格拉底和柏拉图的观点为依据的空想，而这正是古

---

① 撒路斯提乌斯：《书信》，第 2 卷，第 7 章。
② 撒路斯提乌斯：《书信》，第 2 卷，第 10—11 章。

代许多政治理论的特点。这无非是相信，公正的立法可以改变生活方式、历史地形成的生存条件和甚至国家的体制。①

看来，撒路斯提乌斯的改革的空想性，通过把这些方案同恺撒在撒路斯提乌斯的两封书信之间这一段时期里实际的内政活动加以对比，就极为鲜明和清楚地显示出来了。比如，如果说撒路斯提乌斯建议开辟的是混合的移民地，那么恺撒设置的照例都是他过去士兵的移民地，而绝不采用撒路斯提乌斯的这类原则。撒路斯提乌斯谈到了抑制人们的贪财作风，谈到了消除用财富取得的特权的问题，然而恺撒试图用来调整债务问题或促进资本流通时所使用的办法证明，恺撒在这一问题上奉行的完全是另外一种方针。撒路斯提乌斯谈到可以用抽签的办法选任高级长官，但恺撒事实上即使没有取消，也大大地限制了选举的办法，他是按照自己的意思来分配高级长官的职位的。最后，如果说恺撒按照撒路斯提乌斯的意思增加了元老的人数，那么他这样做乃是为了截然相反的目的：不是为了加强，而是为了削弱元老院在国家生活中的作用和意义。由于补充到元老院里来的照例都是恺撒自己的人，所以这个目的就更加容易达到了。

这样看来，公元前 46 年以前恺撒的内政活动不仅同撒路斯提乌斯的建议不一致，而甚至同他的方案的宗旨和原则方针完全相反。当然，不能认为这种不一致是偶然的。不过，很可能这种不一 290
致是撒路斯提乌斯对恺撒感到失望的主要原因之一，而这种失望情绪在时间稍后的一封书信里已表现得十分明显了。

这封书信已是写给实际上是罗马的独裁统治者了，这封书信无论就其内容还是叙述方式而论，本质上都不同于较早的那封书

① 迈耶尔，前引书，第 363 页。

信。它比前一信短，里面没有历史的插话，也没有援引过去的事例以便设法从历史上论证衰落的原因，它提出的改革方案也同前一信不同，这些方案并不是严格按照腐化堕落的原因而提出的。同时这封信也远比作者写前一封信时更动感情，信里明显地表现出了作者的恐惧不安的心情。

时间稍后的那封书信也是从称颂恺撒的功勋和传统的要求照顾(captatio benevolentiae)开始的。接着撒路斯提乌斯用了很多篇幅着意记述了内战的惨祸。① 在这里，衰落的原因被说成是公民的道德上的缺陷，腐化堕落而首先是爱钱和贪得无厌。个别人以及整个国家要达到真正的伟大，只能通过一个办法，那就是使自己在道德上完善起来。②

既然衰落的主要原因是过分的贪欲，所以撒路斯提乌斯首先建议消灭奢华的作风和爱钱的恶习。但是，要通过恢复古老的法律和风俗的办法来做到这一点已经是不可能了，因为社会腐化堕落得太厉害了。出路只有一个：不管做起来多么困难，也应当消灭奢华的风习。实质上，这就是撒路斯提乌斯在时间稍后的那封书信里提出的主要改革。随后他又列举了一些次要的建议，不过他甚至不肯进一步阐述或者论证这些建议。这些建议包括：消灭官职的买卖(但只要人们不追求金钱，这种买卖自然就会终止)，采取措施保证意大利的安全，调整服军役的期限，还有把口粮分给老兵③。撒路斯提乌斯在后面一封信里提出的改革纲领就仅限于这些建议了。

---

① 撒路斯提乌斯：《书信》，第 1 卷，第 4 章。根据传统，《书信》是按照梵蒂冈的手抄本 3864 号标明卷次的，时间在后的一封信在这个手抄本中是放在前面。

② 撒路斯提乌斯：《书信》，第 1 卷，第 7 章。

③ 同上书，第 8 章。

这封书信的重心实质上已转到先前对撒路斯提乌斯来说只具 291
有纯粹外部的、“装饰的”意义的东西上去，这种东西只是一种“套话”而已——就是说，转到 captatio benevolentiae① 上面去。因此，全部书信里充满了对恺撒的呼吁，要他不要滥用他取得的权力，而是为了恢复良好的风习，用仁爱之心来使用这一权力。关于这一点，我们已经相当详细地谈过了。

撒路斯提乌斯给恺撒的两封书信就是这样。既然在信里提出了某些改革的方案，所以人们常常称这些信为《有关整顿国家事务的书信》(*de re publica ordinanda*)，并且把它们拿来同另一份有趣的文献作对比，这份文献就是西塞罗就玛尔库斯·玛尔凯路斯从流放中返回罗马一事所做的演说。② 这是一篇表示感谢的演说。这篇演说是著名的演说家鉴于恺撒给予自己的宿敌以给人深刻印象的宽恕，在长期的间隔之后，于公元前 46 年 9 月在元老院发表的。当然，这不单纯是一个人道的行动，而是明确的政治步骤，因为这时恺撒已经不能只依靠自己先前身边那一帮人，因此他甚至想寻求同元老院寡头集团，也就是公开的“共和派”的接触了。

现在我们并不打算详细叙述西塞罗这篇演说的内容。老实说，演说中只有提出了某些改革建议的部分才使我们感到兴趣，因为这些建议是可以拿来同撒路斯提乌斯的方案进行对比的。从这个观点来看待的西塞罗的演说，在本质上是建立在对作者本人来说是最重要的两个因素上：一个是感谢恺撒对自己表示的宽大，另

① 参见本书原文 290 页。

② 参见迈耶尔，前引书，第 404—410 页；M. 盖尔策尔：《优利乌斯·恺撒》，第 284—286 页。译者按：这个玛尔凯路斯就是在公元前 51 年任执政官时要解除恺撒在高卢的统帅权的那个人。在内战中他站在庞培一边，但帕尔撒路斯一战之后，他停止了战斗，要求恺撒的宽恕并返回了罗马。但公元前 45 年 5 月他在皮莱乌斯被暗杀。西塞罗怀疑暗杀的指使人就是恺撒，但没有根据。

一个是坚持要求同一个恺撒着手“整顿”由于内战而陷于混乱的国家事务。

西塞罗说：“这就是你的本分，你应当设法把国家的体制建立起来，然后自己安安静静地享受它。”他还说：“毫无疑问，后人在听
292 到或读到有关你这位统帅、这位行省长官，有关莱茵河、大洋、尼罗河，有关无数次的战斗、难以想象的胜利，有关各种遗迹古物，有关节日和比赛，有关你的凯旋的记述时，是会感到吃惊的。但如果这座城市[1]不因为你的关心和指示而得到巩固的话，那么你的名字便只是在所有的城市和乡村游荡，却不会有一个长驻的地点和确定的住所。”[2]随后，作者又强调指出，甚至在未来的世代中间，在评价恺撒的事业时也会出现巨大的分歧，只要这一事业不是因他最后熄灭内战之火而结束的话。[3]

演说的这种结构在某一方面确实同撒路斯提乌斯的书信有相近之处。在有关文献中人们已经指出，在西塞罗的这一演说中，也和在撒路斯提乌斯的作品里一样，对恺撒表示的感谢是和关于下述情况的提示紧密地联系在一起的，即在内战结束之后，还有一项新的、看来是更加伟大的任务——重建罗马国。恺撒应当执行这一任务，而实现的手段大体上也就是在撒路斯提乌斯的书信里建议的那些。这就是整顿法庭，恢复信贷，抑制骄奢淫逸的作风，关心后一代以及用严刑峻法把这一时期崩坏的一切“结合在一起”[4]，换句话说，也就是“从道德上使国家和人民得到重生”的纲

---

① 指罗马城。——译注

② 西塞罗：《为玛尔凯路斯辩护的演说》，第27，28—29章。

③ 同上书，第29章。

④ 同上书，第23章。

领。①

这样看来，西塞罗为玛尔凯路斯辩护的演说和撒路斯提乌斯写给恺撒的书信，无论就这两个文献的总的精神而论，还是就两位作家提出的那些具体建议而论，相互间都是可以比较的。进行对比的这两种方针都合理到什么程度？我们认为，如果这些文献，毫无疑问，就其总的"方针"、总的目标和它们的总的"情况"而论是相互接近的话，那么，当问题涉及具体的方案和建议时，答案却应当小心些，或者说得更确切些，应当按情况给以比较不同的处理。

比如，在撒路斯提乌斯的时间较早的那封书信里提出的改革方案，无论如何也不能仅仅归之于道德复兴方面的任务。在这封书信里，我们已经看到，撒路斯提乌斯本人把改革分成两个基本的类别或方向：人民的复兴和元老院的革新。而如果说，元老院的革 293
新还可以用接近于"道德的"改革的办法，即实施秘密投票（同时增加元老的人数）的办法而完成的话，那么，在人民复兴的方案和措施方面，撒路斯提乌斯认为最重要的就是进行土地改革，而这就未必是只用"道德复兴"这样的框框所能包括的了。

此外，还不能忘记，在撒路斯提乌斯的前一封和后一封书信之间有一条相当明确的界限，这就是说，应当考虑到作者对写信的对象的态度上的变化和改革方案本身的变化。如果根据前一封书信，人们很自然地会得出如下的结论，即恺撒当时在撒路斯提乌斯的心目中是唯一可以指望进行国家体制方面的改革的政治活动家的话，那么，在后一封书信里，就明显地出现了对恺撒的不信任，甚至感到失望的特点。至于后一封书信中的改革方案本身，它们具有相当肤浅的性质，不过是一些应急的实际措施而已，而其中最认

① 迈耶尔，前引书，第407页。

真的要算是关于杜绝奢侈风习的建议了。

这之外，还可以指出另外一种倾向。确实，现在，也就是第二次写信给恺撒的时候，撒路斯提乌斯认为公民们在道德方面的缺陷是罗马社会的衰落和腐化的主要原因。这是在原则上具有重要意义的一个因素。这样一来，撒路斯提乌斯在某种程度上就接近于要使社会得到“道德上的重生”的纲领，而这也就使他的立场——但只是从这一因素来说！——同反映在西塞罗为玛尔凯路斯所做的感谢演说中的立场接近了。

还要探讨一下如下的问题，即恺撒的全部实际活动在多大程度上符合，或相反的，不符合西塞罗和撒路斯提乌斯所表述的“方针”和具体建议。我们不能不指出，恺撒在公元前 50 年到公元前 46 年间在内政方面的活动，不仅不符合于撒路斯提乌斯的建议，
294 而且有时同他的方案的主旨是直接对立的①。至于恺撒的活动是否符合西塞罗在为玛尔凯路斯辩护的演说中提出的、使罗马社会得到“道德上的再生”的纲领的问题，那么，尽管有人提出这样的观点，即这一纲领反映在不仅是恺撒，而且是奥古斯都的立法之中，②但我们仍倾向于认为，并不存在十分有力的根据，可以得到这样的结论。所以不存在，毋宁说是因为对于“重生的纲领”，这一点很容易看出③，西塞罗陈述得如此一般化又如此简单，以致它无论如何不能成为进行如此深刻对比的素材。

正如前面已经指出的，我们毫无疑问已经看到了在内战的动荡之后有关复兴国家的各种不同的“意见”。无论西塞罗、撒路斯提乌斯还是恺撒，他们为自己提出的正是这样一项任务，所不同的

---

① 参见本书原文第 289 页。
② 迈耶尔，前引书，第 407 页。
③ 西塞罗：《为玛尔凯路斯辩护的演说》，第 23 章；再参见本书原文第 292 页。

只是，在前两个人看来，这任务是高度理论性的，而且两个人都是咨议顾问的身份；而对恺撒来说，这同样的一项任务则成了一件必须做的迫切的和实际的事情。而如果人们有理由谈到对这一任务的不同理解的话，那么这样的分歧毋宁说决定于理论和实践之不一致，而不是决定于抽象范畴（“城邦”——“帝国”或者“元首制”——“君主制”）之间的斗争。

但恺撒选择了哪一种办法呢？对于使国家复兴这样一个任务，他是如何理解的呢？在考虑了形势和当时的力量对比之后，他选择了怎样的道路呢？

当塔普苏斯一战取得胜利之后，恺撒以胜利者的姿态返回罗马时，由于内战的决定性的阶段已经过去了，他面临的第一个刻不容缓的任务就是满足他的士兵的需要和要求。因此这时有了分配和给予土地的政策，并且发放了慷慨的赏赐。紧接在这之后，则要求计算损失——不仅是在战场上作战的人们的损失，还有在公民中间造成的损失。这一相当广泛的问题又分成一系列比较局部的任务。进行的人口调查表明公民的人数灾难性地下降了。因此又
采取了这样一些措施，如反对侨居国外的法律和自治市法。但这 295
些毋宁都是一种抑制性的、消极的而绝不是积极的解决问题的办法。因此应当把恺撒的扩大公民权和开辟移民地的措施（下面还要谈这些措施的稍稍不同的方面）也归入这一类。不过这还不够。“计算损失”这一总的任务（同时还计算现有兵力的损失）要求对城市流氓无产者的问题提出某种解决办法。而同恺撒想解决这一问题的试图有联系的，又是移民政策和把无偿领取口粮的人们的数目压缩到十五万人（这就是说一半还要多！）。

最后，恺撒需要解决的，还有这样一个任务，这就是恢复国家机构的正常的，并且是按照恺撒本人的利益加以调整的活动。属

于这一方面的有这样一些措施，诸如补充元老院的名额、有关增加高级官吏人数的法律、有关行省的法律、有关独裁官和民会之间相互关系的新的规定。但是不能把“复兴”国家机构的任务看成是和同一问题的另一个方面——就是恺撒力图寻求一个新的和相当可靠的社会支柱——割裂开来的。但是有关社会支柱的问题，这是一个特别重大的问题，因而需要特别加以讨论。

为了恢复为内战所动摇的国家体制，恺撒所选择的道路（或方案）在我们看来就是如此。不难相信，这条道路同撒路斯提乌斯在他的前面一封书信中所表述的那些空想的建议以及同西塞罗在他为玛尔凯路斯辩护的演说中所提出的“从道德上复兴国家和人民”的纲领（它比较接近撒路斯提乌斯在他给恺撒的最后一封书信中提出的改革方案）有相当明确的区别。满足军队的要求、巩固和“恢复”罗马的（正是罗马的！）公民权，使国家机构职责分明并使之适应于新的条件——这正是恺撒选择的方案。它有别于上面列举
296 的各种改革方案，并不像抽象的“帝国”理想有别于同样抽象的“城邦”理想，而是像按照全部具体情况拟订的实际计划有别于理论的和“书斋式的”学说。

*　　*　　*

但是，恺撒的改革活动、他在“恢复国家体制”方面所作的努力不久就中断了，因为恺撒要赶忙离开罗马，到最后一个，然而对恺撒来说绝不是新的战场——西班牙——上去。这里的形势相当严重。

阿非利加战役结束之后，驻在远西班牙的两个军团又发生了骚乱（他们先前就反对过克温图斯·卡西乌斯），赶跑了行省长官盖乌斯·特列波尼乌斯，并宣布支持庞培派的事业。当庞培的长

子格涅乌斯来到西班牙时，他立刻被宣布为总司令官[1]。不久塞克斯图斯·庞培（庞培的幼子）、提图斯·拉比耶努斯和阿提乌斯·瓦路斯也来到了这里。他们把舰船和阿非利加的军队中保全下来的部分带了来。在他们的积极参加下，格涅乌斯·庞培十分卖力地在比较短的时期内就能够集合一支庞大的兵力：他手里有十三个军团，还不算从玛乌列塔尼亚的国王波库斯——此人对恺撒解决努米地亚问题的办法不满，所以叛离了他——手中取得的辅助部队。当然，上述军团并不完全是罗马公民组成，不过除了把特列波尼乌斯赶跑的那两个军团之外，仍然有几个军团是由阿弗拉尼乌斯的老兵，由这样一些城市如意大利卡[2]或科尔杜巴的罗马居民组成，并且在军事方面是不会引起怀疑的。恺撒的副帅——克温图斯·法比乌斯·玛克西姆斯和克温图斯·佩狄乌斯——并不能对付如此严重的敌人，而只有由盖乌斯·狄狄乌斯统率的舰队（他还是恺撒从阿非加利返回途中留在撒地尼亚时被恺撒派来的）取得了一些胜利——在反对阿提乌斯·瓦路斯的海战中取得的胜利。西班牙的总的情况使得恺撒之参与军事行动成为不可避免的和必要的了。[3]

这次恺撒根本不想离开罗马。他之离开完全是不得已的，他 297
不得不把大量没有办完的事放开，并且在一段时间里——而且期限又不是很明确的——放弃实现已经拟订的一系列的计划。恺撒离开的时间非常不巧，而这是由于个人性质的原因：克列欧帕特拉

---

① 恺撒：《西班牙战记》，第 42 章；狄奥·卡西乌斯，第 43 卷，第 30 章。

② 意大利卡（Italica）是斯奇比奥·阿非利卡努斯为安置他的老兵于公元前 206 年在西班牙（巴伊提卡）建立的城市，这时它已是一个自治市，今天叫桑提彭谢（Santiponce）。——译注

③ 恺撒：《西班牙战记》，第 2 章；狄奥·卡西乌斯，第 43 卷，第 27—28 章。

在罗马，甚至就在恺撒家里，她是带着他刚生下来的儿子前来的。她说这个儿子是恺撒的，并且希望得到恺撒的允许给婴儿起他的名字。恺撒这时自己的妻子健在，却又把克列欧帕特拉接到自己家里来，这件事在罗马人中间造成了极坏的影响，并且长时间成为到处传播的流言飞语和世间谣言的对象。①

然而，不管怎么说，行程还是决定下来了。尽管如此，在离开罗马之前，恺撒处理了有关治理行省和罗马本城的一系列刻不容缓的事项。至于行省，则恺撒关心的是任命公元前 45 年度的长官的问题，而且其中的某些人，例如戴奇姆斯·布路图斯或撒路斯提乌斯的统治权的期限被延长了，某些人则重新得到了任命。在罗马本城，由于没有时间，也可能不想召开选举的民会，恺撒采取了另一种办法。只进行了保民官(还有平民营造官)的选举。对于其他的高级官吏，一般的程序被破坏了。由于恺撒拥有独裁官(第三次)和执政官(也是第三次)的权力，所以他任命玛尔库斯·埃米利乌斯·列皮都斯为骑兵长官，因而也就是他本人不在罗马时的代理人。顺便指出，玛尔库斯·埃米利乌斯·列皮都斯同时又是执政官。他又从八位行政长官级的市长官(其中六个人代理行政长官和营造官，两个人代理财务官)当中为列皮都斯指定了一位特殊的同僚。看来在恺撒去西班牙之后，到年底才在列皮都斯的主持下召开了百人团民会；恺撒在会上第四次当选为执政官(公元前 45 年度)，而且是没有同僚的执政官。同恺撒接近的这样一些人，如欧皮乌斯②和巴尔布

---

① 费列罗，前引书，第 2 卷，第 278，285 页。

② 欧皮乌斯(Oppius)是骑士出身，古人曾错误地认为他是亚历山大、阿非利加、西班牙三部战记的作者。他写过不少传记，其中可能包括恺撒的传记。他写过一篇文章证明克列欧帕特拉所生的恺撒里昂并不是恺撒的儿子。——译注

斯①(他们虽不担任公职，却仍然有很大影响，并且同恺撒保持密切的接触)在促成这一非常的统治体制方面也起了显著的作用。

当然，这样的权力组织在罗马，特别是在元老院集团当中，是 298
不能得到同情的(尽管这种情况并不是第一次了，公元前 47 年罗马也没有一般的高级长官)。总的气氛也是敏感的，不安和怀疑的情绪占了上风。旷日持久的内战，它之不断重新爆发，这毫无疑问激怒了独裁官，会促使他采取某些对策，而最后还会改变他对政敌的态度，使他实施许多罗马人远还没有忘记的恐怖和剥夺公民权的政策，用来替代仁慈的口号。

恺撒为公元前 45 年确定的统治制度毋宁是证实了这种担心。在这种形势下，社会的思潮、情绪，甚至社会心理都变换得十分迅速。同撒路斯提乌斯在自己的书信中提出的或西塞罗不久前在《为玛尔凯路斯辩护的演说》中提出的看法接近的那些方案、想法、建议的空想性变得越来越明显了。几乎没有一个人不清楚战争是什么性质，所有的人都明白，斗争根本不是为了共和国的复兴，而只是为了争夺权力和统治地位。公元前 45 年 1 月西塞罗写到，对于任何一个正直的人来说，身居罗马都是一个极大的不幸，因为国家和个人财产的毁灭在任何地方都不像在罗马那样表现得如此显著。至于战争，按照他的看法，大概不会长久拖下去，而尽管促使敌对者双方拿起武器来的原因好像并不一样，但不管哪一方面取得胜利，他都看不出很大的区别。②

恺撒是在 12 月初离开罗马的，二十七天后他已经到了克温

① 巴尔布斯(Balbus)原是西班牙的加地斯人，因反谢尔托里乌斯有功而取得了罗马公民权。帕尔撒路斯之战以后，他和欧皮乌斯成了恺撒在公务方面的代理人。西塞罗在公民权问题上曾为他作过辩护。——译注

② 西塞罗：《致友人书》，第 6 卷，第 1 章，第 1 节；第 6 卷，第 4 章，第 1 节。

图斯·凯利乌斯和法比乌斯·玛克西姆斯的营地。营地就设在离科尔杜巴大约六十公里的欧布尔科附近。指出下面一点是有意思的:他后来在《旅程》(*Iter*)中记述了这一行程,可惜这一作品没有保存下来。正有如在巴尔干和阿非利加战役中的情况一样,现在,在西班牙战役开头的几个星期,恺撒并没有足够的兵力,并且在粮食供应方面也处于十分不利的地位。但即使这一
299 次,敌人仍然未能利用自己的优势。很快地双方的兵力就差不多相等了。

格涅乌斯·庞培把乌利亚包围了几个月,乌利亚进行了顽强的抵抗,并保持了对恺撒的忠诚,恺撒能够派出很大一支增援部队去帮助被围攻的人们。此外,他还成功地使用了牵制的计划。他向科尔杜巴的方向推进,这座城市被认为是行省的首府。这里有塞克斯图斯·庞培率领下的一支卫戍部队。恺撒向科尔杜巴的方向推进,这使得格涅乌斯·庞培不得不撤除对乌利亚的包围。[①]恺撒在1月亲自围攻有大量粮食储备的阿铁古阿城。甚至在这个冬季,他们都极为努力地修筑围城工事。城市完全被包围了。尽管罗马的卫戍部队(即庞培派的部队)进行了顽强的抵抗,这座城市是公元前45年2月19日因猛攻而陷落的[②]。被庞培派认成是几乎难攻不落的坚强要塞的失陷引起了广泛的反响:就和前几次战役的情况一样,敌人的阵营中开始出现了开小差的现象,有大量的士兵逃到恺撒这一边来。许多西班牙的公社明显地倾向于恺撒一方面了。

又发生了一些冲突,最后才发展到了决战的地步。这就是著

---

① 恺撒:《西班牙战记》,第3—4章。

② 恺撒:《西班牙战记》,第19章;狄奥·卡西乌斯,第43卷,第34章。

名的孟达[1]之战(前 45 年 3 月 17 日)。恺撒麾下有八十个步兵中队(部分是由第三、第五和第十军团留下的队伍组成)和多达九千骑兵。[2] 对方的军队都配置在高地上。恺撒等待敌人下到河谷来,并渡过了两个阵地之间的河流。但这次这一打算并未能实现。当恺撒的军团逼近河流时,庞培派也没有想到要离开他们在高地上的阵地。恺撒的军团在对方的严阵以待的阵地面前停了下来。双方展开了激烈的战斗,在很长的时间内都不能决定战斗的结果。在某一个时候,恺撒的士兵甚至害怕了。于是恺撒赶忙跑过来,抓起盾牌冲上去,并且叫着说,让这一天是他最后的一天,而全部出征是战士们自己的最后一次出征吧。在百人团长们还未来得及赶来解救他之前,他已经向投枪如雨的敌军阵线冲去了。然而这一 300
殊死的勇敢行动造成了一次转折,战斗以新的力量激化起来。天已经向晚了,这时站在恺撒一面作战的玛乌列塔尼亚国王波古德——波库斯的兄弟和共治者——出于自己的主动,使骑兵深入敌人的后方进行袭击,并且进攻了敌人的营地。拉比耶努斯看到了这一着,就向后撤回了自己的五个步兵中队,这样就削弱抗击敌人的前线力量。这实质上就决定了战斗的结果。庞培派逃跑了。恺撒获得了全面的胜利——他的损失不超过一千人,而敌人单单阵亡的就在三万人以上。[3] 拉比耶努斯和阿提乌斯都死在战场上了。恺撒下令掩埋了他们的尸体。孟达之战看来是内战的所有战斗中最顽强和最酷烈的一次战斗了。难怪在战斗之后,恺撒对自己的朋友们说,他曾多次为胜利而战,现在却第一次为保全性命而

① 孟达(Munda)也是西班牙(巴伊提卡)的一个地方,在科尔杜巴之南。公元前 214 年,斯奇比奥在这里包围了迦太基人。——译注

② 恺撒:《西班牙战记》,第 30 章。

③ 译者按:这个数字显然又是被史书的作者夸大了的。

战了。①

这之后不久，科尔杜巴、希斯帕利斯②就投降了恺撒，而孟达则向他的副帅法比乌斯·玛克西姆斯投降了。塞克斯图斯·庞培从科尔杜巴逃走而得以活命。格涅乌斯本人却不那么幸运。他也想逃跑，但是被敌人追赶上因而被杀死了。他的首级被送到希斯帕利斯的人民那里去示众。恺撒在这座城市里留到公元前45年4月底，处理了西班牙的事务，然后就去加地斯。积极支持过庞培派的城市和公社都被没收了财产，并且要支付苛重的赔偿金（例如科尔杜巴和希斯帕利斯）；反之，支持恺撒的城市则取得了各种不同的优惠和特权。恺撒实行的措施使人们相当清楚地认识到他的殖民政策和有关公民权的政策。

到恺撒的时代，西班牙的罗马化的程度已经相当深了。不少城市享有拉丁权③，而某些城市还享有罗马公民权。同盟战争的结果，而后来是谢尔托里乌斯战争，对罗马化的过程产生了特殊的影响。当恺撒派和庞培派之间的斗争在西班牙的土地上展开时（在第一次以及第二次西班牙战役期间），当地的城市和公社都相当积极地参加了这一斗争，而在斗争的过程中组成的军团在很大
301 程度上是由当地的土著来补充的。而现在，在孟达之战以后，恺撒

① 恺撒：《西班牙战记》，第28—31章；狄奥·卡西乌斯，第43卷，第36—37章；阿庇安：《内战史》，第2卷，第104章；普鲁塔克：《恺撒传》，第56章；苏埃托尼乌斯：《圣优利乌斯传》，第36章；李维：《罗马史》（提要），第115卷。

② 希斯帕利斯（Hispalis）是西班牙（巴伊提卡）的图尔杜里人的商业城市，位于科尔杜巴西南、孟达以西，濒临塔尔特苏斯河。这里就是后来的塞维利亚（Sevilla）。——译注

③ 拉丁权（ius latii）是拉丁同盟的公社所建立的所谓拉丁移民地的公民享有的权利，非罗马公民建立的移民地也可以取得拉丁权。这种移民地享有充分的自治；在原则上拉丁移民地的公民到了罗马便享有罗马公民权，但后来这种权利受到了限制。——译注

便把公民权给了许多公社，其中某些公社甚至变成了“罗马公民的移民地”。比如，在希斯帕利斯的领土上便出现了两个移民地，它们的名称都有对罗慕路斯和恺撒本人表示敬意的意思。保持了忠诚的城市乌利亚也被变成了这样的移民地，并且起了相应的名称 Colonia Fidentia①。从仅仅是部分地传下来的、有关盖尼提瓦这个移民地的决定中，我们可以得到有关这些“罗马公民的移民地”的某种概念。决定中指出，移民地的建立是“遵照独裁官的命令”进行的，然后又强调说，全体公民在需要时都应当应召参加军队；而最后，则禁止选举元老（和他们的儿子）为保护人。从某些资料来判断，恺撒在阿非利加建立的移民地也具有同样这些特点。②

恺撒在离开西班牙时，把远西班牙行省的治理权交给了盖乌斯·卡尔里那斯。他离开的日期已不大容易确定了；我们也不清楚恺撒在纳尔波高卢停留了多久——他是穿过纳尔波高卢返回罗马的。我们只知道他在这里会见了玛尔库斯·安托尼乌斯，此后他们就同路了。我们还知道，公元前 45 年 9 月 13 日恺撒在自己的拉维卡努斯庄园（在拉提乌姆，离图斯库路姆不远）停留时立下了遗嘱，而到 10 月初才重新在罗马本城露面。③

在恺撒离开罗马期间直到孟达之战胜利的消息到达的时候，罗马人的情绪和一般形势依旧是惊惶不安和不明朗的。不仅是根据西塞罗给友人——这些友人过去都是庞培派，他对这些人完全可以开诚布公地讲话——的那些书信，而且根据其他某些官方意

① 拉丁语：“信任”移民地。在河南高卢也有同名的城市（在埃米利亚大道上）。——译注

② M. 盖尔策尔：《优利乌斯·恺撒》，第 299—302 页。

③ 苏埃托尼乌斯：《圣优利乌斯传》，第 83 章；维列优斯·帕特尔库路斯，第 2 卷，第 56 章。

义不怎么大的例子和事实，也可以看出这一点来。就中也同恺撒本人通信的同一个西塞罗曾因为自己钟爱的女儿图利娅的死亡，甚至得到恺撒从西班牙寄给他的表示慰问的信。尽管如此，西塞罗在公元前 46 年年底(也可能在公元前 45 年年初)仍然发表了热
302 情歌颂恺撒的死敌加图的作品。这部作品的发表在罗马引起了真正的轰动，它对罗马舆论的影响如此之大，以致恺撒认为有必要甚至在战争最紧张的日子里(孟达之战的前夕)，不仅亲自给西塞罗写了回信，而且还写了一整部作品(共两卷)来作答。恺撒把这一作品抗议性地定名为《反加图论》，并在这一作品中间，除了向西塞罗讲了一些客套的恭维话以外，还对西塞罗作品的主人公本人进行了大量愤怒的指责。①

尽管如此，孟达之战的胜利的消息刚一传到罗马，据古人自己提供的证据，就使人们对恺撒产生了如此大的恐惧，并且使他取得了他之前任何人任何时候都没有取得过的荣誉，比如至少阿庇安就谈到了这一点。他就用同样这些原因来解释，为什么在孟达一战之后人们给了恺撒极大的、从未有过的荣誉。② 这个问题前面我们已经谈过了。③ 但我们只谈了把统帅、祖国之父、解放者的头衔给予恺撒的事情，谈了要他连续十年担任执政官的事情(顺便指出，他拒绝了这一建议)，但是关于其他可能不大现实，然而肯定同样辉煌的荣誉，我们却没有谈到。

比如，元老院曾下令为胜利举行五十天的感恩祈祷。元老院

① 普鲁塔克：《恺撒传》，第 54 章；《西塞罗传》，第 39 章；狄奥·卡西乌斯，第 43 卷，第 13 章；阿庇安：《内战史》，第 2 卷，第 99 章；苏埃托尼乌斯：《圣优利乌斯传》，第 56 章；西塞罗：《致阿提库斯书》，第 13 卷，第 46 章，第 2 节。

② 阿庇安：《内战史》，第 2 卷，第 106 章。

③ 参见本书原文第 279 页。

还特准恺撒在出席一切赛会时穿凯旋者的服装,头戴桂冠,还可以穿红色的高筒靴——按照传统,这种靴子是过去阿尔巴—隆加的国王穿的。元老院和人民决定由国库出钱在帕拉提乌姆山上修建一座邸宅,而且,他取得胜利的日子都被宣布为节日。在比赛和游行时,人们要在豪华的抬床上安放他的象牙雕像(similacrum);在克维里努斯[①]神殿里和在卡皮托利乌姆山上众王的雕像中间也要为恺撒立像。而按照苏埃托尼乌斯的说法,这样的荣誉已经超过了人类的限度,是到当时为止任何一个人也未曾取得过的。[②]

在恺撒从西班牙回来后不久,他便举行了新的(第五次!)凯旋式。他给了人民两次款待(prandiùm);恺撒本人觉得第一次过于寒碜,四天之后又款待了一次。但是这些庆祝活动(恺撒还允许他的两名副帅举行凯旋式)在罗马人心目中造成了痛心的印象,因为所谓胜利,乃是 303
对自己同胞的胜利,而不是对异族或外国统治者的胜利。[③]

凯旋式之后不久,恺撒就交出了没有同僚的执政官的称号,并且为剩下的三个月举行了新的执政官的选举。在这三个月里,显然是按照恺撒关于高级长官的法律选出了行政长官和财务官以代替市长官。这样看来,国家的情况好像是正常化了:内战的最后一个战役胜利地结束了,敌人已经被击溃,对罗马和各行省的统治日益走上正轨,而取得了罗马前所未闻的荣誉的恺撒则居于荣誉和权力的顶峰。

外表堂皇的画面看起来就是这样。但是在这如此光辉灿烂的

---

① 克维里努斯(Quirinus)是传说中罗马人的始祖罗慕路斯(Romulus)被神化后的别名。——译注

② 苏埃托尼乌斯:《圣优利乌斯传》,第 76 章;狄奥·卡西乌斯,第 43 卷,第 42—45 章;阿庇安:《内战史》,第 2 卷,第 106 章。

③ 普鲁塔克:《恺撒传》,第 56 章。

表面背后隐藏着的是什么呢？现在大概是比较彻底地探讨一个具有头等意义的问题的时候了，然而对于这个问题，迄今我们只是大略地触及一下——这就是恺撒的社会支柱的问题，更何况事件的进程本身也要求在这个问题上有个明确的方向，并且迫切需要解决这个问题。

恺撒也和罗马的任何一位著名的政治活动家一样，在政治上身边有一批人，也就是某种"个人的政党"。参加这一政党的、拥护他的人们因多种多样性质的"必然的"联系而结合在一起。这种联系包括亲属的、被保护关系的、朋友的、公务的、事业的、最后还有纯政治的联系——可能正是这样的联系要放到最后。同恺撒接近的看来并不是占据重要行政职位的那些人，如玛尔库斯·埃米利乌斯·列皮都斯、玛尔库斯·安托尼乌斯、普布利乌斯·谢尔维利乌斯·伊扫里库斯和恺撒任命的各行省的长官，而毋宁说是，如果可以这样说的话，"影子内阁"的成员，他们是恺撒的非官方的、往往又是不公开的顾问人员，但是无论对恺撒本人以及对事件的总的进程，他们都仍有很大的影响。

在独裁官身边的人物当中，我们熟悉的有这样一些人。他们是：盖乌斯·维比乌斯·潘撒，此人过去是马里乌斯派，后来是恺
304 撒派，公元前 43 年度执政官（这时恺撒已经死了）；奥路斯·希尔提乌斯，此人参加过对高卢的出征，并且是《高卢战记》第 8 卷的作者。他是公元前 46 年度的行政长官，公元前 43 年度的执政官（和潘撒一道）；盖乌斯·欧皮乌斯，此人是恺撒的心腹和私人的朋友，而在古代，他被认成是——看来，没有充分的依据——记述亚历山大和阿非利加战争的战记的作者；路奇乌斯·科尔涅利乌斯·巴尔布斯，此人年轻时曾在庞培部下服役，后来成了恺撒的朋友，他和欧皮乌斯一道，对恺撒有巨大的影响；盖乌斯·玛提乌斯，此人

也是恺撒的私人的朋友，他从未担任过任何公职，并且没有参加过任何政治生活；此外还有一些我们不大了解的人。这一特殊人物的集团，恺撒身边的人物，从一切情况来判断，还应当包括恺撒特别喜欢的、过去的积极的庞培派，比如玛尔库斯·优尼乌斯·布路图斯和盖乌斯·卡西乌斯·隆吉努斯。

这样的支持力量，也就是这样的帮派(factio)、"个人的政党"，如果说，问题涉及的是元老院范围以内的政治阴谋和斗争，或者甚至在玩弄同一个元老院和民会之间的矛盾时，它还可能是必要的和顶用的话，那么，当现在出现了有关统治实际上是独裁统治一个巨大的国家的问题时，就应当考虑到一个远为强大和广泛的基础了。在我们看来，恺撒——有时是直觉地，但有时是自觉地——是在积极地设法，而且是从极其多种多样的方面，来解决这一任务。在当前的情况下，我们指的是恺撒对军队的政策、他的移民政策和公民权政策，最后还有他的著名的仁慈政策。现在我们就来比较详细地谈一下这些问题。

关于对军队的政策，那么，当问题涉及对高卢战争进行某些总结时，我们已经谈到了恺撒和他的士兵。① 但是现在应当从稍稍不同的和更为广泛的方面谈一下军队以及军队同他们的统帅的相互关系的问题。首先我们便注意到军队本身在罗马国家总的体制中的性质、意义、作用和比重的变化，作为一支新的、独立的社会政 305
治力量，而不仅仅是纯军事力量的军队的形成。换句话说，我们想弄清楚，到我们论述的阶段，看来是由马里乌斯的所谓军事改革打下了基础的过程，也就是把罗马军队变为职业的常备军的过程(尽管实际上这样的过程早在这一改革之前很久便开始了)已经达到

① 参见本书原文第189—190页。

了什么程度。

取代了民军的新的罗马军队，从一开始对政治问题就完全不是无所谓的态度。比如，这支军队的第一次同时又是极其明确的发动，就是公元前88年苏拉向罗马的进军。这次进军是在反暴政斗争的纯政治口号下进行的[①]。晚期共和国历史的随后几十年，真正充满了军队不仅仅积极地而且是十分横傲无礼地干涉政治生活的事例。这种干涉照例是对民会和高级官吏公开施加压力，是明目张胆的暴力行动。

我们只限于举出最显著的例子。公元前103年度和公元前100年度的保民官阿普列优斯·撒图尔尼努斯，在经由人民大会通过自己的有关把土地分给马里乌斯的老兵的法案时，就借助于老兵本身的支持，老兵不仅用自己的选票，而且用自己的棍棒促成了这一法案的通过。[②] 在内战的进程中(人们往往把马里乌斯和苏拉之间的斗争叫做内战[③])，双方都毫不犹豫地利用自己的士兵(老兵)向民会施加压力，或是用他们来排除那些不合自己心意的高级官吏。就在这一斗争刚刚开始的时候，马里乌斯和苏尔皮奇乌斯·茹福斯[④]把"新公民"[⑤]武装起来；在这些人中间仍然有不少

---

① 阿庇安:《内战史》，第1卷，第57章。

② 阿庇安:《内战史》，第1卷，第29—30章；普鲁塔克:《马里乌斯传》，第28章。

③ 拉丁语 bellum civile 的原意就是"公民的战争"，引申而有"内战"的意思。——译注

④ 苏尔皮奇乌斯·茹福斯(Sulpicius Rufus)是公元前88年度保民官，曾提出一项法案，要把所有意大利的新公民登记到罗马全部三十五个特里布斯，使他们所投的选票能发挥和原有罗马公民相等的力量，但遭到贵族的反对。最后他们只登记到罗马的八个特里布斯里来。他还用武力通过一项法案，把对米特里达特斯六世作战的统帅权，由苏拉转入马里乌斯之手，但这使得苏拉进军占领罗马，他的法律也被取消。苏尔皮奇乌斯逃跑未成，自己也死在这一动乱之中。——译注

⑤ 指同盟战争后取得公民权的意大利人。——译注

马里乌斯的老兵，并且借着这些人的帮助对执政官施加压力，向民会进行恫吓。而当苏拉被民会撤销了统帅的职务以后，他的士兵就把元老院派赴他们营地的财务官们杀死了。①

当苏拉被派赴东方之后、罗马处于马里乌斯派的统治之下时，在广场上又出现了用刀剑武装起来的“秦纳的拥护者”（当然也是马里乌斯本人的拥护者）——当时提出的是把“新公民”登记到所有特里布斯之内的问题。事情结果发展到武装冲突的程度。不应 306
当忘记，在马里乌斯和秦纳进行镇压期间，连执政官屋大维都被士兵处死了。而秦纳本人在担任执政官时，在发生了变化的情况下也是死在士兵手里的。②

当着新的一代的老兵，即参加过庞培的东征、后来又参加了恺撒的出征的士兵们出现在政治舞台上时，事情可能发展得不是这样大起大落富于戏剧性，但总的说来，发展的模式还是一样的。如上所述，恺撒的土地法的通过不仅是由于投票，而且也借助于庞培的老兵的武力行动。③ 在实现三头在卢卡的会议（公元前56年）上所作的决定时，军队的作用和它对民会施加“影响”的可能性就表现得更加明显了。④

所有这些例子都是属于公元前49年到公元前45年间内战以前的那段时期的，它们证明，这时利用士兵和老兵对城邦民主制的机构施加压力已成为（或渐渐成为）一种传统。这一传统之所以形成，通常人们认为这是因为，现在对士兵来说，对国家的忠诚已为

① 阿庇安：《内战史》，第1卷，第55章；普鲁塔克：《马里乌斯传》，第34—55章；《苏拉传》，第8—9章。

② 阿庇安：《内战史》，第1卷，第64，71，78章；普鲁塔克：《马里乌斯传》，第42章。译者按：秦纳的士兵是因不愿渡海作战而在公元前84年在安科那把秦纳杀死的。

③ 参见本书原文第98页。

④ 参见本书原文第138页。

对有威望的和成功的领袖的忠诚所取代,而这种领袖手中的军队就变成了一种可怕的同时又是驯服的工具。当然,这个结论并不是新鲜的,而即使在今天,它仍然得到许多研究者的赞同。[①] 然而实际上是不是这样呢?把这种相互关系的性质确定为某种双方的过程(但这样做的人要少得多)是不是更正确一些呢[②]?当我们谈到罗马的那些最大的军事领袖(从马里乌斯直到屋大维·奥古斯都)的活动时,我们随意找一些例子来证明他们有本领把军队控制在自己手里,并且为着自己的利益而利用军队,这当然不是十分困难的事情。然而军队从自己的方面,就是说对统帅本人不是也提出了"另一方面的"要求,而且不仅是物质的(饷银、赏赐、分配的土地等等),还有政治性质的要求吗?

直到相当于第二个三头的时期,人们才有时谈到罗马军队的
307 "另一方面的"和独立的要求。[③] 但这并不完全是确实的。新的罗马军队对政治问题和事件从来不曾采取过无所谓的态度。[④] 当然,并不一定说士兵们有什么内容广泛,表述得明确的政治纲领,但是我们却可以在史料中找到一系列的证据,可以证明士兵群众曾提出过政治性质的明确要求。这些证据有公元前八十年代内战时期的,也有恺撒时期的。不妨可以看一下阿庇安有关士兵们从

① 参见例如 H. 沃尔克曼(H. Volkmann):《苏拉进军罗马。罗马共和国的覆灭》(*Sullas Marsch auf Rom. Der Verfall der römischen Republik*),慕尼黑,1958,第11页;W. 什密特亨纳(W. Sehmitthenner):《晚期罗马共和国的政治和军队》(*Politik und Armee in der späten Romischen Republik*),载《历史杂志》(*Historische Zeitschrift*),第190号,1960,第1分册,第2页;比较 R. E. 斯密斯(R. E. Smith):《马里乌斯之后的罗马军役》(*Service in post-Marian Roman Army*),曼彻斯特,1968,这一意见在书中到处可见。

② 什密特亨纳,前引书,第4—5,9—10页。

③ 什密特亨纳,前引书,第4—5,9—10页。

④ 参见本书原文第43,305页。

秦纳的军队开小差的记述，当时士兵为自己的行为辩护的理由就是纯粹政治性质的：不愿意为了领袖之间的不和而和同胞作战。①老实说，所以从庞培派的阵营中有众多的并往往是大批的人逃到恺撒这一边来（在谈到恺撒的巴尔干、阿非利加和两次西班牙战役时多次提到这种情况），这是出于十分鲜明的政治性质的原因——要求在敌对的双方中间进行选择，因此也就是政治方向的选择了。

我们知道，在稍后的时候，例如说，在第二个三头时期，当谁也不会对军队的独立要求和甚至是明确的政治纲领有任何怀疑的时候，停止内战的口号或是要求和平并停止恺撒派领袖们之间的不和的口号，就是军队干预"大"政治的最具体的表现。在争取达到自己目的的斗争进程中，军队甚至拟订出一个新的、特殊的战术：把代表团派到元老院和统帅那里去，对自己的领袖公开施加压力，最后，还使用这样一种极端的手段，即敌对军队之间的友好表示。显而易见，军队中在政治上最活跃的分子、推动力量和军队切身利益的体现者，照例是士兵出身的下级军官即百人团长。②

因此，罗马军队在公元前一世纪四十年代末，它的独立的而且几乎可以说是决定性的政治作用是无可争议的，但是我们却还想
十分明确地指出，这种政治独立性的基础仍然是早些时候即恺撒 308
时期奠定的，并且在很大程度上是因恺撒本人才得以奠定的。在这方面，研究一下如下的问题是有意思的，即这样两位军事和政治活动家，如苏拉和恺撒，是如何理解军队的社会—政治作用的，还有，他们是用什么方法来利用（或"培养"）军队的。

根据广泛流行的并且看来甚至是一致承认的观点，则苏拉和

---

① 阿庇安：《内战史》，第1卷，第78章。

② W. 什密特亨纳，前引书，第4—5，12—14页；比较P. Ю. 维佩尔：《罗马帝国史纲》，第301页。

恺撒都把军队利用为树立军事独裁的某种工具,因而他们也以相似的方式行动。因此,应当认为恺撒是苏拉的事业的继承人和继续者,至少在原则上是这样的。但我们觉得这样的论点未必能给以同意,因为在当前的情况下,人们片面地强调相似方面的特点而忽略了相互间有所不同的同样重要的特点。

在苏拉看来,军队乃是一种纯军事的、也就是"粗暴的"力量,在政治斗争的进程中对这种力量不妨加以利用以便施加一定的压力,然而它在这一斗争中还不是具有独立意义或至少持有独立观点的、一个相当团结一致的组织。完全可能,公元前一世纪八十年代的罗马军队确实还不能要求起这样的作用,也还没有"成熟"到能起这样的作用,而苏拉也不想用这样的精神去"教育"战士。因此,难怪在纯粹的军事需要不复存在的时候,他就赶忙解散军队,并且为了寻求比较长期的支持力量,他采用了这样的办法:在意大利组织老兵的移民地,并且把公民权给予罗马本城被剥夺了公民权的人们的奴隶("科尔涅利乌斯们"①)。

但是我们看到,恺撒对军队的态度和他对于军队在政治斗争中的作用的理解,同苏拉有原则上的不同。他和苏拉不同,他把军队看做不单单是一支武装的力量。恺撒是在积累了一定的政治活动的经验之后,而且,正是由于这一经验和取得这一经验的结果,他才领导了军队的。恺撒对罗马的"民主派"感到失望,认为这支力量不是可靠的支柱,所以在事实上(也许是自觉地!)用一种新的
309 政治组织——罗马军队——来代替它。因此他对军队的领导确实带有政治领导的性质。用有关纪律、忠诚、主动精神的新的原则,

① 奴隶们在取得公民权之后都采用了科尔涅利乌斯的名字。这样的人多达一万人。——译注

用有关职业的荣誉和其他特定品质的新的概念来教育这支军队的士兵，关于这一情况前面我们已相当详细地论述过了，[①]但所有这一切绝不是目的本身，而是具有十分明确的方向的，因为从恺撒的观点来看，现在军队不仅要成为军事支柱，而且要成为政治支柱。这是可以理解的：因为在罗马当时条件下，也就是说，在不存在政党的条件下，在城市平民道德败坏而乡村居民政治上日益分化的条件下，只有军队这个最团结一致的组织才能起到这种重大的作用。

显而易见，对于军队的作用和意义的这种理解，早在恺撒担任执政官时的末期，对他便已不是陌生的了，而在内战的年代里，这种理解当然只能加强。诚然，在战争结束时，恺撒也要像他的所有先行者那样把军队解散，但是，看来他只是部分地，而不是彻底地做了这件事。说不定正是因此，很快地便产生了规模宏伟的出征帕尔提亚的计划，以便不致犯致命的错误，不使自己失掉最切实的支柱，不陷入"光荣的孤立"的处境之中。当然，把军队看成是主要适用于对政治生活和斗争进行日常的和琐碎的干涉的工具，这会是完全错误的，甚至是庸俗化的看法（无论如何对这一时期来说是如此），更何况这时根本不需要这类的干涉。依靠军队，把统帅的头衔作为第一个名字，这些做法首先造成一种道德的权威，而只有在他的下意识的最深处，才存在有关于粗暴的物质力量，关于强迫的概念。

现在让我们再来看一看关于恺撒的社会支柱问题的另一个方面，即他的移民政策和公民权政策。在内战的进程中，我们知道，恺撒不止一次地根据自己的实践而确信，在各行省拥有不仅具有

---

① 参见本书原文 190 页。

310 军事意义而且具有政治意义的据点是何等重要的事情。从这样的信念出发，实质上只要迈出一步，就达到了相应的结论，即把给予公民权（给予某些集团或整个公社）并在各行省建立移民地当做巩固自己政治地位的手段。这样一来，下述情况就没有什么可奇怪的了：在诸如高卢、西班牙、阿非利加、伊利里库姆、埃皮鲁斯、阿凯亚、亚细亚、比提尼亚—本都等这样一些行省里，大规模移民地的设立第一次同恺撒的名字联系在一起①。苏埃托尼乌斯报道说，分布在意大利境外各移民地的公民多达八万人。② 在副帅们的协助下，移民地的设立不需要向人民大会专门提出申请。这一点再次着重指出这样一个情况③，即现在老兵移民者所以在生活上得到保障并不是由于国家，而是由于（完全由于！）自己的领袖、统帅个人。当然，到恺撒设立的移民地去的并不总都是老兵，但是从我们所要考虑的这一方面来看，这一情况并不能改变任何东西。这照例是两种类型的移民地：士兵的移民地（满足他们想取得土地的要求）和“无产者”的移民地（想改善罗马下层居民的生活条件）。④在两种情况下，移民地的建立都有助于加强罗马的影响，加强行省居民的罗马化，也有助于提高它们的建立者、它们的保护人的政治威信。

至于恺撒的公民权政策，那么，在这里，显而易见，可以指出两种倾向。一方面是在意大利境外空前大规模地扩大公民权（罗马

---

① F. 维亭霍夫（F. Vittinghoff）：《恺撒和奥古斯都治下罗马的移民和公民权政策》（*Römische Kolonisation und Bürgerrechtspolitik unter Caesar und Augustus*），科学与文学院，精神与社会科学部论文集，美因茨—威斯巴登，1951 年度，第 14 期，第 51，63 页。

② 苏埃托尼乌斯：《圣优利乌斯传》，第 42 章。

③ 参见本书原文第 301 页。

④ F. 维亭霍夫，前引书，第 53 页。

的和拉丁的公民权)。整个的公社甚至个别行省都取得了公民权。我们知道,这一过程是从高卢和西班牙开始的。早在公元前49年就通过了恺撒的一项法律,这项法律把山南高卢的居民也包括到罗马公民之内,而就在同一年,又通过了一项法律,根据这一法律,加地斯取得了自治市的权利。① 毫无疑问,这样大规模地扩大公民权,这有助于各行省自治市的城市形式的发展。因此,难怪某些研究者认为,根据恺撒相应的法律建立起来的、统一规格的自治市 311
体制,不仅能推行于意大利,而且能推行于行省的公社和城市。②

从另一方面来说,人们从恺撒的公民权政策中可以十分显著地感到一种"保护的"倾向,这也正是对公民权的扩大过程的某种制动作用。这是给予公民权的传统办法的结果,即把公民权给予"特定的部分"作为一种奖赏。在这一意义上,恺撒对行省的做法完全同于罗马人在三百年中间对意大利的公社和城市的一般做法。他并不力图消灭权利的"个性"或者罗马人与异邦人之间权利上的区别,这样就造成了"唯一的统治者的唯一的臣民阶级"。他无论如何也不想贬损罗马公民的特权、罗马人民的特权,他并不想把旧的公民完全排挤掉,以便用因他的恩惠而成了新公民的人们来取代他们。③

在恺撒的公民权政策中,存在着这样两种彷彿是相互对立的倾向,这种现象应当如何解释呢?在我们看来,其原因是:恺撒的这一政策、这一活动实际上有两个方面。第一个方面是主观的方面,这一方面完全不是由对于正在诞生的帝国的历史任务和前景的某种深刻理解(这种理解好像是恺撒所特有的)所决定的,而只

① 参见本书原文第224页。

② 迈耶尔,前引书,第425页。

③ F.维亨霍夫,前引书,第61页。

是决定于这样一种情况，即他要满足当前的迫切需要，要解决必须立刻解决的问题。情况所以正是如此，这一点首先为如下情况所证实：恺撒选择了“传统的”给予公民权的办法，因而，在所有这些措施当中并不存在什么特殊的和严格的制度。作为 praemium[1] 而有所选择地给予罗马公民权的原则本身，使人们不得不时而随着实际需要或按照相应的目的而给予这种赏赐。

同时在恺撒的公民权政策中也还有另一个客观的方面。从这一观点来看，则恺撒的那些同把公民权扩大到意大利之外的做法有联系的措施，即使不去考虑这些措施的为应付当前迫切需要的
312 性质，不去考虑提出它们的人的意旨，它们对于巩固罗马国家和形成它的新的行政—政治结构仍然具有重大的原则意义。尽管在行省还保存着移民地和自治市在法律地位上的区别，享有罗马（或拉丁）权的这些城市仍然在很大程度上具有一个共同的特点，一个具有原则上的重要性的特点。它们变成了正是行省的——在这个词的直接的和派生的意义上——城市，而逐渐地失去了独立城邦的那些特征。它们在越来越大的程度上变成了只是 membra imperii[2]。

这样，实质上，我们所面临的便是创造罗马国家的新的组织—政治结构这样一个客观发展过程了——顺便指出，这一过程对意大利本土来说，是公元前 49 年随着公民权之推广于帕都斯河以北的居民而结束的。而且，主要之点就在这里，问题不仅、并且甚至与其说在法律方面，不如说在社会方面得到解决。新的行政—政治结构的形成是不可避免地和不可分地同这一体制的新的社会支柱在全帝国范围内的形成联系着的。这一内部的支柱是通过以特

① 拉丁语：赏赐。——译注
② 拉丁语：帝国的部分。——译注

殊的方式，先是把意大利的，然后是行省的阶层合并（有选择地！）成为某一个新的——“全帝国的”——领导上层而逐步形成的。文献中正确地着重指出了这样一个事实：从行省的具有罗马权和拉丁权的城市中，开始有新生的力量不仅进入军队（这一点表现得特别明显），而且进入了国家管理机构。正是从这些人（和没有取得罗马权的城市的新的罗马公民）当中形成了“领导的阶层”，这就是说，重复了几十年以前在意大利本土境内发生的事件：当时在罗马就出现了图斯库路姆人加图、列阿提人瓦罗、阿尔皮努姆人马里乌斯和秦纳、努尔西亚人谢尔托里乌斯。[1]

代替了旧罗马贵族家族的这些新的上层人物，不仅对自己本地的下层和被剥削的居民阶层来说，就是对所有那些还没有取得罗马公民权的人们来说，都算是特权的和统治的“等级”。在这些 313
新的上层人物中间，又出现了自己的等级和分化现象：毫无疑问，占首位的还是罗马人本身和同罗马人不可分地融合在一起的、出身自治市权贵的那些人。在上述意义上的“罗马人”这一概念现在有了社会的（阶级的）意义，它照例地成了这些新的上层人物的代表者的同义语。

但是，如果说恺撒虽然把罗马公民权给予行省城市的居民，不过他这样做绝不是力图排挤旧的公民，并且用新公民来取代他们的话[2]，那么，他很可能从来不曾打算排除旧的罗马贵族，剥夺他们的政治威望并完全用新的“支柱”，即自治市和行省的权贵来取代他们。当然，这也是不可能的事情。问题可能不是什么突然的

---

① F.维亨霍夫，前引书，第60，62页。译者按：努尔西亚是撒比尼人的多山地区的城市，位于纳尔河上游；列阿提是撒比尼人的古都；图斯库路姆是拉提乌姆的城市；阿尔皮努姆是拉提乌姆东南部的城市。

② 参见本书原文第300—301页。

coup d'état①，不是什么有预谋的、人为的活动，而只是一种逐步的和有机地发展着的过程。正如我们多次有机会肯定的，恺撒是一位十分现实的活动家，他不会受僵硬的思想和不能实现的空想的影响。

最后，谈一谈有关恺撒对这些旧罗马的、“担任高级官职的”贵族的政策，也就是有关他的“仁慈政策”的问题。通常这种政策的实现是同如下情况有关的，即恺撒在内战结束之后，力图把罗马显贵氏族的最著名的代表人物吸引过来“同他合作”，因此，他有意识地要人们知道他不仅不使用苏拉的剥夺公民权的做法，而且不使用自己的姑丈马里乌斯和岳父即秦纳的行动方式②。这样的看法看来是可以同意的，但是还需要公正地指出，恺撒在更早的时候便已实行了“仁慈政策”。在论及高卢战争的总结时，我们已经谈过了这一点。③

至于内战，那么表现仁慈、宽恕敌人的例子不仅大大增加了，而且可以说有了系统的全面的性质。严格地说，正是从这时开始，才谈得上真正的“仁慈政策”。在内战刚刚开始的时候，clementia
314 et misericordia（仁慈和怜悯心）的能给人以最深刻印象的表现，就是恺撒在攻克科尔菲尼乌姆之后的做法，因为这时在被赦免的敌人当中，有他的这样一些死敌，如多米提乌斯·阿埃诺巴尔布斯、连图路斯·斯品特尔和其他等人。这一点前面我们也提到过，④但现在我们却要着重指出，看来正是在那个时候，恺撒第一次明确地形成了自己的“仁慈政策”。

---

① 法语：政变，旧译“苦迭打”。——译注

② M. 盖尔策尔：《优利乌斯·恺撒》，第 249，283 页。

③ 参见本书原文第 190 页。

④ 参见本书原文第 218 页。

恺撒在写给他的友人欧皮乌斯和巴尔布斯的信里(这些信被收信人转抄给西塞罗,因此能以传到今天)写到,使他特别高兴的是,他在科尔菲尼乌姆的做法得到了人们的称赞。因此他表示决定尽可能地表示宽大,并且尽一切努力同庞培求得和解。也正是在这封信里,他表示并不想仿效苏拉或总之是所有这样一类人——他们由于使用了残暴的手段,这就不仅引起了人们对自己的普遍憎恨,并且他们并不能在较长时期内保持自己的胜利。恺撒是这样地确定自己的意图和行动方式的:"让这成为一种新的制胜方式吧——用仁慈和宽大(misericordia et liberalitate)来加强自己的地位。至于这一点能做到什么程度,以及如何才能做到,我作了一些考虑,我以为在这方面可以发现许多东西。因此我请你们也考虑一下这件事。"在书信的结尾处,恺撒谈到他俘获了庞培的一个名叫努美里乌斯·玛格努斯的指挥官,但是他"遵照自己的原则",下令把这个人立刻释放了。[①]

帕尔撒路斯一战之后,恺撒所作的姿态是同样有效的,这时他下令把庞培的书信全部烧掉,并且宣布说,任何想投奔到他这边来的人都能指望取得宽大和自由。也正是在那个时候,后来成为杀害恺撒的凶手的玛尔库斯·优尼乌斯·布路图斯(此人据说是他的私生子)和其他许多人投到他的这一边来。此外,据苏埃托尼乌斯的说法,在帕尔撒路斯之战期间,恺撒就号召自己的战士赦免罗马公民,允许他们每一个人保全自己一个敌人的性命。[②]

在公元前46年至公元前45年间内战末期和内战结束后对著名的庞培派(有时甚至是恺撒的私敌)的多次进行得有效的宽大行

---

① 西塞罗:《致阿提库斯书》,第9卷,第7c章,第1—2节。

② 苏埃托尼乌斯:《圣优利乌斯传》,第75章。

315 动，当然在元老院集团中得到最大的反响。大家都知道，比如说，在某个时期里曾统治过阿非利加行省的罗马骑士克温图斯·利加里乌斯的案件。在内战期间，利加里乌斯正好在阿非利加行省。他在内战中坚决依附于庞培派，因而同阿提乌斯·瓦路斯站到一起。在阿非利加战役之后，利加里乌斯被恺撒所赦免，但是没有获准返回罗马，就在阿非利加过着亡命的生活。尽管利加里乌斯的有影响的友人和亲属多次为他求情，恺撒长时间都没有同意他返回罗马。但是当利加里乌斯被自己的一个宿敌指控犯有叛国罪，并且如上所述，有西塞罗为他进行辩护时，情况就有了变化。① 被赦免并返回了罗马的利加里乌斯在公元前 44 年 3 月的那些不祥的日子里还是参加了谋杀恺撒的人们的队伍。

我们在前面提到的玛尔库斯·克劳狄乌斯·玛尔凯路斯的案件引起了更大的轰动。此人确实是恺撒最凶恶的敌人之一。正是此人，作为公元前 51 年度的执政官，使得元老院急忙地把恺撒从高卢召回，这样就使恺撒失去了在本人离开罗马的情况下当选为执政官的机会，并使他处于极为危险的地位。玛尔凯路斯坚决反对把罗马公民权给予恺撒在帕杜斯河以北地区建立的移民地的居民。又是此人下令鞭笞这样一个公民，借以强调指出他的公民权是不合法的。在内战期间，玛尔凯路斯和其他庞培派一道离开了罗马，而在恺撒取得胜利之后，他就到列斯波斯岛的米提列涅去，自愿地在那里过流亡的生活。传说他在这里从事哲学研究和演说活动。

为玛尔凯路斯之返回罗马而斡旋的有西塞罗，还有玛尔凯路斯本人的有影响的朋友和亲属，例如他的从兄弟盖乌斯·玛尔凯

① 参见本书原文第 10 页。

路斯，这个人的妻子就是恺撒的外甥孙女屋大维娅。公元前 46 年 9 月，在元老院的会议上，恺撒的岳父路奇乌斯·皮索提出了赦免亡命者的问题，而盖乌斯·玛尔凯路斯则匍匐在恺撒脚下恳求。全体元老都站了起来附和这种请求。恺撒宽宏大量地同意赦免自己的宿敌。这一仁慈的行动使得西塞罗在元老院发表了一篇表示感谢的演说，而正如我们已经看到的，他在这篇演说里，又发挥了 316
自己的有关“复兴共和”的某些思想。[①] 至于被宽大的玛尔库斯·玛尔凯路斯，那么，大家知道，如果不是在他返回罗马的途中在完全不清楚的情况下死掉的话(他是死在希腊的皮莱乌斯近郊的)，他是会参加到阴谋杀害恺撒的人们当中去的。[②]

对玛尔凯路斯和利加里乌斯的赦免还是公元前 46 年，即孟达之战以前的事情。在内战结束之后，恺撒允许所有过去自己的敌人返回罗马，他甚至允许他们担任公职和军职。现在他仍然对庞培表示敬意，并且下令把在帕尔撒路斯之战以后被人民从基座上打倒的庞培像重新树立起来，而用西塞罗的话来说，这样他也就把他自己的像稳固地树立起来了。[③] 恺撒表现得最明显的“仁慈政策”就是如此。这一政策的目的就在于对意大利的舆论，对敌人的士兵施加影响(主要是在内战开始时)，也在于吸引旧罗马的贵族，元老院的高级官吏集团“同他合作”(也就是力图扩大社会基础!)(主要在公元前 46 年至公元前 45 年)。

但是恺撒这一著名的政策总的说来并未证明本身是有效的。而且，这一政策是一个巨大的政治错误，它对于首先提出这一政策

① 参见本书原文第 291—292 页。
② 西塞罗:《致友人书》，第 4 卷，第 12 章，第 1—3 节;《致阿提库斯书》，第 13 卷，第 10 章，第 3 节。
③ 普鲁塔克:《恺撒传》，第 57 章;苏埃托尼乌斯:《圣优利乌斯传》，第 75 章。

的人来说具有真正致命的后果。看来，首先应当指出，它正是这样一种政策，就是说，它是完全自觉地、明确地和彻底地推行的一个路线，这个路线在本质上同提出这一路线的人的个人特点和癖好没有关系的。换句话说，仁慈、怜悯、善行完全不一定就是恺撒的性格或人格的特点（我们只需回想一下在高卢战争的结束时期对保卫乌克塞洛都努姆的人们的残酷得出奇的惩罚！），但是从他的观点来看，只有这种做法才是最正确的，说得更准确些，才是对自己最有利的政治行动方针。这个明显的矛盾对我们来说，是否有什么现实的意义呢？很可能问题并不在于这种不相符合的情况本身，而在于方法，可能甚至是作为出发点的"方针"的某些缺点。当
317 我们了解到恺撒的"仁慈政策"的那些具体结果时，上述的意见就会变得更清楚了。

这些结果就在于，这样的政策在某些、也就是战争的条件下是切实有效的，可是在另一些条件下，它却失败了，显而易见地行不通了。我们知道，在战场上，仁慈和怜悯的表现，从内战一开始就使得意大利的舆论即使说不是显然有利于恺撒，但无论如何对他不会造成损害。这种情况有助于使他在地方上（科尔菲尼乌姆等地）能以迅速推进，后来，从公元前49年的西班牙战役开始直到塔普苏斯一战，又成为使敌人营地中的大批士兵投奔到恺撒这一边来的一个相当重要的原因，或者有助于使他把战败后保全下来的敌军残部并入自己的部队。从这一方面来看，"仁慈政策"取得了完全是积极的和有利的结果。我们认为，这是由于，对于绝大多数的普通士兵来说，问题只在于更换最高统帅，但完全不是改变政治态度，更不是个人的命运。这也不是背叛祖国，因为士兵总之还是留在罗马的旗帜下，留在同样那些罗马的鹰标下。

但是，对于政治上的对手，对于旧罗马的、担任过高级官吏的

贵族来说,“仁慈政策”的结果就完全不同了。对显贵氏族的代表人物、对著名的庞培派的宽大可能造成有效的,甚至是轰动的后果,但是这种后果又是很快便会消逝的。权力集中在恺撒手中,这种权力的加强不可能不在某种程度上反映在元老阶层每一著名的成员的个人命运上。恺撒和元老院的相互关系不是现在才形成的,不是初步的关系,而大家知道,这种关系有相当长远的历史。而且它又是这样一段历史:它未必能使许多传统的、或者说得准确些,保守的“共和派”感到放心和有把握。因此,在大多数旧元老对恺撒的态度的下意识深处,远不曾消除过去对他的不信任感,而对自己的未来则满怀不安。318

这样看来,“仁慈政策”在这一方面就成了最严重的一项政治上的失策。这一政策能够取得的并且事实上已经取得的只是局部的,也就是战术上的成功,但是不能把它提高到政治战略的高度。作为这样一种战略,这种“仁慈政策”实行的结果证明:它不仅是缺乏远见的,而且干脆是危险的,甚至是致命的。通过始终如一地和有计划地执行这一政策,恺撒就亲自为自己的体制造成了一种类似是合法的反对派的东西。然而严重的危险却在于,这是被剥夺了合法的斗争手段的合法的反对派。如果说在议会制度的条件下,反对派争取在选举中最后取得胜利,并且这是合法的(同时又是主要的)争取政权的斗争形式的话,那么,在不存在代议机构的罗马现实情况下,在部分地(而且是很大一部分!)取消了公职的选举机会的情况下,在存在着终身独裁制的情况下,对于恺撒亲手造成的反对派来说,他们实质上只还有唯一的一个取胜的办法,这就是从肉体上消灭独裁者。因此仁慈的政策即使不是第一个和主要的理由,那么它仍然可以说是促成元老院的阴谋以及 3 月 15 日不祥事件的重要原因之一。

319 **第八章**

3月15日事件。总结和结论

孟达之战以后在罗马造成的局势，其反常之处就在于——正是在这个时候，即当恺撒处于荣誉和显而易见的强大威力的顶峰的时候，当内战胜利结束的时候，他的地位不仅没有变得巩固，而且，恰恰相反，竟大大地削弱了。这种情况是怎样产生的呢？

自从恺撒由西班牙返回罗马到公元前 44 年不祥的 3 月 15 日，这中间总共只有五个月的时间。在这一期间，没有发生任何重大事件，尤其是对抗性的重大事件。从表面来看，一切都进行得很顺利。也正是在这一时期里，恺撒提出了一系列广泛的计划（这些计划前面我们已经谈到过）——从对帕尔提亚人的战争直到疏干彭普提努斯沼泽地[1]。由于他提出了所有这些方案，元老院又明令把新的荣誉加到他的身上。然而除去那些远景措施以外，他也没有忘记比较迫切的事情。恺撒首先补充了元老院：他从元老院开除了一些人，又把自己的人补充进去，并且不惜把元老的称号赠给甚至被释奴隶和士兵，其中包括来自高卢，并且只是在不久前刚刚取得罗马公民权的人。显而易见，这时元老的人数增加到了九

---

① 参见本书原文第 285 页。

百人。①

随后又安排了公元前44年度官吏的选举事宜。在这次选举期间，恺撒当然还是按照他原来的规定行事，也就是说，候选人有 320 一半要由他来推荐。选举是在12月举行的。当选执政官的是恺撒本人和玛尔库斯·安托尼乌斯。在十六个当选的行政长官当中就有玛尔库斯·优尼乌斯·布路图斯和盖乌斯·卡西乌斯·隆吉努斯，而且恺撒还委托布路图斯担任市长官，又委托隆吉努斯负责处理同外国人有关的事务。

在这之后又举行了营造官和财务官的选举。在这次选举时发生了这样一件事情：在12月31日召开特里布斯民会时，人们得知公元前45年度执政官克温图斯·法比乌斯·玛克西姆斯去世的消息。根据恺撒的命令，特里布斯民会被改为百人团民会，而就在行将过去的这一年的最后一日，补选了盖乌斯·卡尼乌斯·列比路斯为执政官②。列比路斯是阿非利加和西班牙战役中恺撒的副帅。这一选举喜剧为西塞罗的俏皮话和舆论提供了材料。舆论对恺撒是不利的，它指责恺撒的“专擅横暴的”作风。

公元前44年，恺撒第四次成了独裁官③，而他担任执政官则是第五次了。他的地位看来是没有争议的了；元老院明令授予他的新的荣誉已经不单是能与国王的身份相比，而且等于是公开的神化了。比如，现在在处理国务的时候，他不仅可以坐高级官吏的座椅，而且可以坐镀金的座椅；不仅可以穿红色的靴子（像过去阿

---

① 狄奥·卡西乌斯，第43卷，第47章。

② 营造官和财务官是在特里布斯民会上选出的，而高级长官如执政官则要由百人团民会选出。——译注

③ 比较狄奥·卡西乌斯，第43卷，第49章。狄奥·卡西乌斯肯定他在公元前44年是第五次担任独裁官，但这是不确的。

尔巴—隆加的国王那样)，甚至有权穿国王的服装。还规定把恺撒取得胜利的日子定为每年的节日，而每五年司祭和维司塔贞女都要为他举行祈祷。以恺撒的名义起誓在法律上被认为是有效的；而且他未来的一切命令都预先取得法律上的效力，因为高级官吏在就职时都要宣誓不反对恺撒所决定的任何事情。

为恺撒指定了由元老和骑士组成的荣誉卫队，而且，元老院还应当发誓保卫他的生命。最古老的节日之一——卢佩尔卡利亚节①——原来有两个司祭团(Luperci Quintiliani 和 Fabiani)，而现在又为它建立了第三个司祭团(Luperci Juliani)②。在所有的神
321 殿和公共场所都要向恺撒献牲和上供。在全意大利、各行省以及同罗马友好的一切国家都要为他举行各种各样的赛会。克温提利斯月(Quintilis)被改为优利乌斯月(Julius)③，一个特里布斯改用了优利乌斯的名字，而最后，又为恺撒修建了一系列的神殿，而其中有一座是为恺撒(他的称号是 Juppiter Julius，即朱比特·优利乌斯)和 Clementia(即仁慈女神)共同修建的。元老院决定把所有这些荣誉用黄金的字母写到卡皮托利乌姆山上朱比特神神像座下的银柱上。

这样看来，恺撒在事实上的神化是没有特别值得怀疑的了。在现代史学中，人们多次触及这样一个问题，而其中争论最多的看来却可能是如下的一个因素，即恺撒本人生前是否也力图要人们把他崇奉为神，还是他并没有超越传统的范围，并且没有失去政治

① 崇祀古意大利的牧神卢佩尔卡(相当希腊的潘神)的古罗马节日，每年 2 月 15 日举行。——译注

② 用优利乌斯的名字命名。——译注

③ 今天大多数欧洲语言中“7 月”一词，无论英语的 July 还是俄语的 июль 都是从 Julius 变化而来的。——译注

上的清醒头脑和分寸？但人们有时发现，神化的思想——这只不过是恺撒对王权的热烈追求的坏的一面。

H. 盖什在专门研究这类问题的一部作品中得出了在我们看来是很有说服力的和值得注意的结论。首先，这部作品完全正确地指出，不同的作者常常把各种不同的内容加给“神化”这个词，或者，说得准确些，把这个词理解为性质和意义大不相同的行为。因此，该书随后指出，人们要分别情况适当地使用“神化”和“造神”两个词，而在它们之间作出明确的区分。①

那么二者的区别在什么地方呢？作者认为，“神化”是好像敬神那样地把荣誉给予一个人，但是从神权的意义来说，被崇敬的人不能算是国家的神，他只是受到特别的崇敬和“提高”而已。至于“造神”，则应当认为这是把一个人列入国家的神的行列，它是经过神权当局正式批准，并且由国家首倡而施行的。而且在这种情况下，应当履行表现国家其余诸神地位的特征的所有各项要求，也就是说，应当具备的条件是：(一)崇拜(祭仪)的名称；(二)崇拜的地点；最后则是(三)由司祭负责执行的崇拜。在罗马，人们认为这三 322
个正式的条件具有特别重要的意义，如果不履行上述所有这三个前提，“造神”就不可能存在。②

在恺撒的“事例”中，情况又是怎样的呢？作者仔细分析了全部决定和法令、全部表示敬意的命令，并且把它们或者归之于“神化”，或者归之于“造神”，然后得出结论说，史料中有一项法令在恺撒生前就把他变成了神，并且在这里提到了所有三个必不可缺的

① H. 盖什(H. Gesche)：《恺撒的神化》(*Die Vergottung Caesars*)，载《法兰克福古代史研究》(*Frankfurter Althistorische Studien*)，Kallmunz Opf.，1968，第7—9页。

② H. 盖什，前引书，第9—10页。

前提或条件。① 同时作者还指出了一个重大的矛盾:尽管存在着这样的法令或命令,我们却知道,在恺撒去世以前,实际上并没有一个崇拜的地点,而被认成是恺撒的司祭的安托尼乌斯也不曾执行自己的任务。

一般的结论就是这样。使恺撒"变成神"的决定(或法令)是在恺撒生前便通过了的,史料已经证明了这一点,但这些决定是直到恺撒死后才付诸实施的。就这一点来说本质上并无矛盾:可能所有通过的命令都正是为了将来着想的。这种做法完全"适合于"历史情况和那一时代所特有的想法。恺撒本人的行为和人们加给他的荣誉好像都是以这种崇拜为神的方式为前提的,更何况有关下述一点的看法已经存在并广为流传,即作为一个好的统治者而不是暴君的国王,他在死后是理应崇奉为神的。②

最后,作者关于恺撒死后成神的意见不仅得到具体历史资料的证明,而且还有平行的事例作为依据,即当时人们认为凡对国家有一定功勋的人都可以成神。这是一种奖赏,虽然这种奖赏只有在死后才能实现,但是受到奖赏的人——具体地说就是恺撒——却有权利和可能在生前便知道这件事情。但是,从另一方面来说,如果"成神"只是死后的奖赏,那么,当然,恺撒的王政性质的要求,他那要取
323 得国王头衔和王冠的愿望,就不应当像某些研究者所认为的那样,表现为公开破坏罗马政治传统的、完全"丧失理智的"行动。③

---

① H. 盖什,前引书,第 38—39 页。作者引用的资料有狄奥·卡西乌斯(第 44 卷,第 64 章)、西塞罗:《抨击演说》,第 2 卷,第 110 章,这之外还可以加上苏埃托尼乌斯:《圣优利乌斯传》,第 76 章。

② H. 盖什,前引书,第 48,92 页。

③ H. 盖什,前引书,第 95—97 页。译者按:有功勋的人或有特殊才能的人死后成神的看法,在东方尤其流行。日本明治天皇死后被尊崇为神就是显著的例子。清慈禧太后在生前便被尊称为老佛爷,虽然,她自己也知道她不是神。例外的只有喇嘛教的"活佛","活佛"被认为是转生到人世的神,他在世时便保有神的身份。

尽管如此，如下的情况仍然没有什么可奇怪的，即在给予荣誉的无数法令和决定的条件之下，在人们普遍表现卑躬屈膝的情况下，开始日益频繁地出现有关恺撒和王冠的谈论，而独裁官身边的那些同他最接近的人因自己的那种有时几乎是煽动性的行动，使人们有相当重要的依据相信这样的传闻和议论。

比如，据阿庇安说，有一个人特别同意恺撒很想做国王的传说，于是在恺撒像上，就给它戴上了缠绕着白色带子的桂冠。保民官玛茹路斯和凯塞提乌斯搜索并逮捕了这个人，借口就是他们这样做会使恺撒感到高兴，因为恺撒先前早就反对人们把他说成是国王。根据还是那个阿庇安所提供的证据，恺撒对这一事件的反应是十分冷静的，而只有当他从阿尔巴①返回罗马时，人们在城门那里又像对待国王那样地欢迎他，并且当保民官再次搜索发动这次欢迎的人，并将此人逮捕的时候，恺撒才“失去了耐性”，并且在元老院发表谈话，指责保民官们，说他们别有用心地想使人们怀疑他有施行暴政的意图。他并且认为应当把他们处以死刑，但这次仅限于撤销他们的职务，并且把他们开除出元老院。②

保民官的权力一直被认为是神圣不可侵犯的，因此撤销他们的职务就给人们造成了极坏的印象③。在这些事件发生之后不

① 译者按：以阿尔巴为名的城市有两个，一个是位于罗马东南十八公里的阿尔巴·隆加（Alba Longa），传说拉提乌姆的城市都是它建立的，恺撒家族就被认为是这里的原始居民。另一个是阿尔巴·富肯提亚（Alba Fucentia），位于意大利中部富奇努斯湖（Lacus Fucinus）以北的一座古城。这里指前者。

② 阿庇安：《内战史》，第2卷，第108章；比较狄奥·卡西乌斯，第44卷，第10章；第46卷，第49章；普鲁塔克：《恺撒传》，第60—61章；《安托尼乌斯传》，第12章；苏埃托尼乌斯：《圣优利乌斯传》，第79章；维列优斯·帕特尔库路斯，第2卷，第68章；尼科拉乌斯·达玛斯凯努斯：《奥古斯都传》，第20章。

③ 在共和国末期，保民官显然已成为政治斗争的工具，因为人们还想利用共和的招牌，所以在表面上也便照顾保民官的特殊身份。恺撒此举连共和的表面的传统也不顾了，这就是影响甚坏的缘由。——译注

久,恺撒就被宣布为没有限期的独裁官。对帕尔提亚作战的准备工作开始了。在罗马,开始有这样的消息传布开来,说由于出征,首都将迁往伊利昂[1]或亚历山大,而为了使恺撒同克列欧帕特拉的结合合法化,将要提出一项法案,根据这一法案,只是为了能够有后裔,恺撒就可以同随便多少女人结婚。

在2月15日庆祝卢佩尔卡利亚节的时候发生了新的事件,这
324 一事件仿佛证实了恺撒的王政意图和"作风"。当时玛尔库斯·安托尼乌斯不仅仅是执政官,而且还是参加为优利乌斯家族举行的节日赛跑的人们的主持人;安托尼乌斯在比赛期间[2]跑到恺撒那里去,想把王冠戴到他的头上。响起了只是稀稀落落的,并且正像普鲁塔克所写的那样,预先布置的鼓掌欢呼声。但是当恺撒拒绝接受王冠时,在场的全体人民则鼓掌欢呼。这场表演重复了两次,而恺撒考虑到在场的人们的反应,便下令把王冠送到卡皮托利乌姆山上的朱比特神殿去。[3]

但是所有这一切放到一起便造成了一种十分明确的不满气氛。因此在选举公元前43年度的执政官时,人们就把大量的票投给被恺撒十分不公正地撤去了职务的保民官玛茹路斯和凯塞提乌斯。在半传说的人物布路图斯[4]的像上有人写着:"如果你活着多好啊!",而布路图斯的后裔和有布路图斯的光荣的名字的人玛尔

---

① 即特洛伊(作为《伊利亚特》的背景的城市)。——译注

② 译者按:安托尼乌斯也跑在人们中间。

③ 普鲁塔克:《恺撒传》,第61章;《安托尼乌斯传》,第12章;阿庇安:《内战史》,第2卷,第109章;苏埃托尼乌斯:《圣优利乌斯传》,第79章;狄奥·卡西乌斯,第44卷,第11章;第45卷,第30章;尼科拉乌斯·达玛斯凯努斯:《奥古斯都传》,第21章。

④ 传说路奇乌斯·优尼乌斯·布路图斯是罗马共和国的建立者和第一任执政官。——译注

库斯·优尼乌斯·布路图斯则在他以市长官的身份占据的审判台上发出这样的号召："布路图斯，你睡着了！"或是"你不是布路图斯！"。这种做法当然不会不发生作用。

舆论形成了，如果说还没有形成具体的阴谋，至少已经形成了一种相当明显的对立情绪。西塞罗发表了他的有关加图的著作，这件事可以认为是这种对立情绪的最早表现之一。正像恺撒本人所曾做过的那样，对于这种表现，应当认为是有一定的分量，并且应当给以一定重视的。如上所述，这件事发生在恺撒去西班牙作战之后不久的时候，在当时曾引起了极大的轰动。① 西塞罗的这一著作对罗马舆论的影响非常之大。大家还知道，西塞罗的作品不仅得到人们的同情，而且促使类似倾向的一些作品问世，其中就有玛尔库斯·优尼乌斯·布路图斯的《加图论》。②

极有意思的是指出如下的事实，即在日益发展扩大的反对派
情绪之中，某种民主的潮流也开始越来越明显地表现出来。比如 325
说，不应当忘记，玛尔库斯·优尼乌斯·布路图斯（未来阴谋的主要领导者之一）就按照他本人所属的、优尼乌斯氏族的那一支的传统，成了"民主派"的一个坚定的拥护者。迈耶尔完全正确地指出，反对派的情绪是逐步扩大的，它不仅影响了想同恺撒的体制妥协的、元老院治下的共和国的这样一些拥护者，而且影响了同撒路斯提乌斯抱有同样观点的"民主派"，甚至影响了一部分显然是支持恺撒的人们。③

同一位迈耶尔还举出了反对恺撒的一篇"民主的"抨击文字作

① 参见本书原文第301—302页。

② 西塞罗：《致阿提库斯书》，第12卷，第21章；《致友人书》，第7卷，第24章，第25节。

③ 迈耶尔，前引书，第451，530页。

为表现这种情绪的例子。① 在这一作品中，作者利用了有关路奇乌斯·斯奇比奥·亚细亚提库斯的诉讼的一个故事。当路奇乌斯·斯奇比奥·亚细亚提库斯被扣押起来的时候，他的从埃特路里亚前来的兄弟斯奇比奥·阿非利卡努斯就使用武力把他从有关官吏和保民官手中夺了出来。当时也担任保民官的提贝里乌斯·格拉古发表演说，抗议私人对保民官的权力的尊严的这种侮辱。演说家提醒说，过去斯奇比奥本人的行为完全不是这个样子，他甚至责怪人民，说他们想使他成为终身的执政官和独裁官，并准备把他的像树立在民会、广场的讲坛、元老院议事堂、卡皮托利乌姆山和朱比特神殿。他还反对把他的穿凯旋服的像(imago)从朱比特神殿抬出来。可是演说家说，现在他完全堕落了，并且逾越了一切界限。

迈耶尔在叙述这一事件时，显然是很有道理地指出，故事里列举的几乎所有的荣誉在斯奇比奥的时期都是不可想象的，因此所谓斯奇比奥·阿非利卡努斯，实际上应当说就是影射恺撒。迈耶尔把这篇文章发表时期定在公元前 44 年，就是说，他认为人们看到此文不会早于恺撒被宣布为终身的独裁官(dictator perpetuus)的时候。②

在我们看来，这一切都十分明显地说明了恺撒从西班牙战场
326 上回到罗马之后所处的那一离奇的地位。我们已经谈到了他那总之是对元老院集团、对担任过高级官吏的旧罗马贵族的“仁慈政策”的错误。③ 至于统治阶级中新的派别，即自治市的领导阶层、

---

① 迈耶尔，前引书，第 531—532 页。这里说的“小册子”见之于李维：《罗马史》一书的记述(参见该书第 38 卷，第 56 章，第 5—13 节)。

② 迈耶尔，前引书，第 532 页。

③ 参见本书原文第 316—318 页。

富有的被释奴隶、定居在土地之上的老兵，那么，虽然恺撒在某种程度上是他们的“保护人”，但这时他们只是（特别是仰仗恺撒！）还在“积聚力量”，还不能成为相当巩固的支柱，这就犹如恺撒本人也还不是他们的特殊利益的十分坚定与彻底的代表者。如果考虑的是十分复杂的社会支柱问题的话，那么单是补充元老院的名额，这是不能使人满足的（甚至是可怜的）弥补办法。正是因此，恺撒才不得不周旋于这些 homines novi① 和旧罗马氏族的代表者之间，而对于后者，恺撒则是采取讨好的态度，想用一切办法把他们拉到自己的一方面来，特别是在内战结束之后。大地产依然还是这些“旧罗马人”的经济和政治力量的基础，而只有在后三头时期进行了剥夺之后，这种大地产才最彻底地被摧毁。

居民中的“民主”阶层，由于上面提到的一系列的原因，在当时并不能成为恺撒的比较重要的政治支柱。而且，反对恺撒的体制的力量（它后来发展成为反对恺撒的阴谋），在很大的程度上正是由这些“民主”集团培育出来的。

最后，恺撒的王政“作风”（这种作风是确实存在，还是外面的谣传加给他的，在当时情况下是没有区别的！）不仅使他脱离了过去的“共和派”（他们在一个时期里，曾指望能够同他和解并结成联盟），甚至脱离了显然是拥护他的人。这样一来，就造成了这样一种离奇的形势：全能的独裁官好像达到了权力和荣誉的顶峰，而在政治上却处于孤立的地位，这样一来，顺利实现的反对他的阴谋则是他所建立的体制的软弱性的理所当然的表现。

说来奇怪，在有关恺撒的大量文献当中，到今天也没有十分明 327
确地指出这样一个情况，即3月15日刺杀他的阴谋绝不是第一

① 指非贵族出身但进入领导层的新人。——译注

次，而我们所知道的有关针对恺撒组织的阴谋的史料，至少可以上溯到公元前46年。例如，在前面提到的、西塞罗为玛尔凯路斯辩护的演说中就明确指出：恺撒曾在元老院抱怨说，有人正准备对他下毒手，并且暗示说，阴谋就来自他自己身边的人们。[①] 我们还知道，在公元前45年，恺撒手下一个著名的军官盖乌斯·特列波尼乌斯在恺撒从西班牙返回罗马时曾阴谋杀害他。为了这件事，此人甚至想同玛尔库斯·安托尼乌斯发生接触，但是安托尼乌斯并没有去见他，同时也没有向恺撒揭发他。大约就在这同时，西塞罗开始用这样的想法来安慰自己——确实，最多是在给朋友的私人信函中说些比较没有违碍的俏皮话方面。[②] 尽管如此，他后来的这种新的情绪相当多的人都知道了，因此，难怪在公元前44年9月，玛尔库斯·安托尼乌斯把西塞罗算做是杀害恺撒的思想上的鼓舞者之一，尽管阴谋者始终未敢把自己的阴谋泄露给西塞罗。

最后一次的杀害恺撒的阴谋是在公元前44年年初形成的。[③] 参加这一阴谋的有六十多人。值得注意的是阴谋者的构成情况：除去阴谋的头目玛尔库斯·优尼乌斯·布路图斯、盖乌斯·卡西乌斯·隆吉努斯和这样一些著名的庞培派，如克温图斯·利加里乌斯、格涅乌斯·多米提乌斯·阿埃诺巴尔布斯、路奇乌斯·彭提乌斯·阿克维拉（以及几个不大知名的人物）之外，所有其余的阴谋参加者都是不久之前还公开拥护恺撒的人：路奇乌斯·图利乌斯·奇姆倍尔（此人是独裁官恺撒最亲近的人物之一）、谢尔维乌斯·伽尔巴（公元前56年此人是恺撒的副帅，又是公元前49年度

① 西塞罗：《为玛尔凯路斯辩护的演说》，第21—23章；比较苏埃托尼乌斯：《圣优利乌斯传》，第75章。

② 西塞罗：《致阿提库斯书》，第12卷，第45章，第3节。

③ 普鲁塔克：《布路图斯传》，第10章。

恺撒推举竞选执政官的人)、路奇乌斯·米努奇乌斯·巴西路斯(此人也是恺撒的副帅,又是公元前45年度的行政长官)、普布利乌斯和盖乌斯·卡斯卡兄弟(其中普布利乌斯已经当选为公元前43年度的保民官)。更加具有象征意义的现象应当算是上面刚刚提到的盖乌斯·特列波尼乌斯之参加阴谋者的行列了;而最后,正是在这个时候,戴奇姆斯·优尼乌斯·布路图斯同恺撒保持着十分亲密的关系。

对于自己有被暗算的危险这一点,看来恺撒是知道的或者说 328
是猜到了的。尽管他拒绝了元老院明令给他的荣誉卫队,并表示说他不愿在经常恐惧的心情中过日子,但是当人们要他提防安托尼乌斯和多拉贝拉的时候,他回答说,对于热爱生活并且懂得如何享受生活的人们,他并不害怕,但是使他感到更为严重不安的却是那些苍白、瘦削的人物。在当时的情况下,恺撒指的显然就是布路图斯和卡西乌斯。

当时人们正在全力以赴地准备对帕尔提亚的一场新的战争。首先,到出征时要把当前应办的事情处理完毕。看来在2月底举行了民会的会议,在会上选出了公元前43年度和公元前42年度的执政官,至于行政长官和其他官吏则只是确定了当年的。纯军事方面的准备工作基本上完成了:在伊利里亚、阿凯亚和马其顿总共集中了十六个步兵军团和一万名骑兵。[①] 恺撒准备在3月18日出发到军队那里去(去马其顿),而在3月15日则预定召开元老院的会议。在会上,十五人司祭团的成员之一的路奇乌斯·奥列利乌斯·科塔(公元前65年度执政官)要根

① 公元前44年年初,罗马的军队共有三十九个军团。参见Ch.巴兰(Ch Parain):《优利乌斯·恺撒》(*Jules César*),巴黎,1968,第238页。

据在西比拉预言书里看到的有关只有国王才能打败帕尔提亚人的预言而在元老院通过一项决议，把相应的头衔授予恺撒。普鲁塔克和阿庇安都提到了元老院这一决议草案的、口气稍稍缓和的一种说法，这就是，恺撒应当说只对行省和同盟国家才称国王，而对罗马（和意大利），恺撒和先前一样仍然是统帅（imperator）和独裁官（dictator）。①

阴谋者选定 3 月 15 日在庞培议事堂②召开元老院的会议，行为执行他们的计划的日期和地点，以便回避对科塔提出的决议草案进行投票。一些古代作家对恺撒的被刺和被刺之前的那些奇异的前兆作了绘声绘色的描述③。例如，他们全部指出了许多现象和兆头，从最朴素的现象，诸如天上出现的闪光、夜里突然发生的
329 骚音，直到这样一些可怕的朕兆，诸如用做牺牲的动物没有心脏或这样一个哀婉的故事，——在恺撒被杀害的前夜，一只年幼的凤头鸡衔着月桂枝飞进了庞培议事堂。原来它是被另一群鸟追过来的，它们在这里追上凤头鸡之后就把它撕裂了。

在不祥的这一天的前夜，恺撒在玛尔库斯·埃米利乌斯·列皮都斯家里吃饭；当话题偶然转到怎样的死法最好上面去的时候，恺撒叫道："突如其来的！"夜里，在他已经回家并且在自己的寝室里睡着了之后，所有的门窗都突然打开了。因嘈杂的声音和明亮的月光而醒来的恺撒看到自己的妻子卡尔普尔尼娅在睡梦中哭了起来。她梦见自己的丈夫在她的怀抱里被刺死并且在流血。到天

---

① 普鲁塔克：《恺撒传》，第 64 章；阿庇安：《内战史》，第 2 卷，第 110 章。

② 这一建筑物是庞培修建的，因而有庞培议事堂之名称，恺撒死后这一议事堂就封闭了。——译注

③ 普鲁塔克：《恺撒传》，第 62—63，66 章；《布路图斯传》，第 8，12，15，17 章；阿庇安：《内战史》，第 2 卷，第 115—116，122 章；苏埃托尼乌斯：《圣优利乌斯传》，第 75，80—82，85 章；狄奥·卡西乌斯，第 44 卷，第 15—19 章等等。

亮时，她就请求恺撒不要离开家，取消元老院的会议，或者至少用奉献牺牲的办法弄清楚情况有利到什么程度①。看来，连恺撒本人也开始动摇了，因为先前他从来没有注意到卡尔普尔尼娅有迷信和相信兆头的倾向。

但是当恺撒决定派玛尔库斯·安托尼乌斯去元老院，以便取消元老院的会议时，阴谋者之一同时又和恺撒特别接近的戴奇姆斯·布路图斯·阿尔比努斯却说服恺撒不要给人以指责他高傲的各种新的借口，并且要恺撒还是自己去一次元老院，哪怕亲自叫元老们散去也好。根据一些资料的说法，布路图斯亲自拉着恺撒的手离开了家，并且一道去庞培议事堂。根据另一些资料的说法，恺撒是乘坐着抬床去的。但不管怎么说，在途中他仍然受到新的警告和兆头的提示。首先他遇到了卜人斯普林那，此人过去曾要他当心3月15日他会遇到的危险。恺撒开玩笑说："你知道，3月15日已经到啦！"但是卜人平静地回答说："是啊，已经到啦，但是还没有过去。"

在途中，一名奴隶想到恺撒面前来，他好像是得到了阴谋的消息，但是他被恺撒身边的人们挤开而未能把这件事告诉恺撒。于是他就到恺撒家里去，告诉卡尔普尔尼娅说，他要等恺撒回来，以便告诉恺撒一件极为重要的事情。恺撒的客人、希腊文学专家、克 330
尼多斯人阿尔提米多洛斯也得到了有关阴谋的可靠消息。他把一个纸卷递给恺撒，里面记着他所知道的、有关正在进行的阴谋的一切。但是当阿尔提米多洛斯看到恺撒把在途中收到的所有纸卷都交给了自己身边的亲信奴隶的时候，便走到独裁官跟前，对独裁官说："恺撒，亲自看这个吧，不要给别的任何人看，而且要立刻看！

① 奉献牺牲之后，占卜师察看牺牲的内脏，以预告事件的吉凶。——译注

里面写的是对你至关紧要的事情!”于是恺撒就把纸卷拿在手里,但是由于请求者多而终于没有看它,尽管他好几次想这样做。他走进庞培议事堂时手里还拿着这个纸卷呢。

但如果情况就是这个样子,也就是说,警告的话没有传到恺撒那里去的话,那么,阴谋者这方面也不止一次地感到他们的一切是处于一发千钧的状态——他们就处于垮台的边缘,眼看就要被揭发出来了。有一位元老拉着阴谋的参加者普布利乌斯·谢尔维利乌斯·卡斯卡的手对他说:“你瞒着我,可布路图斯把一切都告诉了我!”卡斯卡吓得心慌意乱,不知怎样回答才好,但对方却笑着说:“你是从哪里弄到担任营造官所需要的钱的?”①元老波皮利乌斯·列那斯在议事堂看到布路图斯和卡西乌斯相互交谈,就突然走到他们跟前,说他祝愿他们计划的事情获得成功,并且劝他们快点干。两个人一听这个祝愿简直吓坏了,特别是这时恺撒已经进了议事堂,而波皮利乌斯·列那斯又在入口处拦住了他,同他进行了相当时候的认真的交谈。吓坏了的阴谋者简直准备自己在被逮捕之前相互杀死了,而就在这个时候,波皮利乌斯·列那斯结束了同恺撒的交谈并同他告别而去了。这时人们才清楚,原来是他来找恺撒有事要谈,可能是有所请求,但绝不是告密。

按照习惯,执政官走进元老院议事堂时要行牺牲奉献式。而就在这时,人们发现作为牺牲的动物没有心脏。恺撒为了驱散这
331 种不祥的兆头使司祭感到的恼人的印象,就笑着说,他在西班牙同庞培的儿子作战时也发生过这样的事情。司祭回答说,他当时就

① 译者按:营造官的主要职责是在公安和福利设施方面,也管公众的娱乐和竞赛事宜,对于后者,国家虽拨给一定的款项,但通常只是象征性的,这时营造官就要自己花钱来举办这类事项,所以没有钱的人都不敢担任营造官。但另一方面,通过为民众举办表演和比赛,却可以争取民众对自己的同情。

曾处于极度危险的境地，而现在则一切迹象显得更加不利。于是恺撒下令重新奉献牺牲，但这次也不顺遂。恺撒认为元老院开会的时间不能再耽搁了，于是就走进议事堂向自己的座位处走去。

在元老院入口处前面，阴谋者安排特列波尼乌斯（另一种资料说是戴奇姆斯·布路图斯）拖住他们害怕的玛尔库斯·安托尼乌斯。元老们在向恺撒打招呼时，都从座位上站了起来以表示尊重。根据普鲁塔克的记述，随后的经过是这样："以布路图斯为官的阴谋者分成了两部分：一些人站在恺撒的座椅的后面，另一些人则和图利乌斯·奇姆倍尔一道迎着他走去，为奇姆倍尔的被驱逐的兄弟进行恳求。阴谋者就一面恳求着，一面陪着恺撒直到他的座椅的地方。恺撒坐到座椅里之后，就表示拒绝他们的请求，而当阴谋者更加执拗地请求时，恺撒便有了不满的表示。

"于是图利乌斯就用双手抓住了恺撒的外袍并开始从颈部拉了下来——这乃是动手的一个信号。卡斯卡第一个用刺刀向恺撒的脑后刺去，但是伤口并不深并且不是致命的。卡斯卡看来在开头时因为自己这一可怕的行动之如此肆无忌惮而感到手足无措。恺撒转过身去抓住了卡斯卡的刺刀。两个人几乎同时叫了起来：受伤的恺撒用拉丁语叫道：'卡斯卡这坏蛋，你在干什么！'而这时卡斯卡则用希腊语向他的兄弟叫道：'兄弟，来帮忙啊！'没有参加阴谋的元老们吓得既不敢跑，又不敢叫，也不敢挺身出来保卫恺撒。所有的阴谋者都抽出刺刀把恺撒围了起来。不管恺撒朝着哪个方向看，他都好像被猎人包围的野兽似的，受到直接刺向他的刺刀的冲击，因为阴谋者约定，所有的阴谋者都要参加刺杀，就好像都要尝一口牺牲的血似的。

"因此布路图斯也向恺撒的鼠蹊部位刺了一刀。有几位作家记述说，恺撒在反击阴谋者的时候，一面挣扎一面喊叫，但是当他

332 看到布路图斯手里也拿着刺刀的时候，他就用外袍蒙上了头，甘愿挨刺了。也许是杀人的凶手自己把恺撒的尸体推到庞培像的台座那里去的，也许恺撒的尸体碰巧倒在那里的。台座上溅了很多的血。可以认为，庞培亲自向倒在他脚下的、遍体鳞伤并且还在血泊中挣扎的敌人进行了报复。据说恺撒全身负伤二十一处。许多阴谋者因为都向着一个目标刺去，结果在混乱中相互刺伤了。”[①]

古代的历史学家们对这一刺杀的戏剧性场面的描绘是相当一致的，不同的照例只是意义不大的个别细节。比如，苏埃托尼乌斯断言，恺撒为了自卫曾用锐利的铁笔刺穿了向他刺出第一刀的卡斯卡的手臂，而当他看到向自己行刺的凶手们当中还有玛尔库斯·优尼乌斯·布路图斯的时候，他好像是用希腊语说了一句：“还有你！我的孩子！”[②]。在这以后他就停止反抗了。细节的描述给人以深刻的印象，但仍然不大可信，要知道它是因为我们所知道的流言飞语才得以传出来的。在苏埃托尼乌斯的记述中比较重要的却是另一个细节：他说在恺撒所负的伤里，只有一处是致命的。[③]

恺撒被刺死之后，元老院里开始出现了真正的惊恐情绪。布路图斯本来想对元老们发表演说，但这事根本没有做成，因为所有的人都吓跑了。全城很快地陷入一片惊惶和混乱之中。所有的人都紧闭家门，甚至连屋顶都要提防着[④]，尽管谁也不知道人们攻击的是谁，应当防备的又是谁。许多店铺被劫掠一空。被认为同恺

① 普鲁塔克：《恺撒传》，第66章。

② 传说布路图斯是恺撒的私生子。——译注

③ 苏埃托尼乌斯：《圣优利乌斯传》，第82章。

④ 译者按：罗马的住宅的中庭一般都有天窗，用来采光而雨水也可以通过它落到下面的水池里。

撒最接近的安托尼乌斯和列皮都斯躲到别人家里去了。阴谋者为了取得居民的同情，就隆重地去卡皮托利乌姆山上的朱比特神殿，一路高叫着说，他们已经消灭了暴君并且号召恢复“祖宗体制”。然而，正如阿庇安所说，人民“并不跟着阴谋者们走”①。

被阴谋者用刺刀刺死的独裁者的尸体还倒在庞培像的台座下，这座像还是按照恺撒本人的命令在议事堂重新树立起来的。只是过了一段看来是不长的时间，才来了三个奴隶，他们把恺撒的 333
尸体搬到抬床上，然后把它抬回家里去，而恺撒的手臂就从抬床上软弱无力地垂了下来。苏埃托尼乌斯的记载就是这样②，而软弱无力地垂下来的手臂这一细节使得对于发生在两千多年前的事件的记述有一种生动而又凄厉的逼真感。而阿庇安在谈到同一事件时，是用这样几句伤感的话来结束自己的记述的：“在通常陪伴着恺撒的所有那些人——官吏、公民和外地人、奴隶和被释奴隶——当中，现在只剩下了三个人，因为所有的人都逃散了；他们把尸体放到抬床上，但不是像先前那样抬着③，这时只有三个人把他抬回家里，这个人就在几小时前还是全世界的统治者啊！”④

*　　*　　*

显而易见，现在应当作某些总结，对恺撒的生平和事业作一总的评价了。为了使这一评价具有某些生动的特点并且突破纯粹“书斋式的”恢复本来面目的做法的框框，我们想在尽可能接近历史真实的程度上把恺撒的形象重现出来。

然而什么是历史形象呢？这是一个相当复杂的历史概念，而

① 阿庇安：《内战史》，第2卷，第119章。
② 苏埃托尼乌斯：《圣优利乌斯传》，第82章。
③ 抬床通常是由四个人抬着的。——译注
④ 阿庇安：《内战史》，第2卷，第118章。

在当前的情况下，当问题涉及恺撒其人的时候，这个概念甚至是矛盾的，因为，正如我们可以确信的，在我们面前看到的至少是两个不同的形象，一个是恺撒同时代人和离开他很近的后人所看到的恺撒，一个是现代史学中的恺撒，但这两个恺撒是无论如何合不到一起的。这确实是两个不同的形象。这样就会产生一个问题：这两个形象中的哪一个应当认为是真实的呢？

但这样的问题在我们看来是不合规律的。要知道，我们并不是非得在“二者”（两个形象）之间选择一个不可。无宁说，我们是想创造自己的一个新的“恺撒的形象”。为此我们就必须利用两种现存的可能性：通过千百年的积累才完整起来的恺撒形象及其全部“史学层”和古代作家为我们保存下来的、比较“属于个人的”、人的形象的那些生动的特点。

看来，对于离开我们今天已不止一千年的一个人，要想有一个
334 生动的印象，那是毫无办法的事情。但是，就这一意义来说，恺撒可以说是特别幸运的，因为我们知道有关他的许多东西——直到最小的，然而是生动多彩的细节。这首先是因为他的人格本身看来是如此鲜明动人，以致有关他的故事——故事里有许多可以说他从来没有做过的事情和只是强加给他的名言——众口相传，一直到相当遥远的后代，而这些故事也就有越来越多的多彩的新的细节附着在上面。恺撒是不是这些故事里所说的那样，他“事实上”是怎样一个人，还是他在某种程度上已经被“神话化”了，现在要弄清这些问题不仅不可能，而且未必是合适的。

此外，我们有关恺撒的生动概念，是决定于——在当前情况下，我们只应感谢——古典历史传记这一门类的特点。普鲁塔克写道：“我们写的不是历史而是传记。从一个人的最主要的功业上并不总是能看出他的品行的优劣，而往往某一微不足道的行为、言

语或笑谈，较之付出几万人生命代价的战斗，较之统率大军和指挥对城池的围攻，能够更好地、更清楚地显示一个人的性格。"①

这就是为什么普鲁塔克写的传记和苏埃托尼乌斯写的传记里面都有许多生动的琐事、生活上的特点和细节，这些东西为我们描绘出了作为一个人的恺撒和他的全部优缺点，也就是一个活生生的恺撒。使我们特别感到兴趣的是苏埃托尼乌斯为恺撒写的传记中对他所作的详细的、仿佛具有综合意义的描述。在前面我们已经提到了这一描述。② 现在我们再来仔细谈一谈他的这一描述，而把主要的注意力放到涉及正是恺撒的作为人的特征和他的人格的这样一些特点（对于这些特点我们迄今一直没有给它们以决定性的意义）的方面。③

根据苏埃托尼乌斯的记述，恺撒身材高大、体型匀称，面庞比较丰满，肤色白皙，黑色的眼睛炯炯有神。他的身体情况极为健康，只是在晚年突然晕倒过并且有两次癫痫的发作。苏埃托尼乌 335
斯的说法同普鲁塔克的说法略有不同。普鲁塔克说，恺撒的体格好像是虚弱的，只是由于不断的出征、菲薄的饮食和经常处于露天的环境之中，他的体格才能够坚强起来。④ 恺撒十分注意自己的仪表，他不仅修剪、剃去，而且还拔掉自己的毛发；他有使他难看的秃头的毛病，因此他满意地利用元老院授予他的这样一项权利——他经常能够戴桂冠。他在衣着方面也是与众不同的：他的元老服的袖子上有流苏并且随便地在腰部给它系上一条带子。据说苏拉早就劝告过那些拥护元老院的显贵们提防那个腰带系得随

① 普鲁塔克：《亚历山大传》，第1章。
② 参见本书原文第25—26页。
③ 苏埃托尼乌斯：《圣优利乌斯传》，第44—80章。
④ 普鲁塔克：《恺撒传》，第17章。

便的青年。[①]。

苏埃托尼乌斯特别着重指出恺撒十分喜欢“讲究的和豪奢的生活”。苏埃托尼乌斯提到了涅米湖附近的别墅；提到他花费巨款来购买漂亮的和有学问的奴隶[②]；提到他喜欢珍珠，而且这好像是他进攻不列塔尼亚的原因之一；提到他搜集石雕作品、雕花器皿、雕像和绘画。他还提到说恺撒在出征时还带着镶嵌着珍珠的床。

苏埃托尼乌斯十分注意他自己称之为恺撒的“爱情享乐”的东西。人们十分公正地指出，对于这些爱情享乐，苏埃托尼乌斯描述得较之比如说对高卢的征服要详尽得多[③]。苏埃托尼乌斯认为恺撒的声誉上的“唯一污点”，就是青年时代同比提尼亚国王尼科美德斯的不正当的同居，但是他显然又满意地，甚至有点洋洋得意地提到说，恺撒是“许多显贵妇女的情夫”。例如，人们弄清楚，恺撒不仅是“三人同盟”（“三头”）的倡议者，而且同三头的其他两个同伴——克拉苏斯和庞培——的妻子都有不正当的关系。然而他最爱的好像是布路图斯的母亲谢尔维利娅。还在恺撒第一次担任执政官的时候[④]，他就赠给她一颗价值六百万谢斯特尔提乌斯的珍珠，而在内战时期，除了其他的赠物之外，又从拍卖场所用极便宜的价钱为她购置了一些极其豪华的别墅。苏埃托尼乌斯还同样满意地提到，在恺撒的情妇当中也有王后，如玛乌列塔尼亚的国王波古德的妻子优诺耶，还有克列欧帕特拉。同时还相当详细地讨论

---

① 译者按，这又是后来的小说家的附会之词。

② 参见本书原文第 54 页。

③ М. Л. 伽斯帕洛夫，前引书，第 270 页。

④ 公元前 59 年。——译注

了这样一个问题：恺撒里昂[①]到底能不能算是恺撒的儿子。他还引用士兵们在凯旋式中唱的开玩笑的歌谣：歌谣里时而提到尼科 336
美德斯，时而提到恺撒的其他桃色事件，而恺撒本人则被称为“秃色鬼”。

传记中还特别着重指出，恺撒很少饮酒，饮酒的量也很少。他甚至引用加图下述的话，即“恺撒在清醒的时候，是最善于搞政变的”。他还指出恺撒在饮食方面是极为随便的——在一次吃饭时，上来的油不新鲜了，恺撒为了不得罪主人，竟平心静气地把它吃了下去，尽管其他客人却不是这样礼貌的。

苏埃托尼乌斯指责恺撒贪得无厌：比如，在西班牙，他像乞丐一样地向同盟者讨钱以便还债；而在高卢，他为了自己发财致富而打劫神殿、蹂躏城市。他用同盟者和王国做交易，后来则只有公开的掠夺才使他能以应付内战、凯旋式和豪华的表演的巨额开支。

然后苏埃托尼乌斯又列举和分析了恺撒的人格方面的这样一些特点，也就是我们在前面在某种程度上已涉及的那些特点。因此，这里我们可以讲得简略一些。比如，苏埃托尼乌斯继而对作为演说家和作家的恺撒作了描述。因此我们只限于作如下的引证——在前一种情况下，他引证了西塞罗所作的很高的评价，而在后一种情况下，他引证了还是那个西塞罗以及希尔提乌斯、阿西尼乌斯·波利欧（批评的意见！）对恺撒的回忆录的意见，然后又列举了他的其他著作：论文《论类比》、《反加图论》，叙事诗《路程》，还有青年时期的作品《海尔库利斯颂》、悲剧《厄狄波斯》和《名言集》。还提到了他写给元老院的报告，写给西塞罗和好友的书信，而且大

① 传说为克列欧帕特拉和恺撒于公元前47年所生，恺撒里昂从公元前42年起和他的母亲在名义上是埃及的共治者，安托尼乌斯和克列欧帕特拉都宣称他是恺撒的儿子。公元前30年他被奥古斯都下令处死。——译注

家知道，恺撒有时使用他自己发明的一种暗号，即一种字母。

传记相当详细地把恺撒描述成一位统帅和战术专家。顺便指出，苏埃托尼乌斯，也和其他作家一样，不仅指出了恺撒的行动迅速，而且指出了他个人的勇敢、镇定、蔑视各种迷信，最后，还有他
337 对士兵的巨大影响，他之善待士兵，不过关于这些，我们在前面已相当详细地谈过了。[①] 他列举了恺撒在士兵们不满甚至愤怒时对他们讲话的许多例子，还有士兵们作战时表现英勇和忠诚的事例。

他还特别强调恺撒对自己的被保护人的诚实，对他们的关心以及他对朋友的关心和亲切的态度。有一次夜里，当他和盖乌斯·欧皮乌斯经过森林时，欧皮乌斯突然病了，于是恺撒便把自己的唯一安身之处让给了欧皮乌斯，而自己睡在露天的土地上过夜。普鲁塔克也提到了同一件事情，而根据他的记载，恺撒还讲了这样的话："应当把荣誉的事物给予最强者，而把必需的事物给予最弱者。"[②]

苏埃托乌尼斯就中还指出了他认为是恺撒的天生的仁慈心肠。恺撒甚至在进行报复时都表现出了这种仁慈心肠。他特别称赞恺撒在内战进程中以及在取得最后胜利之后，表现出来的温和与仁慈。这里指的是对所有政治敌人的赦免并允许他们返回意大利；这里还谈到根据恺撒的命令把庞培甚至苏拉的像重新树立起来的事情。

在结尾处，苏埃托尼乌斯谈到了恺撒性格上这样一个特点：好权。他列举了恺撒所容许并且接受的那些"过分的"荣誉，引证了许多例子，说明他行动专横，从而破坏了"父祖相传的习俗"。他还

---

① 参见本书原文第45，131，135，188—189，231页。

② 普鲁塔克：《恺撒传》，第17章。

引证了恺撒所讲的十分横傲的、从旧共和传统的观点看来是不能容许的话："共和国——这不过是个没有躯体和外形的空名罢了。""苏拉所以决定放弃独裁官的权力，那是因为他连政治常识也没有。""现在人们同恺撒讲话可得更小心些，并且应当把他的话当做法律。"狄奥·卡西乌斯则还报道了他的一句话，而如果这句话是可信的，那么它就证明，至少对于力量对比的问题，恺撒很有研究并且是不抱任何幻想的。狄奥记载的恺撒的原话是："他（即恺撒）说，有两种东西可以确立、保卫和扩大权力，这就是军队和金钱；二者缺一，它们就没有意义了。"①

然而恺撒由于自己的王政习气，对元老院的侮辱态度，对保民 338
官的藐视，而引起人们对他的"深恶痛绝"。因此，当苏埃托尼乌斯说，人们"认为（恺撒）滥用权力是有罪的，并且理应被杀死"的时候，那么我们就不无根据地提出这样一个假定，即苏埃托尼乌斯本人是同意这样一个看法的。

显然，现在我们可以回到本书开头谈到的事情，甚至可以在某种程度上把说过的话重复一遍了。由于在上面引用的、对恺撒性格的描述中，我们主要是依据苏埃托尼乌斯的作品——当然，我们选他并非偶然——因此，我们有必要再谈一下他作的估价和提出的标准的问题。在我们看来，我们能够极其明了地确信，苏埃托尼乌斯在描绘恺撒的形象时无论什么都谈——从恺撒的外表到他的贪权——但只是不谈他是一位国务活动家。说得更准确些，苏埃托尼乌斯指出了恺撒这位政治家的那些好的和坏的品质：一方面，他的宽厚与仁慈策略；另一方面，他晚年时的骄傲、专横与王政意图，但是在内战的动荡之后，作者在他的描述中，对于作为改革者

---

① 狄奥·卡西乌斯，第42卷，第49章。

和“国家的复兴者”的恺撒却一字不提。诚然，苏埃托尼乌斯也谈到恺撒“处理国家事务”，其中包括甚至那些没有实现的方案，但是他显然回避对它作出任何评价。显而易见，出于同样的原因，在他的描述中没有谈到有关作为国务活动家的恺撒的问题，而在这里，评价的因素本来是不应回避的。然而如上所述，政治家恺撒的那些缺点（这是他的全部描述的结尾部分），却使我们认识到苏埃托尼乌斯对这一问题的真正看法。①

苏埃托尼乌斯在他所作的详尽而全面的描述中回避对国务活动家恺撒作出评价，这可能不是没有道理的。在我们看来，问题的本质当然并不在于对这一活动持肯定或否定的态度，而在于苏埃托尼乌斯能够——偶然地或并非偶然地——触及恺撒最薄弱的一
339 个地方。从蒙森时期以来直到今天，在西方史学中广泛流行的这样一个观点：恺撒应当被列入最伟大的国务活动家、新道路的开拓者、新的政治制度的创建者的行列。然而与这个看法略有不同，我们却想对另一个观点加以论证。

和苏埃托尼乌斯一样，我们也从所谓“表面上的”东西开始，也就是说，从恺撒其人开始。恺撒——这一点人们不会有任何怀疑——是一位杰出的、有广泛的和多方面才能的人物。但是这种广泛的天赋，它本身便包含着某种危险性。这种危险性就在于：在有这样多方面的天才和事业的情况下，某一个方面不可避免地会带有业余的性质。在哪一方面呢？很自然地我们假定是在经验和准备都不足的方面。

作为统帅，恺撒是有专业素养的，有专业方面的经验的；作为

---

① 参见本书原文第25—26页。

广场上的政治活动家①，他是个能干的阴谋家、斗士，习惯于在失败时不垂头丧气；作为外交家，他十分灵活和狡猾；而只有作为国务活动家，他既没有时间，又没有实践，也没有经验。如果在内战开始后他在罗马多待几年，那他是会有这一切或是取得这一切的。而"国务活动家"则是这样一种职业，它除了天生的品质和爱好之外，比其他任何职业都更需要巨大的实际经验。

看来，在"政治活动"和"国务活动"两个概念之间作某种划分是合适的。任何国务活动家（只要他是活动家！），他都是政治家，但远不是任何政治家都是国务活动家。我们知道得很清楚，恺撒有相当多的政治活动和事业的经验，但这是元老院的幕后搞权术的经验，至多也就是在广场上搏斗的经验，而当他突然处于国家领导人的地位时，则首先，他对这样一个地位并没有足够的准备；其次，他只能抽工夫"处理国家事务"，而几乎所有的时间都在进行军事行动（除去最后的五个月）。这就是为什么作为国务活动家，他是个业余人物（即使甚至是个天才的业余人物！），而在某种意义上 340
来说，甚全述是个"失败者"。

然而所有这些理由完全是初步性质的。要确定我们对恺撒的评价，远为重要的是要解决如下的问题，即他是否为自己提出了建立帝国的目的，他是否认为自己是君主、国王。严格地说，这甚至不是一个，而是两个，而且是两个不同的问题。我们则认为，对于第一个问题，所能给予的只是否定的回答。我们并不怀疑，在恺撒这位现实的政治家、活跃的实际活动家的内心之中，

① 这里的广场特指罗马广场（Forum Romanum），这是罗马人从事政治、行政、审判、商业等方面的活动的场所。广场四周有许多著名的公共建筑物。所谓广场上的政治活动家都只是搞一些小的权术，面对面的宣传鼓动，下焉者则斗殴和械斗。这种人大多没有真正政治家的远大理想和眼光。——译注

从来没有出现过，而且也不可能出现“民主的君主制”或“元首制”的概念，甚或希腊化类型的君主制的理想，因为所有这一切只不过是现代历史学家回溯性的虚构，这乃是典型的“书斋式的”臆造。

至于另一个问题，即恺撒的同王冠有联系的意图和愿望的问题，那么，看来这里更难取得什么肯定的结论。十分可能，恺撒仍然想——甚至可能有某些犹豫——取得这样的地位，也不排除他想取得类似这样地位的东西。在当前的具体情况下，我们感兴趣的并不是这一意图本身，而是与之有关的两个因素。第一，应当十分肯定地着重指出，取得王冠的意图（如果竟然有这种意图的话！）完全不等于说他有帝国的思想或“概念”（如果概念指的是某种理论体系的话）。第二，人们清楚地知道，恺撒并不是表现出所谓早期帝国国家体制的特点的那一体系的创造者。但如果事情是这样，并且，如果，同现存的一切说法相反，恺撒说起来实际上不是帝国的缔造者的话，那么难道不能把他认为是个潜在的缔造者，即认为他虽然没有缔造实际的帝国，但仍然把它作为一种可能的事物创造出来？是的，作为一种可能性的帝国，甚或无宁说作为不可避免的事物的帝国，在恺撒的时期已经列入了“日程”，但是创造了它的当然不是恺撒，不是安托尼乌斯，也不是奥古斯都——创造了它的是历史本身，是罗马政治生活和斗争的发展辩证法本身。

341 在这方面产生了在外国以及我国史学界中一直受到热烈讨论的一个问题，而且这个问题现在还在讨论着。这就是从共和国向帝国过渡的性质问题。大家知道，在国外史学界中有这样一种观点广泛流行，根据这一观点，内战、特别是公元前一世纪后半叶的内战，被看成是革命，而恺撒、玛尔库斯·安托尼乌斯、屋大维则被看成是革命领袖[①]。这一观点在苏联史学界中并不广泛流行。过去对这一观点反对得最坚决的是 H. A. 玛什金，他认为，既然“无论屋大维还是他的同盟者的目的都不是建立从质量上说是新的社会制度”，因此就不能认为向帝国的过渡是革命。[②]

当然，问题并不在于在这一具体情况下由屋大维或他的某个“同盟者”提出的目的和任务。从我们的观点来看，谈论从罗马共和国向帝国过渡的革命性质，这完全是容许的，甚至是合理的。问题只在于：对怎样的事件才能加上革命的概念？我们认为，这一概念不应当用之于直接导致帝国这一政治体制之建立的、公元前一世纪中叶和末叶的内战，而应当用之于更早时期的那些事件，从格拉古兄弟的运动起直到所谓同盟战争。而且有一切根据认为这一战争——意大利农民大规模的起义——是运动发展的最高阶段。

革命的性质是怎样的呢？在格拉古兄弟时期是在罗马农民的比较狭窄的、地方性的范围当中开始的运动，到同盟战争时期就有了全意大利的规模。几乎从一开始，它就有一种要扩大成为内战（同格拉古兄弟的活动有关的事件等等）的倾向。至于运动的内容，那么我们可以认为，可以把它确定为反对罗马城邦、反对旧罗马贵族、反对大地产的革命，或者，换句话说，确定为意大利农民争取土地和政治权利的斗争。这在基本上是——mutatis mutan- 342
dis[③]——过去罗马平民为反对贵族而进行的同一斗争，当然，这中间有一个本质的区别，即这一斗争是在新的条件下，在扩大了的基础上（即在全意大利的规模上）恢复起来的。而如果说，贵族和平

① 参见比如 J. 卡尔科皮诺，前引书，第 260 页；R. 赛姆，前引书，第 113，121—122，207 页。

② H. A. 玛什金：《奥古斯都的元首制》，第 296 页。

③ 拉丁语：（按具体情况）加以必要的改变。——译注

民的斗争在过去绝不是以广大平民阶层的胜利而告结束，而只是得到一个比较妥协的结果，即贵族与平民上层的融合的话，那么下述情况就没有任何可以奇怪的了：在当时的情况下，享受革命果实的并不是广大群众本身，而是统治阶级当中的某些——当时最活跃的和“有希望的”——派别。革命事业在原则上是由同盟战争完成的，而公元前一世纪后半叶的内战，这已是革命的后果了，因为现在斗争的目的是：为了统治集团某一集团或派别的利益，革命的成果将要被利用和彻底地“受到调整”。

大家知道，不仅是这一革命，就是用恩格斯的话来说，以保卫“一种财产”以反对“另一种财产”[①]为目的的其他许多革命都是这样。因此它们都具有——又是 mutatis mutandis（加以必要的改变）——一系列相似的特点。可能，同在国外史学界流行的观点相反，我们不能归之于革命本身的事实和事件的那些事件，（假定地说）在后来的革命运动的历史中却有自己的“类似物”。就这一意义来说，公元前二至一世纪的罗马革命就有了自己的热月政变[②]（苏拉的政变）、自己的雾月十八日政变[③]（恺撒的独裁），而最后，还有长期的和稳定的复辟时期（奥古斯都的元首制）。

还有一种现在相当广泛流行的“恺撒主义”的概念。人们对这一概念作了多种不同的解释。但我们并不附和其中的某一种解释或是对它作出自己的解释。我们认为，比较恰当的做法是根本反对这一概念。它的内容到底是什么呢？“恺撒主义”这一词如何理

---

① 《马克思恩格斯全集》，俄文版，第 21 卷，第 115 页。

② 热月（thermidor）是法国革命时期共和历的 11 月，约当公历的 7 月 19—20 日到 8 月 17—18 日。热月政变即指 1794 年 7 月 27 日法国资产阶级的反革命政变。——译注

③ 雾月（brumaire）是共和历的 2 月，约当公历的 10 月 22—23 日到 11 月 21—23 日。雾月十八日，指 1799 年拿破仑推翻政府，自任执政一事。——译注

解？这一词所意味的东西究竟在多大程度上确实同恺撒有关系呢？

如果“恺撒主义”指的是在军队的支持下用武力夺取独裁大 343
权、夺取政权的话，那么恺撒难道是开拓这条道路的第一个人吗？在他之前，这样做的有许多人，而且不仅是在罗马（苏拉），而且在其他条件下和在另一种规模上也都有——例如较晚的（狄奥尼西乌斯）①和甚至较早的希腊僭主。这个原则本身是尽人皆知的，在恺撒之前很久人们就“发现”了它。

如果“恺撒主义”不仅仅是军事独裁，而是周旋于不同社会阶级之间，是在超阶级的统治者的庇护下调和一切“党派”的试图②，那么，即使我们假定恺撒曾追求过这一目的（不过这一点也远不是没有争论的），则实验的结果，我们知道，却是如此地不成功，以致它未必值得用曾经如此拙劣地推行这一办法的人的名字来称呼它。

最后，如果认为对于“恺撒主义”，主要应当理解为夺取政权不仅是为了政权本身，而且是为了实现某一崇高的目的，比如说，新的世界国家的理想的话，那么，前面关于恺撒的具体活动以及关于这种活动同这类思想的联系所讲的一切，只是再次证实这一概念本身毫无内容以及用他的名字命名是不合理的。

H. A. 玛什金在《奥古斯都的元首制》这一专著中指出，“恺撒主义”这一概念和用词在十九世纪中叶的政治文献中是广泛流行的，它往往被用为“波拿巴主义”和“帝国主义”这两个概念的同义

① 狄奥尼西乌斯一世和二世父子二人是西拉库赛的僭主，他们的在位时期分别在公元前405年左右到前367年和公元前367年到前356年、公元前347年至前344年。——译注

② 蒙森，前引书，第3卷，第386页。

语。继而作者又十分正确地引用了马克思在《路易·波拿巴的雾月十八日》一书的引言中著名的话:“最后,我希望,我这部著作对于清除那种流行的——特别是在现今的德国流行的——关于所谓恺撒主义的书生用语,将会有所帮助。”①作者同样正确地强调指出,马克思不把“恺撒主义”这一概念用为一般历史范畴。但同时我们认为,H. A. 玛什金的如下看法就不是十分彻底的了。他写道:“罗马的恺撒主义同波拿巴主义有某些共同的特点”,它是依靠
344 军队篡夺政权的结果,是周旋于“不同社会集团之间”的。按照H. A. 玛什金的看法,恺撒主义和波拿巴主义的最深刻的区别“就在于它们对它们当时的社会各阶级的态度”②。

从我们上面所谈的有关“恺撒主义”这一概念和用词的想法可以看出,我们倾向于采取要极端得多的立场:不在恺撒主义和波拿巴主义之间寻求相似的特点,而是相反,怀疑是否应当使用“恺撒主义”这样一个概念。而且,我们还倾向于认为,这一概念实质上并没有什么内容,它只能当做波拿巴主义这一概念的类乎是异名或“假名”来使用,而且,看来这一用词最初就是在拿破仑战争和帝国时期产生出来的。

前面我们已经提到,创造了表现出早期帝国体制特点的政治体系的荣誉根本不应当归之于恺撒。显而易见,这个历史功绩是属于他的继承人奥古斯都的。顺便指出,这种看法——这一点前面我们也谈过③——也是完全符合于罗马的历史传统的。因此,对于作为国务活动家的恺撒的所作的任何评价,如果不设法把恺撒和奥古斯都的“体制”加以比较的描述,加以对照的话,那将会是

① 《马克思恩格斯选集》,人民出版社1972年版,第1卷,第509页。——译注
② H. A. 玛什金:《奥古斯都的元首制》,第74,80—81页。
③ 参见本书原文第26页。

不完全的，不充分的，甚至可能是不客观的。很可能，要彻底仔细地进行这种对照需要进行特别的研究，但是在当前的情况下，我们只限于提出最一般性的意见和结论。[1] 而且，在谈到“恺撒的体制”或“奥古斯都的体制”时，我们是有条件地使用这两个用词的，并且附有一个保留条件，即我们不把这种体制看做是上面提到的历史人物的活动的结果，而看做是社会政治斗争特定环境和条件的产物。

考虑到这样一个保留条件，我们认为完全可以肯定这样一个事实，即奥古斯都在原则上是恺撒的始终如一的学生和继承者，这同本书多次引用的迈耶尔有关恺撒的君主制度的作品问世以来极为流行的观点是截然不同的。但是，且不谈气质上的区别，首先应 345
当着重指出方法上的区别，而关于这些方法，一位德国的历史学家不无机智地指出，奥古斯都好像是刹住了恺撒过去采取的那种发展速度，而且刹到这样的程度，致使人们得到如下的印象：他与其说是继续恺撒的政治路线，不如说是亲自抵制它。这位历史学家提到说，奥古斯都是极其“小心”的，他常常使人们觉得他好像是反对他实际上想望的东西。但是历史学家并不否认，奥古斯都“在许多方面”是恺撒的继承者。[2]

从这方面论述奥古斯都时，显然，应当考虑到至少两个情况：(一)奥古斯都绝不是一股脑儿把恺撒过去做的或者只是计划要做的一切都继承下来，而只可以说“创造性地”把这一遗产的个别要

---

① 更详细的论述，参见 С. Л. 乌特琴科：《古代罗马。事件、人物、思想》，莫斯科，1969年，第205—215页。

② L. 维克尔特(L. Wickert)：《恺撒的君主制和奥古斯都的元首制》(*Gasars Monarchie und das Prinzipat des Augustus*)，载《古典与德国文化新年鉴》(*Neue Jahrbücher für Antike und deutsche Bildung*)，1941年，第1分册，第20页。

素挑选出来(又抛弃了某些);(二)“特意选出的”某种事物在恺撒那里照例是因“当时的需要”才施行的,因此看起来只像是一种暗示或相当孤立的行动,但这种事情却被奥古斯都发展成为体系。在这些方法和特点的下面,实质上存在着更加深刻的区别——即“政治家”的活动和“国务活动家”的活动之间的区别。对权力的态度也是不同的:如果说,其中的一人只是利用集中在他手中的无限权力,并且,说起来是“由个人”利用,那么,另一个人就一直是在顽强地和始终如一地创造一个权力机构。正因如此,恺撒的体制只不过是个别措施(即使有时是非常适时的,甚至具有重要的全国意义的措施)的总和,但绝不成体系,而严格地说,不是“体制”;另一方面,奥古斯都的“体制”——这显然是一种国家体系。

奥古斯都的“体制”不同于恺撒的“体制”的地方毋宁是在于——而绝不应当把这一因素认为是微不足道的、次要的、不值得严重注意的——这样一点,即在奥古斯都时期确立的统治体系(或
346 形式)有了受到正式承认的名称。这就是“复兴的共和国”(res publica restituta),而这种说法是受到当局宣传的全力支持的。顺便提一下,正是在奥古斯都时代,人们开始特别重视政治宣传,政治宣传第一次有了国家事业的特点。

因此,同现行体制的正式名称的任何公开的抵触,都会被视为一种有害的异端,一种捣乱的行为,从而可以按照元首的意旨加以不同程度的坚决的镇压。无论怎样,国家确立的标准是提出来了。作为国务活动家的恺撒的一个致命的错误,就是这样一个令人感到遗憾的情况:他的“体制”没有任何正式表述出来的名称,因此好像公民们自己也可以给它下定义了。因此公民们不知怎的竟相当

一致地把这一体制确定为“王国”(regnum)、“霸主之治”等等。[1]

奥古斯都给自己的体制所起的正式名称同它的内容是否一致呢？当然不一致！奥克斯都本人清楚地了解这一点，他的同时代人和臣民也都了解这一点或至少也能了解这一点，不过这种情况却不具有决定性的意义。

奥古斯都的同时代人在多大程度上真的相信他是神，这一点实际未必是重要的。重要的只是：他正式地被认为是这样，并且为他建立起完全是实际存在的祭坛和神殿。至于“复兴的共和国”这一口号，情况也是如此，它已经不单单是一个口号，而且是现实存在的国家制度的一个正式受到承认的定义。[2]

但是在对奥古斯都的“体制”即“元首制”的本质作如此理解的情况下，它的那些往往被信以为真的属性的次要的、从属的意义就极为明显了。奥古斯都的那臭名昭著的 auctoritas[3] 毫无疑问就是属于这类属性的。这个 auctoritas 早就成了所有研究元首制的人们的注意中心，它时而被承认，或者相反地，时而又被否认为这一政治体制的国家权力的基础。[4] 想弄清楚元首制本质所有其他
试图也可以说是同样的情况，因为在这里，它们是以形式上的法学 347
标准和概念，而不是从它的社会政治本质为出发点的。

在结束时，还有一个有关恺撒的人格和对其历史意义的评价的问题。这个问题，在我们看来，使我们能够接触到这一评价的某一新的并且是不十分寻常的方面。

---

[1] 参见例如西塞罗：《致友人书》，第11卷，第27章，第8节；普鲁塔克：《恺撒传》，第60—61章；《布路图斯传》，第9章。

[2] 参见例如《拉丁铭文汇编》(*Corpus Inscriptionum Latinarum*)，第6卷，1527，31670。

[3] 拉丁语：威信、人格、模范、决议等等。——译注

[4] 参见 H. A. 玛什金：《奥古斯都的元首制》，第338—376页。

毫无疑问,在革命动荡的时代,当着事件的全部层次都混到一起的时候,当着已经确立的关系、风习、制度遭到破坏的时候,最后,当着大量的人被卷入这种破坏(例如在共和国转向帝国时期的罗马)的时候,牺牲是全然无法避免的,而且,不言而喻,牺牲还是不小的。然而牺牲与牺牲是不同的。有的牺牲尽管是无法避免的,但却好像是没有目的的、不是必要的,然而同时又总是有需要的,甚至必要的牺牲。而且这可以说是“来自街垒双方的”牺牲。但它们确实是必要的,因为它们不仅突出、标志着时代的嬗变,而且还促进了这种嬗变。

当然,“从”共和国“方面”,就作了这种必要的牺牲,他们是这样一些人:他们为了捍卫注定要灭亡的事业而进行了极其长期的、顽强的而主要的又显然是为时已晚的斗争。因此等待他们的就是灭亡。他们也的确灭亡了——不过一些人死得比较有声有色、富于戏剧性,而另一些人却死得无声无息,在历史上没有留下任何痕迹。为了这一必然灭亡的事业而作出了最引人瞩目的、悲剧的,然而又是必要的牺牲的人物中间就有西塞罗。但从另一方面来说,在罗马也作出了必要的牺牲。这就是那些有意或无意地、自觉或不自觉地,然而又过早地“从”未来的帝国“方面”登场的人物,这种人“事先料到了”事件并且向某种还没有形成、确立的事物中间去寻求支持。在成为这种必要的和无法避免的牺牲者的人物中间就有恺撒。

这就是为什么恺撒的“问题”可能根本不是“暴政”或者“波拿巴主义”或者“理想的君主制度”的问题,而在很大程度上是为新的政治制度准备基础的问题。从一般历史的角度来看,这乃是一种
348 最为必要的牺牲。至于作为个人的恺撒的悲剧,那么,这一悲剧就在于:这个形象鲜明生动、感情冲动的、“唯意志论的”人物,是断然

反对正在形成的官僚主义的、死气沉沉的和日益均一化的制度的。这里要求的不是令人难以逼视的光芒，而是温和而有节制；不是天才，而是常识；不是锋芒外露，而是工于心计。在恺撒的背景上，屋大维只是一个苍白的影子。他总是冷静而又小心谨慎的，他是常识的化身，是审慎的胜利。他不犯一个错误，没有任何策略上的失算，在某些情况下，他甚至同自己的妻子利维娅谈话事先都要准备提纲。[①] 按照自己死前所讲的话，他终其一生都在扮演指定给他的角色，并且表演得至为出色——这样的人对于帝国体制来说，不仅是合适的，而且是需要的，甚至是必需的。他在这一用词的全新的意义上成了第一位罗马皇帝(imperator)——无论从名义上说，还是从本质上说，都是如此。

① 苏埃托尼乌斯:《奥古斯都传》，第84章。

附录：恺撒生平年表

(有△号者为参考事件)

公元前 100 年(汉武帝天汉元年)

7 月 12 日恺撒生(恺撒生年尚有蒙森提出的公元前 102 年说和卡尔科皮诺提出的公元前 101 年说)。

△恺撒的姑丈盖乌斯·马里乌斯(马里乌斯在公元前 112 年同恺撒的姑母优利娅结婚)是本年度执政官之一。从公元前 107 年开始，马里乌斯迄今已作了六任执政官(从公元前 104 年起连任)。马里乌斯在击败了努米地亚国王优古儿塔以及条顿人和金布里人之后，几乎成了罗马人心目中的民族英雄。马里乌斯是第一个从无产者中征募军队，用职业军队取代罗马公民的民军。

公元前 87 年(汉武帝后元二年)

恺撒开始穿成年男子的外袍，这是罗马青年开始从事社会活动的标记，通常还要举行有青年参加的仪式。

△苏拉在前一年(公元前 88 年)用武力攻占罗马之后，马里乌斯逃往阿非利加。本年苏拉以同执政官身份去东方。本年度执政官路奇乌斯·科尔涅利乌斯·秦纳和在埃特路里亚登陆并征募了一支军队的马里乌斯的协助下控制了罗马并对拥护苏拉的政敌施行残酷的杀戮。马里乌斯任命自己为次年度的执政官，但他在就任第七任的执政官之后就死去了。

公元前 84 年(汉昭帝始元三年)

恺撒当选为朱比特神的司祭，并同秦纳的女儿科尔涅利娅结婚。秦纳就是这一年的执政官(同僚是格涅乌斯·帕皮里乌斯·卡尔波)，实际上也就是罗马的独裁者(本年是第四任)。为了对付将从希腊返回的苏拉，他作了充分的准备，但在布伦狄西乌姆的一次兵变中，他被士兵杀死。

公元前 82 年(汉昭帝始元五年)

这时成了罗马主人的苏拉命令恺撒同科尔涅利娅离婚,但遭到拒绝。恺撒于是受到苏拉的追捕。由于亲友的斡旋,苏拉赦免了他,但同时指出他是一个潜在的危险人物。

公元前 81 年(汉昭帝始元六年)

恺撒去小亚细亚从军。

△在东方,第一次米特里达特斯战争(公元前 88 年至前 84 年)结束后,立刻又爆发了第二次米特里达特斯战争(公元前 83 年至前 81 年)。此外,奇利奇亚的海盗十分猖獗,使海上无任何安全可言。

公元前 80 年(汉昭帝元凤元年)

恺撒在围攻米特里达特斯的最后一座城市米提列涅的战斗中,因救了本国士兵的生命而被统帅米努奇乌斯·提尔穆斯授以"公民冠"的奖赏。

公元前 78 年(汉昭帝元凤三年)

恺撒参加在奇利奇亚海岸清剿海盗的舰队,舰队的司令官是谢尔维利乌斯·伊扫里库斯。恺撒不久得到了苏拉去世的消息,于是他立刻赶回了罗马。

△本年度的执政官之一的玛尔库斯·埃米利乌斯·列皮都斯不顾苏拉的反对,企图取消苏拉的体制。

公元前 77 前(汉昭帝元凤四年)

恺撒追究公元前 81 年度执政官(后出任马其顿长官)格涅乌斯·利尔涅利乌斯·多拉贝拉(苏拉的支持者)的勒索罪行,但未成功。此事使群众造成深刻印象。

△列皮都斯公开反对苏拉的体制。列皮都斯的同僚克温图斯·路塔提乌斯·卡图路斯和庞培把他打败。列皮都斯本人逃往撒地尼亚并死在那里,他的残部则逃往西班牙,投奔谢尔托里乌斯。

公元前 76 年(汉昭帝元凤五年)

恺撒追究盖乌斯·安托尼乌斯在米特里达特斯战争中搜括希腊的罪行。但安托尼乌斯因元老院的庇护仍逃脱了法网(按此人于六年后才以同样的理由被逐出元老院）。

公元前 75 年(汉昭帝元凤六年)

为了改进自己的演说能力，恺撒再次东去，到罗得斯，向当代大修辞学家摩隆求教，但在途中被海盗绑架了三十多天。按西塞罗也是摩隆的学生，有人认为恺撒东行求师，是出自西塞罗的劝告。

△本年度执政官盖乌斯·奥列利乌斯·科塔通过一项法律，取消苏拉的限制保民官迁升高级官吏的措施。

公元前 74 年(汉昭帝元平元年)

恺撒在冬天返回罗马(按本书定为公元前 73 年)。

△第三次米特里达特斯战争开始(至公元前 64 年)。本年度执政官路奇乌斯·李奇尼乌斯·路库路斯受命讨伐米特里达特斯六世。

公元前 73 年(汉宣帝本始元年)

恺撒被选入大都属于苏拉派的司祭团，这说明元老院还没有把他看成是严重的力量。他还当选为军团司令官。

△斯巴达克斯起义开始(至公元前 71 年)。

△保民官盖乌斯·李奇尼乌斯·玛凯尔极力想恢复保民官一切古老的权利，他的行动得到恺撒的支持。

公元前 71 年至公元前 70 年(汉宣帝本始三年至四年)

恺撒支持恢复保民官的权利，支持召回因公元前 77 年列皮都斯事件而逃往西班牙的人们。他的反对元老院和贵族的立场无疑地提高自己在民众中间的声望。

△玛尔库斯·李奇尼乌斯·克拉苏斯最后打垮斯巴达克斯的军队(公元前 71 年)

△公元前 71 年自西班牙返回的庞培参加了克拉苏斯镇压斯巴达克斯起义军残部的行动。他们公开持反贵族的立场并在他们的军队的协助下当选为公元前 70 年度的执政官。在执政官任上，他们恢复了被苏拉取消的保民官权利。

△西塞罗追究西西里长官维尔列斯的贪污渎职行为(公元前 70 年)。

△本年度行政长官路奇乌斯·奥列利乌斯·科塔提出一项“奥列利乌斯

法”,根据这一法律,则法庭审判人员由元老、骑士和财务人员组成,各占三分之一。

公元前69年(汉宣帝地节元年)

恺撒当选为下年度的财务官。

△路库路斯在提格拉诺凯尔塔击败提格拉尼斯并攻入阿尔明尼亚山区。

公元前68年(汉宣帝地节二年)

恺撒的妻子科尔涅利娅去世,他同她生了他唯一的女儿优利娅。

恺撒在他的姑母优利娅的葬仪上发表演说,颂扬了优利乌斯氏族。他使得送葬的行列中出现了马里乌斯的胸像,表示对苏拉体制的否定。

恺撒随同行政长官安提斯提乌斯·维图斯去西班牙,后来又到了河北高卢。

公元前67年(汉宣帝地节三年)

年初,恺撒返回罗马,后来并同庞培娅结了婚,从这时起他同庞培有了比较亲密的关系。

恺撒支持这一年的保民官奥路斯·伽比尼乌斯提出并得到通过的伽比尼乌斯法。为了对付海盗,法律授予庞培以广泛的权力:他在今后三年间对地中海和沿岸地带直到纵深五十哩的地方有统帅权。对各行省,他享有同于各该行省长官的大权。此外,他还有权征募陆海军并任命自己的由二十五位副帅(行政长官级的)组成的本部。庞培在三个月中间完成了肃清海盗的任务。

公元前66年(汉宣帝地节四年)

恺撒支持(西塞罗也支持)这一年的保民官盖乌斯·玛尼利乌斯提出的玛尼利乌斯法。法律授予庞培代替路库路斯在整个东方对米特里达特斯六世作战的全权,他拥有等于各行省长官的权力,直到战争结束,时间不作硬性规定。

△庞培把米特里达特斯打退到黑海东端,随后又在阿尔塔克撒塔俘虏了提格拉尼斯并夺取了他除了阿尔明尼亚以外的全部领土,此外还向他索取六千塔兰特的罚款。

公元前 65 年(汉宣帝元康元年)

恺撒当选为高级营造官。

△庞培把米特里达特斯驱赶到克里米亚。在直到公元前 62 年的几年中间,他不仅征服了本都,合并了叙利亚,安排了犹太的事务并且重新组织了罗马的东方行省。

公元前 64 年(汉宣帝元康二年)

恺撒和克拉苏斯在年底鼓动当选下一年度保民官的普布利乌斯·谢尔维利乌斯·茹路斯提出一项大规模分配土地的方案,意在对抗庞培日益加强的权力,但因即将担任下一年度执政官的西塞罗的激烈反对而被迫撤回。

公元前 63 年(汉宣帝元康三年)

恺撒授意保民官拉比耶努斯指控盖乌斯·腊比里乌斯,认为他应当对公元前 100 年保民官撒图尔尼努斯之被杀害一事负责。指控者从平民的立场,认为元老院当时所作的紧急决定并无法律依据。执政官西塞罗亲自出面为腊比里乌斯辩护,使他免遭追究。但恺撒因此表现出鲜明的反元老院的倾向。

恺撒反对处死所谓"卡提利那阴谋"的参加者,但未成功。西塞罗发表抨击卡提利那的几次演说。

恺撒由于在群众中的声望和大量的行贿而当选为最高司祭,以代替死去的梅特路斯·皮乌斯。

△米特里达特斯在克里米亚自杀。

公元前 62 年(汉宣帝元康四年)

恺撒任行政长官。恺撒支持本年度保民官梅特路斯·涅波斯(庞培派)提出的授权庞培恢复意大利的秩序的法案。法案为加图否决。在随后引起的冲突中,元老院不得不中止恺撒和涅波斯的职权。为了避免事态进一步扩大,恺撒本人出面设法平息了骚乱,元老院便取消了对他的制裁。

在最高司祭恺撒家举行禁止男子参加的、奉祀农业女神善良女神(Bona Dea)的秘仪时,发生了当选的财务官普布利乌斯·克洛狄乌斯男扮女装混入恺撒家中的丑闻。恺撒于是不得不在公元前 61 年休掉嫌疑很重的妻子庞培娅。

△本年冬天,庞培返回罗马,在布伦狄西乌姆登陆。

公元前 61 年(汉宣帝神爵元年)

恺撒在克拉苏斯的帮助下摆脱了债主的纠缠后,去远西班牙任长官(同行政长官)。他在那通过战斗把罗马的统治一直推进到大西洋海岸。从罗马的观点来看,他是很有治绩的。他个人也搜刮了巨额的财富。

公元前 60 年(汉宣帝神爵二年)

恺撒返回意大利,他想举行凯旋式又想竞选执政官。但在加图把持下的元老院不允许他本人不在罗马的情况下提出竞选,于是他就放弃了凯旋式。

恺撒同庞培和克拉苏斯结成私人的联盟("前三头")以对付元老院。庞培感到自己受元老院的猜忌和冷落。

恺撒当选为下一年度的执政官。

公元前 59 年(汉宣帝神爵三年)

恺撒任执政官,不久他便和他的同僚玛尔库斯·卡尔普尔尼乌斯·毕布路斯(加图派)发生了冲突,并动用了武力。

恺撒把女儿优利娅嫁给了庞培(庞培曾向加图攀亲而遭到拒绝)。

在恺撒的影响下,庞培在东方的活动得到批准;庞培的老兵在康帕尼亚分得了土地;同克拉苏斯有利害关系的包税人应缴纳的公元前 61 年度的税金被减去了三分之一。通过瓦提尼乌斯(公元前 59 年度保民官)提出的法案,恺撒取得了伊利里库姆和山南高卢(为期五年),元老院又给他加上山北高卢(一个很难对付的地区)。恺撒重酬了瓦提尼乌斯并使他成了自己一伙的人。

恺撒公布元老院议事录并通过一项严禁高级官吏贪污受贿的法律。

公元前 58 年(汉宣帝神爵四年)

恺撒在高卢,他在毕布拉克提(安吞)打败了埃尔维提伊人;在维宗提欧(贝赞松)打败了日耳曼人的头目阿里欧维斯图斯,从而平定了高卢的东北部。

△玛尔库斯·波尔奇乌斯·加图被调出罗马,去处理合并塞浦路斯的事件。

△西塞罗因普·克洛狄乌斯提出并得到通过的法案(放逐不经审讯而处死任何罗马公民的人)而离开罗马去马其顿。他的三所别墅被克洛狄乌斯夺占。克洛狄乌斯免费把大量粮食发给约三十万贫民。

公元前 57 年(汉宣帝五凤元年)

恺撒征服比尔吉人、涅尔维伊人和沿海峡各部族,这样便平定了高卢的西北部。

△本年度的保民官提图斯·安尼乌斯·米洛通过暴力手段协助庞培通过了召回西塞罗的议案。西塞罗于本年 9 月 4 日返回罗马。米洛后来就专门组织一帮人同克洛狄乌斯作对,因为庞培已不能容忍克洛狄乌斯对他的攻击。

△由于粮食不足,庞培受权管理罗马的粮食供应并在有关地区取得与长官相当的大权。

公元前 56 年(汉宣帝五凤二年)

恺撒在布列塔尼南岸击败味内提人并在高卢东南部击败阿克维塔尼人。

4 月,恺撒同庞培和克拉苏斯在卢卡会晤,定出了今后活动的方针。

公元前 55 年(汉宣帝五凤三年)

庞培和克拉苏斯任本年度的执政官,两人都是第二任。在他们的主持下(通过庞培—李奇尼乌斯法),恺撒在高卢的统帅权又延长了五年。此外,通过特列波尼乌斯法,克拉苏斯取得叙利亚,庞培取得两西班牙,期限相同。后来克拉苏斯东去赴任,庞培则留在罗马附近,通过自己的副帅治理西班牙。

恺撒打退属于日耳曼人的乌西佩提斯人和腾克特里人后并在科布伦茨附近的莱茵河上修造一座木桥。他对日耳曼人只是一种进攻的姿态,并不想打到对岸去。

恺撒在秋天进攻不列塔尼亚,但没有什么成果。

公元前 54 年(汉宣帝五凤四年)

恺撒再次进攻不列塔尼亚,在维路拉米乌姆(圣奥尔班斯)附近打败东南部不列塔尼人的统帅卡西维劳努斯。后来恺撒仍撤回高卢,在不列塔尼亚还没有什么长久的打算。

恺撒的女儿优利娅(庞培之妻)去世,这样恺撒和庞培之间便失去了一个有力的联系环节。庞培后来在公元前 52 年又娶了梅特路斯·斯奇比奥的女儿科尔涅利娅。

公元前 53 年(汉宣帝甘露元年)

△高卢人再次在各地发动骚乱。

△克拉苏斯在东方同帕尔提亚人作战时,在美索不达米亚北部的卡尔莱阵亡。

△西塞罗当选占卜官。

公元前 52 年(汉宣帝甘露二年)

恺撒在高卢的阿列西亚(今天的阿利兹—圣·莱纳)战胜了自己最后一个最严重的对手维尔琴盖托里克斯。

△年初,克洛狄乌斯一伙和米洛一伙在阿皮亚大道上的小城波维莱的街道上相遇时,克洛狄乌斯被对方杀死。这一事引起了罗马民众的骚乱。

由于本年年初未选出执政官,元老院紧急宣布庞培为唯一的执政官(后来庞培又任命他的岳父梅特路斯·斯奇比奥为同僚)。庞培近来因恺撒的力量日益强大而渐渐转向元老院一方,此事已确实证实了这一点。恺撒是在山南高卢得知上述消息的。但高卢的战事不能使他对此事给予严重的注意。

公元前 51 年(汉宣帝甘露三年)

恺撒最后平定了全部高卢。本年最艰苦的是攻克乌克塞洛都努姆(今天的卡普德纳克)一战。

恺撒在比尔吉乌姆过冬。

△元老院派毕布路斯去叙利亚对付帕尔提亚人,但成效不大。

△本年 9 月,庞培自阿尔米努姆返回罗马后,元老院正式讨论取代恺撒的问题。但按原来规定,只有在公元前 50 年 3 月 1 日恺撒统帅权期满之后才能处理这一问题。又本年度执政官玛尔库斯·克劳狄乌斯·玛尔凯路斯在罗马一直展开反恺撒的活动,目的在于中止恺撒在高卢的统帅权。

公元前 50 年(汉宣帝甘露四年)

恺撒在春天返回山南高卢。

本年度保民官盖乌斯·斯克里波尼乌斯·库里欧代表恺撒在恺撒和元老院(实际上是庞培)间进行斡旋。

夏天,恺撒通过自己的代理人向元老院表示,如庞培交卸军队和行省,他也会同样行动。元老院会上曾一度表示同意,但这一决定为执政官盖·克劳狄乌斯·玛尔凯路斯所破坏。

恺撒按照元老院命令交出两个军团,以进行对帕尔提亚人的战争,但后来被庞培留在意大利。

本年3月1日恺撒统帅权期满后，元老院和庞培都未采取具体行动。

△西塞罗冬天从奇利奇亚返回罗马，12月他就同庞培的会见报道了庞培对恺撒的蔑视和毫不妥协的态度。

公元前49年(汉宣帝黄龙元年)

在恺撒多次和解的建议遭到拒绝之后，元老院于1月7日发布最后决定：除非恺撒解散自己的军队，否则他将被宣布为叛国者。恺撒在阿尔米努姆接到这个消息后，就在1月10日夜里，渡过了行省与意大利本土边界的鲁比康河，从而挑起了一场新的内战。庞培则决定撤出意大利，从布伦狄西乌姆渡海去巴尔干，执政官，还有相当数量的元老和担任过高级官吏的人与他同行。

恺撒则先去西班牙。8月2日，他在伊列尔达(今天的列里达)大败庞培的副帅阿弗拉尼乌斯和佩特列优斯的军队并得到了七个军团的忠诚保证。在返回意大利的途中，他又制服了站在庞培一面的玛西利亚(今天的马赛)。

从今年起，恺撒每年都是罗马的独裁官。

11月底，恺撒回到罗马。

△4月，西塞罗去庞培处。

公元前48年(汉元帝初元元年)

恺撒第二次任执政官，他的同僚是普布利乌斯・谢尔维利乌斯・瓦提斯・伊扫里库斯。

恺撒于1月初渡海到埃皮鲁斯。

庞培在杜尔拉奇乌姆(今天的杜腊佐)失去了对恺撒取胜的战机，却在帕尔撒路斯被恺撒的老兵所打败(8月9日)。庞培逃到埃及未及上岸便被埃及人杀害。

恺撒追到埃及后，在当年冬天陷入托勒密十三世和亚历山大人的围困之中。后来亚细亚来的一支援军才给他解了围。

△庞培战败后，西塞罗得到宽恕返回意大利。

公元前47年(汉元帝初元二年)

恺撒安排克列欧帕特拉(现在已经成了他的情妇)和她的弟弟托勒密十三世为埃及的共治者(托勒密十三世不久就被他的姐姐废掉)。

恺撒由埃及去叙利亚。8月2日他在杰拉打败了米特里达特斯大帝(六世)的儿子、博斯波路斯国王法尔纳凯斯。他送回的报告只有三个字(veni, vidi, vici,我来了,看了,胜了。)

9月,恺撒返回罗马,平息了第十军团的兵变。

12月(一说下一年年初),恺撒去阿非利加。

公元前46年(汉元帝初元三年)

第三次担任执政官,他的同僚是玛尔库斯·埃米利乌斯·列皮都斯。

4月,恺撒在塔普苏斯打败了梅特路斯·斯奇比奥麾下的庞培派军队。为此小加图在乌提卡自杀(因而他的名字里后来加上 Uticensis)。庞培的儿子塞克斯图斯逃到西班牙去投奔他的哥哥格涅乌斯。

7月,恺撒自阿非利加返回罗马。

8月(一说7月26日),恺撒举行了四重的凯旋式(高卢、亚历山大、本都和阿非利加)。

冬天,恺撒再去西班牙。

恺撒被任命为为期十年的独裁官和风纪长官。

公元前45年(汉元帝初元四年)

恺撒第四次任执政官(没有同僚)。

3月17日,恺撒经过苦战在西班牙的孟达打败了庞培的儿子及其余党的军队。

9月13日,恺撒在拉维卡努斯庄园(在拉提乌姆)立了遗嘱。

9月中旬以后或10月初,恺撒返回罗马。

△本年始行优利乌斯历(旧译儒略历)。

公元前44年(汉元帝初元五年)

恺撒第五次担任执政官,同僚为玛尔库斯·安托尼乌斯。

2月,恺撒成为终身的独裁官和风纪长官。

3月15日,恺撒遇刺身亡。

(译者辑录)

图书在版编目(CIP)数据

恺撒评传/〔苏〕乌特琴柯著;王以铸译.—北京:商务印书馆,2010
ISBN 978-7-100-06651-8

I.恺… II.①乌…②王… III.恺撒,G.J.(前100~前44)—评传 IV.K835.467=2

中国版本图书馆CIP数据核字(2009)第067666号

恺 撒 评 传
〔苏〕谢·勒·乌特琴柯 著
王以铸 译

商 务 印 书 馆 出 版
(北京王府井大街36号 邮政编码 100710)
商 务 印 书 馆 发 行
北京瑞古冠中印刷厂印刷
ISBN 978-7-100-06651-8

2010年4月第1版　　开本787×1092 1/16
2010年4月北京第1次印刷　　印张30¾ 插页2
定价:53.00元